本书系国家社会科学基金"十三五"规划 2017 年度教育学课题 "我国师范学院转型发展追踪研究"（BIA170188）成果

师范学院转型发展追踪研究

黄志纯　◎著

科学出版社

北　京

内 容 简 介

本书运用扎根理论方法对我国师范学院 20 多年来的转型发展开展追踪研究，探究师范学院转型发展的背景、形态、特征、因素、机制、路径、模式和具体策略，从理论与实践相结合的角度系统回答了师范学院为什么转型、向哪里转型、怎样转型等关键问题，比较借鉴发达国家教师教育转型发展的经验，剖析我国师范学院转型发展的已有政策，提出促进其转型发展的政策建议。

本书对师范学院转型发展具有指导价值，同时对高等学校的改革发展具有借鉴作用，适合高等院校和中小学校的教育者、管理者、研究者以及政策制定者参阅。

图书在版编目（CIP）数据

师范学院转型发展追踪研究/黄志纯著.—北京：科学出版社，2021.12
 ISBN 978-7-03-070966-0

Ⅰ. ①师… Ⅱ. ①黄… Ⅲ. ①高等师范院校-教育改革-研究 Ⅳ. ①G658.3

中国版本图书馆CIP数据核字（2021）第 258118 号

责任编辑：朱丽娜　高丽丽　冯雅萌 / 责任校对：郑金红
责任印制：徐晓晨 / 封面设计：润一文化

科学出版社出版
北京东黄城根北街16号
邮政编码：100717
http://www.sciencep.com

北京虎彩文化传播有限公司 印刷
科学出版社发行　各地新华书店经销
*

2021年12月第 一 版　开本：720×1000　1/16
2021年12月第一次印刷　印张：21
字数：401 000
定价：118.00元
（如有印装质量问题，我社负责调换）

序

师范学院是我国教师教育体系的重要组成部分，也是地方高等教育体系的特殊构成力量，承担着为地方基础教育和区域经济社会培养、输送大量高质量师资和应用型人才的重任。

20世纪90年代开始，为了适应高等教育大众化和教师教育开放化的要求，我国师范教育形态发生了很大变化：一批中等师范学校升格为高等学校，一批师范专科学校和教育学院升格或合并升格为本科院校，一些综合性大学开办教师教育，逐步形成以师范院校为主、综合性大学参与、开放灵活的教师教育体系。20多年来，作为培养基础教育师资主体力量的师范学院，其不仅实现了办学规模的迅速扩张，而且正在办学内涵方面转型发展。师范学院这一特殊类型的高等教育为什么转型、向哪里转型、怎样转型一直以来都是教育学者关注的理论问题，也是学校决策者难以把握的现实问题。作为曾经在师范院校读书成长、长期研究教育问题，并且在举办师范教育的综合性大学担任过教务处长的我对这一问题也一直饶有兴趣。

尤其是进入21世纪以来，在教师教育体制走向开放、高等教育走向普及、经济发展进入新常态，以及开启教育现代化新征程等诸多机遇和挑战叠加的背景下，师范学院的转型发展问题更加凸显，无论从国家、地方的战略层面还是从学校自身发展层面，都成为一个重要而复杂的课题，亟须通过系统深入的研究对其做出理论上的解答和实践上的指导。

受国家社会科学基金"十三五"规划项目的支持，《师范学院转型发展追踪研究》一书应运而生。该书对师范学院转型发展问题进行了全面、系统的探讨，形成了一些具有实证性、启发性和建设性的结论与建议。

一是围绕师范学院转型发展的关键问题进行了深入阐述。该书从理论研究、实证研究、比较研究和对策研究四个方面，系统探究了师范学院转型发展的背景、形态与特征，因素、机制与路径；深入研究了师范学院转型发展在办学定位、办学模式、学科专业、人才培养、科学研究、社会服务、教师队伍、治理结构等方面的历史与现状、过程与特点、问题与对策。在此基础上，该书比较、借鉴发达国家教师教育转型发展的经验，剖析了我国支持师范学院转型发展的已有政策，提出了进一步促进师范院校转型发展的政策建议。

二是聚焦师范学院转型发展演化路径进行了理论探索。该书通过系列实证研究和案例追踪分析，揭示了师范学院转型发展的演化路径及其作用机理。特别是将生态系统概念引入院校转型发展理论的研究中，聚焦于师范学院如何构建转型发展生态圈，针对师范学院转型发展生态圈的成长历程进行较为系统、完整的过程分析，进而剖析转型发展生态圈的成长路径及其机理，建立转型发展生态圈完整的成长过程模型。这为院校转型发展研究提供了新的视角，做出了理论贡献。

三是针对师范学院转型发展提出了一些政策建议。在深入研究的基础上，该书提出要完善各类标准，包括师范院校设置与建设标准、教师教育培养与评价标准，改革师范生招生政策，完善师范生培养政策，出台"双师双能型"教师队伍建设政策，扩大教育硕士布点，完善农村"硕师"政策，健全师德考核评价政策，注重地方性、校本性教师行为规范细则的制定，建立教师国家荣誉制度和强化教师教育学科建设等建议，为我国师范学院转型发展和教师教育政策体系建设提供了有益参考。

盐城师范学院是全国新建本科院校联盟理事长单位，是江苏省高等教育综合改革试点单位，在转型发展与教师教育方面具有较大的影响力。该书作者黄志纯同志长期从事高等教育改革的理论研究，并分管其所在学校的转型发展和综合改革工作。由他主持的课题取得了颇丰的研究成果，已在CSSCI学术刊物上发表论文5篇。该书的出版可充实师范教育的发展理论，丰富院校转型的相关理论，深化人们对师范学院转型发展特殊性的认识，值得高等教育研究者与实践者阅读和参考。

百年大计，教育为本；教育大计，教师为本。教师问题是教育的根本性、基础性、关键性问题，正如我在《未来学校》一书中提出的那样，师范院校如何遵循教师成长的内在规律，适应未来社会"能者为师"的趋势，适应人工智能时代教育技术的新变化并进行新的转型，尤其是在课程设置、培养路径与方法等方面取得新的突破，仍然是师范院校转型发展需要研究的新问题。研究与探索永远在路上，希望作者及其团队继续开展相关理论研究和实践探索，不断取得新的进展、新的成果，为地方经济社会发展和教育事业的发展，为中国教师教育转型发展做出新的贡献。

全国政协常委兼副秘书长 民进中央副主席
中国陶行知研究会会长 新教育实验发起人

2021年秋于北京

目 录

导言 ·· 1

第一章 师范学院转型发展的背景、形态与特征 ·· 7
  第一节 师范学院转型发展的现实背景 ··· 8
  第二节 师范学院转型发展的基本形态 ··· 14
  第三节 师范学院转型发展的主要特征 ··· 30

第二章 师范学院转型发展的因素、机制与路径 ·· 33
  第一节 师范学院转型发展的关键因素 ··· 34
  第二节 师范学院转型发展的核心机制 ··· 40
  第三节 师范学院转型发展的路径及机理 ·· 44

第三章 师范学院办学定位转变 ·· 57
  第一节 师范学院办学定位转变的历史考察 ······································ 58
  第二节 师范学院办学定位转变的影响因素 ······································ 65
  第三节 师范学院办学定位转变的策略选择 ······································ 71

第四章　师范学院办学模式转型 … 79
第一节　师范学院办学模式转型的内涵与动因 … 80
第二节　师范学院办学模式转型的过程与特点 … 84
第三节　师范学院办学模式转型的问题与对策 … 89

第五章　师范学院学科专业改造建设 … 99
第一节　师范学院学科专业改造建设的动因 … 100
第二节　师范学院学科专业改造建设的历程 … 106
第三节　师范学院学科专业改造建设的推进 … 114

第六章　师范学院人才培养模式改革 … 123
第一节　师范学院人才培养模式改革的历程 … 124
第二节　师范学院人才培养模式改革的现状 … 130
第三节　师范学院人才培养模式改革的深化 … 138

第七章　师范学院科学研究创新发展 … 149
第一节　师范学院科学研究的价值与环境 … 150
第二节　师范学院科研发展的历程与现状 … 154
第三节　师范学院科研创新发展的方略与措施 … 163

第八章　师范学院社会服务转型发展 … 173
第一节　师范学院社会服务转型发展的现实需要 … 174
第二节　师范学院社会服务转型发展的影响因素 … 181
第三节　师范学院社会服务转型发展的实现路径 … 188

第九章　师范学院教师队伍建设改革 … 201
第一节　师范学院教师队伍建设改革的历程 … 202
第二节　师范学院教师队伍建设改革的现状 … 206
第三节　师范学院教师队伍建设改革的深化 … 211

第十章　师范学院治理结构优化 … 225
第一节　我国高校治理结构的演进 … 226
第二节　师范学院治理结构的现状 … 232

第三节 师范学院治理结构优化策略 ………………………………… 239
第十一章 发达国家教师教育转型发展的经验与启示 ………………… 247
第一节 美国、英国、法国、日本等国教师教育的演进 ……………… 248
第二节 发达国家教师教育转型发展的特征 …………………………… 258
第三节 发达国家教师教育转型对我国的启示 ………………………… 268
第十二章 师范学院转型发展的政策分析与建议 ……………………… 275
第一节 师范学院转型发展的政策沿革 ………………………………… 276
第二节 师范学院转型发展的政策分析 ………………………………… 284
第三节 师范学院转型发展的政策建议 ………………………………… 297

参考文献 ……………………………………………………………………… 308
附录一 我国师范学院设置与变化情况（1999—2020年） ……………… 310
附录二 我国师范学院转型发展调查问卷 ……………………………… 317
后记 …………………………………………………………………………… 323

导　言

1999年以来，为了适应高等教育大众化和教师教育开放化的要求，一批中等师范学校升格为高等学校，一批师范专科学校和教育学院升格或合并升格为本科院校，一批师范院校发展成综合性大学，而一些综合性大学也开办教师教育专业，我国师范教育开始向以师范院校为主、综合性大学参与、开放灵活的教师教育体系发展。20多年来，作为培养基础教育师资主体力量的师范学院不仅实现了办学规模的迅速扩张，而且进行着办学内涵的转型发展。然而，师范学院这一高等教育的特殊类型"为什么转型、向哪里转型、怎样转型"一直以来都是学者研究和讨论的理论问题，也是学校决策者难以把握的现实问题。实践中存在着转型方向拿捏不准、转型目标定位虚高、综合化急功近利、师范性有所弱化等现象。实际上，一所高校转型方向的正确与否，最终要以其转型实践的成效为根本衡量标准。在我国庞大的师范学院群体中，其转型实践究竟经历了怎样的方向选择？走过了怎样的转型历程？取得了怎样的转型效果？只有回答了这些问题，才能对师范学院的转型发展问题形成正确、深刻的认识，通过对实践的深入把握来重新审视理论主张呼吁的正当性，进而有可能为师范学院未来的转型发展提出切实可行、富有指导性的对策建议。为此，我们申报了国家社会科学基金"十三五"规划2017年度教育学课题"我国师范学院转型发展追踪研究"，并有幸获得了立项资助。课题从理论研究、实证研究、比较研究和对策研究四个有机联系的方面，系统研究了师范学院1999年以来转型发展的背景、形态、特征、因素、机制、路径、模式和具体策略，侧重过程追踪性多案例研究，打破传统的静态研究，采用扎根理论方法分析师范学院转型发展的动因和要素，挖掘主要影响因素的作用路径和机理，试图深度了解师范学院转型发展的演进过程，预测和把握其未来转型发展的趋势，破解师范学院转型发展的困惑和难题。

课题组成员经过三年多的精心研究，形成了本书的主要观点和内容。全书共分十二章，第一章至第四章是对师范学院转型发展的背景、形态、特征、因素、机制、路径以及办学定位和办学模式的研究，属于整体性研究；第五章至第十章是对师范学院转型发展内涵要素的具体性研究，包括学科专业、人才培养、科学研究、社会服务、教师队伍、治理结构等方面；第十一章、第十二章是对发达国家教师教育转型发展和我国师范院校转型发展政策的研究，属于比较研究和政策研究。各章的主要内容概括如下。

第一章：师范学院转型发展的背景、形态与特征。首先，从教师教育的开放、高等教育大众化、经济发展新常态、高等教育供给侧结构性改革和教育现代化要求五个方面分析了师范学院转型发展的现实背景，认为师范学院转型发展是高等教育大众化的使然，是策应教师教育开放体制的适然，是适应经济社会转型和教育现代化的必然。其次，对1999—2020年我国独立设置的108所师范学院演化发展情况进行了梳理，得出师范学院转型发展的4种基本形态，并通过典型案例分析对不同转型形态产生的动因和实施的策略进行了探讨。最后，对师范学院转型发展的主要特征进行了总结和概括，尽管师范学院转型发展的形态各异，但在转型过程中表现出综合性、地方性、师范性、应用性和开放性等共性特征和发展趋势。

第二章：师范学院转型发展的因素、机制与路径。首先，通过问卷调查和数据分析得出师范学院转型发展的6个关键内涵要素，依次为内部治理、学科专业、人才培养、教师队伍、科学研究和社会服务。其次，通过实证分析指出师范学院转型的关键是诸要素之间相互协同，并构建出协同机制的理论模型。最后，通过对个案历时性动态研究，揭示师范学院转型发展的演化路径及其机理。演化路径分为不可分割、逐步递进的三个阶段：第一阶段是以规模扩张、层次提升为主的转型发展初始期，演化机理为在生存压力下实施扩张战略，进行资源重组，构建本科教育体系，旨在形成本科教育能力；第二阶段是以内涵建设、质量提升为主的转型发展成长期，演化机理为在发展压力下实施聚焦战略，进行资源优化配置，重点构建质量建设体系，旨在提升质量，发展能力；第三阶段是以生态圈构建、核心竞争力打造为主的转型发展成熟期，即高质量发展阶段，演化机理为在竞争压力下实施特色品牌战略，打造高质量发展生态圈，整合政产学研资源，破解优质资源缺乏的困境，形成系统性竞争优势。

第三章：师范学院办学定位转变。办学定位是学校的顶层设计，事关学校办学目标和发展方向。本章对1999年以来师范学院办学定位转变的历史进行考察,发现师范学院办学定位转变经历了由模糊到清晰、由粗放到精准、由虚高到务实的过程,继而分析了影响师范学院办学定位转变的因素,主要包括政府政策的引导、错位发展的需要、办学历史的传承、办学特色的彰显和领导者的办学理念,进而提出了师范学院办学定位的策略选择,即在服务面向上突出地方性,在办学模式上推行开放式,在学科专业上推进综合化,在人才培养上侧重应用型,在办学特色上铸造师范牌。

第四章:师范学院办学模式转型。办学体制改革是办学模式转型的重要引擎。随着社会主义市场经济体制的建立和教师教育体制的改革,师范学院的办学模式逐步实现由封闭向开放、由独立向合作、由单一性向多样化、由双轨制向一体化办学的转变,但存在综合性粗化、师范性弱化、产学研合作办学广度和深度不够、教师教育与中小学脱节、国际合作办学规模不大、质量不高等问题。鉴于此,本章从推进内涵式发展模式、探索多元主体办学模式、创新中外合作办学模式、建立"新师范"教育模式等方面提出了对策建议。

第五章:师范学院学科专业改造建设。学科调整和专业改造是师范学院转型发展的重要内容,而学科专业一体化建设是师范学院转型成功的关键。在转型发展中,师范学院的学科专业规模迅速扩张、结构不断调整、内涵有效提升、特色初步形成,但存在着学科专业设置贪多求全、盲目上马,学科专业条块分割、沟联不畅,以及与区域行业产业需求契合度不高等问题。对此,本章提出了学科专业合理化布局、一体化建设和特色化发展的思路与举措。

第六章:师范学院人才培养模式改革。人才培养是师范学院的第一职能和根本任务,人才培养模式改革是师范学院转型发展的重点内容和基础工作。本章对16所师范学院《2018—2019学年本科教学质量报告》进行分析,梳理出目前师范学院人才培养模式的6种基本类型、4个主要特征和5个方面的问题。在此基础上,以高等教育分流、院校分工和供给侧结构性改革理论为指导,提出了深化师范学院人才培养模式改革的路径和策略,并就构建卓越教师培养体系和乡村卓越教师培养模式进行了深入的探讨。

第七章:师范学院科学研究创新发展。科学研究是高等学校的重要职能。本章分析了师范学院开展科学研究的价值和环境,提出了促进科研创新发展的科研赋能机理和PPTT(项目,project;奖励,prize;专著,treatise;论文,thesis)科研评价方法,并运用该方法对师范学院科研发展的历程和现状进行了分析,总结概括出四点成效、五点不足,提出了以应用性研究为重点,发挥教育类、地方性研究特色,加强政产学研合作研究,集聚优质资源,培育高层次科研项目和标志性科研成果等方略与措施。

第八章：师范学院社会服务转型发展。社会服务是高校在人才培养和科学研究基础上发展起来的又一重要职能。师范学院在社会服务方面存在着意识不强、定位不准、内容单一、机制不完善、机构不健全等问题，影响师范学院社会服务转型发展的因素主要有办学理念、学校文化、政策导向、教师评价等。针对存在的问题，本章从健全社会服务机制、调整社会服务方向、创新社会服务模式、搭建社会服务平台等方面提出了推进师范学院社会服务转型发展的实现路径。

第九章：师范学院教师队伍建设改革。深化教师队伍建设改革是实现师范学院转型发展的关键因素和重要保障。本章在考察了16所师范学院教师队伍建设改革的历程后，认为各校的教师队伍普遍经历了从升本初期的数量增长，到内涵建设时期的层次提高，再到转型发展中的结构调整、质量提升的过程。但在建设改革过程中还存在重学历轻能力、重学术轻应用、重数量轻结构、重引进轻培养的问题。针对这些问题，本章从加强思想道德建设、专业能力建设、人文素质建设、行业背景建设和国际背景建设等方面提出了对策建议。

第十章：师范学院治理结构优化。本章在梳理改革开放以来我国高校治理结构演进过程的基础上，分析了师范学院治理结构改革的成效和存在的问题，指出我国新建师范学院普遍存在学术权力比较薄弱、校院两级管理改革相对滞缓、缺乏行业企业参与学校治理有效机制、制度建设和执行不够到位等现实问题，提出要完善"横向上权力平衡，纵向上重心下移"的内部治理结构，创新"产教融合、校地联动"的社会合作办学体制机制，构建以章程为统领的现代大学制度体系。

第十一章：发达国家教师教育转型发展的经验与启示。"他山之石，可以攻玉。"发达国家教师教育转型较早、发展较好，其经验可以为我国教师教育转型发展提供借鉴。本章重点研究了美国、英国、法国、日本等国教师教育演进发展的历程，分析了发达国家教师教育转型发展的特征和趋势，在此基础上得出了对我国教师教育转型发展的五点启示：①定向型与开放型体制需要并存——采取混合型过渡；②师范性与学术性取向需要融合——推进专业化建设；③教师教育层次与规格需要提升——实行"新三级"教育；④职前培养与职后培训需要贯通——构建一体化体系；⑤教师教育的管理方式需要完善——加强法治化建设。

第十二章：师范学院转型发展的政策分析与建议。政策供给是促进师范学院转型发展的有力牵引和重要支撑。本章首先选择了1999年以来国家层面与师范学院转型发展相关的39份政策文本进行系统分析，发现政策较为密集的两个时间段分别是1999—2007年和2010—2019年,恰好与师范学院转型发展的初始期和成长期吻合,可见政策具有很强的导向和引领作用。然后运用质性分析软件对39份政策文本进行编码,从教师教育改革政策、地方院校转型政策、教师队伍建设政策等方面对其政策关注点和特点进行分析,进而从政策需求方面对师范学院转型发展面临的现实困境进行探析,提出从五个维度增加支持师范学院转型发展的政策供给,最后提出了九个方面的具体政策建议。

第一章

师范学院转型发展的背景、形态与特征

师范学院是我国教师教育体系的重要组成部分，是构建以师范院校为主体、综合大学参与、开放灵活的教师教育体系的主要力量。[①]1999年以来，我国一方面加快高等教育大众化的进程，高校开始大规模扩招；另一方面调整优化师范院校布局结构，逐步实现三级师范教育向二级师范教育的过渡，师资培养越来越多元化、开放化。转型发展成为我国师范学院高质量发展的重要途径，如何转型、向哪里转型成为众多师范学院亟待解决的问题。

---

① 赵萍. 2017. 我国师范学院的机构转型与教师培养：对三所师范学院的个案考察. 教师教育研究，17（1）：93-101.

第一节 师范学院转型发展的现实背景

作为社会的重要组成部分，师范学院的发展必然受到社会经济转型和教育改革的影响。教师教育体制开放化、高等教育大众化、经济发展新常态、高等教育供给侧结构性改革、教育现代化新征程等诸多机遇与挑战成为促进师范学院转型发展的现实背景。

一、教师教育体制开放化与师范学院的转型发展

在我国百余年的师范教育发展史上，从师范院校独立承担师范教育转向师范院校与非师范院校共同开展师范教育是师范教育体系建设的一次重大历史转折。1999年，《中共中央 国务院关于深化教育改革，全面推进素质教育的决定》中提出，"加强和改革师范教育，大力提高师资培养质量。调整师范学校的层次和布局，鼓励综合性高等学校和非师范类高等学校参与培养、培训中小学教师的工作，探索在有条件的综合性高等学校中试办师范学院"[①]。这一政策导向正式宣告在我国实行了一个世纪的由独立师范院校培养基础教育师资的局面被打破。同年，教育部印发的《关于师范院校布局结构调整的几点意见》指出了我国师范教育"以师范院校为主体，其他高等学校积极参与，中小学教师来源多样化"，"师范教育层次结构重心逐步升高"等发展趋势。2001年，《国务院关于基础教育改革与发展的决定》提出要"完善以现有师范院校为主体、其他高等学校共同参与、培养培训相衔接的开放的教师教育体系"[②]。这也是我国首次正式在官方文件中提出"教师教育"这一术语。2002年，《教育部关于"十五"期间教师教育改革与发展的意见》对教师教育的内涵进行了明确的阐述，即"教师教育是我国教育的重要组成部分，是基础教育师资来源和质量提高的重要保证。教师教育是在终身教育思想指导下，按照教师专业发展的不同阶段，对教师的职前培养、入职教育和在职培训的统称"[③]。国家对于

---

① 中共中央，国务院. 1999. 中共中央 国务院关于深化教育改革，全面推进素质教育的决定. 人民教育，(7)：4-9.

② 国务院. 2001-05-29（2021-09-10）. 国务院关于基础教育改革与发展的决定. http://www.gov.cn/gongbao/content/2001/content_60920.htm.

③ 中华人民共和国教育部. 2002-03-01（2021-09-10）. 教育部关于"十五"期间教师教育改革与发展的意见. http://www.moe.gov.cn/srcsite/A10/s7058/200203/t20020301_162696.html.

新时期教师教育事业发展的重视为师范院校的发展提供了很好的机遇，然而国家鼓励非师范类高校参与教师教育的政策导向意味着我国教师教育的主体将向多元化方向发展，师范院校开展教师教育不再是不可替代的。教师教育走向开放给师范院校的生存和发展提出了严峻的挑战。正如时任华东师范大学党委书记张济顺指出的，新型的教师教育体系将呈现出若干所高水平师范大学和综合大学当先导、一批师范大学为骨干、众多师范院校为主体、其他各类院校及办学机构参与的新框架。新型的教师教育呼唤着师范大学的转型，这是一次历史性的转型，它不仅是一两所师范大学的事，而且是中国整个师范教育的大事，是关于师范体系何去何从的大事。[1] 所有师范院校不能再走计划经济体制下的封闭式办学道路，而是要主动对接市场，走开放式办学之路，以适应国家战略需求和地方发展需要。教师教育体制的开放使师范学院原有的生存空间受到挤压，推动了师范学院办学模式由封闭型向开放型的转变，实施开放、合作、多样化办学。

二、高等教育大众化与师范学院的转型发展

我国于1999年开始实施高等教育扩招，2002年高等教育的毛入学率即超过15%[2]，进入了高等教育大众化发展阶段。2019年，我国的高等教育毛入学率已经达到51.6%[3]，高等教育已经迈入普及化时代。高等教育规模的快速增长给师范学院带来了空前的发展机遇，办学规模迅速扩大，促进了师范学院的办学结构由单科性向综合化的转变，大大拓展了学校的发展空间。实际上，师范学院在高等教育实现大众化、普及化的过程中，经历着发展道路的艰难抉择。师范学院至少都是万人规模，学科门类众多，专业数量庞大，非师范专业学生数所占比例越来越大，已经远远超过了师范生的比例，综合性特征与"师范"校名显得名实不符，面临着在综合化的道路上如何保持师范性的问题。2017年1月15日，教育部教师工作司司长王定华表示，"十三五"期间我国181所师范院校一律不更名、不脱帽，聚焦教师培养主业。[4] 2018年，《中共中央 国务院

---

[1] 张济顺. 2005. 教师教育与师范大学的转型. 陕西师范大学学报（哲学社会科学版），34（5）：16-18.

[2] 中华人民共和国教育部. 2003-05-13（2021-09-10）. 2002年全国教育事业发展统计公报. http://www.moe.gov.cn/jyb_sjzl/sjzl_fztjgb/tnull_1553.html.

[3] 中华人民共和国教育部. 2020-05-20（2021-09-10）. 2019年全国教育事业发展统计公报. http://www.moe.gov.cn/jyb_sjzl/sjzl_fztjgb/202005/t20200520_456751.html.

[4] 佚名. 2017-01-16. 师范专业认证将于2017年下半年启动. 光明日报，（第6版）.

关于全面深化新时代教师队伍建设改革的意见》确立了师范院校坚持以师范教育为主业，严控师范院校更名为非师范院校的发展定位，以及加强教师教育学科建设，教育硕士、教育博士授予单位及授权点向师范院校倾斜的政策导向。[①]这种政策安排无疑为师范学院今后的发展指明了方向，意味着安于开展教师教育，做大做强教师教育，以建设高水平的师范大学为目标成为师范学院未来发展必须坚持的一条主线。在地方政府出台的政策中，部分省份甚至明确对地方师范院校师范生的规模比例提出了要求。例如，辽宁省要求师范大学在校师范生人数要达到在校生总数的70%以上[②]，河北省提出逐步使师范院校中师范专业学生人数占在校学生总数的60%以上[③]，福建省提出师范院校的师范类在校生原则上不低于在校学生总数的1/3[④]。当前，我国高水平综合性大学开展教师教育的比较少，只能起到一定的引导和帮衬作用。在已经到来的高等教育普及化时代，面对到2035年要大幅提升教师综合素质、专业化水平和创新能力，培养造就数以百万计的骨干教师、数以十万计的卓越教师、数以万计的教育家型教师的目标，师范学院的转型发展要处理好师范与非师范的关系。

三、经济发展新常态与师范学院的转型发展

当前我国经济发展进入新常态，从高速增长转向中高速增长，经济发展方式从规模速度型粗放增长转向质量效率型集约增长。高等教育要适应经济新常态，适时转变发展方式，实现由数量型的外延式发展向质量型的内涵式发展转变。师范学院的发展在经历了规模急剧扩张之后，已经进入了保持规模平稳而注重提质增效的发展阶段。21世纪初，师范学院在向综合化转型过程中表现出激进式的、粗放式的特征，需要积极向内涵式发展方式转型，以提高质量、发展特色为重点。以教师教育为例，"十二五"时期以来，提升教师教育质量成

---

① 中共中央，国务院. 2018-01-20（2021-09-10）. 中共中央 国务院关于全面深化新时代教师队伍建设改革的意见. http://www.gov.cn/gongbao/content/2018/content_5266234.htm.

② 中共辽宁省委，辽宁省人民政府. 2018-07-26（2021-09-10）. 中共辽宁省委 辽宁省人民政府关于全面深化新时代教师队伍建设改革的实施意见. http://www.moe.gov.cn/jyb_xwfb/xw_zt/moe_357/jyzt_2018n/2018_zt03/zt1803_ls/201810/t20181018_352006.html.

③ 中共河北省委，河北省人民政府. 2018-09-06（2021-09-10）. 中共河北省委 河北省人民政府关于全面深化新时代教师队伍建设改革的实施意见. http://www.moe.gov.cn/jyb_xwfb/xw_zt/moe_357/jyzt_2018n/2018_zt03/zt1803_ls/201810/t20181018_352018.html.

④ 中共福建省委，福建省人民政府. 2018-09-10（2021-09-10）. 中共福建省委 福建省人民政府关于全面深化新时代教师队伍建设改革的实施意见. http://www.moe.gov.cn/jyb_xwfb/xw_zt/moe_357/jyzt_2018n/2018_zt03/zt1803_ls/201810/t20181018_352009.html.

为我国教师教育发展的一个核心主题，具体如下。

第一，着力推动中小学教师资格制度改革。2011年，教育部启动了中小学教师资格考试和定期注册制度改革试点工作。2012年，《国务院关于加强教师队伍建设的意见》指出，全面实施教师资格考试和定期注册制度。① 2015年，教育部同意在浙江、湖北等15个省（自治区、直辖市）试点的基础上，新增北京、江西、广东等13个省（自治区、直辖市）②，意在全面实施中小学教师资格考试与定期注册制度，严把教师队伍入口关。

第二，着力推动师范专业认证。从2014年教育部发布《关于开展师范类专业认证试点工作的通知》到2017年教育部发布《普通高等学校师范类专业认证实施办法（暂行）》，标志着我国的师范教育发展进入了一个新的历史阶段，即以标准化建设来确保教师培养质量的阶段。在师范专业进入认证时代的大背景下，如何加强师范专业建设成为师范院校发展面临的一个重大课题。师范专业的三级认证不仅为师范生培养提出了高标准，也为师范生培养带来了新思路，要以需求导向制定培养目标，以目标导向设计课程体系，以能力导向开展教学改革，以协同导向创新培养模式，以持续改进导向完善质量保障。

第三，着力推动教师教育学科建设。教育部等五部门发布的《教师教育振兴行动计划（2018—2022年）》明确提出，要开展"教师教育学科专业建设行动。建立健全教师教育本专科和研究生培养的学科专业体系。鼓励支持有条件的高校自主设置'教师教育学'二级学科，国家定期公布高校在教育学一级学科设立'教师教育学'二级学科情况，加强教师教育的学术研究和人才培养"③。地方的相关政策提出了一些具体推进举措，例如，安徽省提出建设教师教育研究平台④，山西省提出支持师范院校"教师教育"学科群建设，鼓励高校积极申报教师教育类省级重点学科⑤，重庆市提出鼓励师范院校自主设置"教师教

---

① 国务院. 2012-09-07（2021-09-10）. 国务院关于加强教师队伍建设的意见. http://www.gov.cn/zhengce/content/2012-09-07/content_5390.htm.

② 中华人民共和国教育部办公厅. 2015-07-20（2021-09-10）. 教育部办公厅关于进一步扩大中小学教师资格考试与定期注册制度改革试点的通知. http://www.moe.gov.cn/srcsite/A10/s7151/201507/t20150731_197045.html.

③ 中华人民共和国教育部. 2018-02-11（2021-09-10）. 教师教育振兴行动计划（2018—2022年）. http://www.moe.gov.cn/srcsite/A10/s7034/201803/t20180323_331063.html.

④ 中共安徽省委，安徽省人民政府. 2018-06-28（2021-09-10）. 中共安徽省委 安徽省人民政府关于全面深化新时代教师队伍建设改革的实施意见. http://www.wbwsxy.cn/html/2018/09/26/15303.html.

⑤ 中共山西省委，山西省人民政府. 2019-08-05（2021-09-10）. 中共山西省委 山西省人民政府关于全面深化新时代教师队伍建设改革的实施意见. http://www.shanxi.gov.cn/zw/zfwj/swygwj/201908/t20190805_681102.shtml.

育学"和"课程与教学论"二级学科，强化教师教育队伍尤其是学科教学论教师队伍建设等①。在全新的政策环境下，师范学院要积极面对全面推行教师资格考试带来的师范与非师范概念区分的消失，尽快适应师范专业认证的新形势、新要求，创新体制、机制，提升教师教育质量，彰显教师教育特色，以特色建设提升学校发展的核心竞争力。

四、高等教育供给侧结构性改革与师范学院的转型发展

新建本科院校的转型问题是近年来我国高等教育供给侧结构性改革的一个重大问题。高等教育供给侧结构性改革要求高校科学定位、特色发展，提高应用型、复合型、技术技能型人才培养的比例。2010年，《国家中长期教育改革和发展规划纲要（2010—2020年）》提出，"适应国家和区域经济社会发展需要，建立动态调整机制，不断优化高等教育结构……重点扩大应用型、复合型、技能型人才培养规模"②。2015年，《教育部 国家发展改革委 财政部关于引导部分地方普通本科高校向应用型转变的指导意见》指出，随着经济发展进入新常态，人才供给与需求关系深刻变化，面对经济结构深刻调整、产业升级步伐加快、社会文化建设不断推进特别是创新驱动发展战略的实施，高等教育结构性矛盾更加突出，同质化倾向严重，毕业生就业难和就业质量低的问题仍未有效缓解，生产服务一线紧缺的应用型、复合型、创新型人才培养机制尚未完全建立，人才培养结构和质量尚不适应经济结构调整和产业升级的要求。③因此，要增强地方高校为区域经济社会发展服务的能力，为行业企业技术进步服务的能力，为学习者创造价值的能力。同时，要以改革创新的精神，推动部分普通本科高校转型发展，把办学思路真正转到服务地方经济社会发展上来，转到产教融合、校企合作上来，转到培养应用型技术技能人才上来，转到增强学生创新创业能力上来，成为其向应用型转变的总坐标与基本遵循。2016年，

---

① 中共重庆市委，重庆市人民政府. 2018-09-08（2021-09-10）. 中共重庆市委 重庆市人民政府关于全面深化新时代教师队伍建设改革的实施意见. http://www.moe.gov.cn/jyb_xwfb/xw_zt/moe_357/jyzt_2018n/2018_zt03/zt1803_ls/201810/t20181018_352020.html.

② 国家中长期教育改革和发展规划纲要工作小组办公室. 2010-07-29（2021-09-10）. 国家中长期教育改革和发展规划纲要（2010—2020年）. http://www.moe.gov.cn/srcsite/A01/s7048/201007/t20100729_171904.html.

③ 中华人民共和国教育部，中华人民共和国国家发展和改革委员会，中华人民共和国财政部. 2015-11-13（2021-09-10）. 教育部 国家发展改革委 财政部关于引导部分地方普通本科高校向应用型转变的指导意见. http://www.moe.gov.cn/srcsite/A03/moe_1892/moe_630/201511/t20151113_218942.html.

教育部部长袁贵仁在十二届全国人大四次会议记者会上指出，中国高校的转型发展，实质上是中国高等教育供给侧结构性改革。中国的高等教育结构不合理。这个不合理就表现在培养理论型、学术型人才的学校比较多，培养技术、技能型人才的学校比较少。[①] 新建本科院校特指1999年高等教育扩招以来一批专科院校通过合并、升格、转制等方式形成的普通本科院校。教育部高等教育教学评估中心2017年首次发布的《中国本科教育质量报告》显示，我国新建本科院校占全国普通本科高校总数的比例已经超过了55%。[②] 毫无疑问，随着时间的推移，新建本科院校的规模仍将扩大，比重仍将持续提升，是我国本科学历人才输出的主力军。然而，携带着专科基因走本科办学之路，如何在高职高专院校与研究型大学之间扮演相应的角色，不仅是这一庞大院校群体的总体发展战略问题，也是我国高等教育结构调整优化的关键问题，事关高等教育的结构性质量。我国现有的绝大多数师范学院属于新建本科院校，在国家的转型政策导向下，师范学院积极响应，纷纷主动向应用型高校转型发展。

五、高等教育现代化与师范学院的转型发展

实现高等教育现代化是实现教育现代化的重要一环。[③] 实现高等教育现代化的关键是大学治理体系和治理能力现代化。《国家中长期教育改革和发展规划纲要（2010—2020年）》做出了"完善中国特色现代大学制度"的战略部署。党的十八大报告明确要求"推动高等教育内涵式发展"，为高等教育发展新阶段指明了方向，对现代大学制度建设提出了新要求。2019年，中共中央、国务院印发《中国教育现代化2035》，将推进教育治理体系和治理能力现代化作为十大战略任务之一，提出要提高学校自主管理能力，完善学校治理结构，继续加强高等学校章程建设；要推动社会参与教育治理常态化，建立健全社会参与学校管理和教育评价监管机制。[④] 同年印发的《加快推进教育现代化实施方案（2018—2022年）》进一步指出，要深化教育领域放管服改革，深化简政

---

① 尚阳. 2016-03-10（2021-09-10）. 袁贵仁：高校改革实质是中国教育供给侧结构性改革. http://www.china.com.cn/lianghui/news/2016-03/10/content_37990226.htm.

② 人民网. 2017-10-16（2021-09-10）. 权威发布！最新版高等教育质量"国家报告"出炉. http://edu.people.com.cn/n1/2017/1016/c367001-29588440.html.

③ 胡娟. 2019-04-23. 怎么组织知识生产？怎么运行管理？怎么评估效益？高等教育现代化要破解三大难题. 光明日报，（第13版）.

④ 中共中央，国务院. 2019-02-23（2021-09-10）. 中国教育现代化2035. http://www.moe.gov.cn/jyb_xwfb/ s6052/moe_ 838/201902/t20190223_370857.html.

放权、放管结合、优化服务改革，推进政府职能转变，构建政府、学校、社会之间的新型关系，推进学校治理现代化。① 现代大学制度既涉及规范和理顺大学与政府、大学与社会的关系，也涉及大学内部治理结构的完善和改革。对于处在转型发展过程中的师范学院而言，大力推进治理理念与治理模式由传统型向现代型转变至关重要，治理模式的转型既是学校转型的内容构成，更是事关学校整体转型成功的重要保障。师范学院的转型发展必须深化管理体制机制改革，激发办学活力，促进内涵发展，主动适应经济社会发展的需要，必须进一步理顺学校、政府、社会之间的关系，创新合作办学模式和服务社会机制，赢得地方、行业的信赖与支持。

第二节 师范学院转型发展的基本形态

在上述现实背景下，1999—2020年，我国独立设置的108所师范学院主动适应区域经济社会发展，明确应用型人才培养目标，调整优化学科专业结构布局，不断推进产教融合和开放办学，基于自己的发展情境采取了多元化转型发展策略，主要呈现出向综合大学转型、向师范大学转型、向应用技术大学转型、向新型师范学院转型等4种发展形态。

一、基于扎根理论的多案例研究

（一）研究方法

本研究采取基于扎根理论的多案例研究方法，通过半结构化访谈、文献检索以及实地考察等收集数据，逐步提炼出能够用于构建理论框架的相关概念和范畴，探讨1999年以来我国师范学院转型发展的基本形态与主要特征。扎根理论方法的核心是资料的收集和分析，该过程包含理论演绎和归纳，在整个研究过程中，资料的收集和分析是同时进行的，又是连续循环进行的。②

---

① 中共中央办公厅、国务院办公厅. 2019-02-23（2021-09-10）. 中共中央办公厅、国务院办公厅印发《加快推进教育现代化实施方案（2018—2022年）》. http://www.moe.gov.cn/jyb_xwfb/s6052/moe_838/201902/t20190223_370859.html.

② 王文亮，肖美丹，吴静等. 2016. 产学研协同创新生态机制影响因素研究. 技术经济与管理研究，（3）：34-38.

（二）案例选择

根据教育部历年公布的高校名册，1999—2020年全国共有独立设置的师范学院108所，其中1999年之前成立了40所，1999—2020年新建68所。到2020年底，转型为"师范大学"的有18所，转型为"综合大学"的有13所，去掉"师范"名称的有6所，仍为"师范学院"的有71所（详见本书附录一）。本研究从108所师范学院中遴选样本学校，选择标准如下：一是样本学校成立时间在5年以上，有了本科毕业生，度过了创建期，已步入成长期，符合研究问题的情境和对象，有利于获取足够的案例资料进行追踪研究；二是样本学校分别来自老牌师范学院（即1999年以前的本科院校）、师范专科学校和教育学院合并升格的新建师范学院、原省教育学院转型而成的师范学院等类型；三是样本学校必须具有一定的代表性和典型性，明确实施转型战略且取得较好成效。基于上述标准，本研究最终选取4所师范学院作为样本，分别以A、B、C、D表示并进行编码分析和模型建构。

（三）数据收集

本研究的数据收集主要包括一手数据和二手数据。一手数据主要通过半开放式深度访谈和实地考察的方式收集。访谈人员来自案例学校的不同层级，力求具有广泛的代表性，包括校领导、中层干部、教师和学生等利益相关者158人。二手数据主要包括：①到案例学校实地调研，获取"十五"至"十三五"时期的学校事业发展规划、学校工作计划与总结、学校本科教学质量报告和转型发展实施方案等；②《光明日报》《中国教育报》等报纸以及有关学术期刊对案例学校转型发展情况的介绍和报道；③案例学校官网、百度、谷歌等搜索引擎提供的网络资料。在数据收集过程中，课题组成员一方面持续进行资料的收集与补充，另一方面对来自不同渠道的案例资料进行反复审查和交叉验证，剔除不符合三角验证的资料，以确保所有案例资料的准确性和结构的一致性。

（四）数据分析

本研究按照扎根理论研究方法的程序逐级缩编原始资料，并结合内容分析法进行数据编码。首先，将收集的资料全部录入Nvivo10.0中，通过软件系统对文本逐字逐句地分解，删除与转型发展无关和重复的语句，形成1631条有效语句；其次，经过编码，抽象出82个初始概念；最后，对初始概念进行范畴归类，形成12个副范畴和3个主范畴。核心范畴为师范学院转型发展形态，由动因、行动和保障3个主范畴组成,主范畴"动因"包含市场需求、政策引导、政府支持和自我发展4个副范畴,主范畴"行动"包含办学定位转型、办学模式转型、学科专业转型、人才培养模式转型、科学研究与社会服务转型5个副范畴,主范畴"保障"包含教师队伍建设、治理结构优化、资源条件建设3个副范畴(表1-1),最终发掘出分别向综合大学转型、向师范大学转型、向应用技术大学转型、向新型师范学院转型4种发展形态,并对4种形态的转型动因和转型策略进行具体分析。

表1-1 主轴性编码形成的主范畴、副范畴及初始概念

主范畴	副范畴	初始概念举例
动因	市场需求	区域经济社会发展需求;区域人力资源需求;高等教育大众化背景下区域高等教育布局调整;办学资源紧张,竞争压力日趋增大
	政策引导	国家出台政策调整师范教育体制和结构,师范教育体系由三级师范教育过渡到二级师范教育;师范教育体系开放,综合性大学参与教师培养;教师资格证考试全面放开;2014年国家引导部分高校向应用型高校转型;教育部先后实施卓越教师培养计划1.0和2.0
	政府支持	政府建大学、学校办教育;政府主导、社会参与、学校管理、市场运作;政府除财政拨款外,还具有政策引导、组织社会力量、引导投资方向、经营土地、调整产业结构、融投资等众多功能
	自我发展	办学定位摇摆不定、模糊不清;学科专业结构与市场需求不匹配;教师队伍素质偏低,尤其是"双师型"教师缺乏,不能有效支撑教学、科研和社会服务需求;内部治理结构不合理,科学化管理水平偏低
行动	办学定位转型	地方性、应用型、综合化、内涵发展、师范牌、开放式、高质量发展
	办学模式转型	构建政府主导、社会参与、办学主体多元、办学形式多样的办学体制;校企合作办学模式;校校合作办学模式;中外合作办学模式
	学科专业转型	与区域经济社会发展对接的应用型学科专业体系;学科链、专业链对接产业链;学科专业一体化建设;做精做优师范专业,做大做强非师范专业
	人才培养模式转型	产学研协同育人的应用型人才培养模式;U-G-S(大学-政府-中小学)、U-G-E(大学-政府-企业)协同育人机制;卓越教师培养计划;应用能力为导向的课程体系和教学模式;将学生培养延伸到行业企业,将课堂开设在行业企业;提高实践教学比例;以学生学习为中心,构建线上线下相结合的教学模式
	科学研究与社会服务转型	服务区域发展的应用研究和技术创新能力;搭建政产学研合作平台;注重应用研究,突出科技成果转化
保障	教师队伍建设	建设结构合理的高素质"双师型"教师队伍;加强校企合作、校校合作,推进高校教师进行业企业、中小学挂职锻炼;聘请行业企业和中小学骨干为兼职教师
	治理结构优化	制定章程,建立现代大学制度;设置与地方行业企业对接的职能机构;凸显应用,围绕学科专业集群重组二级学院(系);构建质量保障体系
	资源条件建设	适应应用型人才培养的实践教学资源和条件;加强实验室建设,满足非师范类专业快速发展需要;企业入驻学校,实现教学环境公司化、教学管理企业化及教学过程工作化

注:U-G-S是university、government、school的缩写,U-G-E是university、government、enterprise的缩写

二、向综合大学转型

案例学校 A 校是华东地区一所新建省属高校，1999 年由师范专科学校和教育学院合并升格为师范学院，2010 年经教育部批准更名为大学。短短十年时间，该校实现了从师范学院到综合大学的跨越式发展。

（一）转型动因

1. 区域经济转型升级的需要

A 校地处山东省中南部的地级市，该市在全省 17 个地市中人口最多、面积最大，工业基础薄弱，农业占比较大，20 世纪末人均 GDP 仅达全省人均 GDP 的 60%，城乡人口的纯收入只有全省人均纯收入的 1/3。[①] 进入 21 世纪，该市实施由农业大市向工业强市、由内向型经济大市向外向型经济强市、由生态资源大市向生态园林城市、由传统商贸大市向现代物流强市、由人口大市向人力资源强市的转型升级。前四个转型升级需要第五个转型升级来支撑，然而，该市高等教育发展滞后，在 2010 年之前没有一所综合大学，人才不足的问题十分突出，严重制约了社会经济的快速可持续发展。

2. 地方政府的主导与支持

在市场需求的推动下，A 校所在市的党委、市政府充分认识到高等教育对于地方经济发展的重要性，主动承担投资和建设大学的责任，并和 A 校一起向教育部申请将 A 校改为综合性大学。市政府给予 A 校资金、土地、政策、宣传等方面的重点支持，帮助其搭建平台，提升 A 校的社会声望，使地方社会对 A 校的办学宗旨、事业规划等有一个全方位的了解，从而广泛地吸引社会优质资源与 A 校联合办学。

3. 区域高等教育布局调整的需要

在区域高等教育布局方面，山东省的综合性大学大多集中在省会城市，地市一级不足 40%。[②] A 校是所在市唯一的本科院校，如果发展为综合性大学，可以弥补区域高等教育布局上的不足，满足区域经济社会发展对各类人才的需求。

[①] 陈敏，文辅相. 2006. 整合大学内外资源促进地互动发展：临沂师范学院案例分析. 高等教育研究，27（11）：60-69.

[②] 佚名. 2000 年具有高等学历教育招生资格的普通高等学校名单. 中国高校招生，（3）：43-48.

4. 高校生存与发展的内生动力

A 校刚成立时，办学定位模糊，办学理念陈旧，培养模式单一，学科竞争力不强，社会服务意识薄弱，学校的整体办学水平和综合实力在省内35所本科院校中排名最后，学校的生存与发展面临着严峻的挑战。为此，学校主动将自身的发展与地方的经济社会发展紧密联系起来，提出了建设一所区域性综合大学的目标，先后开展了四次教育思想大讨论，并结合对中国内地/大陆五所大学发展模式的研究、对港台地区大学发展模式的研究，以及对美国、英国、德国、日本等西方发达国家大学管理制度的研究，确立了为地方服务、以学生为中心的理念和引入企业经营理念管理现代大学的办学思想，借鉴英美现代大学模式，实施多体制办学的发展战略，明确转型目标，加快转型步伐。

（二）转型策略

1. 探索"政府建大学、学校办教育"的发展新模式

A 校转型成功的主要做法是地方政府担负起建大学的责任，探索出"政府建大学、学校办教育"的发展新模式。市委、市政府将筹建综合性大学列入全市"十五"重点建设项目，支持 A 校积极申办非师范专业，给予每个专业50万元的资助，划拨土地5000亩、总投资26亿元，负责2/3的硬件建设。升本之初，该校办学资源不足，办学经费短缺，社会服务能力弱。到2010年更名大学时，校园建设规划先进，校园面积位于全国第一位，教学资源建设累计投入经费2.5亿元，职业教育、民办教育、国际教育、研究生教育、社会服务等各项事业实现了快速发展，具体发展指标见表1-2。[①] 其"优化资源、市场运作、政府主导、学校管理"的大学发展模式成为国内外区域性高等学校健康发展的成功范例。

表1-2　A校2000年、2010年、2019年发展情况

指标	2000年	2010年	2019年
校园面积/亩	538	7 000	5 519
校舍面积/万平方米	17.9	97.9	112
全日制在校生/人	3 779	34 002	40 000
专任教师/人	563	2 045	2 299
教学科研设备值/万元	1 600	23 800	35 000

---

① 这些数据均根据案例学校访谈资料整理得出，下同。

2. 创新"一校多制"多元化办学模式

A校抢抓高等教育大众化发展机遇，以政府投资为主体，积极与社会力量合作办学，多渠道吸纳和利用社会资金、设备与技术力量举办不同层次的高等教育，实现了办学主体、产权结构和办学形式的多样化。2003年，A校成为全省第一家多体制办学试点单位。2001年，A校合并了两所职业学校，与市政府合办二级学院——职业技术学院，2002年合并当地一所民办学院，丰富了办学类型，扩展了学科门类，扩大了经费渠道。其先后与20多个国家的50多所高校联合培养学生。该校与多家企业合作，企业无偿提供仪器设备或建设实验室、厂房车间，供学生实验、实践与实习使用，学校为企业提供检测与科技服务。

3. 推进学科专业综合化

建设综合性大学，学科专业的综合化是前提和基础。升本之初，A校只有9个本科专业，而且均是师范类专业；20个专科专业中，师范类专业占了13个，高职专业只有7个。A校立足地方，坚持以社会需求为导向，以学科链、专业链对接产业链为原则，突出学科专业的应用性和实践性，围绕本市商贸物流、化学化工、机械制造、资源环境、文化产业、教师教育等行业产业的人才需求，积极增设新专业，不断调整优化学科专业布局。到2010年更名大学时，本科专业增至64个，其中非师范类专业为46个，占比为71.88%，涵盖9大学科门类，基本覆盖了本市及周边地区的主要行业和支柱产业。截至2019年，本科专业达到83个，其中非师范类专业65个，占比为78.31%，新增1个学术硕士学位授权点和2个专业硕士学位授权点，学科门类增至11个，实现了学科专业的综合化。A校1999—2019年师范类专业与非师范类专业变化情况见图1-1。

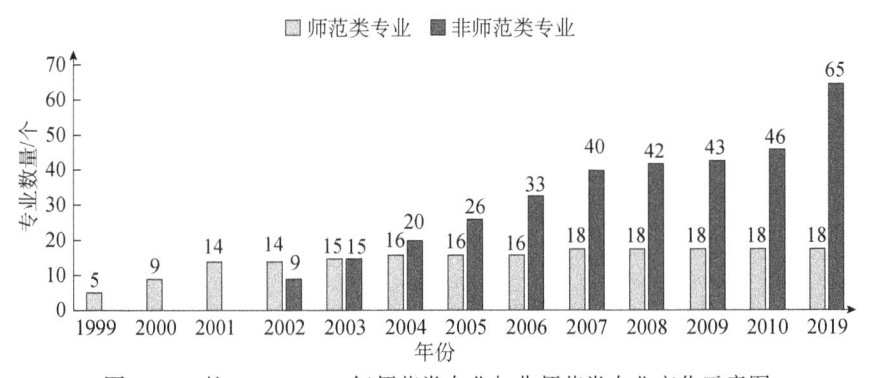

图1-1 A校1999—2019年师范类专业与非师范类专业变化示意图

4. 打造校地发展共同体

A校一直把服务区域经济社会发展作为根本使命，坚持"校地发展共同体"理念，实施"服务沂蒙行动"计划，围绕地方战略性新兴产业和支柱产业形成特色专业集群，打造十大校地共建工程；按照"政府搭台、企业注资、学校借势发展"建设模式，校地联合成立十余个应用型协同性研究院所，建有40多个产学研基地；与本市各县区和一批大中型企业签订120余项合作协议，合作开展200余个合作项目，向地方转让科技成果近百项，成为服务地方新旧动能转换的"发动机"，为区域创新体系建设做出了重要贡献。①

三、向师范大学转型

案例学校B校地处我国安徽省西南部，1980年经国务院批准成立师范学院，2006年获批硕士学位授予权，2016年经教育部批准更名为师范大学。

（一）转型动因

1. 区域经济社会发展的需要

19世纪末20世纪初，随着我国经济持续高速发展，以及我国对外开放重点由沿海向内陆推移，作为中部地区省份的安徽省迎来了快速发展的机遇，迫切需要各类高素质、高层次的应用型专门人才。比如，随着外向型经济的发展，迫切需要法律、金融、外贸、外语、系统工程方面的人才；随着民营企业、乡镇企业的快速崛起，急需大量环保、化工、生物技术、企业管理、市场营销、财务管理、轻工建材等专门应用型人才。

2. 高等教育大众化的驱动

为了适应经济社会的快速发展和满足人民对接受高等教育的迫切需求，1999年以来我国高等教育开始由精英化快速向大众化迈进，然而高校的数量、规模、结构、设施等还不能满足高等教育大众化的需求，这就为师范院校的转型提供了难得的机遇。师范学院因专业设置和数量相对固化，学科专业与区域经济社会发展不相适应，纷纷开设非师范专业，以扩大招生规模，探索转型发展之路。

---

① 临沂大学. 2020-04-20（2021-09-10）. 临沂大学学校概况. http://www.lyu.edu.cn/8117/list.htm.

3. 教师教育政策的引领

20世纪末，国家逐步确立二级师范教育，鼓励综合性大学试办师范学院，参与培养中小学教师，实行教师资格证制度，取消传统的师范毕业生统招统分政策，代之以平等竞争、双向选择、自主择业的新的就业政策。在这种形势下，B校和诸多师范院校一样迫于生存和发展的压力，加大了对学科设置和专业建设的力度，开始了由单科性师范学院向多科性、综合性师范大学的方向转型发展。

（二）转型策略

1. 明确办学思路，坚持特色兴校

B校始终坚持"举师范旗、走应用路、创特色牌"的发展思路，确立了努力建设特色鲜明的地方应用型高水平师范大学的战略目标。B校在长期的办学实践中形成了"文化育人、服务立校"的办学特色。它服务基础教育，始终坚持教师教育的主业地位，实现学科专业教育与教师教育融合，构建了"卓越化""开放型"的教师教育体系；服务地方主导产业和区域生态环境保护，搭建了各种类型的校地校企协同创新平台，与地方企业开展订单式培养；服务地方文化发展，成立了黄梅剧艺术学院，建立了完整的黄梅戏艺术本科教育体系。

2. 以学科建设为龙头，师范专业和非师范专业共同发展

B校确立了以学科建设为龙头的指导思想，按照"凝练学科方向，锻造学科梯队，增强学科实力，发挥学科优势"的思路，整合优势资源，调整学科布局，优化学科结构，全面有序地推进学科建设，实现学科内涵由单一架构向全面特色转型。2006年，经国务院学位委员会批准成为硕士学位授予单位。截至2020年，学校有硕士学位授权一级学科11个，其中师范类专业6个，另外还设有教育专业硕士学位点，显示出B校师范专业学科建设的深厚底蕴，这也是师范院校转型发展过程中比较显著的特征，即传统的师范专业仍是学校的学术重心。在发挥传统优势的同时，B校瞄准地方战略发展目标和产业布局结构调整规划，大力发展适应经济社会发展需要的非师范专业，培育新的学科专业增长点，走综合化发展之路。1999年，B校招生专业数为12个，其中师范类专业11个，非师范类专业1个且为当年新增。到2005年，专业数增至38个，其中师范类专业18个，非师范类专业20个，非师范类专业首次超过师范类专业。2016年更名为师范大学时，其专业数达到77个，其中非师范类专业55个，占71.43%。B校师范类专业和非师范类专业变化见图1-2。

图1-2 B校1999—2018年师范类专业和非师范类专业变化示意图

3. 立足地方，着眼应用，走产教融合之路

B校加强与地方行业企业的合作，在人才培养、科学研究、社会服务等方面取得了一系列成果，实现了校企"优势互补、资源共享、互惠双赢、共同发展"的合作目标，为应用型专业人才培养创造了条件。B校通过校企、校所合作，切实提升学校发展与区域经济社会发展需求的适应度、学科专业与地方战略新兴产业的契合度、人才智力支撑与服务社会的贡献度，有力推进了学校内涵发展、转型发展、跨越发展。同时，B校充分发挥教师教育优势，与地方政府和中小学校合作，将"实习支教、置换培训"与"中小学教师国家级培训计划"（以下简称"国培计划"）深度结合，探索教师教育一体化模式，受到师范生和中小学校的欢迎，得到媒体、政府和社会各界的广泛肯定。

四、向应用技术大学转型

案例学校C校地处我国河南省的东南部，2002年经教育部批准由师范专科学校升格为本科师范院校。C校成立后，和大多数新建地方本科院校一样，在招生规模、专业拓展和硬件建设等方面加快发展，实现了以规模扩张为主要特征的由专科院校向普通本科院校、单一教师教育专业向教师教育专业为主体多学科协调发展的转型。进入"十二五"时期，我国社会发展呈现新常态，经济转型和产业升级加快，曾经在高等教育大众化进程中做出贡献的师范学院面临着人才培养难以满足地方经济发展需求的问题。面对新的形势，C校加强顶层设计，转变办学思想，明确办学定位，优化学科专业结构，推进产教融合，不断提高服务地方经济社会发展的能力和水平，走出了一条向应用技术大学转型发展的办学之路。

（一）转型动因

1. 经济转型升级需求

在国家经济转型、产业升级的大背景下，中部地区的河南省和C校所在市主动响应"一带一路"倡议，大力实施粮食生产核心区、中原经济区等国家战略，围绕经济结构转变，提升产业核心竞争力，构建现代新型工业体系，促进乡村振兴、百城提质建设以及高质量的县域经济和产业集群式发展。经济转型升级的关键是要有一大批适合经济转型升级的复合型、应用型、技术技能型人才的支撑，这对地方高校提出了转型发展的要求。

2. 国家和地方政策驱动

2014年2月，国务院常务会议做出"引导一批普通本科高校向应用技术型高校转型"的部署。[①] 2015年3月，李克强总理在政府工作报告中提出，"引导部分地方本科高校向应用型转变"[②]。2015年10月，《教育部 国家发展改革委 财政部关于引导部分地方普通本科高校向应用型转变的指导意见》发布。2013年1月，河南省启动了本科高校转型发展试点工作，确定了5所理工科院校作为第一批试点高校。2014年，在学校自愿申报、专家评审的基础上，河南省确定了包括C校在内的10所高校作为第二批试点高校，其中C校为7所整体转型试点高校之一。

3. 地方政府重视和支持

河南省抢抓机遇，主动变革，积极推动地方高校转型发展。2014年，C校被确定为整体转型发展试点高校，2015年被确定为首批"示范性应用技术型本科高校"。2015年7月，河南省和C校所在市政府共同签署了支持C校转型发展的战略协议，共同推进C校深化改革，支持学院转型发展，创建以工、商类学科专业为主，多学科专业协调发展的地方性、高水平、应用型大学。河南省教育厅在政策、项目、投入等方面加大支持力度，安排专项经费，为C校转型发展创造了良好的条件和环境。C校所在市的市政府将C校作为重要的人才培养基地和科技创新基地，计划在5—7年投入2.5亿元，支持C校转型发展。

[①] 人民网. 2014-02-26（2021-09-10）. 国务院：引导一批普通本科高校向应用技术型转型. http://politics.people.com.cn/n/2014/0226/c70731-24474386.html.

[②] 央广网. 2015-03-05（2021-09-10）. 李克强：引导部分地方本科高校向应用型转变. http://news.cnr.cn/special/2015lh/zb/rdkm/zy/20150305/t20150305_517889854.shtml.

4. 自身具有转型发展基础

多年来，C校一直坚持立足地方、服务地方的办学宗旨，明确目标定位，加强内涵建设，推进特色发展，不断探索新建本科院校健康发展的路子。"十二五"以来，C校围绕河南省三大国家战略规划实施，紧紧抓住本省产业转型升级的战略机遇，立足本市、面向全省，积极推动政产学研合作，有效地促进了学校与区域经济发展的紧密结合，在促进地方经济社会发展中实现了学校各项事业的快速发展。

（二）转型策略

1. 坚持立足地方，做好转型顶层设计

高校转型，理念先行。2013年12月，C校召开了第二次党员代表大会，针对高等教育改革发展的新形势和河南省经济发展战略，认真做好顶层设计，确立了转型发展的办学思路，即以培养应用型人才为根本，以内涵建设为中心，以服务社会为宗旨，做精做强传统优势学科专业，大力发展与战略性新兴产业和地方支柱产业相关的学科专业，把学校建设成为"特色鲜明的高水平应用技术大学"。该校经过广泛调研和深入研讨，制订了转型发展实施方案，统筹规划学校转型发展的方略举措和时间表、路线图。同时，在学校总体方案的统领下，教务处、人事处、服务区域处等职能部门从应用型人才培养、教学质量工程建设、"双师双能型"教师队伍建设、学科专业集群建设、政产学研用平台建设等方面先后出台了一系列配套转型改革方案，确保转型发展落到实处、取得实效。

2. 坚持章程引领，构建现代大学制度

C校以章程为核心建立现代大学制度，搭建政产学研合作平台，优化学校内部治理体系；突破体制机制约束，成立了资产投资管理有限责任公司，依托资产投资管理有限责任公司成立了大学科技园有限责任公司，解决了教师成果转化、学生创新创业和产教融合等"最后一公里"的问题。[1] 二级学院成立了由政府官员、行业骨干、企业家、专家学者等组成的理事会，与政府部门、行业企业共同制订人才培养方案，共同开展专业和课程建设，共同开展社会服务和质量保障等工作。

---

[1] 彭榕. 2015. 在融入地方经济社会发展中做好转型发展大文章. 河南教育（高教版），（7）：49-50.

3. 坚持应用为本，改革人才培养模式

C校坚持学生中心、应用为本的理念，确立了"培养高素质、厚基础、强能力、善创新，具有国际视野和师范底色，适应区域经济社会发展的应用型高级专门人才"的培养目标定位，实施卓越教师、卓越工程师、卓越律师、卓越会计师"四大卓越人才"培养计划，推行"产教融合、双核强化、四轮驱动、学做结合"的应用型人才培养模式改革。信息工程学院、生物工程学院、工商学院等二级学院分别实施"嵌入式""三明治式""订单式""项目化"等多元化协作育人模式，开创了校企共赢的局面。

4. 坚持需求导向，构建应用型专业格局

C校坚持需求导向，明确了"巩固优势专业，做精师范专业，做特工商专业，集群发展，融合发展，特色发展"的专业建设思路。自2013年实施转型以来，C校围绕战略性新兴产业和地方支柱产业，先后增设了20个工、商类专业，形成了教师教育类、化工电子类、生物食品类、工商金融类、文化创意类等五大专业集群，构建了以工科、经济、管理为主体，以教师教育和文化创意为两翼的"一体两翼"应用型专业格局。截至2018年，该校58个本科专业中，师范类专业为16个，占专业总数的27.59%；非师范类专业为42个，占专业总数的72.41%；非师范类专业中，工、商类专业为29个，占专业总数的50.00%。C校2002—2018年师范类专业和非师范类专业变化情况见图1-3。

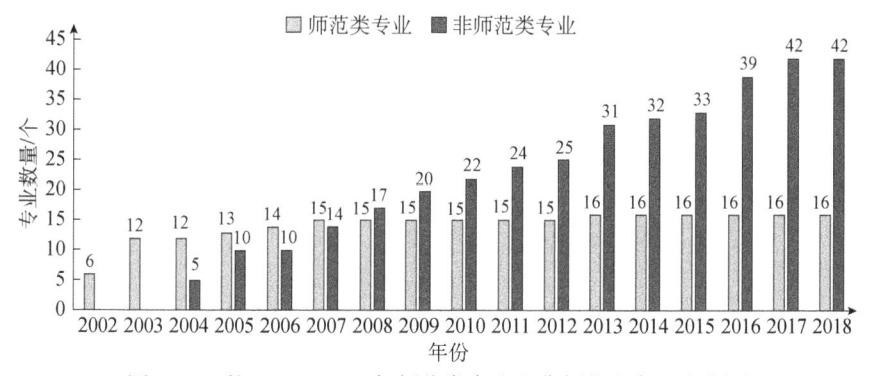

图1-3　C校2002—2018年师范类专业和非师范类专业变化图

5. 坚持产教融合，加强应用科学研究

C校认为科研转型是地方高校向应用技术大学转型发展的重点，应明确应用性科研导向，主动对接地方、行业、企业，坚持产教融合、校企合作，走产学研合作之路。C校与所在区域10余个县（市、区）以及10余家上市公司签

订了全面战略合作协议，形成了"校地共建+应用研究+成果转化+人才培养"的四位一体科研创新平台，大力推进产业学院和智库建设，切实做到了"把人才培养放到车间里，把科研论文写在大地上"。截至2020年，学校建有1个国家级创新平台、3个省级智库、3个省级重点实验室、6个省级一流学科以及28个校地协同研发平台，学校科技成果转化率大幅提升，有效助推了区域经济发展和产业技术革新。

五、向新型师范学院转型

案例学校D校位于我国西南部、长江上游最大的城市，前身是省级教育学院，2012年经教育部批准改建为师范学院。改建以来，D校主动参与地方本科高校转型发展试点，推动师范教育与非师范教育融合发展，以融入区域、服务经济社会发展为转型方向，在学校治理结构、人才培养模式、教师队伍建设等方面实行综合改革，积极探索新型师范学院转型发展之路。

（一）转型动因

1. 新产业、新业态发展的需要

D校所在的市在经济社会发展进程中，服务业存在巨大的发展空间，2013年第三产业增加值占地区生产总值的比例仅为41.42%。该市颁布的《关于科学划分功能区域、加快建设五大功能区的意见》提出，都市功能核心区主要是发展现代高端服务业，规划"2020年服务业增加值比重占该地区的90%以上"，同时提升都市功能区对其他地区的服务影响力。2011年，国务院颁布了《中国儿童发展纲要（2011—2020年）》，为儿童产业发展指明了方向。随着生育政策逐步放开，儿童数量也将逐步增加，因此儿童消费产业发展前景广阔。随着生活水平的提高，特别是人口老龄化、新型城镇化和健康消费提升三大因素叠加，必将进一步推进国民对健康服务需求的持续增长。2013年发布的《国务院关于促进健康服务业发展的若干意见》提出，"到2020年，基本建立覆盖全生命周期、内涵丰富、结构合理的健康服务业体系，打造一批知名品牌和良性循环的健康服务产业集群，并形成一定的国际竞争力，基本满足广大人民群众的健康服务需求。健康服务业总规模达到8万亿元以上，成为推动经济社会持续发展的重要力量"。此外，营商服务在我国的发展空间也很大，营商服务业增加值占我国GDP的比例将逐年增加。按照国家中心城市和长江

上游经济中心的区域发展规划，D校所在市在营商服务业领域的发展空间应该更大。①

2. 高等教育区域化差异发展的需要

D校所在市"十二五"事业发展规划明确提出要打造"西部教育高地"，而打造"西部教育高地"必须优先发展高等教育，加强对高等教育的宏观调控，推进分类指导和分类管理，调整优化高校区域分布、办学层次、培养规格、学科专业等，构建多层次、多类型的学科体系不断完善的高等教育体系。2012年，位于都市功能核心区的D校由教育学院更名为师范学院，如何在老牌本科院校和独立院校、高职高专的夹缝中求得生存，成为摆在校领导和教职员工面前的首要问题。经过充分的调研和多次教育思想大讨论，全校上下达成一致共识，即应准确分析自身所在区域的生态环境和自身条件，实施差异化发展战略，坚持特色发展、错位发展、转型发展，形成独特的办学思想和办学模式。

3. 教师教育政策的要求

一是构建教师专业发展标准体系。2011年10月，《教育部关于大力推进教师教育课程改革的意见》《教师教育课程标准（试行）》印发，2012年2月，教育部又印发了《幼儿园教师专业标准（试行）》《小学教师专业标准（试行）》《中学教师专业标准（试行）》。课程标准和专业标准的颁布实施标志着我国教师教育走向了专业化。2012年8月，《国务院关于加强教师队伍建设的意见》颁布，进一步明确提出要完善教师专业发展标准体系，使教师的专业发展规范化。

二是实行教师资格证全国统考。2011年，《教育部关于开展中小学和幼儿园教师资格考试改革试点的指导意见》颁布，并在浙江、湖北率先进行国家统考试点。2013年，教育部颁布了《中小学教师资格考试暂行办法》，明确提出自2015年起全面推行教师资格全国统考，所有申请教师资格的人员包括师范类学生，均需要参加教师资格考试，并打破教师资格终身制，实行定期（五年）注册制度。

三是开展"卓越教师"培养试点。2014年，《教育部关于实施卓越教师培养计划的意见》颁布，全面开启对卓越教师培养的探索与实践。2018年1月，《中共中央 国务院关于全面深化新时代教师队伍建设改革的意见》颁布，强调"培养数以十万计的卓越教师"。2018年2月，教育部等五部委印发《教师教育振兴行动计划（2018—2022年）》，提出深入实施"卓越教师培养计划"，办好

---

① 张向华，马正兵. 2015. 新建地方本科高校专业集群建设的背景、缘由及思路：以重庆第二师范学院为例. 重庆第二师范学院学报，3：75-79，175.

一批高水平、有特色的教师教育院校和师范类专业。2018年9月,《教育部关于实施卓越教师培养计划2.0的意见》提出八大举措,要求加快形成高水平师范人才培养体系,引导广大师范生求真学问、练真本领,从源头上培养高素质的教师。

四是实施乡村教师支持计划。2015年,国务院办公厅颁布《乡村教师支持计划(2015—2020年)》,提出逐步形成"下得去、留得住、教得好"的局面,努力造就一支素质优良、甘于奉献、扎根乡村的教师队伍。

五是开展师范类专业认证。2017年10月,教育部印发《普通高等学校师范类专业认证实施办法(暂行)》,提出以"学生中心、产出导向、持续改进"为基本理念,规范引导师范类专业建设,建立健全教师教育质量保障体系。

这一系列教师教育政策与改革措施表明了国家对教师教育的高度重视,以师范院校为主体、高水平非师范院校参与的中国特色师范教育体系逐步确立。

4. 学校历史传统和发展的需要

作为以教育为主要服务领域的学校,D校一直以"扎根地方,服务基教"为宗旨,20世纪90年代为适应经济社会发展需要大力发展高等职业教育,为第三产业(服务业)培养了相关专业人才,有了一定的学科专业积淀。成立师范学院以后,D校根据自身的历史传统、学科专业优势以及所处区域的高等教育生态环境,确立了"做精做优师范教育,做大做强非师范教育"的办学目标,基于所在市35%的地方高校都在举办教师教育的现状,D校确定了面向学前、小学和现代服务业,为区域经济社会发展服务的办学定位,着力建设"以人为本、服务于人"的新型师范学院。

(二)转型策略

1. 整合优势资源,实施错位发展战略

针对所在区域内1/3高校举办教师教育的现状,D校主动转型,实施错位发展战略。一是整合教师教育资源,归口教师教育学院集中管理,提升教师教育的综合化和师范性,有效促进教师教育职前职后一体化,打造教师教育品牌;二是融通师范教育与非师范教育,强化专业集群建设,培育具备师范特质的人才培养特色;三是构建人才培养、科学研究、社会服务、文化传承和国际交流一体化机制,围绕服务学前和小学儿童成长,形成服务面向上的特色;四是建立U-G-S教师教育联盟,与市、区(县)教育局、小学、幼儿园以及教师发展中心等签订合作协议,构建合作育人长效机制;五是促进学科交叉融合,围

绕学前和小学教育的服务定位，整合学前教育、小学教育、艺体类、化学、生物、信息技术等专业资源，着力培养统筹城乡教育急需的学前教育和小学教育教师。

2. 变革治理结构，创新学校管理方式

第一，制定章程，构建以章程为核心的现代大学制度。

第二，完善学校内部治理结构，实施党委领导下的校长负责制，成立由区（县）教育主管部门、教师发展中心、小学、幼儿园、行业企业、科研院所等组成的学校董事会。

第三，推进教授治学，成立学术委员会对学校重大事项进行咨询审议。

第四，构建校院两级管理体制，推进放管服改革，实现管理重心下移。各二级学院联合政府部门、行业协会和企业成立理事会，开展专业建设、基地建设、社会服务等工作。

3. 专业对接产业，打造专业集群

D校根据自身学科专业优势和区域经济社会发展的现状、趋势，以服务学前和小学儿童成长需求为主线调整、优化专业结构布局，围绕教育、信息、商贸、文化、健康等现代服务业五大领域学科及人才需求，积极构建跨学科、跨院系的教师教育、工商管理、信息技术、文化产业、生命健康五大专业集群，形成了差异化、特色化发展的格局。

4. 重构培养体系，培养应用型人才

第一，融通非师范专业与师范专业，使红岩精神和"学为人师，行为世范"的师范精神成为所有专业的人才培养底色，构建中高职与本科衔接体系。

第二，基于OBE（outcomes-based education，基于学习产出的教育）理念，强化实践导向的育人模式改革，设置校内和校外两套人才培养方案，校内培养方案完成通识教育和专业基础教育，以理论教学为主，辅以基本的实验和实训；校外协同方案主要完成职业教育，以实践教学为主，辅以必要的理论专题。

第三，推行案例教学、线上线下混合教学改革，搭建实践教学平台，建设智慧教室、虚拟仿真实验室等校内平台，依托U-G-S教师教育联盟和U-G-E校政企联盟，建立稳定的校外实践基地，切实提高了应用型人才培养质量。

5. 创新用人思路，建设"双师型"教师队伍

第一，适应一线岗位群需求，全面建设"双师双能型"教师体系。在学历达标的情况下，D校重点引进具有与其所任教课程相关工作经历、从业资格证书或职称的教师，注重引进具有教学经验、研究方向为学科教学论的博士。

D校总体设计"双师型"教师培养规划，采取分批培养的办法，鼓励教师参加专业实践、社会服务和技术开发等，引导专业课和专业基础课教师到企事业单位和中小学实践锻炼。

第二，建立校外兼职教师资源库，聘请中小学骨干教师、企事业单位专业人才担任兼职教师，打造校内外双向流动、专兼职结合的"双师型"教师队伍。

第三，建立"双师型"教师队伍建设长效机制，制定"双师型"教师认定办法，在教师考核、职务评聘等方面向"双师型"教师倾斜。

第三节 师范学院转型发展的主要特征

前面探析了1999年以来108所师范学院转型发展的基本形态，并对4所典型案例学校进行了分析。由于区域经济社会发展状况、办学传统、学校特色、学科优势等不尽相同，师范学院转型发展的形态有所不同，然而各校在转型过程中表现出了一些共性特征和发展趋势。

一、发展综合性

随着教师教育体系逐步走向开放，无论是老牌师范学院还是新建师范学院均不约而同地采取了综合化发展的转型路径。一是办学定位体现了综合性。随着教师教育的开放，为了突破师范教育的藩篱，各师范学院在办学定位上均有"综合性（综合型）"的表述，如案例学校A校的办学定位是"建设成为综合性、有特色、创新创业型大学"。二是学科建设体现了综合性。实现学科结构的综合性既是师范院校学科结构调整的方向所在，也是实现师范院校战略转型的坚实基础所在。[1]在师范教育体系从封闭走向开放和新文科、新工科、新农科、新医科"四新"学科建设的背景下，一方面师范学院的学科门类越来越齐全，另一方面师范学院逐步加强学科的交叉、融合与集成。三是专业设置体现了综合性。传统师范学院的专业设置与中小学的学科相适应，只有师范类专业，几乎没有非师范类专业。经过20多年的发展，师范学院主动对接地方经济社会发展，大力发展非师范类专业，增强社会服务能力，大多数师范学院的非

---

[1] 钟秉林. 2004. 高等教育创新与教师教育和师范院校的转型. 中国大学教学, 1: 15-16.

师范类专业数和学生数均超过一半,部分师范学院实现了师范生和非师范生的并轨招生。

二、突出地方性

师范学院大多数地处省会以外的城市,明确而又突出的地方性是其立足之本,也是其优势和特色所在,更是其转型发展的题中应有之义。曾任美国威斯康星大学校长、"威斯康星理念"的主要奠基者查尔斯·范海斯曾经说过:"大学应成为灯塔,积极促进社会发展,使全州的人民都能与这所大学的人才和知识发生联系,使每一户人家从这种联系中得到益处。"[①]师范学院的转型发展必须始终突出"地方性"这一特征,主动适应区域经济结构转型升级,研究分析所在区域的历史、文化和教育,基于产业需求侧发生的重大变化,及时调整、优化学科专业结构,推进应用型人才培养模式改革,为地方经济社会发展提供源源不断的人才支撑。同时,师范学院要立足地方、依托地方、融入地方、服务地方,以服务求支持,以贡献求发展,努力成为地方政府制定政策、做出决策的智囊团,以及区域科技创新的主阵地和社会思想文化的思想库,在为地方经济社会发展服务中,履行自身使命,实现自我价值,获得政府支持,赢得办学资源,拓展办学空间,增强办学实力,形成办学特色,实现学校科学发展、可持续发展和高质量发展。

三、强化应用性

师范学院转型发展的首要使命和根本任务是培养应用型人才,兼顾为地方经济社会发展提供应用研究和科技服务。师范学院不能走学术本科之路,要坚持"学生中心、应用为本",办应用型本科教育,推进政产学研用协同育人,深化人才培养模式改革,从培养目标的确立,培养方案的制订、实施到培养质量的监控,每一个环节都应做到规划科学、措施得力、落实有序,切实保障应用型人才培养质量,满足地方对人才培养规格的要求。同时,要以服务为导向,面向区域支柱产业和特色行业,依托优势学科、创新团队、重点实验室、工程实训中心等高水平创新平台,组建校地协同研发平台和新型智库,形成"校地融合+项目引领+驻院研究+成果转化"的四位一体运行机制,及时把科技

---

① 转引自:王旭东.2013-09-18.社会服务:地方高校的边界在哪里?光明日报,(第14版).

成果转化为教学内容、现实生产力。从实际情况来看，师范学院在向应用技术大学和新型师范学院转型的过程中均明确定位为应用型高校，即使向综合大学或师范大学转型，也明确定位以发展应用性学科和培养应用型人才为主。

四、扩大开放性

开放办学是师范学院转型发展的时代要求，师范学院在转型过程中尤其注重扩大开放性，不断推进开放办学、融合办学。具体如下：一是面向中小学开放，融合教师教育与基础教育。师范学院不断改变封闭的办学格局，扩大开放办学，积极探索和努力实践 U-G-S 教师教育协同培养模式，把地方政府、中小学、教师发展中心、科研院所等纳入师范生培养主体，实现了教师教育与基础教育的无缝对接。二是面向行业企业开放，融合产业与教学。师范学院主动对接地方产业链、创新链，与行业企业互联互通，共同确定人才培养目标，共同制订人才培养方案，共同实施人才培养过程，共同评价人才培养质量，协同培养应用型人才。三是面向国际开放，融合中外应用型人才培养。师范学院积极开展对外交流与合作，借鉴和吸收国外先进的教育理念、教学方法和管理经验，探索中外合作办学新模式，建立国内外高校间学生互换、学分互认、学位互授联授机制，与国外大学、学术组织合作开展学术和文化交流，培养具有国际视野的高素质人才。

五、彰显师范性

师范学院发展的综合性要防止"去师范化"的转型误区，教师教育是师范学院的办学传统和办学特色所在，优先发展教师教育应成为师范学院办学的发展战略。具体如下：一是发挥了自身在教育科学与教师教育研究方面的优势，成立教育智库，引领中小学教育教学改革，为地方教育提供政策和决策咨询；二是与教育主管部门、中小学以及教师发展中心等联合成立教师教育联盟，建立协同育人长效机制，注重对师范生的教师技能的培养，做精做优师范类专业；三是将学校已有的"学为人师、行为世范"的教师教育文化作为人才培养的底色和底蕴，形成师范学院独有的办学特色和优势。事实上，大部分师范学院的转型目标是创建师范大学和新型师范学院，发展和彰显师范性，而部分师范学院在向综合大学和应用技术大学转型的过程中，仍把师范专业和教育学科作为自己的特色和品牌。

第二章

师范学院转型发展的因素、机制与路径

师范学院有着独特的发展特征和发展境遇，它们大多由师范专科学校升格而来，无论在生存空间还是人才培养质量方面，都面临着巨大的压力。为走出困境，众多师范学院开始以改革创新为动力，以提升质量为核心，以促进内涵发展为目的，探索进一步的转型发展路径。师范学院作为培养师资的重要力量，其转型发展引起了高等教育实践者与研究者的高度关注，但是已有研究更多从宏观层面关注师范学院转型发展的模式，关于师范学院转型发展的影响因素、核心机制、演化路径的研究还非常缺乏。转型发展的影响因素、核心机制、演化路径是师范学院转型发展战略制定的基础，是把握转型发展方向的基石，因此及时开展师范学院转型发展的因素、机制与路径研究，具有重要的理论意义和实践价值。

第一节　师范学院转型发展的关键因素

师范学院在发展的过程中，需要随着外部环境的变化而动态地做出相应的战略调整，必须根据组织愿景、内部资源及外部市场等条件适时地实施战略转型，以保证学校的可持续发展。组织愿景、内部资源条件和变化的外部环境都会影响师范学院的转型发展，那么影响师范学院转型发展的关键因素有哪些？

一、师范学院转型发展的调查分析

在研究师范学院转型发展的关键因素之前，对师范学院转型发展的动因、转型发展的意愿、转型发展中的问题，以及转型发展的效果进行实地调查和数据分析，切实掌握师范学院转型发展的基本情况，对于进一步分析师范学院转型发展的关键因素，以及制定转型发展战略具有重要价值。

（一）问卷调查与数据收集

通过收集文档资料、访谈和实地观察，本研究对转型发展学校的校领导、中层管理人员、教师进行了广泛调研，形成了10余万字的各类访谈资料。共发放200份问卷，收回有效问卷164份。问卷作答者包括校领导、中层干部和教师等，其中校领导有17人，占10.4%，中层管理干部有64人，占39.0%。拥有博士学位的有82人，占50.0%，拥有高级职称的有78人，占47.6%。问卷详见本书附录二。调查对象主要分布在江苏、浙江、广州、湖南、福建、辽宁、重庆、广西等11个省（自治区、直辖市）。被调查者认为自己所在单位已经转型和正在转型的达到了92.7%。

（二）师范学院转型发展的基本情况

本研究主要从以下几个方面对收集的数据进行分析。

1. 促使师范学院转型发展的动因

数据分析表明，促使师范学院转型发展的动因，既有内因也有外因，依次是学校提升发展竞争力的内在需求、经济社会发展需求、政府的政策推动和周围的学校都在转型等。学校提升发展竞争力的内在需求代表了师范学院转型发展的内因；经济社会发展需求、政府的政策推动、周围的学校都在转型则是外因（图2-1）。

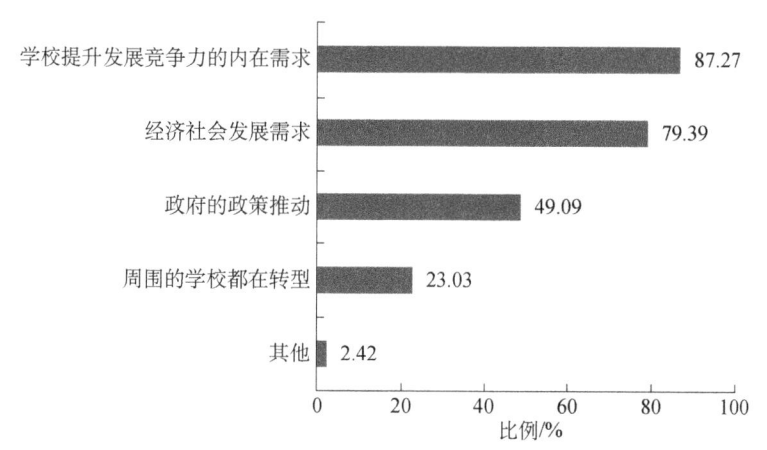

图2-1 促使师范学院转型发展的主要原因

- 学校提升发展竞争力的内在需求 87.27
- 经济社会发展需求 79.39
- 政府的政策推动 49.09
- 周围的学校都在转型 23.03
- 其他 2.42

2. 师范学院转型的意愿

对校领导、中层干部和教师的调查数据分析表明，大家对师范院校转型发展的意愿比较强烈（几乎每一题项都有超过半数被调查人员选择"完全同意"），普遍认同"认为当前师范学院应当转型发展""希望学校转型发展，从而不断提升办学质量""如果有机会，希望参加学校的转型发展工作"等观点（图2-2）。

3. 转型发展面临的主要问题

师范学院转型发展面临的主要问题依次是"诸多的体制机制障碍""学校既有资源条件难以提供有力支撑""转型目标与路径不明确""教师队伍素质结构的限制"等（图2-3），可以发现"体制机制障碍"是影响转型发展的重要因素，这与本书后续的质性分析部分得出的"治理结构"改革是转型发展最重要的影响因素的结论相一致。缺乏师生员工的支持基础是最小的障碍，笔者在访谈中也发现，师生对转型发展普遍抱有积极态度，希望通过转型发展提升师范学院办学质量。

4. 对待师范教育的态度

师范学院转型发展过程中，比较特殊的现象就是关于"师范教育"的问题，被调查者认为师范学院转型发展过程中应当强化师范教育，这一人数的比例为72.73%（图2-4）。

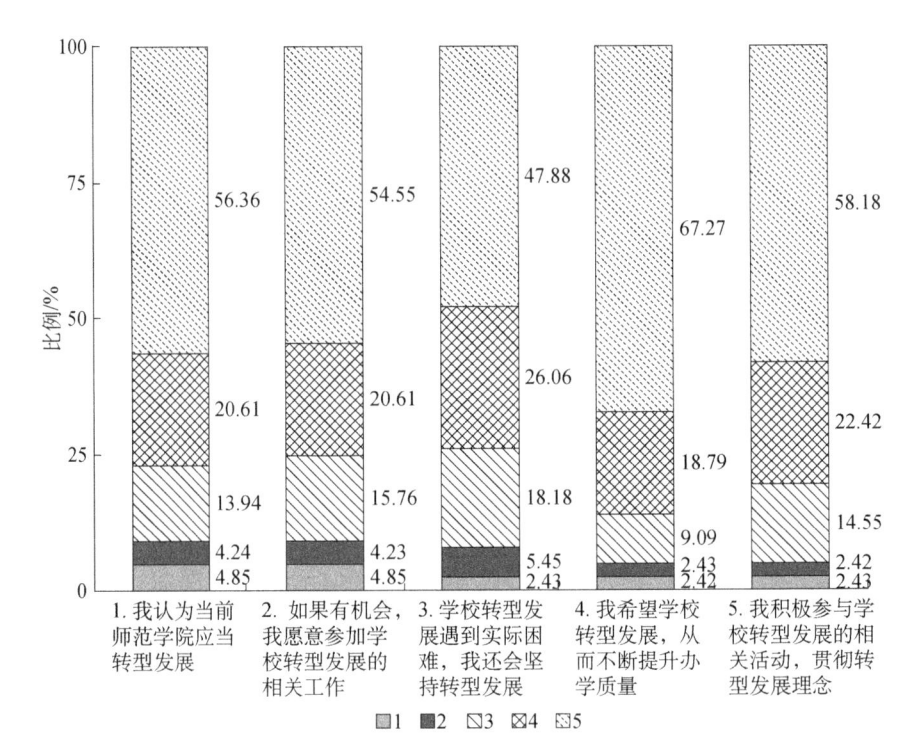

图 2-2　师范院校转型发展的意愿

注：1 表示"完全不同意"，2 表示"基本不同意"，3 表示"中立"，
4 表示"基本同意"，5 表示"完全同意"

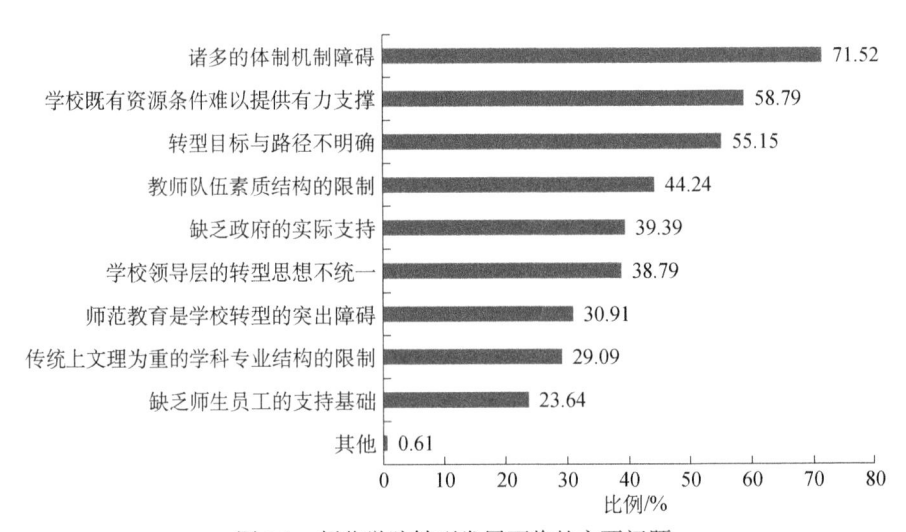

项目	1	2	3	4	5
1. 我认为当前师范学院应当转型发展	4.85	4.24	13.94	20.61	56.36
2. 如果有机会，我愿意参加学校转型发展的相关工作	4.85	4.23	15.76	20.61	54.55
3. 学校转型发展遇到实际困难，我还会坚持转型发展	2.43	5.45	18.18	26.06	47.88
4. 我希望学校转型发展，从而不断提升办学质量	2.42	2.43	9.09	18.79	67.27
5. 我积极参与学校转型发展的相关活动，贯彻转型发展理念	2.43	2.42	14.55	22.42	58.18

图 2-3　师范学院转型发展面临的主要问题

问题	比例/%
诸多的体制机制障碍	71.52
学校既有资源条件难以提供有力支撑	58.79
转型目标与路径不明确	55.15
教师队伍素质结构的限制	44.24
缺乏政府的实际支持	39.39
学校领导层的转型思想不统一	38.79
师范教育是学校转型的突出障碍	30.91
传统上文理为重的学科专业结构的限制	29.09
缺乏师生员工的支持基础	23.64
其他	0.61

图 2-4　师范学院转型发展过程中如何处理师范教育问题

5. 师范学院转型发展效果

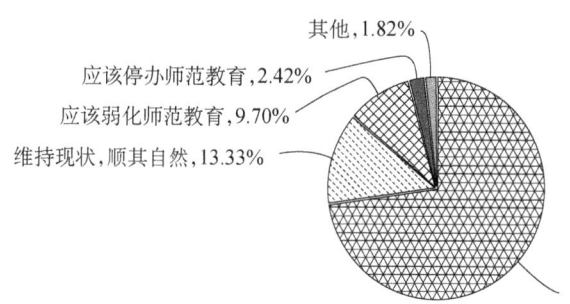

师范学院转型发展已经有一段时间，效果到底如何？从被调查对象分析，笔者发现师范学院转型发展的效果较好，该问题平均分为 4.14。大家基本赞同"学校实施转型后，办学质量提高了"，参见图 2-5。

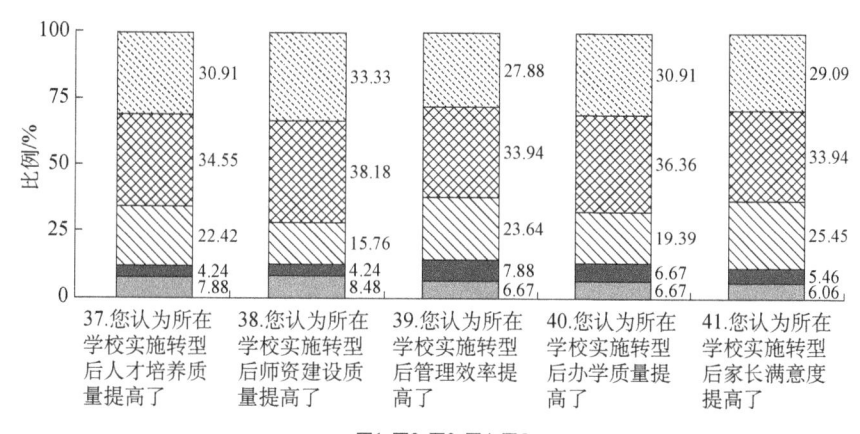

图 2-5　师范学院转型发展效果

注：1 表示"完全不同意"，2 表示"基本不同意"，3 表示"中立"，4 表示"基本同意"，5 表示"完全同意"；因四舍五入，部分数据之和不等于 100，下同

二、师范学院转型发展的关键因素

（一）扎根理论分析

笔者采用扎根理论方法对收集到的资料进行开放性编码（open coding）、主轴性编码（axial coding）和选择性编码（selective coding），得出如下结果（图 2-6）。首先，通过开放性编码来获得关键概念和范畴。其次，进行主轴性

编码,从而发现和建立主要范畴间的有机关联。最后,进行选择性编码,目的是通过梳理师范学院转型发展的主线,把核心范畴与其他范畴系统地联结起来,并进一步通过案例资料进行佐证(图2-6)。通过编码分析发现,图2-6所示的一级编码是影响师范学院转型发展的关键因素。在此基础上,笔者针对一级编码设计问卷,进行调查统计分析,进一步检验这些是否为影响师范学院转型发展的重要因素。问卷设计采用了李克特五级量表法。涉及转型发展因素的题目共计23个,其中涉及人才培养、科学研究、社会服务、学科专业建设、教师队伍建设的题目分别为4个,涉及内部治理的题目为3个。

(二)转型发展的关键因素

通过编码分析和问卷调查的定量分析相互印证,笔者发现以下核心范畴得分均值从高到低依次是内部治理(4.39)、学科专业(4.33)、人才培养(4.25)、教师队伍(4.18)、科学研究(4.17)、社会服务(4.10),它们是影响师范学院转型发展的重要因素。

1)在"内部治理"范畴,被调查者认为最重要的是师范学院整个学校层面的"管理重心下移,激发二级学院的办学活力"。二级学院是师范学院运转的主体,如果缺乏办学活力,将导致办学后劲儿不足,办学整体水平难以提升。因此,通过体制机制改革,简政放权,下移管理重心,给二级学院赋能,是促进师范学院转型发展的重要因素。其次,建立行业企业参与的治理结构,实现学校与外部、学校与二级学院之间的协同治理,这对于提升管理效率非常重要。

2)在"学科专业"范畴,被调查者认为学科专业建设要注重打造学科-专业-产业链,形成学科专业一体化建设,以及专业集群与产业链的有效对接,即打造外有产业链、内有学科链的专业集群。同时,在学科专业建设过程中,学科专业评议要吸收行业企业单位专家参与。

3)在"人才培养"范畴,被调查者认为在树立"培养应用型人才"的目标导向下,校政行企协同育人机制的建立对于促进人才培养模式的转型发展非常关键。在人才培养过程中,课程设计与评价要强化用人单位的直接参与,课程教学要突出基于实际应用的教学方法。

4)在"教师队伍"范畴,被调查者认为要特别注重"双师型"教师队伍的建设,聘请优秀的企业技术人员或管理人员承担教学任务,因为师范学院转型发展,培养应用型人才,迫切需要"双师型"教师开展教学活动。在目前"双师型"教师缺乏的情况下,要聘请、整合企业相关人才,形成协同育人局面。

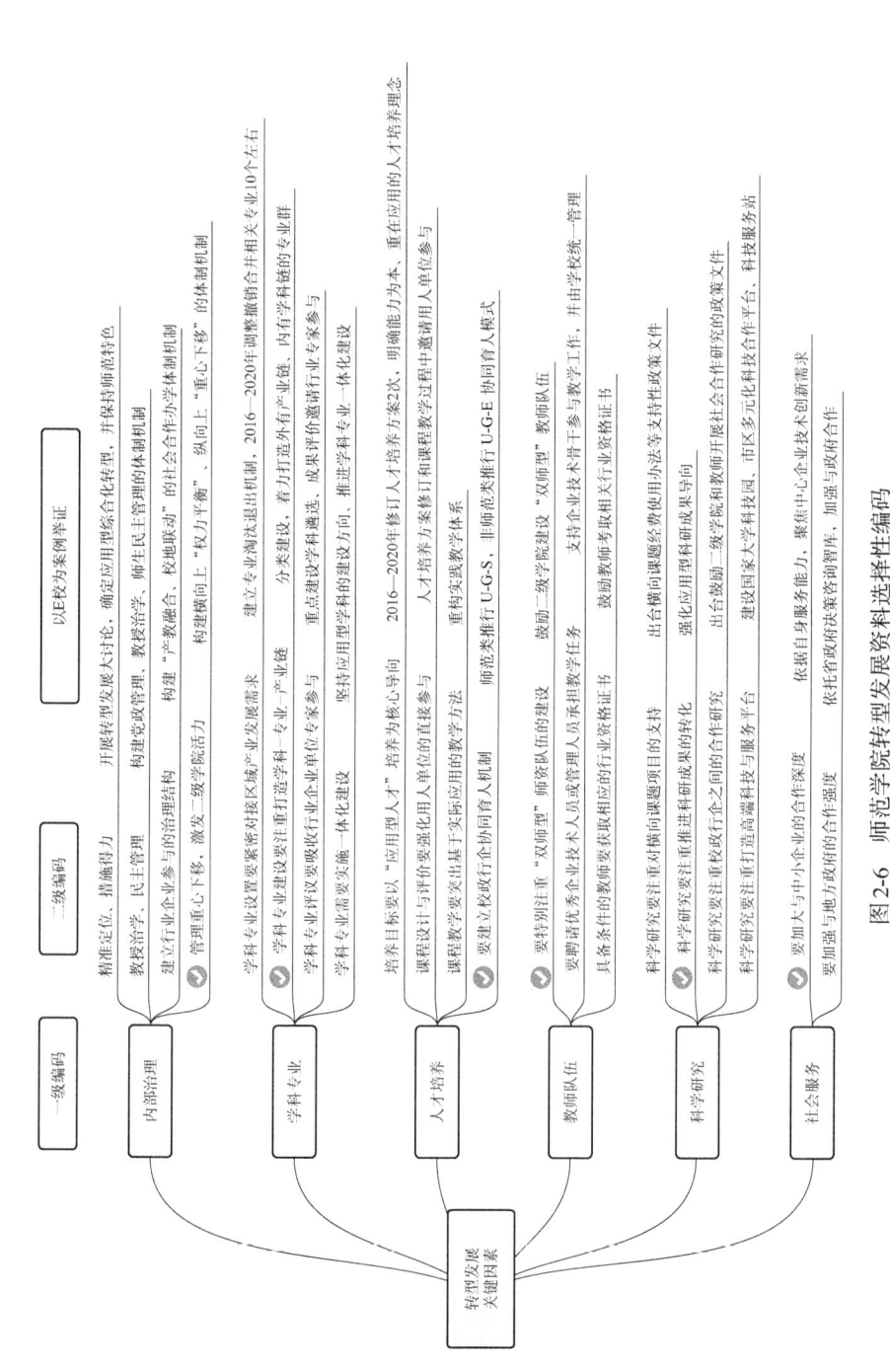

第二章 师范学院转型发展的因素、机制与路径 | 39

一级编码	二级编码	以E校为方案例举证
内部治理	精准定位、措施得力	开展转型发展大讨论，确定应用型综合化转型，并保持师范特色
	教授治学、民主管理	构建党政管理、教授治学、师生民主管理的体制机制
	建立行业企业参与的治理结构	构建"产教融合、校地联动"的社会合作办学体制机制
	管理重心下移，激发二级学院活力	构建横向上"权力平衡"、纵向上"重心下移"的体制机制
学科专业	学科专业设置要紧密对接区域产业发展需求	建立专业淘汰退出机制，2016—2020年调整撤并合并相关专业10个左右
	学科专业建设要注重打造产业学科一专业链	分类建设、着力打造外部有"产业链、内有学科链"的专业群
	学科专业评议要吸收行业企业单位专家参与	重点建设学科遴选、成果评价邀请行业专家参与
	学科专业需要实施一体化建设	坚持应用型学科建设方向，推进学科专业一体化建设
人才培养	培养目标要以"应用型人才"培养为核心导向	2016—2020年修订人才培养方案2次，明确能力为本，重应用的人才培养理念
	课程设计与评价要强化用人单位的直接参与	人才培养方案修订和课程教学过程中邀请用人单位参与
	课程教学要突出基于实际应用研的教学方法	重构实践教学体系
	要建立校院行企协同育人机制	师范类推行U-G-S、非师范类推行U-G-E协同育人模式
教师队伍	要特别注重"双师型"师资队伍的建设	鼓励二级学院建设"双师型"教师队伍
	要聘请优秀企业技术人员或承担教学任务	支持企业技术骨干参与教学工作，并由学校统一管理
	具备条件的教师要获取相应的行业资格证书	鼓励教师考取相关行业资格证书
科学研究	科学研究要注重对横向课题项目的支持	出台横向课题经费使用办法等支持性政策文件
	科学研究要注重推进科研成果的转化	强化应用型科研成果转化
	科学研究要注重于高端科技与服务平台	出台鼓励二级学院和教师开展社会合作研究的政策文件
社会服务	要加大与小企业合作的合作探度	依据自身服务能力、聚焦中心企业技术创新需求，建设国家级、市区多元化科技合作平台、科技服务站
		依托省政府决策咨询智库，加强与地方政府合作

图 2-6 师范学院转型发展资料选择性编码

注：二级编码中标注"√"的条目是受访者认同一范畴下最重要的内容

5）在"科学研究"范畴，被调查者认为师范学院科学研究转型发展的关键是要接地气，推进科研成果的转化，因此师范学院在转型发展过程中，要加大对与政府、企业合作的横向课题的支持力度，打造高端科技与服务平台，延伸对中小企业服务的路径。

6）在"社会服务"范畴，被调查者认为师范学院社会服务转型发展的关键是要加大与中小企业的合作深度。师范学院要改变过去相对封闭的办学模式，要开门办学。例如，案例学校E校在师范教育方面探索出了U-G-S合作模式，非师范专业采取U-G-E合作模式。

第二节　师范学院转型发展的核心机制

综合上述实证分析和扎根理论定性分析结果，笔者发现师范学院转型发展的关键是诸要素之间的协同（图2-7），例如，内部治理要实现多维协同治理，激发办学活力；师范与非师范学科专业要协同发展，打造特色，提升实力；教师队伍要实现学术型与职业型教师队伍的协同建设，夯实学校转型发展的基础；人才培养要实现产教融合协同育人，科学研究要进行产学研的协同创新，社会服务要注重校企校地的协同服务，从而提升师范学院转型发展的核心能力。其中，内部治理在转型发展过程中通过完善体制机制起到了引领性作用，人才培养是师范学院的核心任务，教师队伍则是转型发展的基础。

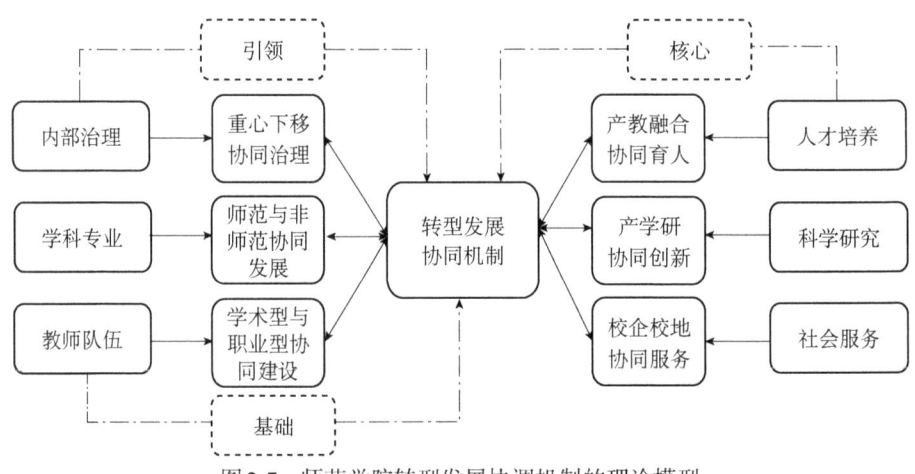

图2-7　师范学院转型发展协调机制的理论模型

一、多维协同治理，引领师范学院转型发展

1. 学校与行业企业协同治理

师范学院应当扎根地方，构建政府、行业、企业参与共同治理的管理体制，构建学校、行业和社会共同支持和监督学院发展的长效机制。在二级学院层面，也要推动政府、行业、企业共同治理。例如，E校是江苏省高等教育综合改革试点单位，在转型发展过程中，该校支持二级学院设立由企事业单位参与的学院理事会（董事会），履行对学院学科建设、专业设置、人才培养、办学经费等重大问题的审议、指导、监督等职权，强化学院办学的行业特色。

2. 学校与二级学院协同治理

学校实施宏观管理，下移管理重心到二级学院，激发基层办学活力。二级学院在内部机构设置、人才培养、教师队伍建设、对外社会服务等方面拥有更大的自主权。E校开展二级学院综合改革试点工作，扩大学院的办学自主权，使学院成为拥有相应自主权、具有较强竞争力的办学实体，如参与试点改革的二级学院有权根据学校干部任职条件、岗位控制数设置和调整本学院内设机构和任免本学院内设机构的负责人。

3. 二级学院与系协同治理

学校创新"二级学院-系"的管理模式，赋能基层学术组织。例如，E校的商学院采取"固定性+竞争性"的拨款机制，根据各个系的业绩进行动态拨款，调动系主任和教师工作的积极性。同时，学校对系主任授权，系主任有权在专业建设、教学、科研管理等方面提出自主意见，经教师讨论和学院管理层审批后实施。与此同时，学校改革了考评体系，构建了"核心指标-关键指标-自选指标"的考评体系，提升了管理效率。核心指标主要聚焦于人才培养质量和科学研究质量；关键指标在前者的基础上增加了社会服务内容；自选指标则由各个系根据学科专业基础和教师业务专长，自选特色发展指标，形成各个系既有核心能力又有特色发展的局面。

二、教师队伍协同建设，夯实师范学院转型发展基础

师范学院属于地方本科院校，旨在培养应用型人才，要推进学术型与职业型教师队伍的协同建设，而不是偏重学术型教师队伍建设，只有这样才能有效促进学校的转型发展。

1. 做好人力资源规划，打出教师队伍建设组合拳

首先，做好人力资源规划。根据转型发展需要，二级学院与人事处共同制定人力资源规划，核定学院的人员编制。其次，多措并举，打出组合拳。坚持"人才第一、五并同行"的"引培"理念，做到引进与培养并重、在职与脱产并行、国内与国际并举、刚性与柔性并聘、专职与兼职并用。最后，建立聘用行业企业的专业技术人员、企事业单位的高级管理人员的兼职教师制度和柔性引进行业企业人员的领军人才制度。

2. 分类管理、分类评价、分类建设

在E校，参与改革试点的二级学院可按照教学型、教学科研型、科研型、社会服务型等类型对教师进行分类考核和评价，自主制定适合本学院的教职工考核实施细则，负责教职工聘期考核，确定考核等级和奖惩，进行分类、有重点和有针对性的建设。例如，在"双师型"队伍建设方面，鼓励教师深入企事业单位、科研院所、金融机构、政府部门挂职锻炼，形成教师在岗研修与到企业实践培训并重、教师资格和职业资格并举的"双证型"教师培养培训体系。在教师绩效考核、职务（职称）评聘等方面向"双师型"教师倾斜。[①] 在高端人才队伍建设方面，积极实施高端人才支持计划，对符合高端人才计划的教师和科研人员，提供稳定、持续性的经费资助和教学、科研等方面的政策支持，并发挥高端人才的核心和引领作用，带动学科建设，打造学校品牌。

三、学科专业协同发展，打造师范学院转型发展特色

总体上，师范学院应实施师范与非师范学科专业协同发展的措施，构建与优化适应区域产业结构需求的学科专业结构，打造师范学院转型发展特色。[②] 受访者普遍认为，师范学院的学科建设普遍存在滞后现象，学科专业缺乏特色，适应区域经济社会发展的学科专业偏少，特色学科专业、新兴学科专业、交叉学科专业、综合性学科专业发展缺乏动力。因此，师范学院的学科与专业应同步发展、协调发展，通过应用型学科建设，提升专业建设的"应用型"品质，强化学校的教学、科研、社会服务等功能，提高学生的综合素质和就业质量，走学科专业一体化建设之路。第一，坚持"举师范旗""走应用路""创特色牌"，进一步整合资源、优化配置，凝练学科方向，突出重点建设。第二，

---

① 温潘亚. 2017. 新建本科高校应加强"双师型"师资队伍建设. 中国高等教育，Z3：63-65.
② 董立平. 2014. 地方高校转型发展与建设应用技术大学. 教育研究，35（8）：67-74.

以内涵建设为核心，以开放共享为基础，搭建良好的共享平台和运行机制，把"高水平、有特色、重应用"作为学科专业一体化建设的主要目标，把"点面结合、分类实施、交叉整合、协同发展"作为学科专业一体化建设工作的基本策略，把服务地方经济转型升级、产业结构调整和企业技术创新作为学科专业一体化建设的主要方向。第三，加强专业特色培育和内涵建设，按照区域产业链对应用型人才的需求和国家职业资格要求设置专业，构建"贴近行业产业、引领基础教育、服务区域发展"的特色鲜明的专业体系，并将服务同一产业链的关联专业组织为专业集群统筹管理。① 第四，按照合格专业、特色专业、品牌专业、一流专业的发展序列，深化专业综合改革，提升专业内涵建设水平，促进学科建设与专业建设之间的相互带动与支撑，形成专业体系建设支持学科体系建设、学科体系建设凸显专业类特色的良好格局。

E校积极实施学科建设"攀登计划""提升计划""振兴计划"，根据师范学科与非师范学科的特点，分类建设校级重中之重学科（教师教育、生物工程和应用经济学）、校级重点学科（计算机科学与技术、生物医学工程、新能源科学与技术、环境工程、城乡规划学）、校级扶持学科（公共管理、体育学、美术学、音乐与舞蹈学），重点建设独具特色、竞争优势明显的学科，发挥好重点学科的辐射与带动作用。

四、产学研跨界协同，提升师范学院转型发展的核心能力

1. 跨界融合，协同育人，提升师范学院的应用型人才培养能力

一是推动跨学院、跨学科、跨专业交叉培养，实现不同学院、学科、专业协同育人。二是推动科教结合、产教融合、校校合作、校企合作、校地合作，共同制订人才培养方案、共同开发课程与教材、共同组织教师团队、共同建设高水平实验室、共同建设综合性实习与就业基地、共同参与人才培养质量评价，整体上实现校内校外协同育人。三是加快"互联网+课堂"的教学改革步伐，破解传统课堂难以解决的痛点，鼓励教师将微课、云班课、微视频等引入课堂，在教师角色、教学内容、教学方法、互动方式、考核与评价等方面实现线上与线下协同育人。

---

① 孙爱军，曲永印. 2018. 以地方工科院校的视角认识和推进转型发展. 中国高等教育，（6）：46-48.

2. 产学研协同创新，提升师范学院的应用型科研能力

师范学院应建设应用型科研平台，鼓励和支持与大中型骨干企业、科研院所合作，建立开放式、应用型的研究机构平台，搭建众创空间、虚拟知识联盟组织，形成开放共享、深度合作的产学研合作平台和协同创新中心。在此基础上，师范学院要实现基础研究与应用研究开发之间的相互嵌入，完善科研成果转化与应用机制，加强对中青年教师科研工作的指导与扶持，拓宽教学与科研相互促进、协同发展的途径，建立教学、科研良性互动机制，大力推进科研成果的转化与应用。

3. 校企校地协同服务，提升师范学院的社会服务能力

一是积极搭建科技服务平台。以大学科技园和联合技术转移中心为载体，培育科技创新与成果转化能力，将大学科技园打造成创新要素的集结地、科技成果的孵化器、地方区域创新体系的重要支点和促进区域发展的服务亮点。二是完善社会服务机制。加强对横向科技合作的政策引导，将教师服务社会情况纳入教师考核评价制度中，充分调动教师和科研人员开展社会服务的积极性。

第三节 师范学院转型发展的路径及机理

"转型发展"是我国地方高校高质量发展的重要历程和基本路径。在关键因素和核心机制的协同作用下，经过不断演化，师范学院经历了转型发展的初始期、成长期，进而向成熟期迈进的一系列过程，如由20世纪末与21世纪初以规模扩张为主的转型发展初级阶段演变为以质量提升为主要特征的内涵式转型发展阶段。随着"互联网+"的快速发展，院校发展已进入高等教育生态系统时代，师范学院转型发展的层次和范围已逐步扩展到高等教育生态系统领域。然而，当前师范学院转型发展领域的研究更多是关于转型发展案例的因素研究[1]，对于特定形态的生态系统，如转型发展生态圈鲜见探讨。

"大学是遗传和环境的产物。"[2] 师范学院作为一个有机体，其内部各要素之间相互嵌套，同时又与周围的环境要素一起构成了相互关联的生态系统。师

---

[1] 宋争辉. 2018. 高等师范院校转型发展：趋势、内涵与路径. 国家教育行政学院学报，（2）：10-16；李建辉. 2017. 纵横结合，渐进转型：省属高师院校转型发展方式研究——以闽南师范大学与漳州市政府共建应用技术学院为个案. 教育评论，（6）：19-23.

[2] 阿什比. 1983. 科技发达时代的大学教育. 滕大春，滕大生译. 北京：人民教育出版社：114.

范学院有着其自身发展的内在逻辑，即"遗传"，同时也离不开自身发展需要的政治、经济、文化、科技等方面的支持，即"环境"。师范学院转型发展的生命力在于和市场、社会相互依赖、相互作用，达成协同进化的目的，因而在宏观上更多地表现为一个生态系统。本研究将生态系统概念引入院校转型发展理论的研究，聚焦师范学院如何构建转型发展生态圈，力图对师范学院转型发展生态圈的成长历程进行较为系统、完整的过程分析，进而剖析转型发展生态圈的成长路径及其背后的机理，建立转型发展生态圈完整的成长过程模型，这将为院校转型发展研究提供一个全新的视角。

一、师范学院转型发展典型案例分析

（一）案例选择

1. 研究对象的确立

本研究遵循典型性原则，选取 E 师范学院（简称 E 校）作为案例研究对象。选择该校的主要原因有：第一，E 校转型发展具有典型性。E 校与大部分师范学院类似，在高等教育大众化背景下，曾经是师范专科学校，办学层次偏低，于1999年进行院校合并，办学层次升格，经历了以规模扩张为特征的转型发展初始期（1999—2007年），以办学质量提升、聚焦内涵建设为特征的转型发展成长期（2008—2016年），以及打造核心竞争力、构建转型发展生态圈、迈向转型发展成熟期的历程（2017年至今）。此类问题和转型发展历程在师范学院发展过程中具有典型性和代表性。第二，E 校于2012年明确提出"转型发展"战略，并在全校范围内开展了为期6个月的转型发展思想大讨论，与本研究的主题非常契合。第三，江苏是国务院确定的3个高等教育综合改革试点省份之一，也是唯一与教育部签署共建协议的地区。E 校于2011年被江苏省教育厅批准为全省高等教育综合改革自主试点学校，承担了"1+3"综合改革项目。其中，"1"是指高等教育改革综合试点项目；"3"是指高校人才培养体制改革项目，加强政产学研合作、提升地方高校社会服务能力改革项目，深化管理体制改革、建设现代大学制度改革项目。E 校是江苏省同类学校中的唯一试点高校。综合改革试点3年后，E 校被江苏省教育厅认定为综合改革成效明显单位。2018年，该校又获批江苏省高等教育综合改革试点项目"深化'六位一体'创新创业教育改革实践"。2020年，该校与地方政府共建的湿地学院成为本省首批重点产业学院建设点。因此，对其研究得出的结论对于其他院校转型发展具有重要价值。

2. 数据资料获取

笔者对案例学校进行了长期观察和充分调研，通过收集文档资料、半结构化访谈、焦点访谈、非正式访谈和实地观察，对转型发展不同阶段的学校领导、中层管理人员、教师、学生和社会相关人员进行了广泛调研，调研人数超过90人次。其中，重点对20名决策者（校领导）和核心管理者进行了半结构化访谈，形成了近15万字的各类访谈资料、课题研究资料。例如，2018年9月14—16日，E校举办了"新时代·新师范·新师院"学术峰会，会议期间，笔者运用半结构化访谈形式访谈了同类师范学院校领导10位。对搜集的所有多元化资料进行整理补充并与一手资料相互验证，提高了案例的信度和效度。

3. 数据分析方法

从师范学院转型发展的视角出发，根据"动因-行为-结果"这一普适逻辑，识别出师范学院转型发展动因、采取的行为措施及转型发展结果的主要阶段和关键事件，通过丰富的数据建立证据链，寻找师范学院转型发展的内在逻辑。基于扎根理论，结合原始数据、二手数据资料，对资料进行编码。首先，通过编码将收集到的资料归纳成概念。其次，将这些概念归类并分配到相关的构念中去，例如，归并出"资源合并""新建校区"等概念，并分配到转型发展"行为"构念范畴中（表2-1）。

（二）案例基本情况

E校是教育部批准设立的公办全日制普通本科院校。截至2021年3月，学校有全日制在校本科生22 000人，设有18个二级学院，79个本科专业，其中师范类专业14个，非师范类专业65个。有教职工1500多人，其中高级职称600多人，博士400多人。2007年，该校在教育部本科教学工作水平评估中获优秀成绩，2016年以优异成绩通过教育部本科教学工作审核评估。根据访谈的结果，大部分受访者认为E校的转型发展可以分为三个阶段（图2-8）。

第一阶段，由专科转型升级，积极构建本科教育（1999—2007年）。该阶段以两校的合并为标志，时间为1999—2007年。E校于1999年由一所师范专科学校和一所教育学院合并组建而成。该师范专科学校创建于1958年，是该地区历史上第一所高等学校，陈毅元帅为学校题写校名。2002年，一所全国重点中专校商业学校也并入E校。截至2007年底，E校有全日制在校生15 263人，其中本科生14 201人，分别比建学院初期增加了11 099人和13 001人。专任教师

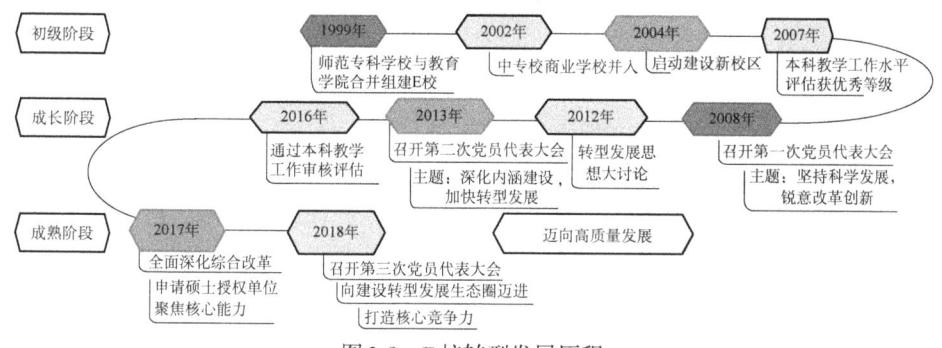

图 2-8　E校转型发展历程

中有博士学位的由建院初期的1人增加至53人，正高职称人员由7人增至69人。师范类专业和非师范类专业数量得到扩充，分别达到16个和27个；新建校区1个，新增校舍建筑面积41万平方米。通过合并升格，学校由专科教育向本科教育转型，从单科性师范院校逐步向综合性师范院校转型。

第二阶段，强调内涵发展、质量提升（2008—2016年）。该阶段以2008年和2013年的两次党员代表大会召开为标志，时间为2008—2016年。2008年，E校召开第一次党员代表大会，主题是"坚持科学发展，锐意改革创新"，全面适应和深化本科教育，并在党员代表大会报告中明确提出要促进"内涵发展"。在聚焦高等教育质量的背景下，2012年，学校明确提出转型发展战略。2013年，学校第二次党员代表大会明确以内涵建设为主题，以转型发展为主线，全面推进学校各项工作。尤其是第二次党员代表大会召开以来，学校从数量指标向质量水平转变，聚焦内涵建设，强化教师队伍建设和学科专业建设，努力构建以师范为特色、多学科专业协调发展、具有区域特色的专业体系，走以提高质量为核心的内涵式发展之路。

第三阶段，构建转型发展生态圈，打造核心竞争力（2017年至今）。该阶段的标志性事件是2017年聚焦申请硕士授权单位和2018年第三次党员代表大会召开。在高等教育发展进入新时代的背景下，E校明确要进一步开门办学，充分利用政产学研的协同创新构建学校转型发展生态系统，弥补优质办学资源的不足。学校以申请硕士授权单位为战略牵引，集聚上海、南京等地的高校、企业、政府的优质资源，与南京大学、复旦大学、上海交通大学等高校的有关专家合作，建设了滩涂生物农业协同创新中心、新能源汽车研究院、大学科技园、沿海发展智库等产学研合作平台。E校以召开第三次党员代表大会为契机，实施特色品牌战略，把"师范、沿海、老区"三张牌作为完成学校战略任务、提升办学实力、打造办学特色的重要抓手和着力点。其中，"师范"牌重在做精做优与示范引领上下功夫，全面深化师范生培养体制改革，探索一条以区域教育改革实验区为平台的社会服务新路径，建立一套特色鲜明的"一体化"教师教育体系，塑造学校育人品牌。"沿海"牌重在深化社会服务与科技创新驱动上下功夫，依托智力服务与科技创新平台，促进沿海地区科学发展，提高人才培养与沿海需求的贴近度，提升对沿海产业转型升级的贡献率，塑造学校服务品牌。"老区"牌重在传承创新与弘扬践行上下功夫，致力于新四军"铁军"精神的研究、传承和践行，主要发掘老区精神的时代意义，用以积淀校园文化底蕴，培育校园文化的崭新品格，汇聚师生创业创新创优能量，塑造学校文化品牌。

基于上述材料，以下从"动因-行为-结果"分析框架出发，分析E校转型发展生态圈的演化路径及其机理。

二、师范学院转型发展的路径演化

（一）以规模扩张为主的转型发展初级阶段

20世纪90年代，师范专科学校面临巨大的生存压力，自身规模小，以师范为主，专业设置单一，教师队伍层次偏低，办学经费不足。同时，经济社会发展对中小学师资和应用技术型人才的需求显著增加，师范专科学校难以提供大量的急需人才，不能满足社会需求。在内因和外因的相互作用下，一批师范专科学校抓住机遇进行办学层次的转型发展。此次转型发展以规模扩张为主要特征，采取系列行动进行了资源的重构，例如，E校通过两校合并，对教师队伍、学科专业进行重组，整合利用实验设备，并新建一个校区。同时，通过提升招生层次、扩充专业数量、扩招学生、提升教师队伍质量和加强教学研究，着力构建本科教育体系，提升本科教育能力，详见表2-1。基于过程分析，本研究将师范学院以规模扩张为主的转型发展初级阶段相关机理总结为：师范学院面对生存压力，实施扩张战略，提升本科教育能力（图2-9）。

表2-1 相关构念及典型证据援引（1999—2007年）

形成基础	一级编码	二级编码	典型证据举例
动因	生存压力	内因（发展的困境）	办学规模小，师资数量不足、质量不高；专业设置单一，以师范为主，不能满足社会所需；办学经费投入少，教学硬件条件不够

续表

形成基础	一级编码	二级编码	典型证据举例
动因	生存压力	外因（社会需求的拉动）	政府改革调整师范教育体制结构，提出到2010年前后，师范教育体系由三级师范教育过渡到二级师范教育；具备条件的地区力争使小学和初中专任教师的学历分别提升到专科和本科层次。[①] 在高等教育大众化背景下，学生数增加和毛入学率提高，专业设置应适应需求
行为	战略定位	转型发展	由专科升为本科，办学层次升级，办学规模扩张
行为	资源重组	资源合并	合并2所学校，整合利用系列办学资源
行为	资源重组	新建校区	新建一个校区，新增校舍建筑面积41万平方米
行为	本科教育体系塑造	提升招生层次	以招本科生为主
行为	本科教育体系塑造	扩招学生	全日制在校生15 263人，其中本科生14 201人，分别比建院初期增加11 099人和13 001人
行为	本科教育体系塑造	扩充专业数量	师范类专业为16个，非师范类专业达到27个，分别比建院初期增加2个和25个
行为	本科教育体系塑造	提升教师队伍质量	具有博士学位的专任教师由1人增加至53人，正高职称人员由7人增至69人，副高职称人员由130人增至234人，兼职硕士生导师31人
行为	本科教育体系塑造	加强教学研究	组织学习本科教育教学方法和教学管理经验
结果	办学层次转型升级	规模扩张 本科教育能力塑造	规模扩张，办学成本降低；本科教育能力逐步形成，办学影响力得到明显提升；学校实现由专科教育向本科教育的转型，从单科性师范院校逐步向综合性师范院校转型

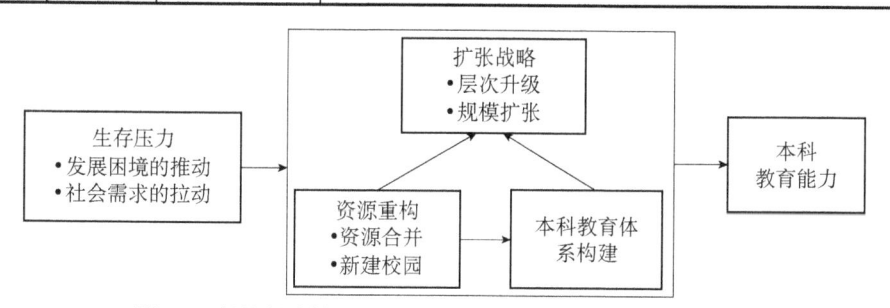

图2-9 师范学院转型发展初级阶段：本科教育能力培育机理

（二）以内涵建设、质量提升为主的转型发展成长阶段

经过以规模扩张为主的转型发展初级阶段之后，规模扩张下的质量问题凸显，师范学院从建院初期的生存压力演化为发展压力。大学日益走向经济社会发展的中心，政府、社会期盼师范学院承担更多的社会责任。在多种因素的综

---

① 中华人民共和国教育部. 1999-03-16（2021-09-10）. 关于印发《关于师范院校布局结构调整的几点意见》的通知. http://www.moe.gov.cn/srcsite/A10/s7058/199903/t19990316_162694.html.

合作用下，师范学院迫切需要进一步深化转型发展，提高办学质量，提升质量建设能力。

第一，E校实施战略转型，采取了聚焦战略，聚焦内涵发展、质量建设。2013年召开的第二次党员代表大会明确落实了"内涵发展，提升办学质量"的具体措施。第二，从转型初级阶段对合并学校的资源重组进入资源配置优化阶段。一方面，优化校园功能布局，调整新老校区学院、教学辅助单位的布局；另一方面，完善实验室、优质教育资源共享工程等基础设施建设，推动资源配置优化和共享。第三，从转型初级阶段本科教育体系塑造进入多途径全面深化转型时期，实施了六个方面的转型发展，提升了质量建设能力。①学科专业转型发展。优化学科专业布局，师范专业从转型发展初期的16个调整为14个，力争做优做精师范专业；非师范类专业从27个增加到50个左右，重点打造"应用专业群"，力争做大做强非师范类专业。②教师队伍转型发展。加强高层次人才的内培外引和"双师型"教师队伍建设；加强校企合作，推进教师进行业企业，培养"双师型"教师。③从转型初期的本科教育体系构建到应用型人才培养体系的构建。树立"能力为本，重在应用"的应用型人才培养理念；创新人才培养模式，实施双学位制教育模式，为社会培养复合型人才，拓宽学生职业选择路径；实施双证书教育模式，将职业资格证书教育纳入人才培养方案，提高学生的就业竞争力；实施专业拓展创新模式，试行"专业+项目""专业+计算机应用""专业+外语"等拓展模式，强化个性化教育；实施卓越人才培养模式，探索卓越教师、卓越工程师专业培养模式改革途径。④科学研究转型。推动基础研究与应用型科研的结合，强化科学研究成果的推广运用。⑤社会服务转型。推动建设了师范专业的U-G-S合作模式，非师范专业的U-G-E合作模式，强化与地方政府、中小学以及行业企业的合作。⑥体制机制转型。着重理顺校-院-系管理体制和运行机制，重组或更名部分二级学院和机关部门；实施制度的废改立，构建现代大学制度。通过实施上述转型发展措施，学校办学质量得到明显提升，学校成为全省同类高校中唯一的综合改革试点单位，详见表2-2。

表2-2 相关构念及典型证据援引（2008—2016年）

形成基础	一级编码	二级编码	典型证据举例
动因	发展压力	内因（规模扩张下的质量问题凸显）	教师队伍素质偏低，不能有效满足教学、科研和社会服务需求；学科专业结构不合理，与市场需求不匹配；人才培养质量有待提高；师范专科学校管理痕迹过重，科学化管理水平偏低，不能满足本科办学需求

续表

形成基础	一级编码	二级编码	典型证据举例
动因	发展压力	外因（承担更大的社会责任）	大学日益走向经济社会发展的中心，政府、社会期盼学校承担更大的社会责任；办学经费紧张，外部资源竞争日趋激烈
行为	战略转型	聚焦办学质量	第一次党员代表大会的主题为"坚持科学发展，锐意改革创新"，并明确提出要实施"内涵发展"战略；第二次党员代表大会的主题为"深化内涵建设，加快转型发展"
	资源配置优化	优化校园功能布局	调整新老校区学院、教学辅助单位布局
		完善基础设施建设	加强实验室建设，满足非师范类专业的快速发展需要；实施优质教育资源共享工程
	学科专业转型发展	师范类学科专业优化布局	从转型发展初期的16个专业调整为14个，力争做优做精。建有中国语言文学、马克思主义理论等省级重点建设学科
		非师范类学科专业优化布局	根据地方经济、产业结构、学校条件，重点打造"应用专业群"；非师范类专业从27个增加到50个左右，力争做大做强，建设了生物学、生物工程等省级重点建设学科
	教师队伍转型发展	加强高层次人才的内培外引	实施博士化工程，加强领军人才和优秀教学团队、科技创新团队建设；健全柔性引才机制，积极实施"双学术带头人""双院长"制度
		加强"双师型"教师队伍建设	加强校企合作，推进教师进行业企业，培养"双师型"教师
	人才培养转型	培养应用型人才	树立"能力为本，重在应用"的应用型人才培养理念；先后实施了双学位制教育模式、双证书教育模式、专业拓展创新模式、卓越人才培养模式；以优秀成绩通过了本科教学水平评估和审核性评估
	科学研究转型	基础研究与应用型科研相结合	凸显应用型科研的重要性，推动科技成果转移转化
	社会服务转型	师范专业的U-G-S	强化与地方政府和中小学的多途径合作
		非师范类专业的U-G-E	加强与行业企业的合作
	体制机制转型	内部治理结构优化	理顺校-院-系管理体制和运行机制，重组或更名部分二级学院和机关部门；积极构建现代大学制度
结果	内涵发展转型升级	打造质量建设能力	办学质量提升，办学实力提升，学校成为全省同类高校中唯一的综合改革试点单位

基于过程分析，本研究将师范学院的内涵建设为主的转型发展成长阶段的相关机理总结为图2-10。面对发展压力，师范学院实施聚焦战略，不断提升质量建设能力。

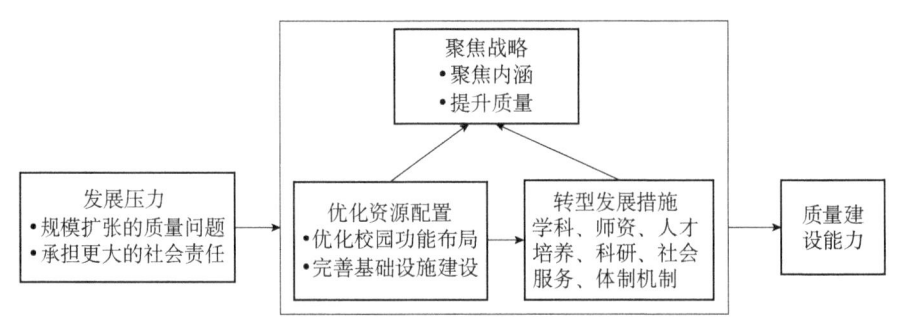

图2-10 师范学院转型发展成长阶段：质量建设能力培育机理

（三）以生态圈构建、核心竞争力打造为主的转型发展成熟阶段

经过以内涵建设、质量提升为主的转型发展成长阶段之后，师范学院的办学实力得到进一步提升，办学水平得到提高，但是高等教育分层明显，学校之间获取办学资源的竞争更加激烈，尤其是优质资源的获得更难，难以满足高质量的发展要求。面对新的形势与任务，师范学院探索构建转型发展的生态圈，解决优质资源获得困难的问题，进而实施特色品牌战略，打造核心竞争力，从而在激烈的竞争环境中获得竞争优势。

师范学院转型发展生态圈由各种利益相关者，如政府、高校、科研院所、企业、行业等组成，通过虚拟化和实体化的平台建设与机制构建，以强化彼此间的联动性、共赢性和整体发展的持续性，形成了"开放-跨界-合作-共享"的新型办学业态。E校通过构建转型发展的生态圈，有效整合利用了南京、上海等经济发达地区的优质资源。在解决优质资源不足的基础上，实施特色品牌战略，进而提升了学校核心竞争力。E校实施"师范""沿海""老区"三张特色牌战略。①"师范"特色品牌建设。一是深化师范生培养体制改革，建立教师教育协同创新实验区。二是加强师范类专业建设，完善专业建设标准，建立专业建设协同机制，引进知名中小学深度参与学校师范类专业建设。作为全国首家中学教育专业全科认证试点高校，学校的汉语言文学、数学及应用数学、英语、物理学、化学、生物科学、思想政治教育、历史学、地理科学、音乐学、美术学、体育教育等12个中学教育专业全部通过了教育部2019年师范专业认证（第二级）复评。2018年，E校成果"乡村卓越教师培养体系研究与实践"获得国家级教学成果奖二等奖。②"沿海"特色品牌建设。一是注重推进高水平智库建设，建成江苏省沿海发展决策咨询基地、江苏沿海可持续发展研究院等，有效服务与引领沿海地区可持续发展。二是加强科技创新平台建设。其一，围绕沿海新特产业发展需求，建成一批政产学研合作平台，发挥其在沿海产业集聚和转型升级中的科技驱动作用；其二，打造海洋资源开发、生物工程、制药工程等涉海学科与专业特色，提高人才培养与沿海需求的贴近度。三是推进服务沿海体制机制创新。四是优化学校融入沿海、服务沿海的体制机制，形成学校与沿海地区政府、行业、企业多边合作、互促共赢的发展格局，形成发展的生态圈。湿地学院在众多产业学院中脱颖而出，成为江苏省首批15个重点产业学院建设点之一。③"老区"特色品牌建设。一是打造新四军"铁军"精神育人实践的活动品牌和特色项目。学校结合校史、校训教育把"铁军"精神融入教育教学的全过程，构建当代大学生精神坐标。二是建设省高校哲学社会科学重点研究基地"新四军研究院"，设立"铁军班""铁军风尚奖"，践行"铁军"精神，建设宣传铁军精神的标牌、雕塑、长廊等微景点，营造学习宣传"铁军"精神的浓厚氛围，培养出一大批"下得去、用得上、干得好、留得住"的优秀人才。

尽管E校还处在转型发展生态圈建设的探索阶段，并未达到转型发展的成熟阶段（表2-3），但基于过程分析，本研究将师范学院以生态圈构建、核心竞争力培育为主的转型发展成熟阶段的相关机理加以总结，如图2-11所示。

表2-3 相关构念及典型证据援引（2017年至今）

形成基础	一级编码	二级编码	典型证据举例
动因	竞争压力	办学资源获取更趋激烈	学校之间获取办学资源的竞争更加激烈；政府的项目化拨款、竞争性拨款更加常态化；对招生分数线、大学排行榜更加关注
行动	战略转型	特色品牌战略	第三次党代表大会明确实施"特色强校"的战略。坚持把优势打造成特色，把特色打造成品牌，以特色品牌塑造核心竞争力；旗帜鲜明地打"师范""沿海""老区"三张牌，不断赋予"三张牌"新的时代内涵；在人才培养、学科建设、社会服务、文化建设等方面铸造出一批品牌项目，大力提高学校的核心竞争力，实现更高质量的科学发展
行动	转型发展生态圈与特色品牌建设	政产学研协同创新	构建"开放-跨界-合作-共享"的新型办学业态；通过虚拟化和实体化的平台建设和机制构建强化彼此的联动性、共赢性和整体发展的持续性。E校通过构建转型发展的生态圈，有效整合利用了南京、上海等经济发达地区的优质资源
		"沿海"特色品牌建设	建成江苏省沿海发展决策咨询基地、江苏沿海可持续发展研究院、湿地学院；打造海洋资源开发、生物工程、制药工程等涉海学科与专业特色；构建学校与沿海地区政府、行业、企业多边合作、互促共赢的发展格局，形成发展的生态圈
		"师范"特色品牌建设	建立教师教育协同创新实验区；加强师范类专业建设，完善专业建设标准，建立专业建设协同机制；引进知名中小学深度参与学校师范类专业建设；学校是江苏省也是全国首家接受中学教育全科认证的试点高校，14个中、小、幼教师教育专业全部接受认证并得到充分肯定

续表

形成基础	一级编码	二级编码	典型证据举例
行动	转型发展生态圈与特色品牌建设	"老区"特色品牌建设	打造新四军"铁军"精神育人实践的活动品牌和特色项目；结合校史、校训教育，把"铁军"精神融入教育教学的全过程；设立"铁军班""铁军风尚奖"，践行"铁军"精神；建设宣传"铁军"精神的标牌、雕塑、长廊等微景点，营造学习宣传"铁军"精神的浓厚氛围
结果	转型发展生态圈	打造核心竞争力	构建转型发展生态圈，破解优质办学资源缺乏困境，进一步打造"师范""沿海""老区"三张牌，形成生态圈的整体竞争实力

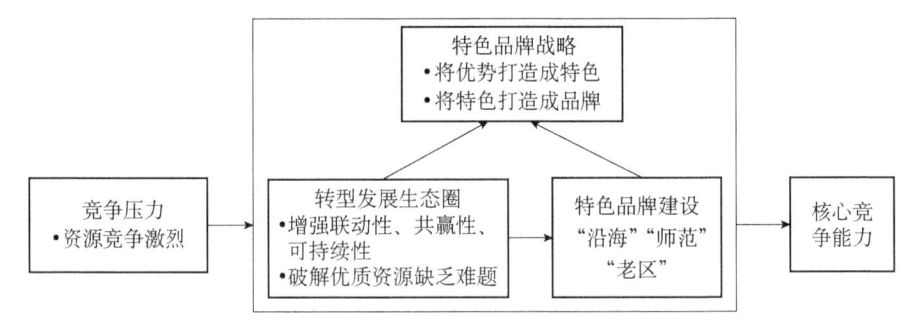

图2-11 师范学院转型发展成熟阶段：核心竞争力培育机理

三、师范学院转型发展的生态圈建设

（一）师范学院转型发展生态圈建设的主要步骤

基于上述讨论可以得知，师范学院转型发展生态圈的成长历程可分为以规模扩张为主的转型发展初级阶段，以内涵建设、质量提升为主的转型发展成长阶段，以生态圈构建、核心竞争力打造为主的转型发展成熟阶段。第一个阶段是以规模扩张为主的转型发展初级阶段，重点塑造本科教育能力。其从萌芽期向初始阶段跨越的动因是生存压力，演化机理为在生存压力背景下实施扩张战略，进行资源重构，构建本科教育体系，旨在形成本科教育能力。第二个阶段是以内涵建设、质量提升为主的转型发展成长阶段，重在提升质量建设能力。其从初始阶段跨越至质量建设阶段的动因是发展压力，演化机理为实施聚焦战略，从量的扩张转变为聚焦内涵建设，进行资源优化配置，从学科、师资、人才培养、科研、社会服务、体制机制改革等方面以立体化、网络式全面提升质量，旨在形成师范学院的质量建设能力。第三个阶段是以生态圈构建、核心竞争力打造为主的转型发展成熟阶段。其从内涵建设、质量提升阶段跨越至转型发展生态圈构建、核心竞争力打造阶段的动因是竞争压力，演化机理为在特色品牌战略的实施下，打造转型发展生态圈，整合政产学研资源，破解优质办学资源缺乏的困境，形成系统性竞争优势。图2-12为师范学院转型发展生态圈的发展过程模型。

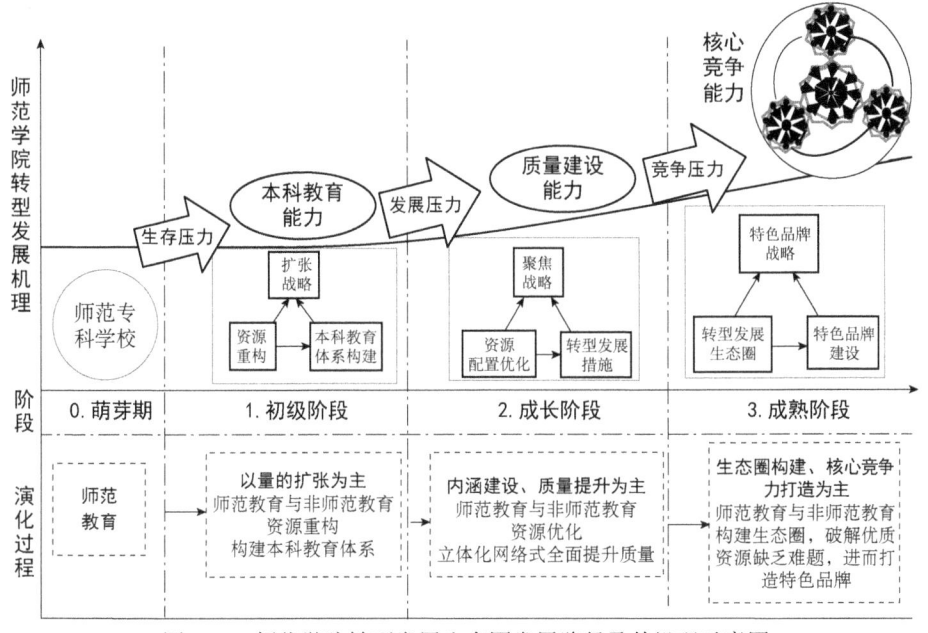

图2-12 师范学院转型发展生态圈发展路径及其机理示意图

（二）师范学院转型发展生态圈建设的主要策略

一是精准定位转型发展阶段并匹配适合的发展战略。每一所学校都有不同的发展经历和发展现实，学校决策层要与一线教师广泛互动，开展调查研究，研判学校处于转型发展的初始期还是成长期或进入成熟期，以及所处阶段的自身特征，从而采取相应的战略，如扩张型战略、聚焦型战略或特色品牌战略。

二是将内涵发展、质量建设作为转型发展承前启后的关键内容。院校转型发展的重要目的是增强自身的办学实力，因此必须聚焦"内涵发展、质量建设"。调研发现，一些院校在转型发展过程中对二级学院进行了更名以迎合经济社会产业转型升级所需，但二级学院更名之后，其专业建设并没有及时调整，也没有与之相匹配的人才培养方式，因而仍然与市场脱轨，质量没有得到提升。进行"内涵发展、质量建设"必须采取扎实的转型发展措施，抓住"人才培养质量"这一核心命题、"教师队伍质量"这一关键基础[①]及"学科专业结构调整"这一全局性任务。

三是构建转型发展生态圈，实施特色品牌战略，实现办学能力由低阶向高阶的跃迁。在知识经济时代和"互联网+"背景下，师范学院发展必须扎根地方，开门办学，与政产学研各方协同创新，打造转型发展生态圈，破解优质办学资源缺乏的困境，形成核心竞争力。具体如下：第一，师范学院要深化对转型发展生态圈建设意义的认识理解，从而转变发展理念和发展方式，着力建设要素可及、资源共享、协同创新的具有整体竞争优势的学校转型发展生态圈，不断提高办学实力，从初级的本科教育能力建设向核心竞争力打造跃迁。第二，创新转型发展生态圈建设模式，推动师范学院转型发展实践工作的变革。师范学院要坚定战略目标，政府要出台激励政策，鼓励高校进一步延伸服务地方的生态链，聚焦区域内产业链关键环节和价值链高端环节并集中发力，推动优质资源集聚，提升服务社会的能力。[②]第三，要借助转型发展生态圈，汇聚优质资源，借此实施特色品牌战略，推出"主打产品"，如师范专业的卓越教师培养、工程类专业的卓越工程师培养，从而提升学校核心竞争力。

[①] 周卫东. 2018. 新建本科院校教师转型发展的推进策略. 教育评论，（2）：107-111.
[②] 邵建东. 2018. 我国应用技术大学建设：挑战与推进策略. 教育研究，39（2）：75-79，94.

第三章
师范学院办学定位转变

科学合理的办学定位是任何一所高校实现可持续发展的前提和保障。进行何种定位、为何进行这种定位是高校转型发展需要回答的首要问题，因此转型的实施最为直观地体现在办学定位的转变上。对于师范学院这一类高校而言，在其发展的历程中，办学定位经历了什么样的转变？有哪些因素导致了这些转变？面向未来，师范学院又该如何确立发展目标？对于这些问题的追问和思考不仅事关师范学院个体，还事关师范学院全体乃至整个教师教育体系的未来发展。

第一节　师范学院办学定位转变的历史考察

对于高校来说，办学定位一旦确定，会在一个历史时期内保持不变。但是，随着时代的发展变迁和高校自身的发展，办学定位会发生转变。事实上，师范学院的办学定位自1999年以来发生了比较明显的转变。

一、师范学院发展的宏观政策导向

在我国高等教育发展史上，师范院校作为一种专门类型的院校，在教师教育领域始终发挥着中流砥柱的作用。进入21世纪以来，随着我国教师教育改革的不断深化，国家对于师范院校发展多次提出了明确的政策导向。2005年6月17日，教育部副部长袁贵仁在教育部直属高校工作咨询委员会师范组会议上的讲话中指出，"师范院校必须坚定不移地坚持师范性。这是师范院校的优势、特色和立校之本"，"师范院校可以办非师范专业，但是要以师范专业为基础，走纵向延伸的道路，走横向拓展的道路，走内在联合的道路，走学科交叉的道路，而不是完全另起炉灶，从零开始……师范专业和非师范专业，不应是此消彼长的关系，而应是互相促进、协调发展的关系"[①]。2011年，《教育部关于"十二五"期间高等学校设置工作的意见》中指出，"农、林、师范院校名原则上不更改为非农、林、师范的校名。农、林、师范院校在合并、升格时，要确保农、林、师范教育不受削弱，继续保留农、林、师范名称"[②]。2018年1月20日，《中共中央 国务院关于全面深化新时代教师队伍建设改革的意见》指出，"师范院校评估要体现师范教育特色，确保师范院校坚持以师范教育为主业，严控师范院校更名为非师范院校"[③]。

可见，国家对师范院校的发展高度重视，提出了明确而具体的要求，即师范院校应当坚守师范教育阵地，无论怎么发展都不能丢掉师范教育这一特色和

---

① 袁贵仁. 2005-06-17（2021-09-10）. 发挥教师教育优势　加快师范院校发展——袁贵仁副部长在2005年教育部直属高校工作咨询委员会师范组会议上的讲话. http://www.moe.gov.cn/jyb_xxgk/gk_gbgg/moe_0/moe_495/moe_1113/tnull_13387.html.

② 中华人民共和国教育部. 2011-12-19（2021-09-10）. 教育部关于"十二五"期间高等学校设置工作的意见. http://www.moe.gov.cn/srcsite/A03/s181/201112/t20111219_129633.html.

③ 中共中央，国务院. 2018-01-20（2020-02-20）. 中共中央 国务院关于全面深化新时代教师队伍建设改革的意见. http://www.gov.cn/gongbao/content/2018/content_5266234.htm.

优势。师范学院作为师范院校的重要组成部分,其发展必须以国家政策导向为遵循,牢牢抓住"师范"这个根本。

二、师范学院对办学定位的认知与实践

按照定位理论来说,高校办学定位就是高校在办学过程中根据自身的办学历史、现状和外部要求确定身份地位、规划未来发展。对于"办学定位"的理解与把握,既有学者观点,也有实践认知。

在代表性的学者观点中,一种是从理想与价值的视角来解读。眭依凡认为,"大学办学定位理念是大学校长希望把大学办成什么样子的一种教育理念,是他们持有的具有强烈主观色彩的关乎自己所在大学的方向选择、角色定位、特色所在的大学理想和价值追求"[①]。他认为,大学办学定位解决的是发展方向、长远目标和重点的问题。他把办学定位视为办学者持有的价值理念,强调办学者自身对大学使命的理解和界定。另一种是从定位操作的视角来解读,包括办学定位的依据与定位的构成。郭桂英、姚林认为,高校办学定位是指办学者根据社会政治、经济文化发展的需要及学校所处的环境,从办学条件与办学现状出发,确定学校发展方向、奋斗目标、建设重点和办学特色,包括社会服务面向定位、发展目标定位、办学类型定位、人才培养规格定位、办学规模和层次定位、办学特色定位。[②] 陈笃彬认为,所谓办学定位是指高校根据学校服务面向、区域社会经济发展对高等教育的要求、学校办学条件的实际以及发展的可能,按照可持续发展的原则,确定学校的性质任务、办学目标、发展方向。办学定位包括学校的服务面向、办学类型和层次、学科设置、人才培养类型、办学特色以及发展目标定位等。[③] 穆厚琴认为,高校办学定位是指高校根据国民经济与社会发展需要、学生成才需要、学校办学条件,审视发展思路,明确学校未来的发展方向、发展目标、办学层次、服务面向、人才培养目标与规格、学科专业、办学特色、办学规模等而进行的一系列战略思考与发展规划。[④]

在高校办学实践中,在对办学定位的认识与把握上,主要依据教育部的政

---

① 眭依凡. 2001. 大学校长的办学定位理念与治校. 高等教育研究,(4):49-52.
② 郭桂英,姚林. 2002. 关于我国高校办学定位的研究. 江苏高教,(1):59-62.
③ 陈笃彬. 2003. 从地方性师院向多科性大学转型的办学定位——关于泉州师范学院办学定位的思考. 中国高教研究,(2):28-30.
④ 穆厚琴. 2016. 地方本科高校办学定位转型的理性思考. 黑龙江高教研究,(5):42-45.

策文件。在教育部2013年公布的《普通高等学校本科教学工作审核评估方案》中，"定位与目标"是第一个审核项目，审核的要素包括办学定位、培养目标和人才培养中心地位。办学定位要素的审核要点包括两个方面：一是学校办学方向、办学定位及确定依据；二是办学定位在学校发展规划中的体现。[①]据此，师范学院对办学定位的实践认知基本趋同。本研究以唐山师范学院、太原师范学院、盐城师范学院三所师范学院的本科教学工作审核评估自评报告为例，考察了师范学院办学定位的主要内容，根据访谈资料整理如下。

案例一　唐山师范学院本科教学工作审核评估自评报告关于办学定位的表述（节选）

发展目标定位：建设现代化、开放性、高水平唐山师范大学。

办学类型定位：教学型。

办学层次定位：本科教育为主，多层次办学。

人才培养定位：培养具有社会担当、健康体魄、专业"三基"（基础知识、基本理论、基本技能）和创新实践精神的应用型高素质人才。

服务面向定位：立足河北，面向京津冀，辐射全国，着力为地方经济社会发展服务。

案例二　太原师范学院本科教学工作审核评估自评报告关于办学定位的表述（节选）

发展目标定位：坚持教师教育为本，实现多学科协调发展，力争将学校建成内涵充实、特色鲜明、位居省内前列、在国内有一定影响力的师范大学。

办学层次定位：以本科师范教育为主，稳步发展研究生教育，适度开展继续教育和国际教育。

办学类型定位：坚持教学科研并举，努力实现从教学型师范院校向高水平应用型师范大学转变。

人才培养定位：着力培养具有高尚道德情操、扎实理论功底、较强实践能力、富有人文情怀和创新精神的高素质基础教育师资与应用型专门人才。

服务面向定位：立足山西，面向全国，为基础教育和经济社会发展以及文化传承创新服务。

---

① 中华人民共和国教育部. 2013-12-12（2021-09-10）. 教育部关于开展普通高等学校本科教学工作审核评估的通知. http://www.moe.gov.cn/srcsite/A08/s7056/201312/t20131212_160919.html.

案例三 盐城师范学院本科教学工作审核评估自评报告关于办学定位的表述（节选）

办学类型定位：综合性应用型大学。

办学层次定位：以本科教育为主，积极发展研究生教育。

学科专业定位：面向国家战略和区域需求，构建以教师教育为鲜明特色、文理基础学科为支撑、新兴应用学科为增长点、多学科协调发展的学科专业体系。

服务面向定位：立足盐城、服务江苏、面向全国、融入世界。

发展目标定位：建设特色鲜明的高水平区域性大学。

从国内众多高校办学实践来看，办学定位通常会涉及发展目标定位、办学类型定位、办学层次定位、服务面向定位、人才培养定位、学科专业定位等。对于师范学院而言，在复杂的高等教育发展形势之下，面临的首要问题是发展的道路选择，因此其发展的首要定位在于对学校办学类型的定位。

三、师范学院办学定位转变的案例分析

20多年来，师范学院经历了转型发展的初始期、成长期，进而向成熟期迈进的一系列过程，办学定位在这三个时期也有一个动态的转变过程。我们以盐城师范学院（东部地区）、衡阳师范学院（中部地区）、泉州师范学院（东部地区）、渭南师范学院（西部地区）为例，梳理和分析师范学院办学定位的转变轨迹（表3-1—表3-3）。

表3-1 部分师范学院转型发展初始期的办学定位

学校	发展目标	办学方向	办学层次	服务面向
盐城师范学院	多学科、多层次、高水平，在全国同类高校中属一流的新型高师院校	师范教育与非师范教育相结合，职前培养与职后培训相沟通	以本科教育为主，逐步减少专科专业招生数，并于2005年起试招有关方向硕士研究生	立足盐城、面向苏北、服务江苏、辐射全国
衡阳师范学院	省内有一定地位、国内有一定影响的师范学院	以师范教育为主，适当发展非师范教育；稳步地发展成人教育、职业教育和自考教育	以本科教育为主，适当开办专科教育，并且积极创造条件发展研究生教育	立足湘南、面向湖南、辐射全国
泉州师范学院	地方性、多科性的泉州大学	以师范教育为主，逐年扩大非师范教育；以普通全日制为主，大力发展高等职业教育和成人教育	以本科教育为主，继续办好社会需要的专科教育	立足泉州、面向闽南、辐射省内外

续表

学校	发展目标	办学方向	办学层次	服务面向
渭南师范学院	建设"设施先进，特色鲜明，环境优美，功能齐全，质量上乘，职工富裕"的现代化高等学校	以师范教育为主，适当发展非师范教育；以普通全日制教育为主，积极发展成人教育和职业技术教育	以本科教育为主，适度发展专科教育，创造条件争取发展研究生教育	以服务陕西为主，逐步向周边省份辐射

表3-2 部分师范学院转型发展成长期的办学定位

学校	发展目标	办学类型	办学层次	服务面向
盐城师范学院	到2020年，基本建成特色鲜明的高水平区域性大学	教学型高校	以本科教育为主，积极发展研究生教育	立足盐城，注重沿海，依托江苏，面向全国，走向世界
衡阳师范学院	建设成为在省内有较高地位、在全国同层次、同类型的院校中居于先进行列的以教师教育为特色的现代教学型大学	现代教学型大学	立足本科教育，积极创造条件开办研究生教育，多形式、多途径发展成人高等教育	立足湖南、面向全国，为地方基础教育和经济社会发展服务
泉州师范学院	到2020年把学校建成有较大影响力的开放型、有特色、高水平的多科性地方大学	教学型地方本科院校	以本科教育为主体，举办研究生教育，诗山校区继续保留适当规模的高等职业技术教育	服务海峡西岸经济区建设，从泉州扩大至全省乃至周边省份
渭南师范学院	建设特色鲜明的高水平地方师范大学	师范教学型院校	高水平本科教育、硕士化教师教育、创新型职业教育	服务基础教育、服务区域创新、服务地方发展

表3-3 部分师范学院转型发展成熟期的办学定位

学校	发展目标	办学类型	办学层次	服务面向
盐城师范学院	建设特色鲜明的高水平师范大学	综合性应用型大学	以本科教育为主，积极发展研究生教育	立足盐城、服务江苏、面向全国、融入世界
衡阳师范学院	建设成为在省内有较高地位、在全国同层次、同类型的院校中居于先进行列的特色鲜明的地方高水平应用型大学	应用型大学	以本科教育为主体，积极创造条件开办研究生教育，多形式、多途径发展成人高等教育	立足湖南、面向全国，为地方基础教育和经济社会发展服务
泉州师范学院	基本建成"开放型、有特色、高水平的新型地方大学"，实现更名泉州大学	应用型综合性地方大学	以全日制本科教育为主，发展研究生教育，拓展继续教育	植根泉州，立足福建，服务区域经济社会发展

续表

学校	发展目标	办学类型	办学层次	服务面向
渭南师范学院	建设特色鲜明的高水平地方师范大学	多科性应用型本科院校	以本科教育为主体，积极开展教师教育方向和地方特殊需要专业方向的研究生教育	服务基础教育和区域经济社会发展与文化传承创新

资料来源：根据各学校"十五""十一五""十二五""十三五"发展规划整理

盐城师范学院是1999年经教育部批准建立的江苏省省属本科高校，前身是盐城师范专科学校和盐城教育学院，2002年，国家级重点中专盐城商业学校并入。衡阳师范学院是1999年经教育部批准建立的湖南省省属本科高校，前身是衡阳师范高等专科学校、衡阳教育学院，2001年，湖南省第三师范学校并入。泉州师范学院是福建省省属本科高校，1998年，泉州师范高等专科学校、泉州教育学院、泉州师范学校合并组建新的泉州师范高等专科学校，2000年，经教育部批准升格为泉州师范学院。渭南师范学院是2000年经教育部批准建立的陕西省省属本科高校，由渭南师范专科学校与渭南教育学院合并成立。四所师范学院均由师范专科学校、教育学院等专科学校升格为本科高校，均是地方师范学院。在转型发展过程中，其办学定位转变呈现出一些共同特征。

（一）初始期

升本初期，四所高校由专科向本科转型，在进行办学定位时，均兼顾专科教育、职业教育和成人教育，强调以师范教育为主，发展非师范教育，服务面向由立足地方拓展到辐射全国。其中，渭南师范学院在"十五"初期确定的服务面向尚未鲜明提出"辐射全国"，而是"逐步向周边省份辐射"，经过一两年的发展，调整为"以服务陕西为主，面向西部，辐射全国"[①]。在发展目标定位上，盐城师范学院的表述是建成适应江苏乃至全国基础教育和经济发展需要的多学科、多层次、高水平的在全国同类高校中属一流的新型高师院校；衡阳师范学院是建成省内有一定地位、国内有一定影响的师范学院；泉州师范学院是建成地方性、多科性的泉州大学；渭南师范学院是建设"设施先进，特色鲜明，环境优美，功能齐全，质量上乘，职工富裕"的现代化高等学校。其中，盐城师范学院、泉州师范学院均提到"多学科""多科性"，这在一定程度上体现了这两所师范学院对办学类型由纯师范教育的单科性向多科性、综合性转变的萌芽。四所师范学院在转型发展初始期即升本初期，对于办学定位内涵的认

---

① 庞德谦. 2003. 抢抓历史机遇 实现跨越式发展. 中国高等教育，（9）：37-38.

知相对模糊，但是在实践上趋于统一，基本聚焦在发展目标、办学方向、办学层次、服务面向等方面。刚刚办本科的师范学院在转型发展中更关注的是如何实现办学层次的转型，如何办合格的本科院校。事实上，这个时期也是高等教育大众化开展得如火如荼的时期，在实现办学层次转型的同时，师范学院也实现了办学规模的扩张。

（二）成长期

经过几年的本科办学，师范学院伴随着高等教育大众化的进程基本完成了由专科到本科的转型，进入转型发展的成长期。师范学院对办学定位的认知由模糊走向科学，体现在实践中就是定位契合自身的办学实际。由表3-2得知，师范学院在转型发展成长期的办学定位更加聚焦类型定位、目标定位、服务面向定位和办学特色定位，同时也瞄准了培养目标、学科专业等方面的定位，使得办学定位的内涵更为充实。其中，办学特色定位也显露端倪，盐城师范学院和渭南师范学院均提出"特色鲜明"，衡阳师范学院提出"以教师教育为特色"，泉州师范学院提出"有特色"。需要特别关注的是，四所师范学院均将类型定位为"教学型"，显然这符合师范学院作为新建本科院校的办学实际，凸显了内涵发展和质量提升。

需要特别说明的是，这个时期正是高等教育"十一五""十二五"发展时期。在此期间，师范学院先后经历了教育部"五年一轮"的普通高等学校教学工作水平评估。按照"以评促改，以评促建，以评促管，评建结合，重在建设"的原则，师范学院的办学更趋规范、理性与科学，办学质量与水平也得到整体提升。因此，师范学院办学定位的转变与教育主管部门的政策引导有密切的关系。

（三）成熟期

经过十几年的发展，基本上在"十三五"时期，师范学院进入转型发展的成熟期。在办学类型定位上，盐城师范学院由"教学型高校"转变为"综合性应用型大学"，衡阳师范学院由"现代教学型大学"转变为"应用型大学"，泉州师范学院由"教学型地方本科院校"转变为"应用型综合性地方大学"，渭南师范学院由"师范教学型院校"转变为"多科性应用型本科院校"。在发展目标定位上，盐城师范学院提出"建设特色鲜明的高水平师范大学"；衡阳师范学院由转型成长期提出的"建设成为在省内有较高地位，在全国同层次、同类型的院校中居于先进行列的以教师教育为特色的现代教学型大学",转变为"建设成为在省内有较高地位,在全国同层次、同类型的院校中居于先进行列的特色鲜明的地方高水平应用型大学";泉州师范学院由转型发展成长期提出的"开放型、有特色、高水平的多科性地方大学"转变为"基本建成'开放型、有特色、高水平的新型地方大学',实现更名泉州大学";渭南师范学院坚持转型发展成长期提出的"特色鲜明的高水平地方师范大学",同时提出建设渭南师范大学。尽管表述有所不同,但是从中提取的共性关键词有"综合性(多科性)""应用型""特色""地方性(区域性)""大学"。这反映出了师范学院转型发展的目标取向,也是师范学院办学定位转型的策略选择。

其中,更名"大学"是这四所师范学院一致的发展目标定位(泉州师范学院更名为泉州大学,其余均为师范大学)。可以说,在地方师范学院中普遍存在着更名为师范大学或综合大学的目标追求。笔者认为,一所高校如果没有超前性的战略目标和与之配套的行动计划,就难以维持旺盛的生命力,把师范学院办成"师范大学"或综合性大学既是高校办学者的价值追求,也是学校事业转型发展的可行路径。

第二节　师范学院办学定位转变的影响因素

高校办学定位不是孤立的选择,而是各种因素综合作用的结果,既有国家政策的引导,也有社会发展的需求;既有高等教育发展的趋势,也有高校自身发展的实际。正如刘献君所认为的,一所高校的定位理应从以下三个方面考虑:首先是高校在整个社会系统中的定位;其次是高校在整个高等教育系统中的定位;最后是学校内部的各个要素在学校发展中的定位。[①] 师范学院办学定位转变主要受以下几个方面因素的影响。

一、政府政策的引导

推动实施高校分类管理,鼓励引导不同类型高校形成办学特色是我国政府一贯以来的主张。《国家中长期教育改革和发展规划纲要(2010—2020年)》明确指出,"促进高校办出特色。建立高校分类体系,实行分类管理。发挥政策

---

① 刘献君.2003.论高等学校定位.高等教育研究,(1):24-28.

指导和资源配置的作用，引导高校合理定位，克服同质化倾向，形成各自的办学理念和风格，在不同层次、不同领域办出特色，争创一流"①。2014年4月26日，在河南驻马店召开的产教融合发展战略国际论坛上，178所高校发布《驻马店共识》，呼吁国家尽快出台支持部分地方高校向应用技术型高校转型发展的政策。2015年10月，《教育部 国家发展改革委 财政部关于引导部分地方普通本科高校向应用型转变的指导意见》发布，这份指导性文件贯彻落实党中央、国务院做出的"引导部分地方普通本科高校向应用型转变"的重大决策，体现了国家的决策部署和政策导向，推动了一批地方本科院校向应用型大学转型。2016年10月，全国新建本科院校联席会议暨第十六次工作研讨会在成都召开并发布了《成都共识》，219所新建本科院校共同承诺愿意成为新建本科院校向应用型转变系列改革的积极倡导者、主动践行者和责任担当者。"把办学思路真正转到服务地方经济社会发展上来，转到产教融合校企合作上来，转到培养应用型技术技能型人才上来，转到增强学生就业创业能力上来"②，成为地方本科院校向应用型转型的总坐标与基本遵循。国家的高校分类发展政策导向对于师范学院的定位至关重要。第一节分析的四所师范学院的办学定位由教学型转向应用型、多科性转向综合性等变化恰恰是在政府宏观政策引导之下进行的。

地方政府的政策对师范学院的影响更直接。师范学院是地方本科院校群体中的重要成员，且绝大多数属于新建本科院校，省市政府的政策支持无疑会成为师范学院发展的加速器。以浙江省为例，2015年，浙江省教育厅出台了《关于积极促进更多本科高校加强应用型建设的指导意见》，全省42所高校申请成为试点学校。湖州师范学院入选第二批应用型建设试点示范学校。湖州市委、市政府于2019年7月下发了《关于大力支持湖州师范学院加快建成高水平"湖州师范大学"的若干意见》，全力推动湖州师范学院加快建成具有"优良师范传统、鲜明应用特色"的高水平"湖州师范大学"。再看湖北省，2014年，湖北省在省属本科高校中开展转型发展试点工作，遴选了包括湖北师范学院、黄冈师范学院在内的11所本科高校首批开展转型发展试点。2016年，有关高校牵头成立了湖北省应用型高等学校联盟，旨在贯彻落实国家、湖北省关于引导

---

① 国家中长期教育改革和发展规划纲要工作小组办公室. 2010-07-29（2021-09-10）. 国家中长期教育改革和发展规划纲要（2010—2020年）. http://www.moe.gov.cn/srcsite/A01/s7048/201007/t20100729_171904.html.

② 中华人民共和国教育部，中华人民共和国国家发展和改革委员会，中华人民共和国财政部. 2015-11-13（2021-09-10）. 教育部 国家发展改革委 财政部关于引导部分地方普通本科高校向应用型转变的指导意见. http://www.moe.gov.cn/srcsite/A03/moe_1892/moe_630/201511/t20151113_218942.html.

部分地方普通本科高校向应用型转变的决策部署，以提高人才培养质量为目的，为联盟内高校向应用型转型服务，全面推动高校开展产教融合、校企合作和"双师双能型"教师队伍建设、应用型人才培养模式改革、创新创业教育等方面的合作交流，培养适应社会需求的高素质应用型人才，促进高校更好地为湖北经济社会发展服务。2018年，广东省教育厅出台《广东"新师范"建设实施方案》，明确到2020年，办好一批高水平、有特色的师范院校和师范类专业，形成在全国具有影响力的教师教育广东新模式。该方案强调明确师范院校办学定位，优化师范生培养工作布局，提出坚持教师教育以师范院校为主、师范院校以培养教师为主的原则，引导师范院校合理定位。

通过前文对泉州师范学院、渭南师范学院的分析，我们同样可以看到政府宏观决策对其办学的支持与影响。2018年2月，《福建省教育厅 福建省发展和改革委员会 福建省财政厅关于公布示范性应用型本科高校和专业群建设名单的通知》发布，泉州师范学院入选福建省示范性应用型本科高校。2018年1月，渭南市委、市政府印发《中共渭南市委 渭南市人民政府关于支持渭南师范学院加快发展的意见》，大力支持渭南师范学院筹建"渭南师范大学"。

二、错位发展的需要

欧美国家高等教育强盛的一个重要原因就在于拥有层次分明、类型清晰的高等教育结构体系，不同层次与类型的高校各司其职、各安其道，形成了井然有序、相互支撑、良性互动的教育生态系统，每一所高校都有明确的生态位。因此，学校在办学过程中，如果不首先明确所属的办学类型的定位，就会处于"失位"状态，在"夹层"中游移，窄化、模糊自身的生存空间，为学校的可持续发展带来隐患。"鲜明的办学特色是高等学校生存和发展的核心竞争战略。"[①]在同层次、同类型高校之间，存在着激烈的发展竞争关系，如果没有形成具有自身特色的发展之路，将难以形成发展的核心竞争力，从而被淘汰出局。资源获取能力是高校核心竞争力的体现，尽可能多获取办学资源是高校参与竞争的直接目的。人力资源、生源质量、财力支持等在高校发展中的重要作用显而易见。

在我国高等教育大众化大潮的裹挟与推动下，师范学院数量大幅增加，成为教师教育的主要生力军。成立之初的一段时间，我们看到的往往是办学规模

---

① 兰玉杰. 2008. 高校办学特色的内涵与建设探究. 中国高教研究，(12): 52-53.

的扩张，如果说在我国高等教育精英化阶段末期以及大众化阶段的前中期，师范学院还可以通过庞大的生源规模来奠定学校的办学基础、扩充办学实力，那么在后高等教育大众化时代，其面临的则是越来越大的竞争与发展压力。要赢得充裕的办学空间和办学资源，师范学院必须"以质图强"。自然式生长和大而全模式都不利于师范学院的竞争与发展。因此，发展方式的转型升级是师范学院管理者不可回避的必答题。能否抓住时机顺利实现转型发展，则是师范学院面临的最大挑战。

师范学院大多数由专科学校、教育学院、职业大学合并升格而成，在办学基础、发展历程、区位特点等方面有很大的相似性，因此在办学定位的顶层设计和发展路径选择方面，它们的目标追求和遇到的难题也大致相同。从表述用语来看，"高水平""地方性""特色化"成为发展目标表述中的高频词。其存在的共性问题有学科专业趋同、人才培养同质化、教师队伍实践能力不强、实验实训条件落后、服务区域经济社会发展的能力弱等。与高层次师范大学和同地区本科院校形成错位发展必然成为师范学院发展战略的"主色调"。师范大学的办学定位多为研究型高校，在办学的资源条件和社会影响力上明显处于优势，培养目标定位为高层次、研究型人才。大多数师范学院本科办学时间短、基础弱，其综合实力与师范大学显然不在同一个重量级，因此套用师范大学的办学定位和培养目标是不切实际的。师范学院的办学定位多偏向于教学型，培养目标多为基础性、应用型人才。与同地区的非师范本科院校相比，师范学院应该聚焦教师教育。虽然师范学院呈现多科性、综合化的发展方向，教师教育不再是师范院校的唯一职能，但只要校名中有"师范"二字，其服务地方基础教育、培养地方基础教育师资的基本功能就不应在转型中丧失。凸显教师教育方面的特色与优势，既是政策层面的期待，也是师范学院的价值所在和实践追求，自然也是开展错位竞争的有利条件。要想在高等教育竞争日益激烈的形势下处于不败地位，师范学院应当寻求差异化的发展战略，同时要注重核心竞争力的培育。

三、办学历史的传承

任何一所高校都有其独特的办学历史，在历史的传承中延续学校的发展"基因"，这种"基因"的传承对于学校每个阶段的发展定位都发挥着重要的"定调"作用。具体而言，"基因"表现为学校办学的一种优良的传统和使命，具有强大的固着力，固嵌于学校发展的进程中，随着学校办学活动的持续而发展，无论是经历学校领导的更迭、教师的进退，还是学生的流转，都会以其特有的方式而接力传递。传统和使命的根本不在于一时一处显露于外的某种表现形式，而是蕴涵于学校建设者主体内心的一种发挥浸润和指导作用的成熟理念与文化形态，正是这种形态决定、彰显了学校办学的色调与风格，并支撑起一套稳定的办学实践及运行模式。当然，师范学院转型中的传承历史不等于因循守旧，而是继承和创新的有机统一。办学转型是不断创新、不断调整和不断变革的动态过程，会经历循环往复的去粗取精、去伪存真过程，同时积极开发、吸纳、融合新的元素，赋予传统和使命新的时代意义。因此，对于相对年轻的师范学院而言，珍视自身的历史文化积淀、铭记来时的路、规划未来的路，是确立自身办学类型定位必须要思考的重要问题。

四、办学特色的彰显

实施特色发展是实现内涵发展的必然要求。教育部办公厅2004年印发的《普通高等学校本科教学工作水平评估方案（试行）》明确将评估结论分为优秀、良好、合格、不合格四种，具有鲜明的办学特色是获得优秀等级的必要条件，有特色项目是获得良好等级的必要条件。同时，方案中专门就"特色"一词进行了注释，即"在长期办学过程中积淀形成的，本校特有的，优于其他学校的独特优质风貌。特色应当对优化人才培养过程，提高教学质量作用大，效果显著。特色有一定的稳定性并应在社会上有一定影响、得到公认"[①]。当前，师范学院整体上已经由以规模求生存跨入了以内涵建设谋发展竞争力的新阶段，特色发展的重要性与紧迫性与日俱增，必须要从根本上树立坚定的特色办学意识，以特色打造名片、打造核心竞争力、打造发展的优势。"办学特色是高校核心竞争力的主导因素。高校办学没有特色，就没有个性，就没有创新，也就没有高等教育整体水平的提升。确立和实践特色发展战略，走特色强校之路，应当成为大学发展的本质追求和必然选择。"[②]办学特色建设具有长期性，办学特色的形成具有阶段性，要以发展的眼光来审视特色建设在每个时段对相应领域的发展所起的积极作用。真正的办学特色在学校办学过程中始终扮演着重要的推动者的角色，即具有持久稳定的正面效应。师范学院的办学类型

---

① 中华人民共和国教育部办公厅. 2004-08-18（2021-09-10）. 教育部办公厅关于印发《普通高等学校本科教学工作水平评估方案（试行）》的通知. http://www.moe.gov.cn/srcsite/A08/s7056/200408/t20040818_148778.html.

② 张元龙. 2011. 高校办学特色研究的现状与趋势. 国家教育行政学院学报，（4）：27-31.

定位选择要积极纳入特色发展理念，将特色发展作为办学道路选择的一种自觉。根据侯小兵对67所地方师范院校办学简介的研究，有48所学校将办学特色作为自己的发展目标、办学理念或工作方针，充分说明师范学院普遍具有较为明显的特色发展理念。①

五、领导者的办学理念

高校的办学活动既是一种思想观念形态，也是一种实践活动形态，两者构成了一个多层次、多元化的有机整体。作为思想观念形态，其主要为学校领导者的教育思想和教育观念；作为实践活动形态，其主要为教学、科研、管理、服务等领域的领导者行为、教师行为、学生行为。高校的发展在很大程度上取决于领导者的办学理念、教育思想、治校方略。高校领导者的办学理念影响着办学的实践活动，或者说坚持什么样的办学理念，坚持什么样的教育思想，最终就会办成什么样的高校。众所周知，蔡元培、梅贻琦、张伯苓的办学思想分别为北京大学、清华大学、南开大学的发展做出了历史性的贡献。在地方本科高校具有充分办学自主权的情况下，转型与否、如何转型受制于学校决策者的办学理念，同时也是其办学水平和能力的体现。显然，僵化、保守的办学理念必然会使学校跟不上时代进步和教育发展的步伐，从而阻碍学校的发展；反之，与时俱进的办学理念则会引领学校走上良性发展的快车道。

师范学院转型发展是大势所趋。问题是向哪里转型？是继续坚守教师教育主业，还是转型为综合性高校？对于师范学院的领导者而言，这既是一种路径选择，也是办学理念的体现。现实中，师范学院升格为师范大学和转型为综合大学均有成功范例，这也自然成了师范学院发展定位的重要参照。不可否认，转型为综合性大学的吸引力更大，领导者办综合性大学的理念更容易得到认可。一些师范学院积极发展非师范专业，大力扩展学科门类，不计成本地引进教授、博士等学术人才，不惜代价地奖励科研项目和学术论文，其目标就是要建设综合性大学。然而，受现有政策和自身条件的限制，一个时期内，师范学院更名为综合性大学的可能性不大，因此立足教师教育，走应用型大学发展之路显然是较为实际的选择。在向应用型大学转变的过程中，一些师范学院进行了相应的改革设计，也采取了一系列改革措施，但改革进展缓慢、收效甚微。

---

① 侯小兵. 2014. 师范院校办学定位的教师教育特色探析——基于全国107所普通本科师范院校"学校简介"的内容分析. 黑龙江高教研究,（5）：12-16.

应用型办学的理念多停留于口号和纸面,没有真正指导办学实践。这种状况归根结底是领导者并未将办学理念和模式真正转为应用型造成的。

第三节 师范学院办学定位转变的策略选择

伴随着经济社会发展的步伐和高等教育发展的进程,师范学院在顺利完成由专科向本科转型之后面临着新一轮办学定位的选择,是走老牌本科高校的精英化教育发展之路,还是适应大众化教育需求探索一种新型办学模式?从实践来看,师范学院几乎均选择了转型发展战略,探索出一条适合自己的发展之路。考察其办学定位,应用型、综合性(多科性)、地方(区域)、本科教育、特色、教师教育(师范教育)这些词成为办学定位的关键词。其实,这既是师范学院转型发展呈现出的共性特征,也是师范学院办学定位转变的策略选择。

一、服务面向突出地方性

美国高等教育学家德里克·博克说:"'走出象牙塔'是现代大学的社会责任和道德责任。"现代大学决不能成为独善其身的"象牙塔",而应该是"直接为社会服务的动力站"。①师范学院的地域性特点决定了地方性是师范学院的天然属性,立足地方办学是师范学院的必然选择。服务地方是师范学院的使命与职责,师范学院必须立足地方、服务地方。脱离地方性谈地方院校事业发展,逻辑上讲不通,实践上也不可能。所以,师范学院在制定办学定位和发展目标时,必须立足地方,以为地方经济社会发展服务为办学宗旨。

师范学院通过为地方经济和社会发展服务,得到地方政府的支持,实现向综合大学的转型,临沂大学的实践是典型范式。临沂大学的前身是临沂师范学院。与众多师范学院一样,1999年,教育部批准临沂师范专科学校与临沂教育学院合并建立临沂师范学院。当时的临沂师范学院紧紧依靠政府,融入社会,采取的是多元化投资、多体制办学、多层次经营的办学模式,围绕"立足沂蒙,面向山东,辐射全国"的服务定位,加强工科、经管、文化产业等应用型学科建设,立足老区办学实际,以"培养具有沂蒙精神和国际视野、适应区域

---

① 德里克·博克. 2001. 走出象牙塔——现代大学的社会责任. 徐小州,陈军译. 杭州:浙江教育出版社: 8.

经济社会发展需求的高素质应用型人才"为目标，创建了"一体两翼"应用型人才培养模式，为地方经济社会发展培养了大量急需人才，因此在转型发展中得到当地政府的大力支持。2010年11月，经教育部批准，学校更名为临沂大学。教育部在批复文件中指出，临沂大学系多科性本科学校，以本科教育为主，积极开展研究生教育；临沂大学由山东省人民政府领导和管理，管理体制采取山东省直属管理，临沂市参与共建。[①]

因此，师范学院在转型发展中的根本出路在于真正贯彻"以服务求支持、以贡献求发展"的理念，努力成为地方政府重大决策的智囊团、地方优秀人才的集聚地、区域科技创新的主阵地和社会思想文化的策源地，同时在为地方经济社会发展服务中，履行自身使命，实现自我价值，赢得办学资源，拓展办学空间，增强办学实力，形成办学特色。

二、办学模式推行开放式

随着我国高等教育现代化的不断深入，以校地、校企、校校合作为特征的开放办学模式已经成为高校转型发展的普遍选择。《国家中长期教育改革和发展规划纲要（2010—2020年）》对扩大社会合作提出要求：探索高等学校与行业、企业密切合作共建的模式，推进高等学校与科研院所、社会团体的资源共享，形成协调合作的有效机制，提高服务经济建设和社会发展的能力。师范学院更是面临着教师教育由封闭走向开放、高校间的竞争压力日益增大的机遇和挑战，开放办学势在必行。

师范学院积极探索政产学研合作办学模式，主动融入地方经济社会发展，不断加强与政府部门、行业协会、企事业单位的合作交流，选择合作项目，创新合作形式，健全开放办学与交流合作的管理运行机制，搭建跨学科、跨领域、跨地区的综合型合作平台。这既可以为当地政府、企业解决实际问题，又能促进科研成果的转化，实现互利双赢。例如，商丘师范学院为加快向应用型大学的转型发展，专门成立校地合作处，负责校地合作和产教融合的协调管理工作。学校与商丘市人民政府签订了全面战略合作协议，构建"1+N"战略框架。其主动投身社会经济建设的"主战场"，先后与上海交通大学、上海司南卫星导航技术股份有限公司开展合作，共建"北斗学院"，与中科曙光公司共

[①] 中华人民共和国教育部. 2010-11-24（2021-09-10）. 教育部关于同意临沂师范学院更名为临沂大学的通知. http://www.moe.gov.cn/srcsite/A03/s181/201011/t20101124_112382.html.

建"中科曙光大数据学院",与华为技术有限公司共建"华为信息与网络技术学院"。学校建立了校、院理事会(董事会)、专业指导委员会制度等,形成了行业企业全面参与学校管理、专业课程设置建设、人才培养和绩效评价的新型内部治理结构。

另外,开放办学还需要深化国际交流与合作。实施教育国际化战略,重视和学会对外宣传与对外交流,不断增强在更加广阔的国际舞台上展示和推介自我的本领,包括签约国外合作学校、开展学术交流、互派留学生和教师出国访学进修,这些做法在师范学院的办学中越来越受到重视,并且成为衡量一所学校国际化程度的显性指标。在转型发展中,师范学院开展的国际合作也由过去的单一讲学型引进、学术型派出向讲学、科研、开发为一体的综合型引智和项目化合作办学转变。

三、学科专业趋向综合化

笔者以6所师范学院(东部地区2所、中部地区2所、西部地区2所)为样本,对其学科、专业情况进行了统计分析(表3-4)。

表3-4 部分师范学院学科、专业设置情况

学校名称	学科	专业	师范类专业占比/%
盐城师范学院	经济学、法学、教育学、文学、历史学、理学、工学、管理学、艺术学等9大学科门类	本科专业77个,其中师范类专业14个,非师范类专业63个	18.18
泉州师范学院	经济学、法学、教育学、文学、历史学、理学、工学、管理学、艺术学等9大学科门类	本科专业67个(招生专业58个),其中师范类专业19个,非师范类专业48个	28.36
乐山师范学院	经济学、法学、教育学、文学、农学、理学、工学、管理学、艺术学等9大学科门类	本科专业60个,其中师范类专业17个,非师范类专业43个	28.33
曲靖师范学院	经济学、法学、教育学、文学、历史学、理学、工学、管理学、艺术学等9大学科门类	本科专业58个,其中师范类专业19个,非师范类专业39个	32.76
黄冈师范学院	文学、理学、工学、法学、教育学、管理学、经济学、艺术学、农学等9大学科门类	本科专业64个,其中师范类专业15个,非师范类专业49个	23.44
南阳师范学院	文学、理学、工学、法学、经济学、教育学、历史学、管理学、农学、艺术学等10大学科门类	本科专业74个,其中师范类专业17个,非师范类专业57个	22.97

资源来源:各高校2018—2019学年本科教学质量报告

由3-4表可知，6所师范学院学科门类都较为齐全，涵盖了文学、理学、工学、法学、教育学、管理学、经济学、艺术学、农学、历史学等10大学科门类，学科格局呈现出综合化的特征。本科专业数量最多的有77个，最少的也有58个；师范类专业最多的有19个，最少的有14个，占比基本不超过1/3。王俊、顾拓宇在《新建本科师范院校组织转型探究——基于61所院校统计数据的分析》一文中对61所新建本科师范院校进行了统计分析，认为经过多年的规模扩张，大部分新建本科师范院校已经形成了综合化的学科格局，有6—10个学科门类的院校高达58所，所占比例为95.08%，其中有10个以上学科门类的院校高达16所，占比近30%，如湖州师范学院、衡阳师范学院、上饶师范学院、南阳师范学院等，湖州师范学院甚至设置了11个学科门类。①

师范学院探索综合化发展之路，已成为转型发展的一种趋势。但在综合化发展的过程中，也出现了一些问题：一是强化非师范专业发展，在一定程度上弱化了师范专业的建设和发展力度，甚至简单放弃了长期积累的教师教育办学优势和特色；二是追求规模扩张，跟风开设新专业、热门专业，增加招生计划，争抢生源；三是在发展方向上简单地向综合性大学看齐，不顾自身实际，追求高大上。师范学院在向综合化发展的过程中，应当坚持扬长避短原则，在学科专业布局与目标定位中集中资源优势和现有基础，处理好"综合性"和"师范性"的关系，构建师范教育和非师范教育协调发展的学科、专业结构和互补共享的资源利用机制，使得两种教育互为补充、协调发展。

四、人才培养侧重应用型

笔者考察的多所师范学院在转型发展的过程中，将人才培养目标基本定位于以培养高素质应用型人才为主，这与《教育部 国家发展改革委 财政部关于引导部分地方普通本科高校向应用型转变的指导意见》中提出的"推动转型发展高校把办学思路真正转到服务地方经济社会发展上来，转到产教融合校企合作上来，转到培养应用型技术技能型人才上来，转到增强学生就业创业能力上来，全面提高学校服务区域经济社会发展和创新驱动发展的能力"②的要求

---

① 王俊，顾拓宇. 2019. 新建本科师范院校组织转型探究——基于61所院校统计数据的分析. 现代大学教育，（5）：71-78.

② 中华人民共和国教育部，中华人民共和国国家发展和改革委员会，中华人民共和国财政部. 2015-11-13（2021-09-10）. 教育部 国家发展改革委 财政部关于引导部分地方普通本科高校向应用型转变的指导意见. http://www.moe.gov.cn/srcsite/A03/moe_1892/moe_630/201511/t20151113_218942.html.

相一致。师范学院的培养目标不是侧重理论研究的"学术型"人才，而是侧重以理论应用与技术创新见长，能够直接解决生产和生活实际问题的"应用型"人才。

以乐山师范学院为例，该校提出"加强应用型人才培养，努力实现人才培养模式的战略性转变"的发展目标。为此，学校推动实施"四个转向"，即质量规格从"重知"转向"重用"，课程体系从"理论"转向"实践"，培养模式从"封闭单一"转向"开放多元"，教学阵地从"课堂教室"转向"田野""赛场"。"第三方数据显示，乐山师范学院连续四年毕业生非失业率较高，工作与专业相关度、就业现状满意度呈现逐届上升的趋势，与全国知名本科高等院校差距缩小。"①

培养应用型人才，首先要优化专业结构，适应国家"新工科、新文科、新医科、新农科"建设要求，按照区域产业链对应用型人才的需求和国家职业资格要求设置专业与课程，主动适应现代服务业发展的要求和地方经济社会发展的需要，并将服务同一产业链的关联专业组织为专业集群统筹管理，形成科学、合理的专业结构。其次要创新人才培养模式，构建以知识为基础、以能力为核心、以素质为根本、以顶用为目标的应用型人才培养模式；建立校政行企协同育人机制，全面推行与政府、科研院所、行业企业联合培养人才的改革，共同制订人才培养方案、共同开发课程与教材、共同组织教师团队、共同建设高水平实验室、共同建设综合性实习与就业基地、共同参与人才培养质量评价；改革课程与教学模式，强化实践能力和创新创业能力培养。最后要坚持质量标准。教师教育专业的人才培养应以教育部卓越教师培养计划为指导，强化教育研究能力、教育心理能力、教育技术能力在内的教学实践能力培养，使师范生既具备扎实的学科知识与教育理论功底，又有较强的实践能力和良好的师德基础。其他专业的人才培养应以教育部卓越人才培养计划为指导，突出人才培养过程中的实践性、开放性和职业性，着力提高学生适应行业和岗位需求的职业能力。

五、办学特色打造师范牌

办学特色是一所学校具有相对稳定性和较高公认度的鲜明个性表征。从学

---

① 乐山师范学院. 2017-08-31. 乐山师范学院：质量为本，加强应用型人才培养. 光明日报，(第7版）.

科建设的角度看，可体现为学科的整体实力强、有特色或某一学科门类有特色；从学校职能的角度看，可体现为人才培养、科学研究、社会服务和文化传承创新的特色；从学校运行要素的角度看，可体现为办学治校理念、管理体制机制以及教育教学改革等方面的特色。无论是何种角度，办学特色都不能偏离高校的基本功能，即办学特色应该体现在人才培养质量、科学研究水平、社会服务能力和文化传承创新等方面。办学特色内容多元、内涵丰富，是在长期办学的过程中积淀而成的，并体现于办学治校的诸环节。

办学特色无层次高低之分，各类各层次高校都能形成自己的办学特色，但关键在于提高办学质量。2016年4月15日，国务院总理李克强在高等教育改革创新座谈会上的讲话中指出："鼓励公办民办各类学校办出特色、分类发展。"① 从国家宏观层面来看，高校只有坚持分类建设、错位竞争和特色发展，才能更好地满足社会需求。高校个体应当立足所处方位，找准功能定位，坚持质量立校、特色兴校。2016年9月21日，教育部部长陈宝生在广西大学调研时指出："质量决定兴衰。大学能不能兴起来，是否可持续发展，关键靠质量……质量与特色紧密联系，特色是质量保障下的特色，脱离质量的特色是包装出来的。"② 办学质量与办学特色是高校办学的永恒追求。师范学院在转型发展过程中应牢固坚守教师教育阵地，致力内涵建设，倾力打造办学特色。

安庆师范大学在转型发展中始终遵循"举师范旗，走应用路，创特色牌"的发展思路，积极构建"优势文科、应用理科、新兴工科"的学科专业体系，优先发展教师教育。盐城师范学院建立了"大学-政府-中小学"教师教育联盟和"大学-城镇中小学-乡村学校"教研共同体的多方协同培养机制；以新疆支教、苏北顶岗为路径，提升师范生的教学能力和培育其教书育人情怀。盐城师范学院近80%的师范毕业生在县级以下乡村学校任教，其中60%的师范毕业生一直坚守在乡村，35%左右的师范毕业生已成为县级以上教学能手。如何打造师范特色？特色定位与特色发展的顶层设计至关重要，实践中应做到"顶天""立地""固源"，即精准对接国家发展战略，对接地方基础教育实际需求，对接学校自身发展的实际。时任教育部部长陈宝生指出："把握住社会需求，服务好国家需要，高校发展才有目标、有动力。而增强服务国家的意识，关键是

---

① 央广网. 2016-04-18（2021-09-10）. 李克强在高等教育改革创新座谈会上作重要讲话. http://china.cnr.cn/news/20160418/t20160418_521899040.shtml.

② 人民政协报. 2016-10-09（2021-09-10）. 教育部部长陈宝生：高等教育要增强五大办学理念. http://www.edu.cn/edu/jiao_yu_bu/jiang/201610/t20161009_1455717.shtml.

要主动与国家战略对接。"① 首先，师范学院应当响应国家关于地方本科院校向应用型转变的号召，突出应用型人才培养。应用型本科培养的人才应该是职业化的高素质人才，对于师范学院而言，其培养的教师教育专业的毕业生就应该是职业化的高素质师资。为此需要构建以教师职业为导向的学科专业人才培养的知识结构和能力结构，提高从教职业素养和职业能力，做到教师教育专业人才培养方案与基础教育需求对接、课程设置与基础教育课程标准对接、教育过程与基础教育师资规范对接、毕业证书与教师职业资格证书对接。同时，师范学院也应培养出具有"学高为师、身正为范"底蕴的非师范专业学生，在办学治校过程中凸显"师范"文化底蕴，发挥师德文化意识、文化精神和文化人格优势，塑造非师范生的优良特质。其次，师范学院要想获得长远发展，必须对接地方的发展战略规划，满足地方基础教育和社会发展的需求，解决接地气、落地生根的问题。在设置学科与开办专业时，师范学院要进行深入调研和科学论证，制定出富有地方特色的学科专业建设与发展规划。最后，要发挥教师教育办学优势，全方位放大教师教育的办学效应。教师教育是师范学院办学之源，也是学校自身发展的现实基础，办学过程中要坚持问题导向。例如，如何更好地建设教师教育专业？培养目标是未来人民教育家还是农村教师？毕业生的适岗性和社会评价如何？人才培养质量是办学特色的重要体现，师范学院要发挥教师教育办学优势，就必须提高师范生培养质量，为基础教育源源不断地输送高质量师资，从而形成自己的办学特色。优质教师队伍是人才培养的保障，师范学院应当把师德师风建设作为重要的历史使命和政治责任，完善制度规范，实行教师职业道德一票否决制，形成师德建设与教学科研、管理服务协同推进的强大合力。

---

① 田延辉，邓晖. 2016-12-29. 培养什么样的人 办什么样的大学——对话教育部党组书记、部长陈宝生. 光明日报,（第9版）.

第四章

师范学院办学模式转型

随着我国高等教育进入"大众化"阶段,封闭、保守、单一的传统师范教育体系逐渐暴露出弊端。1999年6月13日,《中共中央 国务院关于深化教育改革,全面推进素质教育的决定》发布,鼓励综合性高等学校和非师范类高等学校参与培养、培训中小学教师的工作。[1] 从此,培养教师的高校不单是师范学院"独此一家",综合性大学可以办教师教育专业,师范学院多了竞争对手。与此同时,师范学院也可以办非师范类专业,师范学院办学面临着新的挑战。竞争与挑战,加上国家关于建设应用型高校的政策导向,迫使师范学院探索办学模式转型。这既是大势所趋,也是现实需要。在师范学院整体转型中,师范学院办学模式转型无疑具有重要的作用和意义。

---

[1] 中共中央,国务院.1999.中共中央 国务院关于深化教育改革,全面推进素质教育的决定.人民教育,(7):4-9.

第一节　师范学院办学模式转型的内涵与动因

办学模式转型是师范学院的一个主动的和理性的变革过程。师范学院要实现内涵式发展，最终实现办学水平和办学质量的不断提升，势必需要先实现办学模式的转型。

一、办学模式转型的内涵

（一）模式

模式，也可以称作"范型"，原指某种事物的标准形式或使人可以照着做的标准样式，如发展模式、管理模式等。它本是结构主义用语，是主体行为的一般方式。在对模式的实际运用中，必须结合具体实际，做到因事而变，实现一般性和特殊性的结合，同时要做到顺势而变，及时调整要素与结构的关系，从而使模式的运用更加科学、合理、有效。模式具有以下几个鲜明的特征。

一是实践性。不管哪一种模式，都是在以前的实践经验中形成的，不可能凭空产生。

二是修复性。形成的模式是否与现象的本质相吻合，在人们的认识过程中会逐步得到检验和修改，以便得到更加全面的认识。

三是稳定性。模式一旦形成，并得到科学的验证，会成为相对固定、大家公认的规范。

四是可复制性。模式本身就具有可操作性的性能，只要条件具备，就可以被复制，一旦形成一个成功的案例，便会被争相复制。

（二）办学模式

在经济社会飞速发展的今天，在人才需求和科技需求既多样化又不断升级的时代背景下，高校面临着办学模式选择的难题。

不难理解，办学模式是高校在长期的发展过程中，在特有办学理念的指导下，结合自身办学实际，形成特定办学机制，达成既定办学目标的模型或范式。① 简而言之，办学模式是办学治校的体制机制的特定样式，是在特定经济社会环境中，在某种办学理念支配下逐步形成或经过选择的产物。它不仅是高校自身发展的关键问题，涉及办学目标、办学机制等，也是高等教育体制改革中一个根本性的问题，如教育结构、管理体制和运行机制改革等内容。办学模式具有以下特征。

一是稳定性与发展性的统一。办学模式的形成，如同办学特色一样，不是一蹴而就的，而是在长期办学过程中因地制宜、因校制宜、扬长避短、调整优化而最终形成的。其主要是在继承办学传统的基础上，随着经济社会的发展、教育观念的更新、人才需求的转型及办学目标的调整而不断发生变化。

二是规律性与目的性的统一。办学模式是有规律的，不是杂乱无章的，它是根据时代特征、区域经济社会发展特征以及高校自身的办学历史和现实情况等因素，在充分尊重教育规律的前提下，不断提炼改进而逐渐形成的。同时，办学模式还要符合学校、师生、家长、政府、企业等各方利益，否则将无法实施。因此，办学模式能否实现各方满意的目标，就成为衡量一所高校办学是否成功的重要标准。

三是示范性与特殊性的统一。成功的办学模式是对办学经验的科学提炼和总结，固然具有广泛的影响力和典型的示范性，很大程度上具有可效仿和可借鉴的特性。但是，办学模式也是因校、因地制宜的产物，它的形成和发展根植于特定的办学文化和办学环境，具有矛盾的特殊性。

（三）办学模式转型

党的十八大和十九大分别提出了"推动高等教育内涵式发展"和"实现高等教育内涵式发展"的办学方向。然而，办学模式会直接影响办学质量和水平，因此师范学院要实现内涵式发展，实现办学模式转型势在必行。

全球化进程不断推进，科学技术进步带来了新一轮的革命，人类正在面临一场空前壮大的历史变动，很多学者将其概括为"社会转型"。社会转型势必会引起经济转型、制度转型以及教育转型等。转型是人们的认识观念和事物的组织形态、运转模式的综合性转变过程，是主体主动促使事物发生转变的过程，它更多强调的是一种范式的变革。综上所述，办学模式转型是一个宏观问题，是一个主动和理性的改革过程。师范学院应该在科学判断自身存在的优势和劣势的基础上，认真分析当前的社会发展状况和高等教育发展形势，顺势而

---

① 张丽娜. 2016. 高校办学模式基本问题探析. 黑龙江教育（高教研究与评估），(6): 59-61.

为，乘势而上，最终在转型的前提下形成关于办学治校新的体制机制的特定样式，以达到办学水平和质量的不断提升。

由于国家对高等教育制度和教师教育体制方面政策的不断改革和完善，师范学院办学模式不得不随之转型。从高等教育的制度和体制着眼，我们把在计划经济体制下形成的办学模式称为单一、封闭型的办学模式，而把在市场经济体制下发生转轨的办学模式称为开放、合作型的办学模式。随着我国社会主义市场经济体制的建立健全以及教师教育体制的改革开放，师范学院办学模式转型主要有以下几种情形：由封闭办学向开放办学转型、由独立办学向合作办学转型、由单一性办学向多样化办学转型、由双轨制办学向一体化办学转型等。

二、办学模式转型的动因

内外部环境的变化、国家政策的导向以及高校自身发展的需要催生了办学模式的转型。在新的历史背景下，师范学院办学模式转型是大势所趋。

（一）经济社会转型催生了教育体制的改革

人类社会正处在一个大发展、大变革、大调整时代。《国家中长期教育改革和发展规划纲要（2010—2020年）》指出："当今世界正处在大发展大变革大调整时期。世界多极化、经济全球化深入发展，科技进步日新月异，人才竞争日趋激烈。我国正处在改革发展的关键阶段，经济建设、政治建设、文化建设、社会建设以及生态文明建设全面推进，工业化、信息化、城镇化、市场化、国际化深入发展，人口、资源、环境压力日益加大，经济发展方式加快转变，都凸显了提高国民素质、培养创新人才的重要性和紧迫性。中国未来发展、中华民族伟大复兴，关键靠人才，基础在教育。"[①]随着我国产业结构快速升级，人才市场对多层次、多规格、实践能力强的专门技术技能人才的需求越来越强烈。高等教育要想培养出适应和服务经济新常态需要的高素质人才，唯一的途径就是进行教育结构的改革和推进高校办学模式的转型。《教育部 国家发展改革委 财政部关于引导部分地方普通本科高校向应用型转变的指导意见》明确提出："面对经济结构深刻调整、产业升级加快步伐、社会文化建设不断推进特别是创新驱动发展战略的实施，高等教育结构性矛盾更加突出，同

[①] 国家中长期教育改革和发展规划纲要工作小组办公室. 2010-07-29（2021-09-10）. 国家中长期教育改革和发展规划纲要（2010—2020年）. http://www.moe.gov.cn/srcsite/A01/s7048/201007/t20100729_171904.html.

质化倾向严重，毕业生就业难和就业质量低的问题仍未有效缓解，生产服务一线紧缺的应用型、复合型、创新型人才培养机制尚未完全建立，人才培养结构和质量尚不适应经济结构调整和产业升级的要求。"①

当今世界，国际竞争日益表现为经济的竞争与综合国力的竞争，而归根到底是人才的竞争，尤其在知识经济时代，更需要创新型、复合型、应用型的人才，这必然会催生教育体制的改革，促使高校办学模式向多样性、开放式、合作化等方向转型。当今，师范学院在教育观念、教育内容、教育方法、教育制度、教育体系等方面与培养高素质教师的要求还有距离，如果不进行教育体制的改革和办学模式的转型，到2035年，造就数以百万计的骨干教师、数以十万计的卓越教师、数以万计的教育家的目标是难以实现的。

（二）教师教育体制改革促进了师范学院办学模式的转型

1999年，教育部发布的《关于师范院校布局结构调整的几点意见》提出了"以师范院校为主体，其他高等学校积极参与，中小学教师来源多样化"②的改革目标；《中共中央 国务院关于深化教育改革，全面推进素质教育的决定》指出，"鼓励综合性高等学校和非师范类高等学校参与培养、培训中小学教师的工作"③；《国务院关于基础教育改革与发展的决定》确定了"完善以现有师范院校为主体、其他高等学校共同参与、培养培训相衔接的开放的教师教育体系。加强师范院校的学科建设，鼓励综合性大学和其他非师范类高等学校举办教育院系或开设获得教师资格所需课程。支持西部地区师范院校的建设。以有条件的师范大学和综合性大学为依托建设一批开放式教师教育网络学院"④的改革思路。包括实行开放式的教师职业资格制度在内的一系列政策导向，彻底改变了师范院校单独供给师资的原有局面和教师教育培养模式，逐步实现由单一、定向、封闭型向非定向、开放型转轨。

20世纪90年代开始，按照"共建、调整、合作、合并"的八字方针，我

---

① 中华人民共和国教育部，中华人民共和国国家发展和改革委员会，中华人民共和国财政部. 2015-11-13（2021-09-10）. 教育部 国家发展改革委 财政部关于引导部分地方普通本科高校向应用型转变的指导意见. http://www.moe.gov.cn/srcsite/A03/moe_1892/moc_630/201511/t20151113_218942.html.

② 中华人民共和国教育部. 1999-03-16（2021-09-10）. 关于印发《关于师范院校布局结构调整的几点意见》的通知. http://www.moe.gov.cn/srcsite/A10/s7058/199903/t19990316_162694.html.

③ 中共中央，国务院. 1999. 中共中央 国务院关于深化教育改革，全面推进素质教育的决定. 人民教育,（7）: 4-9.

④ 国务院. 2001-05-29（2021-09-10）. 国务院关于基础教育改革与发展的决定. http://www.gov.cn/gongbao/content/2001/content_60920.htm.

国相当多的高等学校纷纷通过各种方式进行重组，掀起了新一轮全国性院系调整的热潮。2010年，《国家中长期教育改革和发展规划纲要（2010—2020年）》提出，"到2020年，形成适应经济发展方式转变和产业结构调整要求、体现终身教育理念、中等和高等职业教育协调发展的现代职业教育体系"的同时，强调不断优化高等教育结构，"重点扩大应用型、复合型、技能型人才培养规模"。[①] 由此可见，师范学院转型发展是高等教育战略调整的应有之义、必然要求，更好地体现了现代大学服务社会的大学职能，这种外部政策必将给师范学院的转型发展提供新的契机，促使其办学模式向开放式、综合化、应用型转变。

（三）师范学院办学模式转型带动了学校整体转型发展

面对高等教育竞争的激烈态势，推进办学模式转型是我国师范学院应对挑战的必然选择，这在师范学院整体转型发展中无疑具有重要的作用和意义。一方面，师范学院办学模式转型改变了封闭、保守、单一的办学状态，加强了师范院校与外界的联系，推进了高等师范教育与基础教育的有效对接和深度合作，有利于提升教师教育人才培养的整体水平。另一方面，师范学院办学模式转型更能适应社会发展形势的需要，有利于促进自身办学实力和水平的提升，带动学校整体改革与发展。例如，自主开放的办学模式使师范学院能够主动适应地方经济社会需求，调整办学方向和结构，促进了师范专业与非师范专业的快速、协调发展，推动了师范学院向综合化、应用型转型。多元合作的办学模式增加了学校的办学资源，增强了学校的办学活力和实力，提升了学校的社会影响力和核心竞争力，促进了学校向内涵式发展转型。

第二节 师范学院办学模式转型的过程与特点

师范学院办学模式转型是一个循序渐进的过程。随着高等教育的改革发展，师范学院在升本初期阶段、成长期阶段、成熟期阶段的办学模式转型呈现不同的特点。

---

① 国家中长期教育改革和发展规划纲要工作小组办公室. 2010-07-29（2021-09-10）. 国家中长期教育改革和发展规划纲要（2010—2020年）. http://www.moe.gov.cn/srcsite/A01/s7048/201007/t20100729_171904.html.

一、师范学院办学模式转型的过程

自20世纪90年代开始，尤其是1999年以来，我国100余所师范学院在办学实践中积极探索，勇于实践，不断推进办学模式转型，主要经历了三个阶段。

（一）升本初期阶段：以量的扩张为特征，实现了由专科模式向本科模式的跨越

这一时期，由于自身规模小、学科专业单一、教师队伍层次偏低等原因，加之经济社会发展迫切需要提高中小学教师队伍学历学位层次，师范专科学校、教育学院抓住机遇，纷纷合并组建师范学院。比如，1999年经教育部批准，衡阳师范高等专科学校、衡阳教育学院合并升格为本科衡阳师范学院；2000年经教育部批准，乐山师范高等专科学校、乐山教育学院合并升格为本科乐山师范学院；2001年经教育部批准，涪陵师范高等专科学校、涪陵教育学院合并升格为本科涪陵师范学院（2006年更名为长江师范学院）；等等。合并组建师范学院后，师范学院的办学模式单一。升本初期，师范学院受到传统模式的影响，办学相对封闭，加之刚刚合并，需要处理一些历史遗留问题，将重点放在建立健全内部治理结构和管理体制机制上，尽快完成多校合并后的思想融合、机构融合、学科融合、干部融合、人事融合、财务融合、管理融合、校园融合等工作，从而实现由专科办学模式向本科办学模式转型。

（二）成长期阶段：以办学质量提升、聚焦内涵建设为特征，从单科性院校向多科性院校转变

这一时期，师范学院的办学规模迅速扩张，学生人数、学科专业数不断增加，尤其是非师范专业蓬勃发展，招生人数和招生专业不断增多；大部分学校还建设了新校区，为改善教学科研条件、保证和提高人才培养质量以及长远发展打下了坚实的基础。以盐城师范学院为例，截至2008年学校第一次党员代表大会召开，学校有全日制普通在校生15 263人，其中本科生14 201人，另有成人学历教育学员6500人，分别比1999年建院初期增加了11 099人、13 001人和4313人；有师范类专业16个，非师范类专业27个，分别比建院初期增加了2个和25个。[①] 然而，师范学院的教师队伍数量和质量却不能及时跟上学校办学规模的发展，学科专业结构不尽合理，科学化管理水平需要提升，学校迫切

---

① 资料来源于《盐城师范学院第一次党代会党委工作报告》。

需要进行办学模式转型。这个时期，大多数师范学院以迎接教育部本科教学工作水平评估为契机，坚持规模发展与质量提升并重，从而实现教育教学质量和办学水平的稳步提高。

（三）成熟期阶段：以打造核心竞争力为特征，着力构建转型发展生态圈，建设特色鲜明的高水平（师范）大学

这一时期，经过升本初期、成长期两个阶段的发展之后，师范学院的办学实力和办学水平得到进一步提升，但学校之间获取办学资源的竞争更加激烈。因此，围绕"办什么样的大学"和"怎样办好大学"，师范学院进行了积极探索，强化质量意识，聚焦内涵建设和特色办学，进一步由封闭办学向开放办学转变、由独立办学向合作办学转变、由单一性办学向多样化办学转变、由双轨制办学向一体化办学转变，着力推进办学模式转型，积极探索构建转型发展的生态圈，推进学校特色发展与转型发展。

在特色发展方面，师范学院高举师范旗帜，坚持做优教师教育，引领区域基础教育，坚持为农村、为基础教育服务，为地方培养"下得去、用得上、留得住、干得好"的优秀师资，努力使学校成为地方中小学教师培养基地、中小学教师继续教育基地、基础教育改革研究中心和政府教育决策咨询中心。

在转型发展方面，师范学院深刻认识到，学校要发展，转型是关键。这既是适应经济社会转型升级的迫切需要，也是推动学校科学发展的内在要求。在办学理念上，师范学院提出向"应用型大学"转变，更加注重与地方经济社会发展的契合度；在学科专业建设、人才培养、科学研究和社会服务等方面更加突出地方性、应用性，走"应用型大学"之路。侧重培养应用型人才，主动对接区域产业转型升级，通过申报、改造、重组等方式，推进专业结构转型；以社会需求为导向，开展嵌入式、订单式人才培养，推进培养模式转型；深化政产学研合作，服务政府决策咨询，服务地方产业发展，服务地方资源开发，推进科学研究和社会服务转型。

二、师范学院办学模式转型的特点

在高等教育大众化和教师教育开放化的背景下，师范学院办学模式发生了转型，表现出如下特点。

（一）由封闭办学向开放办学转变

纵观历史，我国教师教育体系经历了"封闭—开放—再封闭—再开放"的演变历程。"我们一开始引进的是德国和日本的师范教育制度，它是单一、封闭的专门的师范教育体系。到了1922年又转向学习美国等国家，实行开放的教师教育体系，那时候师范院校是综合化的，一些综合大学也设置师范科培养教师。新中国成立后，我们又向苏联学习，建立专门的师范体系，这个体系持续到上个世纪九十年代末。"① 可见，我国的教师教育体系早期是从其他国家引进的，具有明显的时代特征，虽然对促进不同时期教育事业的发展曾发挥过重要作用，但在我国高等教育大众化阶段，其历史局限性也十分突出。定向、封闭的教师教育适用于教育的初始阶段，这种制度明显的优点就是可以根据需求有计划地培养教师，缺点是不能根据教师市场的变动培养教育人才，培养的教师适应性不强、知识面不宽。所以，定向、封闭的师范教育体制在世界范围内逐渐被淘汰。1999年，《中共中央 国务院关于深化教育改革，全面推进素质教育的决定》出台后，教师教育体制再次走向开放，只要具备培养师资条件的高等学校都可以培养教师。

在开放的教师教育体系下，师范学院的专业课程设置过于狭窄、培养模式单一等弊端逐步显露出来，促使师范学院以更加开放的姿态办学治校。师范学院办学模式由封闭办学向开放办学转型，可以发挥各种类型高校的作用，培养出各种类型的教师，较之过去的定向体制，可以满足社会对不同类型教师的需要。同时，师范学院的办学自主权变大，非师范专业增多，课程设置相应增加，学生可以通过选修多门课程，使得自身的基础知识更加宽厚、教育学科知识更加牢固。

（二）由独立办学向合作办学转变

长期以来，教师培养可以说完全是高等院校的"一家之事"，学生进入高校学习教师教育的某一学科，在校园内学习、生活几年，毕业后直接到中小学任教。这种独立、封闭的办学模式存在着很大的缺陷。教师教育专业是一种实践性很强的专业，而当时的师范院校更注重相关学科的理论知识教育，缺乏实践的训练，导致培养的师范生岗位适应性不强，解决实际问题的能力不足。

合作办学模式是师范学院转型发展的必由之路。培养应用型的师范生，需

---

① 李瑾瑜. 2020-01-06（2021-09-10）. 我国教师教育体系重构的应然逻辑与实践路向——专访中国高等教育学会副会长管培俊. http://www.sohu.com/a/365119356_284354.

要积极实施U-G-S教师教育模式，在师范生培养、中小学教师培训、基础教育课题研究和教师专业发展等方面加强合作，可以聘请中小学教学经验丰富的教师对实习学生进行指导，使其不断掌握教学技巧和提高相应的能力，以提高人才培养的针对性和有效性。例如，盐城师范学院在与地方政府、中小学（幼儿园）进行长期良好合作的基础上，组建了盐城市U-G-S教师教育联盟，遴选11所实验示范学校和31个实习基地进行教育研究、教改实验、教师培训和教育实习等多方面的深度合作[①]，积极探索协同合作培养师范生的新模式。师范学院的非师范专业也是如此，建立U-G-E协同育人模式，以政府为主导、高校为主体、行业企业高度配合，通过校地合作、校企合作，联合搭建起科研、成长、培训、实习实践、就业等平台，积极推进产教融合，提升人才培养质量。

（三）由单一性办学向多样化办学转变

多年来，不管是原来的师范专科学校、教育学院还是升格后的师范学院，都非常重视教学，但对学科、科研重视不够，社会服务能力也亟待提高。然而，随着高等教育的发展和经济社会对高等院校的要求不断提高，师范学院要在激烈的竞争中求生存、谋发展，必须承担现代大学的基本功能，在坚持人才培养这个主责主业的同时，必须在科学研究、社会服务、文化传承与创新等领域发挥作用，实现由单一性办学向多样化办学的转变。比如，一些师范学院更加重视科研项目的申报和学术论文的数量与水平，积极投入地方经济社会发展和文化建设，建立社会服务体系，增强服务社会的能力。

（四）由双轨制办学向一体化办学转变

"长期以来，中国教师教育的职前培养与职后进修培训一直由两个互不相关的体系承担。"[②] 在没有合并升格之前，教师教育大多由师范专科学校和教育学院承担人才培养的任务，前者培养师范生，后者培训在职教师，呈现出鲜明的双轨制模式。随着师范专科学校和教育学院的合并升格以及终身教育体系的形成，双轨制办学逐渐转向一体化办学。

终身学习是教师专业发展的不竭动力。在面对教育这一关乎未来的事业以及人类社会发展的议题时，教师扮演的角色举足轻重。职前的教师教育不是全部，而是起点和基础。教师教育不仅要有好的起点和基础，更要有不断发展的

---

① 资料来源于《盐城师范学院－盐城市教育局共建盐城市U-G-S教师教育联盟协议》。
② 钟秉林. 2003. 教师教育的发展与师范院校的转型. 教育研究，（6）：22-27.

未来。20世纪中后期开始，世界范围内普遍形成的终身学习、终身教育理念以及学习型社会等趋势，使得各国都致力于完善教师教育体制，构建职前培养、入职教育与职后培训有效衔接的一体化教师教育体系，从而不断提高教师的专业化水平。在这种背景下，师范学院需要顺应教师教育的发展趋势，调整教师教育培养体系，改革人才培养模式，建立科学合理的教师教育机制，将一次性、终结性的师资培养转变为连续性、终身性的教师教育。

第三节 师范学院办学模式转型的问题与对策

受到外部条件和内部环境的影响，师范学院会主动推进办学模式的转型。这种转型既促进了教育事业的发展，也带来了一些问题，只有解决好这些问题，师范学院的办学实力和办学水平才能得到进一步提升。

一、师范学院办学模式转型的问题分析

从外部条件看，国家强化政策引导，促进高校加快转型发展，《教育部 国家发展改革委 财政部关于引导部分地方普通本科高校向应用型转变的指导意见》明确提出了转型改革的主要任务和配套措施。《国家教育事业发展"十三五"规划》将加强应用型高校建设作为高等教育分类管理、特色发展的重要举措。这些政策为师范学院转型发展提供了外部条件支持。从内部环境看，师范学院为了谋求发展，力争在激烈的竞争中立于不败之地，积极响应国家号召，主动求变，推进转型，把办学思路转到服务社会发展上来，把办学模式转到开放办学上来，把人才培养转到应用型上来。在转型发展实践中，师范学院面临如下共性问题。

（一）综合性粗化、师范性弱化

20世纪90年代后期，我国师范院校的办学出现了综合化的趋势，师范学院不单单办教师教育，也在追求学科专业的"大而全"和办学层次的"升格热"。一些师范学院盲目跟风，为了成为师范大学或者综合性大学，不顾学校自身实际和办学特色，一味追求综合性。"特别是地方高师院校都不同程度地出现了综合性粗化、师范性弱化、应用型泛化等问题。这些都严重阻碍转型发

展的进程与成效。"①

在师范学院走向综合化的进程中，往往会带来师范性的弱化问题。这一点在学科专业设置上表现得尤为突出，比如，师范学院的师范专业数量在减少，而非师范专业数量却在短期内剧增，远远超过师范专业，这导致师范生占比大大降低，师范学院的教师教育功能被大大削弱，教师教育特色也逐渐被弱化，虽然仍冠以师范学院的校名，实质上实行的是综合性院校的办学模式。

（二）政产学研合作办学深度不够、效果不好

政产学研合作是现代大学办学的重要形式和有效举措，但师范学院作为"偏文"的院校，加之对多年办学传统的依赖，在推进政产学研合作办学的过程中起点低、合作散、成果少、见效慢。与理工科院校相比，其科学研究和科技成果转化更显得相形见绌。一方面，师范学院或多或少仍然受到封闭办学思想的影响，合作意识不强，对政产学研合作重要性的认识不足；合作层次不高，多停留在走进中小学听听课、开展调查研究的层次；合作平台有待完善，虽然一些师范学院成立了U-G-S等机构，但实质性运作不到位等。另一方面，一些政产学研合作机构和单位存在急功近利的思想，仅对一些"短平快"的项目有兴趣，同时对师范学院存在"偏见"，只知"师范"特色品牌，却不了解师范学院的其他"长处"，不重视与师范学院开展多领域、多层面的合作。

（三）国际合作办学规模不大、质量不高

师范学院开展国际合作办学起步比较晚，导致办学规模不大、发展不平衡、项目良莠不齐。有研究者认为，"中外合作办学项目发展突出的共同问题集中在师资、学生、管理机制、课程教学、沟通合作、人才培养、知名度及办学特色"②等几个方面。师范学院的部分国际合作办学项目同质化严重，办学特色不明显，国外教育机构在国内开设"连锁店"，同一专业与国内多所高校联姻的现象较为突出；办学模式趋同化，国内阶段的培养与国外阶段的教育未做好整体设计，培养过程融而不合。加之部分师范学院看中的是中外合作办学带来的经济效益，对合作办学不进行充分的论证，为了合作而办学，盲目"上马"，结果合作办学资源跟不上，师资质量得不到保证，整体教学质量不高，学生满意度较低，社会认可度不高。

---

① 宋争辉. 2018. 高等师范院校转型发展：趋势、内涵与路径. 国家教育行政学院学报，（2）：10-16.
② 刘琪. 2018. 本科层次中外合作办学项目发展困境及对策. 现代教育管理，（4）：25-30.

（四）教师教育与中小学脱节

教师教育具有实践性强的特点，而当前教师教育的课程仍局限于对学科知识的传授，强调学科知识的内在逻辑和体系，主要回答"是什么"的问题。其培养过程中重知识轻能力、重传授轻反思、重理论轻实践，没有将教学实践的需要放在突出的位置，教育理论、教育方法和教育技能的培养和训练与中小学的岗位要求、教改需要未能做到有效对接。师范生不了解中小学的实际情况和教改的精神内容，对于在实际工作岗位上"如何做"，没有形成知识与能力的储备。这种以传授学科知识为中心的教育模式的弊端就是教育理论与教育实践之间存在脱节现象，导致"供给"与"需求"出现矛盾，不仅影响了师范专业的人才培养质量，还造成了教师教育资源的浪费。

二、推进师范学院办学模式转型的对策

师范学院办学模式转型不是简单地由封闭转变为开放、由单边作战转变为交流合作、由职前职后割裂转变为一体化，也不是为了走"应用型"的道路而弱化教师教育特色，更不是片面追求升格为师范大学或综合性大学，而是要在推进内涵式发展办学模式、探索多元主体办学模式、创新中外合作办学模式、建立"新师范"教育模式等方面下工夫，突出系统性、整体性和师范性、应用型。

（一）推进内涵式发展模式

内涵式发展模式是与外延式发展模式相对应的概念，不是追求数量增长和规模扩大，而是中国高等教育进入新时代后新的发展目标与新的发展要求，更加注重发展质量、发展效益，更加注重创新和特色，从而提升办学水平。师范学院打好"师范牌"是国家对师范院校办学的基本要求，也是其立命之本。将来无论是走综合大学发展之路，还是升格成为师范大学，教师教育始终是师范学院的传统和优势。师范学院的生存与发展离不开教师教育，加强教师教育的内涵建设既契合国家需要，又符合学校实际。推进师范学院的内涵式发展，可从以下几个方面入手。

1. 更新办学理念和思路

观念是行动的先导，没有观念上的更新，就不会有行动上的创新。转变办

学理念应该是推动师范学院办学模式转型的关键所在。近年来，有些师范学院在发展的过程中出现徘徊不前甚至滑坡的现象，究其原因，是思想解放不到位、办学理念出现偏差。观念在某种程度上就是战略眼光，具有宏观性和长期性的特征，只有观念跟上时代发展的步伐，转型和发展才能更有效率、更加可持续，才有可能做到转型的"真转"和"转真"，内涵发展才能更有方向性。

因此，师范学院进行办学模式转型，首要应在观念上树立转型重在内涵发展的意识。第一，要有质量意识。不是一味去追求扩大规模、提升层次，而是要将一切工作的出发点和落脚点归结到提升质量上来，坚持以提高人才培养质量为核心、以学科建设和专业建设为基础，发扬改革创新精神，大胆探索，寻求突破，不断提升办学实力。第二，要强化教师教育特色。在办学模式转型过程中，师范学院原有的特色不仅不能丢，还要将其发扬光大。当前，越来越多的师范学院在向综合化转型的浪潮中，坚守师范初心，始终将教师教育放在学校发展优先地位，积极为地方基础教育培养优质师资，取得了丰硕的成果，形成了鲜明的教师教育特色。第三，要突出应用性。在高等教育大众化背景下，服务地方经济社会发展是高校的根脉所系和职能所在。如果按照传统思维方式和办学模式办学，师范学院将与社会经济发展渐行渐远。因此，要坚持把地方性和应用型作为学校发展的定位，更加突出"应用"特征，使人才培养体现"应用"特征，这是师范学院必须坚持的办学方向。比如，合肥师范学院紧紧围绕应用型的办学定位，以社会需求为导向，进一步明确了"三新三会"的人才培养目标，即面向基础教育一线，培养具有"新理念、新知识、新技能"和"会备课、会上课、会当班主任"的新型师资。

2. 优化学科专业结构

学科专业建设是师范学院转型与发展的基础。要推动学校向内涵发展办学模式转型，关键就在于学科专业结构的调整和优化。一是要优化学科专业设计。目前，一些师范学院在加强学科专业建设上存在着一种盲目攀比、求全求热的倾向，有的甚至提出在学科专业建设的布局结构上要向综合大学看齐。师范学院承担着为基础教育输送合格师资的基本任务，其学科专业建设应该紧密围绕这一基本职能和任务来进行，突出教师教育基础学科专业建设。二是要打造学科专业特色。教育学科专业建设不仅有助于师范性教育功能的发挥，也有助于打造自身的竞争优势和特色。师范学院应该根据自身的办学基础和传统，打造自身的学科专业特色，从而不断提升自身的核心竞争力和影响力。三是要推进综合化发展。师范学院应该在保持传统教师教育学科专业优势的基础上，进行学科专业结构性调整，最终实现学科专业结构的综合化，做到在重视基础学科和基础理论学习的同时，促进文理课程的连贯性和相互渗透，以帮助学生构建广博的基础知识结构。

3. 提升人才培养质量

单一、封闭的人才培养模式是制约师范学院人才培养质量提升的重要因素。尤其在产教融合日益密切、创新创业日益活跃的背景下，创新人才培养模式势在必行。提升人才培养质量，关键要创新人才培养模式，促进人才培养多元化，构建开放型、多领域的人才培养体系。近年来，师范学院紧紧围绕培养优秀的中小学教师，与地方教育部门共建U-G-S教师教育联盟，探索建立师范学院、地方政府、中小学协作的教师教育共同体，构建职前培养、入职教育和职后培训一体化的教师协同培养机制，创新"三位一体"师范生协同培养模式。一是共建平台，实现"三位一体"协同合作常态化。师范学院要与中学共建"教学科研联合体"，与各县（市、区）的教师发展中心建立协同培养平台，与高水平高校的教师发展中心或教师教育专业机构建立协作关系，与国（境）外高校及研究机构建立"联盟"。二是共享资源，实现"三位一体"协同合作互利化。师范学院要与教育行政部门、地方中小学签订协议，成立教师协同培养领导小组，研究和解决协同培养过程中出现的问题和困难。三是共同育人，实现"三位一体"协同合作互动化。师范学院要与地方教育主管部门、中小学协同制定培养目标、设计课程体系、建设实践基地，以及开展教学研究和培养质量评价工作。

4. 加强教师队伍建设

人才队伍建设是内涵建设的头等大事和根本保障。培养一支具有现代教育理念的高素质、专业化教师队伍是推进学校内涵发展的关键。一是树立人才强校意识。高校之间的竞争实质是人才的竞争，教育教学质量的提高离不开高素质人才。师范学院要从战略和全局高度统一思想、提高认识，不断增强做好人才工作的责任感和紧迫感。二是加强人才引进工作。师范学院要用足用好国家和省（自治区、直辖市）人才政策，完善人才引进、培养、激励、保障工作机制，优化人才成长环境，努力建设一支结构合理、业务精湛、师德高尚的高水平教师队伍。三是重视"双师双能型"教师队伍建设。师范学院应该实施教师深入中小学锻炼计划，积极与企事业单位建立稳定的校外实习、培训基地；探索建立"双师双能型"教师质量考评制度，不定期地对"双师双能型"教师的能力及其实践教学的效果进行考核检验；聘任中小学校长、教学骨干等担任兼职教师。

(二) 探索多元主体办学模式

多元主体办学作为一种办学体制形式,是指办学主体的多元化以及由此带来的办学形式的多样化。在我国,实现多元主体办学,首先要确立以政府为主导、社会广泛参与、办学主体多元、办学形式多样的办学体制。多元主体办学是我国社会主义市场经济建设发展到一定阶段必然出现的产物,主要涉及政府、社会、学校三者之间的关系调整。探索多元主体办学模式是师范学院加强教学改革、提升办学质量的需要,也是其更好地服务地方经济发展的需要。

1. 加强校校合作

师范学院要主动推进办学协同,共建协同U-G-S联盟,在学科建设、人才培养、师资培养和实训基地建设等方面开展合作,促进区域内教师教育资源共享,提高教师教育水平;要加强与当地中小学校的合作,有效推动师范生实习、农村中小学教学质量提升等问题的解决;要通过"请进来、送出去"等方式,聘请中小学中青年骨干教师为兼职教师,或选派骨干教师到中小学担任兼职教师,打破高校教师、中小学教师协作壁垒,探索"协同教研""双向互聘""岗位互换"等共同发展机制,建立人员流动机制,带动师范专业学科建设发展;要加强与其他高校,尤其是师范院校的合作,联合开展课题研究和培养教育硕士,充分彰显教师教育特色。

2. 加强校企合作

校企合作是一种注重校内学习与企业实践相结合,学校与企业资源、信息共享的双赢模式,体现了应社会所需、与市场接轨、与企业合作,以及实践与理论相结合的全新理念。师范学院要主动加强与企业的合作,共建U-G-E联盟,让企业为学生提供奖助学金,为学生提供实习就业岗位;要加强平台共建,优化软硬件设施,创造良好的学习环境,发挥高校自身的人才、平台等优势,为企业专业技术人才培训提供高质量的继续教育服务;要创办产业学院,依托社会资源,推动产教深度融合,着力实现人才培养与行业需求无缝对接,以更加宽广的视野和持续的改革创新提升应用型人才培养质量。

3. 加强校地合作

服务区域经济社会发展,既是高等院校的重要使命,也是其实现内涵发展、可持续发展的必由之路。师范学院转型发展要紧紧抓住"地方性"这一天然基因,寻求现有学科专业与地方主导产业的契合点,通过服务社会职能作用的发挥,加强与地方政府合作,实现与区域经济社会的良性互动发展。比如,盐城师范学院多年来坚持融合发展，加强校地合作。2019年，盐城市委、市政府召开支持驻盐高校发展工作会议，印发了《关于支持驻盐高校建设促进校地融合加快盐城高质量发展的实施意见》。为抓住这个"战略机遇"，释放自身发展的"最大潜力"，盐城师范学院成立了校地融合领导小组，出台了《关于推进校地融合实现盐城高质量发展的实施意见》，落实包括成立湿地学院、盐城旅游发展研究院等36项重点工作，全面策应市委、市政府发展战略部署，并将此作为今后一段时间学校服务盐城高质量发展的蓝图，努力在服务盐城经济社会发展中强化办学特色，打造核心竞争力。

（三）创新中外合作办学模式

当前，中外合作办学已成为国内高等教育创新的一大热点，国内众多高校积极与国外高校"联姻"合作办学。《国家中长期教育改革和发展规划纲要（2010—2020年）》发布实施以来，高校中外合作办学的积极性高涨，中外合作办学机构和项目申报数量不断增加。师范学院必须适应形势发展，扩大中外合作办学规模，提高办学质量，扩大国际影响。

1. 加强联合培养

师范学院要主动出击，尽可能争取与排名靠前、实力强、声誉好的国外高校进行合作办学，开展联合培养；要深挖双方办学优势，强化办学特色，对教师教育的培养理念、培养模式、培养过程、教学计划进行深度融合；在合作办学过程中，要坚持国际与本土相结合，注重"洋为中用"，避免"崇洋媚外"；要强化自身的"造血功能"，实现自我能力的提高和升级，避免"消化不良"。比如，在师范生培养中，师范学院必须要坚持立德树人，对"培养什么人、怎样培养人、为谁培养人"这一根本问题绝不能含糊。在课程设置方面，要充分保留本校的优势课程和特色课程，同时注重促进外来课程与本土课程的相互补充和充分融合。

2. 深化分段培养

分段培养是中外合作办学的通用形式，当前培养模式主要有"2+2"（2年国内、2年国外）分段培养、"3+1"（3年国内、1年国外）分段培养和"4+0"（4年国内）培养等。师范学院要创新中外合作办学模式，在充分总结已有办学经验的基础上，深化教师教育分段培养，首要是应该结合各个师范学科专业的特点科学分段，不能搞"一刀切"，比如，汉语言文学与英语专业分段应该不一样，汉语言文学专业可实施"3+1"分段培养，英语专业可实施"2+2"分段培养。

3. 搭建交流合作平台

师范学院要实施互利共赢的国际化发展战略，积极构建国际合作与交流的立体化网络，以顺应我国经济深度融入世界经济的趋势；要主动对接"一带一路"倡议等，搭建国际化交流合作平台，推动人才培养模式改革，增强学科专业实力，提升科技创新水平；要建立教师队伍常态化交流平台，完善国际化人才流动机制，拓宽师生的国际化视野，增强人才特别是高端人才内培外引力度，为建设国际化教师队伍奠定基础；要建立学术交流平台，畅通师生境外参加学术会议、讲学渠道。借助国际交流合作平台，学校力争在学科科研、教师队伍、人才培养、社会服务等方面实现全面提升，从而增强学校的国际竞争力、影响力。

（四）建立"新师范"教育模式

"新师范"概念由陶行知在1926年首次提出，他认为，"新师范教育"要有三新，即扎根本土大地办教育的"自新"、不断创新变革的"常新"、形式和精神内外一致的"全新"。近年来，随着《中共中央 国务院关于全面深化新时代教师队伍建设改革的意见》《教育部关于实施卓越教师培养计划2.0的意见》《教师教育振兴行动计划（2018—2022年）》等文件的出台，"新师范"概念又被提出，并迎来"新师范"的研究热潮，这不仅是对陶行知"新师范"概念价值的传承，也是对教师教育研究的深化。"新师范"路标的树起，展现了目标宏大的未来，无疑是对"师范教育"理直气壮的肯定，"师范"不仅要办，方向没错，而且要走出新路子，在师范的"新"上寻求进一步的突破。

1. 突出立德树人与师德教育

立德树人是教育的根本任务，师德是教师的灵魂，对于培养未来教师工作母机的师范院校来说显得尤为重要。因此，"新师范"建设更应当注重师范生的师德养成，对师范生加强社会主义核心价值观教育，弘扬包括社会公德、职业道德、家庭美德、个人品德在内的社会主义道德，促使其形成正确的世界观、人生观和价值观。师范生从一进校就应该接受全过程、全方位的师德教育，使其增强教师职业认同感、从教使命感和从教忠诚度，让为人师表、教书育人成为他们的一种生活状态和显著标识。师范学院要完善"大思政"工作格局，将思想政治教育贯穿教师教育全过程，充分发挥中华优秀传统文化的育人作用，用文化为师生发展打好底色，持续促进师生师德的养成和提升。

2. 突出职前教育与职后培养一体化

教师教育不仅要重视师范生的"进口"和"出口"质量，也要重视入职教育与职后培养。师范学院要优化师范生生源质量，积极探索免费师范生培养体系，通过乡村卓越教师培养计划、教育硕士公费定向培养等形式，选拔和吸引综合素养好的优秀生源入读教师教育专业；要深化教师培养模式改革，保障师范生在校培养质量的同时，关注并支持教师职后的专业发展，探索教师职后专业化发展路径，搭建教师培训和学历教育衔接的"立交桥"，构建集中学习与跟踪指导、理论学习与跟岗实践、线上学习与线下学习、实践改进与行动研究培训模式，满足个性化的需求，实现职前职后培养一体化。

3. 突出教师教育与基础教育的协同发展

教师教育主要是为基础教育培养师资的，换句话说，教师教育的主要服务对象是基础教育领域。可见，各级各类中小学、幼儿园不仅是检验教师教育质量的一线终端，还应该成为教师教育过程的参与者。教师教育专家和专业教师要经常深入中小学、幼儿园一线课堂，充分掌握基础教育教学改革实际情况，将基础教育阶段学校的课堂作为探索的实验室，实现教师教育与基础教育的协同发展。当前，教师教育中存在的一个突出问题就是脱离中小学实际，课程设置和人才培养模式不能很好地与中小学实际需求无缝对接。因此，师范学院要加强教师教育与基础教育的协同发展，与基础学校深入互动、深度协作，形成开放、灵活的教师教育协作创新机制，使教育咨询、教育服务、教育调研等工作常态化，不断加强教学研究、课程改革、教材开发等方面的合作，让人才培养更接"地气"，促进办学更符合实际需要。

4. 突出信息技术与教育教学融合

在"互联网+"的发展背景下，以数字化、网络化、智能化为特征的信息化浪潮蓬勃发展，互联网与各行业的结合越来越紧密，其中包括"互联网+教师教育"。因此，在推进"新师范"建设过程中，提升师生的信息化素养刻不容缓。师范学院要切实将发展"新师范"教育作为资金投入重点予以优先保障，加大智慧校园硬件投入力度，强化教育信息化研究与应用推广；要借助现代信息技术，变革传统教学方式、开发教学资源库、开设在线开放课程、构筑教育云平台、打造教育云课堂，促进师生开展线上线下一体化交流、学习和研修；要用"互联网+"的教育理念培养师范生的信息化教学能力和职后自我创新能力。

第五章

师范学院学科专业改造建设

随着高等教育进入内涵式发展阶段，学科建设与专业建设得到越来越多的重视。作为内涵发展的两极，学科和专业建设水平决定着师范学院的办学质量和办学特色，只有两者协同发展，才能更好地实现师范学院人才培养、科学研究和社会服务的功能。但是，在师范学院转型发展的历程中，学科建设与专业建设出现了厚此薄彼、各自为政等现象，学校的内涵发展受到了不同程度的影响。本章主要分析师范学院学科专业改造建设的动因，梳理学科专业发展的历程，在此基础上提出推进学科专业改造建设的构想。

第一节　师范学院学科专业改造建设的动因

学科是衡量高校综合实力的关键指标，专业是高校人才培养的重要载体。因此，把握学科、专业及相关概念和内涵，厘清它们之间的关系是十分必要的。作为传统师范教育的策源地，师范学院缘何走向转型发展之路？追根溯源，知识经济时代的必然要求、学校规模扩张的客观需求及学科专业升级的内在诉求，构成了师范学院学科专业改造建设的内外动因。同时，学科专业及一体化建设对推进师范学院转型发展具有十分重要的意义。

一、学科专业的概念及内涵

（一）学科及学科建设

在界定何为学科建设之前，有必要对"学科"这一概念进行界定。《辞海》对学科的界定如下："教学的科目，学校教学内容的基本单位。"[1]学科的知识门类学说强调学科与知识间的关联，认为学科是经过长期历史发展过程而形成的专门化知识体系，以《现代汉语词典》对学科的界定为其代表。[2]本研究对学科的定义如下：学科是一种专门用于某一领域科学研究的知识体系，拥有独立的学术组织、学术规范和知识权力。

对于学科建设，至今尚未有一个权威的界定，因为研究角度的不同，产生了各种思维下的概念。以下是学者关于学科建设概念的几种代表性观点。

第一种立足于发展角度，罗云提出学科建设是在学科的建设与发展过程中，以提高学科的发展和水平为目的，在尊重本学科的发展规律、顺应社会发展的要求，在结合学科主体实际的前提下而采取的一系列实施方法的社会实践活动。[3]

第二种立足于学科建设的系统观，洪毅、熊宗凡提出高等学校在发展的过程中，应该将学科建设作为一个基础性且需要持续发展的系统。学科建设应该

---

[1] 夏征农.1988.辞海.上海：上海辞书出版社：1126.
[2] 中国社会科学院语言研究所词典编辑室.2016.现代汉语词典（第7版）.北京：商务印书馆：1488.
[3] 罗云.2005.论大学学科建设.高等教育研究，（7）：45-50.

包含行政、人才、财务等多个方面，是由政策、人力、财力等各个要素构成的行之有效的系统工程。①

第三种立足于变革，姚云认为学科建设要遵从科学的发展规律以及社会对于学科的真正需求，从而对学科进行一定程度上的规范和重新整合。②

第四种立足于绩效，金薇吟认为在建设学科的过程中，只有进行"投入"与"付出"才能获得"产出"以及"所得"，所以学科建设需要投入、积累和优化，推动学科达到相当的水平。③

第五种立足于内容，崔新红、王吉芳认为学科建设应该重视内涵建设、外延拓展。在两大主要内容之中，内涵建设是学科建设的中心，它关系到人才培养、科学研究、团队建设等方面，外延拓展表现在学科规模的扩张、博士和硕士学位授权点数的增加等方面。④

在上述理解的基础上，本研究将学科建设界定为：高等学校在符合学校实际情况、尊重学科发展规律的基础之上，凝练学科方向，打造学科队伍，搭建学科平台，通过相应的经费投入来促进人才培养，提升学科水平，增强科研能力，最终服务社会的一项系统工程。

（二）专业及专业建设

与学科相应的是专业，"专业"也有着不同的定义，可谓众说纷纭。《辞海》中的定义为"高等学校或中等专业学校根据社会分工需要而划分的学业门类"⑤。《教育大辞典》对其的解释是："中国、苏联等国高等学校培养学生的各个专门领域。大体相当于《国际教育标准分类》的课程计划（program）或美国高等学校的主修（major）。"⑥联合国教育、科学及文化组织编定的《国际教育标准分类》中，没有采用"专业"这一术语，它提出了与专业本质接近的"课程计划"这一概念。国内专家和学者也从不同的视角对"专业"进行了界定。周川认为专业有广义、狭义和特指之分。广义的概念泛指社会中的任意一种职业；狭义的概念指从事相对高级、专业化程度较高的特定社会职业；特指的概念指普通高校依据既定的培养目标，建构起相应的课程体系，通过教学活

---

① 洪毅，熊宗凡.1992. 学科建设理论与实践中的几个问题. 学位与研究生教育，（1）：69-71.
② 姚云.2001. 论大学学科建设. 玉林师范学院学报（哲学社会科学），（2）：69-71.
③ 金薇吟.1999. 对高校学科建设的再思考. 苏州丝绸工学院学报，（6）：180-181.
④ 崔新红，王吉芳.2005. 论地方高校学科建设中的若干误区. 技术经济与管理研究，（3）：94-95.
⑤ 辞海编辑委员会.1979. 辞海（上册）. 上海：上海辞书出版社：66.
⑥ 教育大辞典编纂委员会.1991. 教育大辞典（第3卷）. 上海：上海教育出版社：26.

动连接教育者和学习者的教育单位。[①] 谢桂华认为高等学校的专业是以学科为依托，根据社会职业分工的需要，分门别类进行人才培养的基本单位。[②]

综上所述，本研究对于专业及专业建设的内涵做出下面的理解：专业是普通高校依据特定社会中职业分工的需要，以相关学科为依托进行人才培养的教育单位。专业建设一般指本科专业建设，主要包括人才培养、教师队伍建设、课程体系建设、教材建设、实验室建设、实验基地建设及教学成果等。

（三）学科与专业的关系

根据上文的解读，我们可以发现学科与专业之间既有着明显的区别，又有着内在的联系。学科和专业有着各自不同的目标，学科的目标是构建研究领域的科学知识体系，专业的目标是培养人才来满足社会的需要。在我国目前的高校中，学科和专业又是紧密相依、内在关联的。

1. 学科对专业发展的有效牵引

在目前的高等学校中，学科的目标是生产学科成果、创新知识体系、培养高层次创新型人才，它代表着一所高校的学术实力。专业的目标是根据社会的需求培养各类专门人才，它代表着高校的人才培养水平。总体而言，课程成为连接学科和专业的纽带。学科研究的知识成果将体现在课程之中，对于不同的专业发展发挥着牵引作用。学科通过学科建设及科学研究打造高层次的学术团队，凝结高水平的研究成果并积极转换成专业的教学资源，依托课程的设置、教材的建设、教学的实施等环节来实现专业人才的培养任务。因此，学科通过对专业的牵引实现学科自身的内在价值。

2. 专业对学科发展的有力支撑

学科与专业存在着内在的关联，两者共存互依。不同课程的有机组合，可以形成相应的专业。专业通过课程对学科知识进行有效的组织，达到培养专业人才、服务社会分工的目的，同时将社会的人才需求及时反馈给课程，传递至学科，提升学科与社会需求的关联度。作为社会分工的风向标，专业往往处于不断的更替之中，专业的产生一方面取决于社会的需求，另一方面则取决于高等学校的学科基础，看既有的学科基础能否满足专业的要求。因此，专业对学科发展的有力支撑主要体现在专业通过课程实现对学科的选择与组织，增强学科的发展动能。

[①] 周川. 1992. "专业" 散论. 高等教育研究，（1）：79-83.
[②] 谢桂华. 2002. 关于学科建设的若干问题. 高等教育研究，（5）：46-52.

二、师范学院学科专业改造建设的动因

（一）知识经济时代的必然要求

21世纪以来，中国社会进入崭新的知识经济时代，知识总量处于爆发式增长状态，"互联网+"、人工智能、大数据等新业态层出不穷，对社会各行各业产生了巨大的冲击。作为社会的重要一维，教育同样不可避免地受到了影响。作为高等教育的一个有机组成部分，师范学院应当顺应知识经济时代的潮流，及时调整学科体系，以满足飞速发展的社会需求。学科专业的建设要聚焦区域经济发展的急需点，打通经济社会改革的痛堵点。与此同时，师范学院要积极遵循高等教育发展的内在规律，推动办学主体内部的自我嬗变。师范学院身处特定的区域，区域的经济状况、社会状况、人口状况、就业状况等都是影响师范学院发展的重要因素。传统的办学模式已经无法适应当前经济社会发展的要求，其培养出来的人才也无法与市场需求之间高效对接。因此，师范学院必须正视经济社会的变化，积极融入，主动转型，根据地方经济的发展水平、特点及趋向，对既有的学科专业进行调整、更新、重组，同时主动对接区域社会新的经济增长点，积极培植新兴学科专业，培养出适应时代需求的新型人才，提高师范学院与地方经济对接的能力。

（二）学校规模扩张的客观需求

1999年，《中共中央 国务院关于深化教育改革，全面推进素质教育的规定》明确提出，"到2010年，我国同龄人口的高等教育入学率要从现在的百分之九提高到百分之十五左右"。2004年，我国高等教育毛入学率已经达到19%[①]，标志着我国的高等教育开始进入大众化阶段。高等教育规模迅速扩张，师范学院的学科专业相应拓展，增设了不少非教育学科，兴办了不少非师范专业。2012年，我国颁布了《教育部关于全面提高高等教育质量的若干意见》，提出地方高校招生规模稳定发展的策略。2018年，教育部、财政部、国家发展和改革委员会联合发布《关于高等学校加快"双一流"建设的指导意见》，为高等学校的双一流建设提供了指南。在国家政策的引导下，我国的高等教育迎来了新一轮的蓬勃发展，向社会输送了大量高素质、高技能人才，为

---

① 中华人民共和国教育部. 2005-07-27（2021-09-10）. 2004年全国教育事业发展统计公报. http://www.moe.gov.cn/jyb_sjzl/sjzl_fztjgb/tnull_10934.html.

经济的发展奠定了基础。① 1999年，我国高校的招生数为718.91万人，2019年招生数达到了4002万人，高等教育毛入学率从1999年的9.8%提高到2019年的51.6%。② 相关数据表明，我国的高等教育已经开始进入国际公认的普及化阶段。高等教育的大发展在相当程度上满足了人们对高等教育资源红利的追求，也为师范学院的发展提供了历史性的机遇。师范学院乘风破浪，顺势而为，主动开展学科建设和专业调整，加快了教育学科向综合学科发展的节奏，加速了从师范专业向非师范专业的拓展步伐，同时积极发展新兴专业，强化内涵建设，加快转型发展，提升自身在教育发展浪潮中的核心竞争力。因此，师范学院办学规模扩张是学科专业改造建设的内在推手。

（三）学科专业升级的内在诉求

20世纪末21世纪初，我国的高等教育迎来了前所未有的发展机遇，同时也面临着巨大的挑战。高等教育的结构调整将师范学院的命运推向了十字路口。在国家政策的牵引下，地方师范院校或升格，或合并，或更名，仅2000—2003年就有56所更名，年均达14所。③ 其突破了原有的单科办学，实现了多科办学，并纷纷走上了综合化发展的道路。其以人才培养过程中的问题为导向，在教育学科的基础上增设新的学科，推进学科融合发展，促进学科综合化；在原有单一的师范专业的基础上大力发展非师范专业，强化人才培养的专业素质；调整旧的课程体系，探索新的教学方式，培养地方经济社会发展的急需人才。应该说在这一轮改革热潮中，师范学院的发展取得了相应的成就，但是也带来了制度性模仿、学科专业同质化建设等问题。客观上，对于地方高等师范院校而言，"综合性"并不是它们的优势。④

2015年10月，《教育部 国家发展改革委 财政部关于引导部分地方普通本科高校向应用型转变的指导意见》为师范学院的发展进一步指明了方向。它们从传统的办学体制和办学模式中解放出来，主动顺应社会，大力发展应用型学科专业，聚焦社会需求和区域经济社会发展需要，重新定位师范学院的办学类型和人才培养目标，深化产学研用体系，致力于应用型人才的培养；融入新产业、新业态，瞄准当地经济社会发展的新增长点，形成人才培养和技术创新优

---

① 徐振威. 2019. 高等教育大众化进程在我国发展探析. 管理观察,（33）：116-117.
② 中华人民共和国教育部. 2020-05-20（2021-09-10）. 2019年全国教育事业发展统计公报. http://www.moe.gov.cn/jyb_sjzl/sjzl_fztjgb/202005/t20200520_456751.html.
③ 张斌贤. 2007. 论高等师范院校的转型. 教育研究,（5）：19-24.
④ 李斌琴. 2017. 地方高师院校综合化发展审视. 高教发展与评估, 33（6）：83-84.

势。同时，它们积极探索"共建、合作、共赢"的模式，提升师范学院办学与社会发展的对接度，努力培养时代需要的高素质应用型人才。

三、学科专业建设对师范学院转型发展的意义

（一）学科建设是促进师范学院转型发展的龙头

学科建设是高等学校工作的重中之重，也是衡量高等学校综合实力的核心指标。因此，师范学院首先要明确学科建设在学校事业中的龙头地位，着力培育一批优势学科、特色学科。[1] 学科建设水平也是高等学校社会美誉度的根本标志，高等学校的办学理念、核心竞争力等都在学科建设的过程及成果中得以凸显。学科建设的主要内容包括凝练学科方向、汇聚学术队伍、构筑学科平台、争创学科立项和营造学术氛围。[2] 学科建设的成就表现在构建一支强劲的学科队伍，汇聚学校事业发展需要的高端人才，从而支撑学校的战略发展。学科建设可以催生高水平的研究成果，这些成果一方面可以提高学校的学术影响力，提升学校的知名度，同时可以通过成果的转化，成为推动经济社会发展的科技力量。学科建设还可以搭建科研平台，为高质量人才的培养提供基础性的保障。综上所述，学科建设是促进师范学院转型发展的龙头，师范学院应该加大对学科的扶持和建设力度，全面推动学科的建设发展。

（二）专业建设是促进师范学院转型发展的基石

专业建设是高等学校的办学基础，也是考察师范学院人才培养质量的关键要素。师范学院的传统师范专业直接对接基础教育的需求，为我国培养了大量的基础教育师资。但是，师范教育体系相对单一，传统的人文学科与自然学科呈单线发展，缺乏一定的融合意识。这种封闭式体系已经不能满足日益发展的社会需求。随着新时代的到来，区域经济社会的发展需求对师范学院的人才培养提出了新的要求，所以师范学院应该根据转型发展的需要，对生长性较差、效能偏低的传统专业进行调整和改造，必要时进行淘汰；对于基础扎实、前景较好的专业，加大建设力度，挖掘这些专业的新动能；根据产业发展需要，及时做出回应，设置新的应用型专业，提升专业的适切度。具体到人才培养环节，师范学院应该在深入调查研究的基础上，理性分析经济社会的人才需求，

---

[1] 郭跃. 2012. 地方师范学院的转型与学科建设. 重庆师范大学学报，（3）：107-111.
[2] 刘贵富，朱俊义. 2008. 论学科建设与专业建设的辩证关系. 黑龙江高教研究，（3）：23-26.

科学定位人才培养目标，完善人才培养方案，并通过课程体系的调整、教师队伍的优化、教学方法的更新、实践平台的构筑，提高应用型人才的培养质量，进而全面提升人才培养与社会需求的契合度，为师范学院转型发展在人才培养方面奠定坚实的基础。综上所述，专业建设是促进师范学院转型发展的基石，师范学院应该根据时代和社会的需求动态调整专业结构，强化专业建设。

（三）学科专业一体化建设是促进师范学院转型发展的关键

学科建设与专业建设是师范学院转型发展进程中两个重要的维度。在师范学院发展过程中，由于历史认知的偏颇、教育资源的紧张等诸多因素的影响，学科建设和专业建设出现了此消彼长的状况。实践证明，重专业轻学科、重学科轻专业、各自为政等都严重地钳制了师范学院的进一步发展，学科专业一体化建设成为师范学院转型的关键。师范学院应当树立协同发展的意识，制定学科专业一体化建设的整体规划；按照经济社会的需求与学院自身的实际进行学科布局和专业设置，推进优势学科和特色专业的勾连建设；通过内培外引相结合、刚性引进与柔性引进相结合等渠道整合教师队伍，打造高水平的学科团队，提升科研水平，并推进科研成果向课程建设、教材建设、课堂教学等领域延伸与转化，通过专业教学内容的更新和教学方法的改革，提高人才培养的水平；推进学科平台与专业平台的融合建设，积极聚焦新兴产业，主动接轨社会服务，探索产学研用共建共享的体制和机制。因此，学科专业一体化建设作为关键举措，在顶层设计、师资整合、成果转化等方面协同共生，全面推进了师范学院的转型发展。

第二节　师范学院学科专业改造建设的历程

师范学院的转型是经济社会和高等教育发展的必然结果，也是自身发展的内在需求。但是，转型发展并非一蹴而就，而是循序渐进的过程。师范学院学科专业改造建设经历了怎样的历程？取得了哪些方面的成就？又存在着哪些方面的问题？

一、师范学院学科专业发展的历程

（一）规模扩张为主的初级阶段

1999年，《中共中央 国务院关于深化教育改革，全面推进素质教育的决定》提出"鼓励综合性高等学校和非师范类高等学校参与培养、培训中小学教师的工作，探索在有条件的综合性高等学校中试办师范学院"[①]。这标志着师范院校独办教师教育的传统模式被打破，教师教育向综合性大学开放，这无疑是对师范学院的生存和发展提出的一大挑战。一些师范学院开始清醒地意识到，人才培养的目标不仅仅是量的扩大，更要注重质的提升。不少师范学院不断新建大批新专业[②]，积极开办非师范专业，拓宽生源，为自身发展争取更多的资源和更大的空间。师范学院的专业建设开始集文学、理学、工学、经济学等于一身，非师范专业大放异彩。1999年3月，盐城师范专科学校和盐城教育学院合并成盐城师范学院。经过十多年的发展，其学科专业门类相对齐全，2016年，《盐城师范学院本科教学工作审核评估自评报告》显示，学校设有经、法、教、文、史、理、工、管、艺等9大学科门类，拥有70个专业，其中师范类专业15个，非师范类专业55个，非师范类专业蓬勃发展，占比达78.6%。"十二五"期间，其增设新能源科学与工程、海洋资源开发技术、物联网工程、生物制药等14个专业，并按需设置了专业方向。

在这股以规模扩张为表征的潮流中，专业建设也暴露出一定的问题。一方面，由于起步较晚，新办专业的基础较为薄弱，人才培养的质量整体不高；另一方面，学校对地方经济发展需求的把握不够精准，专业设置方面还有待进一步磨合。随着高等教育形势的发展，不少师范学院实现了理性回归，重新审视师范学院的办学定位，重新认识到师范学院应该聚焦师范办学特色，在巩固师范专业、强化师范专业优势的同时，结合地方特色发展非师范专业，不断优化调整专业结构，打造自身品牌专业，以适应地方经济建设的需求，为社会经济发展培养对口的应用型人才。

（二）内涵建设为主的成长阶段

师范学院的学科建设普遍滞后于专业建设。进入21世纪，不少新建师范学

[①] 中共中央，国务院. 1999. 中共中央 国务院关于深化教育改革，全面推进素质教育的决定. 人民教育，（7）：4-9.
[②] 张爱群，曹杰旺. 2014. 地方高师院校学科专业建设的困境与出路. 教育发展研究，34（1）：80-84.

院开始启动学科建设，开启了学科建设工作的探索之旅，制定学科建设的文件，形成学科建设的指导思想，明确学科建设的建设目标，提出学科建设的基本原则，并配套专门的学科建设经费给予资助。不少师范学院遴选出相应的重点建设学科，开启了学科建设的发展历程。尽管重点学科的数量不多，学科建设也呈现出粗线条的特点，但对于刚刚升格的师范学院而言，办学条件相对简陋，政策的引导、经费的投入对这些学科的发展起到了较大的驱动作用，对其他学科的形成和发展起到了较强的刺激作用。

在学科发展的基础上，不少师范学院开始强化学科的内涵建设。其立足于二级学科，采取审批立项、建设验收等各种管理手段，提高了学科建设的规范性，也调动了教师投身学科建设的积极性。在学科建设取得成效的基础上，不少学校积极申报省级重点学科，并取得了相应的突破，不仅在重点学科数量上有了拓展，而且在省级与校级重点学科的同步建设方面有了发展。同时，学科建设过程也体现出精细化的特征，形成了方向多元、能力卓越、成果突出的学科团队。学科建设提高了团队成员科学研究的能力，并注重学科建设成果的培育，这些显著的成效为学科建设的重点从二级学科发展到一级学科夯实了基础。

2008年，国务院学位办下发了《关于做好新增博士、硕士学位授予单位工作的指导意见》《关于做好2008—2015年新增博士、硕士学位授予单位立项建设规划工作的通知》等文件，掀起了学科建设新的热潮。很多学校结合博士、硕士学位授予申报工作，开始了一级重点学科建设，学科建设进入综合建设阶段，学科布局得到优化，学科方向得到凝练，学科梯队基本建成。还有一些师范学院发挥学科优势，形成学科特色，打造学科品牌，实现了教育学科与非教育学科的并进、文科学科与理科学科的交叉、理科学科与工科学科的融合，一批新兴学科应运而生。在此基础上，一些师范学院立足区域经济发展，积极实现产学研用的结合，实现学科建设成果与社会服务的有机对接，应用学科也获得了良好的发展机遇。

2002年建立的周口师范学院坚持地方性、应用型、高水平的办学定位，2013年通过教育部本科教学工作合格评估之后，重新审视经济社会发展对地方本科高校的要求，注重内涵建设，加速学校深层次转型发展，取得了较好的成效。学校切实提高科研创新驱动能力，不断强化科研项目的支撑和推动作用，与企业（行业）实现互惠共赢。周口师范学院与河南瑞特电气集团联合研发的智能电动汽车充电桩投入生产，与宋河酒业合作成立的白酒微生物发酵实验室改善了白酒发酵技术；学校承担的国家高层次科研项目数量也有了显著增加。①

（三）生态圈构建为主的高质量发展阶段

1966年，英国的阿什比运用生态学知识切入高等教育研究，为师范学院的学科专业研究提供了一种有效的范例。随着中国高等教育改革逐渐进入深水区，学科专业生态建设与协同发展成为高校普遍关注的课题。

在专业建设中，师范学院在多年的发展历程中逐步形成了良好的专业生态。其主动聚焦区域经济社会发展的人才需求，树立现代应用型人才培养理念，培养学生的创业意识、创新精神和创造能力，积极创新人才培养模式，提升适应地方经济社会发展和行业技术进步的能力。在专业的设置上，师范学院根据招生、就业及社会满意度等因素建立动态调整机制，促进专业设置的优化，并逐步培育出各个层次的品牌专业、特色专业。在人才培养方案上，师范学院优化专业培养目标，调整课程设置，构建与人才培养总目标相契合的课程体系。在教学过程中，师范学院完善"以学生为中心"的教学体系，进一步推动课堂教学改革，提高教学质量。在专业实践中，师范学院盘活课内课外资源，完善实践体系，培养学生的创新能力。

在学科建设中，师范学院致力于学科生态的建设，契合社会需求，优化了学科布局结构。传统学科具有多年的发展积淀，体现着学校的学科实力，师范学院在保持传统学科的基础上，进一步发挥传统学科的优势，提升传统学科的科研成果产出能力。根据行业和产业需求，师范学院积极设立新兴学科，为学科发展注入新生力量，通过加大投入、重点扶持等手段提高新兴学科的生存力和竞争力，明确协调治理理念，积极寻求弱势学科的生长点，释放弱势学科的后发优势，提升弱势学科的跟进能力和对于优势学科的支撑能力。同时，师范学院积极推动学科建设成果向科研成果的有效转化，并把学科成果及时充实到教学过程中，提高教学与时俱进的水平，并促进教师对学科专业的关注及思考，助推学科建设的发展。

由于种种原因，师范学院学科专业建设存在着不同程度的割裂现象，具体表现在学科建设和专业建设在教育资源上的竞争、工作目标上的差别、组织结构上的差异以及封闭式运行等方面。随着办学理念的不断转变，很多师范学院开始尝试把学科建设成果融入专业建设，为专业建设提供智力支持和学术支

---

① 侯捷，彭榕. 2015-07-07. 河南周口师范学院持续推进转型发展：打造"全方位、高起点、深层次"特色模式. 中国教育报，(第4版).

撑，为地方经济社会建设培养高素质的专业人才。同时，师范学院主动对接地方经济和政府战略需要，积极做好成果转化工作，促进学术价值向社会价值的转化、科研成果向生产能力的转化、学科智力向社会服务的转化。二者的协调发展，既有现实的理论基础，又形成了代表性的实践案例。

信阳师范学院高度重视学科专业生态圈的构建，将学科方向与课程体系有机结合，形成了良好的互动与互补。校内的学科平台和科研资源全部向专业建设开放，充分利用学科团队优势，开设了相关专业的系列课程，也为学生的职业技能培养、创新创业实践等方面提供了强有力的支撑，推动了专业体系不断优化。专业建设和学科建设两者互动共生，实现了协同发展的良好局面。

二、师范学院学科专业改造建设的成效

（一）规模快速拓展

师范学院大多由专科学校升格而成，从时间角度而言，师范学院学科专业建设的历史并不是很长，大致历经了初期草创、自由生长、内涵发展几个阶段。师范学院在办学过程中继承传统，致力于师资的培养，因此比较重视师范专业建设。同时，其紧紧围绕教育人才的培养目标，扩大了师范专业的范围，明确了师范专业人才的培养要求。在教学实施过程中，师范学院强化课堂教学的实效，并注重与专业相关的见习、实习、研习等实践训练环节，人才培养质量得到了有效提升。另外，师范学院根据经济社会发展需求大力发展非师范专业，学科专业呈现出综合化趋势。因此，师范学院的人才培养在一定程度上满足了社会发展对各类专业人才的需求。

在学科建设方面，师范学院追求学科方向的拓展，立足学科布局的优化，强化学科团队的建设，聚焦科研项目的突破，重视学科平台的搭建，取得了不菲的成就，但学科建设也暴露出建设不平衡、发展不充分、学科团队不健全等方面的问题。因此，在学科建设过程中，要积极探索学科建设规律，对接社会需求，正视学科建设现状，谋划未来发展，保证优势学科重点突破，促进学科内部的协同发展。

在转型发展中，师范学院也在积极探寻与地方经济发展的契合点，向综合化、应用型方向发展。信阳师范学院在传统学科专业的基础之上，注重促进相关学科与当地经济融合发展。例如，毛尖茶产业是信阳的特色产业，信阳师范学院便根据这一产业需求规划了相应的植物学、茶学、生物技术等应用型学

科。这些学科的建设和人才的培养为信阳的茶产业提供了技术支撑和人才支持，探索出了一条适合信阳师范学院的特色发展之路。

（二）内涵有效提升

内涵与外延是逻辑学上的一对概念，更是师范学院转型发展的重要策略。因此，很多师范学院在转型发展过程中提出了内涵发展和外延发展的理念。根据逻辑学的概念，高等教育的外延发展主要强调学校的外部条件，着眼于数量、规模等因素；内涵发展则聚焦于学校内部的建设与发展，从而提升学校的办学实力，促进学校的综合发展。从具体的操作层面说，内涵发展包含教师队伍的建设、教学资源的投入、办学质量的提升、行之有效的评价制度、不断完善的办学理念、特色鲜明的校园文化等诸多方面。内涵发展与外延发展是辩证的发展模式，实现规模建设与内涵建设的平衡，既符合我国科学发展观的时代要求，也是师范学院转型发展的内在追求。

师范学院的转型发展以内涵建设、质量提升为主线，取得了可喜的成就。师范学院主动对接社会发展的需求，把握内涵发展的理念，并把这一理念贯穿于人才培养的全过程，加大对硬件、软件的投入，建设专业化的教师团队，建立起多元的课程体系，并在课程设置以及教学活动中实施，培养学生的专业技能。同时，创造出更多的实践机会，促进学校与社会各行业以及企业的合作，充分利用社会的优质资源，构建起教学、生产、科研、实训四位一体的实践教学平台，增强了学生的创新意识，提升了他们的创新能力。

洛阳师范学院结合区域经济社会发展和自身实际，明确了"教师教育、优势文理和应用技术三分天下"的专业布局，彰显了"师范教育"的办学理念；通过坚持师范教育专业优势，做大做优教师教育类（基础类）专业，培养出"三新两会"（即新理念、新知识、新技能、会教学、会育人）的新型人才；通过"未来十佳教学明星""中学名师培养创新实验区""2+1+1"人才培养模式实验班等品牌项目，进行卓越教师培养模式探索，构建了校内实训、教育实习、教育援疆"三位一体"的实践教学体系，强化了师范生的实践教学意识，提升了师范生的从教技能。[①]

（三）特色初步彰显

教师教育是师范学院发展的根基，也是师范学院转型发展中应该坚守的底

---

① 梁留科. 2017. 坚守百年师范特色 引领服务基础教育——洛阳师范学院百年师范教育的坚守与革新. 河南教育（高教版），(3)：39-41.

色。在当前教育改革进入深水区的时代背景下，师范学院应该聚焦师范生人才培养质量，满足经济社会不同层次、不同规格的人才需求。自1999年高等教育扩招以来，我国的师范教育历经了"数量目标"到"质量提升"的历史性跨越。岭南师范学院原党委书记罗海鸥认为，"师范学院应防范在多重困境下迷失办学定位，在转型发展过程中追求高大上，陷入无特色、无学科优势的同质化发展误区，在低层次发展中打转"[1]。

师范学院要想切实发挥大学的功能，应该保持教师教育的基础，这是师范学院特色发展应该坚守的本质特征。"师范院校要牢牢坚守教育本位，旗帜鲜明地把教师教育作为自己的办学特色和核心竞争力。"[2]师范学院要固本强基，将教师教育进一步做优做强。因此，在转型发展过程中，师范学院的师范底色不应褪色，而应成为鲜明的特色。

盐城师范学院通过学科专业协同建设，取得了显著成效。《盐城师范学院"十三五"事业发展规划》明确提出"在国内高校同类专业中形成较强的示范性和引领性"的专业建设目标和"培育壮大学科特色，突出学科的核心竞争能力"的学科建设目标。2016年，该校应用经济学、马克思主义理论、教育学、中国语言文学、数学、生物工程等6个学科被列为一级学科省重点建设学科；2019年，该校社会体育指导与管理、汉语言文学、英语、应用心理学、软件工程等5个专业获批国家一流本科专业建设点；2019年8月，该校汉语言文学、数学及应用数学、英语、物理学、化学、生物科学、思想政治教育、历史学、地理科学、音乐学、美术学、体育教育等12个中学教育专业全部通过了教育部师范专业第二级认证，同年11月，小学教育和学前教育两个师范专业也顺利通过认证。这充分显示了该校学科建设和专业建设的成就，对于该校建设特色鲜明的高水平师范大学具有重要的推动作用。

三、师范学院学科专业发展中存在的问题

（一）学科专业贪多求全

21世纪以来，师范学院迎来了前所未有的发展机遇，它们主动策应高等教育大众化，努力扩大办学规模，主动兴办学科专业。除了专业性极强的军事

---

[1] 转引自：刘盾. 2016-11-08. 师范院校转型发展探索：教师教育是师范院校的根. 中国教育报, （第5版）.

[2] 赵凌云. 2019-11-26. 坚守师范办学本位 彰显教师教育特色. 光明日报, （第15版）.

学、医学很少有人问津，国务院学位委员会颁布的13大学科门类，大部分师范学院都在积极举办。笔者在对我国25个省（自治区、直辖市）的64所师范学院的学科调查中发现，2所学校涵盖了11大学科门类，12所学校涵盖了10大学科门类，32所学校涵盖了9大学科门类。学科门类的基本齐全一方面代表了师范学院办学取得的显著成就，另一方面也昭示着学科建设理性认知的缺乏，如目标不明、思路不清、盲目发展。在实际办学中，很多师范学院对教育规律缺乏应有的尊重，对学校状况缺乏客观的认知，对市场需求缺乏相应的调研，贪多求全，造成学科多点开花，难结硕果，难以形成学科的合力。

专业设置是人才培养的重要抓手，因此师范学院在转型发展的历程中对传统的专业进行改造与优化，并积极策应市场需求设置新专业，不断提升高校办学与社会需求的匹配度。但是，有些学校办学定位不够明确，因为同类高校的竞争压力，专业设置在一定程度上存在贪多求全、盲目攀比现象。笔者在对我国25个省（自治区、直辖市）的64所师范学院的专业调查中发现，设置70个以上本科专业的学校有9所，设置60个以上本科专业的学校有26所，设置50个以上本科专业的学校有47所。由于种种原因，专业设置具有一定的稳固性，人才的培养需要一定的周期，社会需求的动态变化、学生的满意度不高、预警机制的不健全等因素，使得有些专业明显滞后于经济社会的发展。

（二）条块分化阻碍发展

由于办学的惯性，国内的高等院校按照学科门类、一级学科、二级学科的规则建立起相应的目录，并在此基础上设立相应的院系，由下设的教研室来执行具体的教学任务。目前，师范学院大多遵循这样的惯例。在知识高度融合发展的背景下，这种传统惯例的弊端越来越明显。大学生不仅要具备扎实的专业理论知识，还要具备通识化的知识储备，更要具备适应社会、引领社会的创新意识和创新能力。师范学院以学科分化为基础构建的组织形式显然无法满足复合型人才培养的需求。

在发展实践中，很多师范学院的学科与专业并不能真正同轨建设，学科自身的优势无法全力服务于教学，学科建设对人才培养的支持力度处于低端水平。以师范生的人才培养为例，在教师专业化发展的目标下，教育学科群的操作层面存在着难以解决的内在问题。从理论上说，学科群是一个多学科协作共生的建构，有利于各学科之间的互动。正是由于这种学科的分化，师范学院往往重视各自的独立建设，相互之间缺少合作的通道，导致部分课程重复设置。以某师范学院的教育学原理课程为例，作为师范生必开的基础课程，各专业都将该课程列入了课程安排，但因为学科的分化和独立，各专业独立开设造成了教育资源的无谓浪费，也阻碍了不同学科师范生之间的学习和交流。教育管理学课程作为管理知识的集聚体，对于众多的师范生而言有着较强的理论指导价值和实践意义，但是由于特定的原因，这门课程只在部分师范专业中开设，未能针对所有的师范生开设。此时的教育学科犹如一座"围城"，城墙坚固，壁垒森严，学科之间难以聚焦重点，更难以建立起相应的联络机制和运行机制，严重阻碍了学科群的建立与发展。

（三）服务区域能力不足

在转型发展过程中，以服务求支持、以贡献谋发展成为诸多师范学院的共识，也成为师范学院发展的立足点。师范学院应紧抓地方性这一特质，明确学校的办学定位，谋划学校的发展方向，积极为地方经济社会发展服务。但是，与研究型大学和综合性院校有所不同，师范学院往往多是新升本科院校，由师范专科学校、教育学院、中等师范学校合并而来，学科尚无明显优势，师资力量亟待加强，学术梯队尚未形成，学科、专业口径的宽度与行业需求不能很好地吻合，因此学科链、专业链与产业链的对接能力不强，学科与专业建设取得的理论成果停留在空有数量的状态，成果转化的管理和服务人才缺乏，使得成果推广的能力较弱，未能转化为推动行业发展的生产力。有些师范学院深受传统教学模式的影响，闭门办学现象严重，缺乏开放、共享、共赢的思维，未能灵敏捕捉人才市场的需求状况，专业设置明显滞后，难以根据市场情况做出及时的反应。从数量来看，师范学院大量的毕业生走向市场，但是存在着就业难和岗位适应性差等问题，师范学院服务区域经济的功能难以真正落到实处。

大部分师范学院在观念上已经意识到服务区域经济社会发展是地方高校可持续性发展的必由之路。问题的关键是，不能空喊口号，如何真正服务地区经济发展才是师范学院应该直面的问题。因此，师范学院应该沉心静气，挖掘校内学科优势，在与地方经济社会的对接中寻找突破口，积极探索新的学科增长点，构建"产-学-研-用"的立体服务体系，真正打通学科专业与经济社会发展的通道。

第三节 师范学院学科专业改造建设的推进

在当前"双一流"建设的背景下，一流学科、一流专业建设等制度设置和政策导向层出不穷。师范学院如何在明确办学定位的基础上，切实推进学科专业改造建设？笔者以为，合理化布局、一体化建设、特色化发展成为师范学院学科专业改造建设的关键。

一、学科专业合理化布局

（一）统筹发展传统学科、新兴学科与应用学科

传统学科历经岁月打磨，有着深厚的底蕴，成熟度高、成果丰硕，一般在师范学院中占据王牌的地位，在师范学院办学的历程中，传统学科有着不可替代的优势。随着时代的发展，各行各业都在知常明变，传统学科积极探索守正出新也成为一种必然。传统学科相对因循守旧，创新的活力不强，可能会出现竞争力不足、学科发展缓慢等现象。因此，师范学院必须转变办学观念，改革目前的传统学科体系，强化传统学科特色，提升传统学科的竞争力。师范学院主要应该从以下几个方面着手：一是促进传统学科的优化与升级，强化传统学科在教育类人才和复合型人才培养方面的优势地位；二是聚焦社会发展的新需要，着重拓展师范学院的服务功能，鼓励多学科交叉融合，将现有传统学科优势与特色发展相结合，积极探索传统学科向新兴学科延伸的有效途径。

同时，师范学院应该根据时代发展趋势，聚焦社会急需，大力培育和发展新兴学科，可以从以下方面尝试：一是要充分利用优势土壤，在现有学科优势和特色的基础上，有效培育新的学科生长点，明确新兴学科的特色方向，坚持错位发展理念，推动与同类学校的差异化建设；二是合理配置现有资源，吸引人才，组建专家团队，建立专门的跨学科研究中心，推动新兴学科建设；三是积极开展跨学科的学术交流，出台相应的鼓励政策，开拓创新空间，鼓励多学科领域下学术骨干的合作创新。

基础学科是师范学院的根本，为其他学科的发展提供了必要的知识储备，"从科学的角度看，基础学科是应用学科的知识源头，是科学进步的前提，也是应用学科发展的基础和后盾"[①]，而工程、计算机技术等应用学科能够创造丰厚的经济效益，促进科学技术水平的提高，直接推动社会的进步。因此，师范学院在学科建设中要注重应用学科的建设，通过内部的学科整合，实现高层次应用型人才的培养。

---

① 庞青山，薛天祥. 2004. 世界一流大学学科结构特征及其启示. 学位与研究生教育，(12)：11-15.

在学科建设规划中，师范学院可以通过公开遴选，推进各学科的差异化建设。学校内部应该在人才引进、平台建设、学术交流、运行机制等方面对重点建设学科予以倾斜，通过淘汰滚动的考核评价机制，促进各层次学科的可持续发展；同时积极与重点高校签署合作协议，联合培养重点学科的研究生，切实推进传统学科、新兴学科与应用学科的统筹发展。

（二）合理设置师范专业与非师范专业

在向应用型高校转型的过程中，专业设置是其中重要的维度。师范学院应该从如下两个方面开展专业设置和建设。

一是做大做强师范专业。师范性是师范学院的底色，因此学校的转型发展必须坚守底色。很多师范学院在社会大环境中追求差异化转型，使教师教育的传统优势消失。转型发展并不意味着放弃师范学院在长期的办学中形成的特色与优势，做大做强师范专业的关键在于特色、品牌方面的建设。师范学院应该通过设定办学理念和办学目标，重整资源，把学校的师范特色推向更高的层次，促进学校的高水平发展。

在师范专业的建设中，首先要保证师范类学科教师队伍的稳定，防范教师教育中的师资力量被"转型"的风险。无论师范学院转型发展的道路通向何方，现有的师范专业师资都应该得到优先的保障。对于课程教学论的师资，应该合理配置、重点关注，适时给予学习、培训的机会，及时排除可能被"边缘化"的隐患。同时，师范学院应该积极顺应基础教育改革的客观需求，推进"师范性"与"应用性"的融合，将学科类课程与教学论课程整合到教师教育体系中，进一步加大对教师教育类人才专业能力的培养。

二是做优做特非师范专业。在高等教育蓬勃发展的过程中，师范学院的非师范专业呈现出不断增长的态势。在经历了初期的规模扩张之后，很多师范学院开始了理性的回归，开始思考非师范专业的发展。做优做特非师范专业，关键在于根据自身的办学实力，有机链接经济社会发展需求。首先，师范学院要打破传统观念壁垒，积极发现、探寻创新要素资源，充分利用"大学生创业孵化园""政府产业研究院"等众多新兴优势资源，着力打造升级版的非师范类学科专业。其次，师范学院应结合地方的优势，将学科建设与地方特色相结合，以"专业嵌入产业链、产业哺育专业群"的建设思路，积极与当地特色资源对接，逐步形成比较优势，做强非师范学科专业。[①]

---

① 易高峰. 2017. 地方师范院校转型发展的要素识别与模式建构. 江苏高教，（7）：39-42.

（三）紧密对接产业链，构建学科专业体系

大多数师范学院的优势学科集中于文理等基础学科、教育学科，在传统的办学模式下主动对接经济建设主战场的意识不强，同时缺乏宏观政策的引导和配套措施，学科专业与地方经济重点发展的产业和领域联系不够紧密，学科专业与行业产业结构不匹配的现象比较突出，而且学科专业设置与经济社会发展脱节的问题在短期内难以从根本上改变。

随着时代的发展，大学的基本职能更为健全，大学学科、专业与产业之间结成了一条"链"。以转型发展的视域来看，学科、专业与产业都不仅关涉学校本身，同时涉及社会的方方面面。"产-学-研-用"建设，具体来说，"产"为学校提供实习和研究场所，"学"为满足企业对高质量人才的需求，"研"则为学校、企业提供先进的科研成果，"用"为科研成果的应用转化，推动科技进步，四者互为条件、协同发展。

师范学院往往强调科研与教学并重，在转型发展的过程中更要重视"产-学-研-用"建设，重视校内外基地建设，依托企业、单位设立校外实践基地，依托大学生创业园建立大学生创新创业项目孵化基地；探索学校与行业、企业之间良性的共建共赢模式，促进师范学院与地方经济的联合，真正践行服务区域经济的办学理念。

社会需求是学科专业发展的源泉，师范学院应该根据市场产业链的需求，积极调整学科布局和专业设置，面向行业办学，面向产业办学，根据行业产业需求和学校实际大力发展优势学科、培育新兴学科，根据市场需求及时进行专业调整，培育市场需要的新型人才。

二、学科专业一体化建设

学科专业一体化建设是高等教育发展过程中的必经之路，更是师范学院转型发展的内在诉求。在学科专业建设过程中，师范学院应该充分整合相关要素，放大各个要素的效能，实现学科专业优势互补、互促互融的共生发展。

（一）以协同发展为目标统筹一体化建设

学科建设包括学术团队建设、学术带头人的培养、学科基地建设、学科方向凝练、学位点建设、学科管理制度建设等子系统，专业建设包括教师队伍建设、人才培养、课程开发、教材建设、实验室建设、实习基地建设、专业教学

管理制度等子系统。在转型发展进程中，师范学院应根据自身办学条件准确定位，构建科学的学科体系，并以一流学科、重点学科建设为核心，带动相关学科的同步发展。同时，要紧紧围绕区域经济的发展需求，主动对接行业产业链，构建合理的专业体系，在稳定特色专业、品牌专业的基础上，大力发展新专业，不断提升人才培养的核心竞争力。

学科建设和专业建设应以协同发展为目标，统筹规划相应的人员配置、经费投入和绩效考核，提高各方资源的使用效能；在建设过程中，打破各自为政的建设理念，探索学科专业一体化的管理手段；立足现实，放眼未来，不断实现动态调整，根据办学需要与社会需求不断优化学科布局和专业设置。师范学院应该立足办学实际，变革旧有模式，建立协同机制，实施动态调整，统筹推进一体化进程，最终实现学科专业协同发展的目标。

（二）以课程建设为纽带推进一体化建设

学科建设和专业建设是师范学院办学的两翼。从学科层面而言，课程是对学科知识进行总结后形成的知识载体，从专业层面而言，课程是根据人才培养目标构建的培养载体。因此，课程是勾连学科和专业的重要介质。有效的课程教学是促进学科专业一体化建设、提高人才培养质量的重要载体，它不仅可以为学科专业发展进行资源的合理配置，还能为高质量人才的培养提供组织保障。当前，师范学院在办学过程中存在课程设置滞后、教学投入不足、教学模式陈旧、教学效果低下、资源重复开发、评价机制不健全等现象，严重影响了应用型人才培养的水平。

针对上述现象，师范学院首先应该理清课程建设思路，构建以通识课程、专业课程和实践课程为主的课程体系；在科研成果的基础上，鼓励教师自行编写以应用型人才培养为核心的校本教材，不断推进教材建设；依托各级精品课程，积极打造深度和挑战度并行的"金课"；在教学过程中，依托各级教学项目的驱动，激发教师参与教学改革、促进教学研究的内在诉求；积极运用各种智能化教学手段和教学资源，更新教学内容，提升课堂教学的效果；引导教师深化课堂教学改革，优化教学过程；利用第二课堂、实习基地等平台，强化学生的专业实训和专业实习，提升学生的实践能力和创新能力，夯实学生创造、创新、创业方面的基础。因此，师范学院应该充分利用课程建设这一重要载体，打破学科专业壁垒，助力学科建设，优化专业设置，促进两者的融合发展，推进学科专业的一体化建设。

（三）以队伍整合为保障促进一体化建设

学科建设离不开学科带头人和学术骨干，专业建设也需要大量的专业教师，因此队伍建设可以说是学科专业一体化建设的保障。如何有效整合教师资源，打通学科团队和专业教师的融合发展通道，成为学科专业一体化建设的关键。

第一，推进学术骨干与专业教师一体发展。师范学院往往根据学校的实际来布局学科，每个学科的学科带头人、学科骨干、学科成员构成了学科团队。在专业建设中，教师承担着不同专业的课程教学任务。事实上，很多教师承担着学科建设与专业课程教学的双重使命。因此，引导更多教师扮演双重角色，能够推进学术骨干与专业教师一体发展。在学科建设和专业建设中，师范学院可以采用积分制度，明确建设子项目的具体分值，根据教师在学科建设和专业建设中的具体分工来核算总积分，充分激发教师的双重潜力。

第二，推进教学工作与科学研究一体发展。教学与科研是师范学院教师的两项重要任务。作为新时代的高校教师，师范学院教师应当树立"教研一体化"的理念，立足于教学实际与教学改革，形成教学研究的理论成果；在教学过程中，积极推介学科专业前沿知识，介绍自己的研究思维及科研成果，增强课堂教学的启发性，启发学生主动思考、大胆探索，引导学生独立开展科学研究或鼓励学生参与教师的研究团队，开拓学生的创新思维，激发学生的学习兴趣和提高其研究能力，扎实推进复合型、应用型、创新型人才的培养。

第三，推进校内教师与行业教师一体发展。师范学院大部分是1999年以后组建的，普遍面临着学科领军人才欠缺、高水平学术骨干和专业教师不足的困境。随着高等教育对接产业链、新专业不断增设的形势，行业教师更显捉襟见肘，因此师范学院可以通过弹性制度，聘任行业、企业骨干担任行业教师，校内教师进行专业教学，行业教师进行实践指导，共同承担人才培养任务。同时，可以通过合作制的形式，围绕课题申报、科技攻关等项目，构建多种形式的合作联盟，推进校内教师与行业教师一体发展。

三、学科专业特色化发展

（一）彰显师范特色

师范学院是地方基础教育师资力量培养的主体机构，师范生培养是师范学院的竞争力所在。师范学院作为基础教育的"活水之源"，要想更好地服务基础教育，就必须稳定并扩大师范生的培养规模，积极提高师范生的培养质量，让师范的"血脉"亘古绵延。在办学过程中，师范学院应注重优化课程结构，凝练课程内容，严格考查学生对师范专业知识的掌握程度；通过卓越教师培养计划等载体，提高师范生的培养质量；拓展实践训练的形式，密切与地方基础教育的互通融合，实现资源互动。同时，要建立教师专业发展的新机制，通过师范学院与基础教育的对接，增强师范生的岗位胜任力，有效促进师范生的专业发展。

不少师范学院在转型发展中一度弱化教师教育，在办学过程中逐步暴露出底色淡化、特色模糊的弊端。因此，师范学院应该明确"师范性"的办学定位，进一步聚焦教师教育，构建科学的课程体系，强化实践教学环节，在课程学习的基础上加大对师范生的教学能力培养，明确实践教学的学分在总学分中的比例，这样才有利于实现教师教育的高质量发展，彰显师范特色。

（二）突出地方特色

地方性是师范学院转型发展的又一特质。立足地方性，这是由高等教育的外部规律决定的，也是高等教育适应社会经济发展的必然结果。考察高等教育的发展历程，大致路径可描述为"国际—国家—地方"，这昭示着高等学校具有地方性是时代的必然要求。因此，师范学院在进行学科建设时，应主动以学科链对接地方产业链，以特色学科联动地区相关产业，积极为地方产业发展和产业升级服务。

在学科规划中，师范学院要以区域经济社会发展需求为导向，依据地方支柱产业、战略性新兴产业和产业转型升级的需要，主动调整学科建设的结构、规模、层次，促进"产-学-研-用"贯通，实现学科创新成果与产业集群对接。[1] 在保持原有特色优势学科的前提下，师范学院还需要以发展的战略目光，审视区域经济社会发展的重大需求和发展趋势，重视"产-学-研-用"一体化建设，依托地方特色优势，不断挖掘、培育新的学科生长点，提高学科、专业建设对社会的贡献度。

（三）强化应用特色

地方经济建设离不开高素质的人才，而人才培养正是学科专业建设的核心

---

[1] 王岚，王皓，张凤. 2019. "双一流"建设背景下地方高校学科建设研究. 石家庄职业技术学院学报，31（1）：63-66.

内容之一。师范学院学科建设的应用性应落脚在为地方经济建设输送应用型人才、切实推进地方经济建设发展上来。"应用型人才"是相对于"研究型人才"而言的，他们熟练掌握了社会生产活动的实践技能，主要是从事生产活动的专业技术人才。这类人才的培养主要有以下几个特点：第一，围绕生产需求设计知识结构，主要强调基础、成熟和实用的知识；第二，围绕生产需求培养能力体系，主要强调基本知识的熟练掌握和灵活应用能力的培养；第三，围绕生产实际开展培养过程，主要强调生产实习这一教学环节，将专业知识与实践技能相结合。随着社会的工业化乃至信息化的发展趋势，对应用型人才的巨大需求拓展了师范学院的发展空间，促进了师范学院的转型发展。当培养的人才不能很好地契合社会发展需要时，师范学院应以本地区所需专业人才的类型和规格要求为指向标，及时调整学科发展规划和专业培养规格，使其更好地适应地方经济社会发展需要，符合高等教育分类发展趋势。

师范学院应积极策应地方发展战略，依托自身的学科优势，根据地方支柱和重点产业转型升级需求，优化调整学科专业设置，不断满足地方经济建设对应用型人才的迫切需求。同时，通过学科专业调整优化，实现专业群与区域经济社会发展及产业链的紧密对接，培育地方产业专业集群，从而在师范学院转型发展中集聚发展的内在动能。

第六章

师范学院人才培养模式改革

  人才培养是高校的根本任务,人才培养模式改革在高校转型发展中具有基础性和全局性的意义。在地方院校转型发展背景下,深化师范学院人才培养模式改革,既是经济社会发展的现实需要,也是实现高校自身发展的客观需求。本章在转型发展背景下,探讨我国师范学院人才培养模式改革的历程、现状、基本类型和主要特色,找出存在的弊端,为师范学院人才培养模式改革提供建议。

第一节 师范学院人才培养模式改革的历程

高校人才培养模式的改革总是具有一定的时代性和社会性，这是由高校的社会属性和基本职能决定的。国家引导部分地方普通本科高校向应用型转变、加强教师队伍建设和教师教育有关政策文件的出台，新科技、新业态的飞速发展以及我国经济发展方式的转变，都要求具有"应用型""师范性"特征的师范学院进行转型发展，不断改革人才培养模式。本节在对人才培养模式的基本内涵进行界定的基础上，分析师范学院人才培养模式改革的动因，梳理师范学院人才培养模式改革的历程。

一、人才培养模式的基本内涵

关于"人才培养模式"这个概念，我国很多学者都给其下过定义。1998年，在教育部召开的第一次全国普通高校教学工作会议上，教育部副部长周远清曾对这一概念做过阐述。他认为，所谓的人才培养模式，实际上就是人才的培养目标和培养规格以及实现这些培养目标的方法或手段。[①] 有学者认为，"人才培养模式是学校为学生构建的知识、能力、素质结构，以及实现这种结构的方式，包括人才的培养目标、培养规格和基本培养方式，它从根本上规定了人才特征，集中体现高等教育的教育思想与教育观念"[②]。也有学者认为，"人才培养模式是一个由诸多相关要素构成的完整体系，是指在一定的教育思想和教育理论指导下，为实现培养目标（含培养规格）而采取的培养过程的某种标准构造样式和运行方式，它们在实践中形成了一定的风格或特征，具有明显的系统性与范型性"[③]。

综上所述，本研究认为人才培养模式是指在一定的教育理论或教育理念的指导下，结合经济社会发展要求和学校自身办学定位，为实现特定的人才培养目标和培养规格而制定的价值塑造、知识构建、能力培养、素质提升等方面的方式和方法，包括教育理念、培养目标、课程体系、教学实施、教学管理及教

[①] 转引自：陈庆祝，王玉. 2014. 香港高校的人才培养模式考察及启示——以香港理工大学为例. 高教探索，(1)：105-109.

[②] 黄国勋. 2001. 地方综合大学人才培养模式整体改革研究. 南宁：广西民族出版社：58.

[③] 龚怡祖. 1999. 论大学人才培养模式. 南京：江苏教育出版社：16.

学评价等。这些过程和要素是为实现培养目标而形成的培养体系，是对人才培养整个过程的一个概括，具有系统性、稳定性、实践性、范式性等特征。人才培养模式是一个有机的整体，各要素之间相互作用、相互影响，每个要素的改变都会影响整个培养过程。

二、师范学院人才培养模式改革的动因

高等教育系统的结构关系着高等教育系统的内部自洽和高等教育系统与其他系统的相互适应。地方普通本科高校转型发展，培养应用型人才和侧重应用研究，可以实现应用型人才培养和学术型人才培养的分流，实现侧重知识创新的基础研究和注重解决人类生产生活的社会实践问题的应用研究的分流。这有利于形成专业化分工和比较优势，提高人才培养质量，满足经济社会发展的需求，也可以促进高等教育的分层分类发展，满足多样化的教育需求以及高校自身的发展需求。高等教育分流、院校分工理论、高等教育供给侧结构性改革以及协同理论可以为师范学院人才培养模式改革提供理论依据和实践指导。

（一）遵循高等教育人才培养发展规律的客观要求

高等教育分流是教育分流的重要组成部分，也是教育分流的最高层次。高等教育分流作为一种分类培养高级专门人才的活动，不仅担负着开发学生潜能、培养学生学习兴趣与能力等多方面的任务，而且担负着培养各级各类专门人才、优化人才结构、满足社会经济发展和高校自身发展等多方面需求的任务。对于学生而言，转专业、大类招生、分类培养等高等教育分流政策，能充分考虑他们的兴趣爱好、知识基础、就业去向及其他因素，促进学生的志趣、技能、知识全面协调发展；对于高校而言，高等教育分流能更好地发挥因材施教的功能，学校根据办学定位和人才培养目标，制定科类结构和专业设置，对于不同类别的学生，在培养目标、培养模式、教学方式上有所侧重，实行匹配的人才培养模式；对于社会而言，高等教育分流能满足国家、地方经济社会发展对各类人才的需要，促进社会结构的优化，更好地发挥高等学校的人才培养、科学研究、社会服务和文化传承创新的职能。

当前，国家实施创新驱动发展、中国制造2025、"互联网+"、"大众创业，万众创新"、"一带一路"等，打造中国经济的升级版，加快产业转型升级步伐，迫切需要加快应用技术人才培养，推动形成科学合理的教育结构和人力资

源结构。① 改革人才培养模式，构建应用型人才培养体系是地方高校转型发展的主要目标。随着师范院校向综合化发展，非师范专业数量逐步增多。由于师范学院长期以来的主要任务是培养基础教育师资，优势学科主要集中在文理基础学科和教育学科上，而对地方经济起直接作用的应用性学科十分薄弱。如何契合地方产业发展趋势，实现学科专业向应用型转变，直接面向地方行业企业需求培养人才，是师范学院在国家高等教育结构调整新时期和经济加速发展转型期中面临的巨大挑战。所以，师范学院在转型的过程中，要充分认识到科学、合理的高等教育分流对于促进多样化人才培养的重要意义，统筹兼顾社会发展、高校自身发展和学生个人发展三方面的需求，实现人与社会、人与教育及社会与教育的和谐发展。

（二）顺应高等教育院校分工政策调整的必然选择

伯顿·克拉克在《高等教育系统——学术组织的跨国研究》一书中，对院校分工的问题进行了深入的探讨，提出了高等教育机构的分工形式。他认为在高等教育机构的内部和高等教育机构之间，每个院校都处于高等教育系统这个整体中，都应有其独特的位置与责任。② 一个国家高等教育系统中院校的分工是高等教育发展到一定阶段的必然产物。根据系统论的思想，系统的结构决定系统的功能，合理的院校分工对于高等教育系统的许多关键性问题都有影响，对于一个国家高等教育的改革和发展也具有重要意义。③ 对于所有类型的高校来说，人才培养都是稳步发展的基础与核心，科学研究是提升能力的关键，而为社会服务则是最终目的，是验证高校教学与科研水平的重要环节。④

2014年2月，国务院常务会议指出"引导一批普通本科高校向应用技术型高校转型"⑤，并在国务院常务会议上部署加快发展现代职业教育。《国家中长期教育改革和发展规划纲要（2010—2020年）》《国家中长期人才发展规划纲要（2010—2020年）》《教育部 国家发展改革委 财政部关于引导部分地方普通本

---

① 中央政府门户网站. 2015-11-16（2021-09-10）. 教育部有关负责人就部分本科高校转型发展问题答问. http://www.gov.cn/zhengce/2015-11/16/content_5013104.htm.

② 伯顿·克拉克. 1994. 高等教育系统——学术组织的跨国研究. 王承绪, 徐辉, 殷企平等译. 杭州: 杭州大学出版社: 6.

③ 李江霞. 2008. 欧美高等教育系统中院校分工的比较及对我国的启示. 黑龙江高教研究,（1）: 70-72.

④ 张晓娜. 2016. 高校三大职能协同关系探析. 中国高校科技,（8）: 43-44.

⑤ 人民网. 2014-02-26（2021-09-10）. 国务院：引导一批普通本科高校向应用技术型转型. http://politics.people.com.cn/n/2014/0226/c70731-24474386.html.

科高校向应用型转变的指导意见》等国家相关政策文件的制定与实施为地方高校转型发展奠定了坚实基础，指明了发展方向。对于师范学院而言，要实现人才培养、科学研究、社会服务和文化传承创新的责任，不仅要响应区域和社会需求，还要主动参与区域发展规划，同时也要具备塑造社会的能力，这就要求师范学院的人才培养要牢牢根植于地方，定位明确、各有侧重，形成优势互补、特色鲜明的培养体系。

（三）符合社会人才需求结构变化的内源动力

在 2015 年 11 月 10 日召开的中央财经领导小组第十一次会议上，习近平总书记强调，在适度扩大总需求的同时，着力加强供给侧结构性改革，着力提高供给体系质量和效率，增强经济持续增长动力。① 高等教育供给侧结构性改革源于我国当前特殊阶经济领域改革的动意，是作为高等教育需求侧的对应性概念而存在的。根据教育部公布的 2018 年全国教育事业发展数据显示，2018 年，全国各类高等教育在学总规模达 3833 万人，高等教育毛入学率达到 48.1%，即将迈入普及化发展阶段。2018 年，全国毕业研究生 60 多万人，比上年增加 2.63 万人，增长 4.6%。其中，毕业博士生 6.07 万人，毕业硕士生 54.36 万人。全国普通本专科毕业生 753.31 万人，比上年增加 17.48 万人，增长 2.4%。② 随着高校的扩招，大学生毕业人数每年增加，受就业市场趋于饱和、就业分流不畅、企业要求也越来越高等因素的影响，毕业生就业难问题已经成为每年的社会热点话题，高校的人才供给与企业的人才需求之间的结构性偏差导致就业难和用工荒的社会难题。高等教育的供给侧结构性改革应聚焦于高等教育本身，借用经济改革的视角破除高等教育系统内外的体制机制障碍。

随着我国师范院校的快速发展，师范院校内部师范专业和非师范专业的合理分配、毕业生就业与地方经济社会发展需求、师范类毕业生与基础教育师资需求等结构性矛盾日益显现，师范学院本身存在的结构性问题和在高等教育中的战略性地位，使得其成为解决高校毕业生就业市场的供需结构性矛盾的突破口。

（四）适应新时代教师教育人才培养的现实需要

德国物理学家赫尔曼·哈肯最先提出协同理论，即当一个系统与外部世界

---

① 中国新闻网. 2015-11-11（2021-09-10）. 何为结构性改革？该如何推进. http://cpc.people.com.cn/n/2015/1111/c64387-27803380.html.
② 中华人民共和国教育部. 2019-09-29（2021-09-10）. 中国教育概况——2018年全国教育事业发展情况. http://www.moe.gov.cn/jyb_sjzl/s5990/201909/t20190929_401639.html.

进行能量和物质交换的时候，它是一个处在失衡风险状态的开放式系统，必须要调动自身的各个子系统，达到一种所谓时空上的有序结构，即协同效应。①协同理论是20世纪70年代以来在多学科研究的基础上逐渐形成和发展起来的一门新兴学科，是系统科学的重要分支理论。目前，一些高校过于重视对学生基本知识和理论的传授，忽略了对学生实践能力的培养，造成高等教育的人才培养模式不能有效满足我国经济建设和社会发展的实际需求，因此建立协同人才培养模式是高校人才培养模式改革的关键。

教师教育问题历来是社会关注的焦点，多元化、多层次的社会需求对教师教育人才培养质量也提出了更高的要求。当前，师范学院在转型中表现出了师范性弱化、教育行为失范及师范生培养质量下降等问题，引人关注。师范学院传统的人才培养模式暴露出以下问题：教师培养模式的封闭性导致的培养目标单一、评价机制单一；学科专业课程与教师专业课程设置比例失衡；重学术性轻师范性的倾向；学科专业教育有余而师范专业训练不足；职业定向有余而专业训练不足；师范生基本功不扎实；师范生培养重理论而轻实践；家国情怀、教育情怀等价值引领不足；引领、对接和服务基础教育发展不够；等等。区域经济社会发展对师范学院的教育现状也提出了更高的要求，传统的教师人才培养模式已不适应新课程改革和教师专业化的发展要求。

三、师范学院人才培养模式改革的阶段

20世纪90年代后期以来，随着高等教育大众化的全面实施，许多中等师范学校、高等师范专科学校纷纷升格、合并为本科师范学院，同时师范院校也增设了许多非师范专业，向综合化方向发展。随着教师教育改革的逐步深入，由单一师范院校培养教师的定向性师范教育格局被打破，教师教育逐步从封闭走向开放，呈现出大学化、专业化、一体化、终身化等发展趋势。20多年来，在学校升格、教师教育改革的不断深入以及国家宏观政策调整的背景下，师范学院也在不断地对人才培养模式进行改革和探索，大体经历了三个阶段。

（一）本科人才培养模式初步形成阶段

20世纪80年代，全国高校的人才培养模式多集中在"专才"培养，旨在加强学生的技能训练，增加专业知识，从而培养某一领域的专业型人才。1999

---

① 赫尔曼·哈肯. 2005. 协同学：大自然构成的奥秘. 凌复华译. 上海：上海译文出版社：17.

年6月,《中共中央 国务院关于深化教育改革,全面推进素质教育的决定》出台,师范学院和其他类型大学一样开始实施"通识教育+专业教育"的人才培养模式,增加通识课程,培养学生的人文精神,由培养"专才"转向培养"通才",注重对学生的素质教育,使培养的学生具有较高的综合素质,能够适应社会发展的需要。

师范学院在保持传统师范教育特色的前提下,为适应国家经济结构尤其是产业结构、就业结构的需求,也新开设了不少非师范专业,在人才培养模式改革中,开始探索建立本科应用型人才培养模式。以通过2003—2007年教育部组织实施的本科教学工作水平评估为标志,其代表着师范学院人才培养模式完成了由专科教育向本科教育的转变,本科人才培养模式初步形成。

(二)应用型人才培养模式探索阶段

《国家中长期教育改革和发展规划纲要(2010—2020年)》要求促进高校办出特色,建立高校分类体系,实行分类管理。[①]2011年7月,教育部启动了"高等学校本科教学质量与教学改革工程"。在专业综合改革方面,支持"卓越工程师教育培养计划""卓越文科人才教育培养计划"等相关专业建设,引导高校主动适应国家战略需求和地方经济社会发展需求,优化专业结构,加强内涵建设,改革人才培养模式。

师范学院主动适应地方经济社会发展需求,探索与实施多元化的人才培养,形成了各具特色的人才培养模式。师范专业通过增设"教师教育实践课程",大幅度增加实践课程学分及学时;从课程设置、课时安排、教学内容、教学方法等方面加强对学生实践能力的培养,改革师范生培养模式,进一步突出了师范教育特色;在师资方面,加强与中小学的互动和交流,一方面选派教师教育专业课教师到中小学挂职锻炼,另一方面聘请中小学一线优秀教师到大学兼课或开设讲座。部分非师范专业采用"嵌入式"人才培养模式,将企业课程模块有机嵌入专业教学计划;与企业合作设计培养方案、合作开发课程,为企业定向或以"订单式"形式培养人才;部分院校实施"3+1"分段式人才培养模式,即学生在大学四年期间,3年时间完成校内课程学习,1年时间到企业进行训练,完成毕业设计。总体上讲,应用型人才培养的典型模式主要有嵌入式模式、订单式模式、产学研模式和"三位一体"模式等。在发展过程中,部

---

① 国家中长期教育改革和发展规划纲要工作小组办公室. 2010-07-29(2021-09-10). 国家中长期教育改革和发展规划纲要(2010—2020年). http://www.moe.gov.cn/srcsite/A01/s7048/201007/t20100729_171904.html.

分师范学院也存在学校定位模糊、办学同质化、人才培养结构与产业结构调整脱节等问题，所以我们认为这一时期师范学院应用型人才培养模式仍处于探索阶段。

（三）应用型人才培养模式深化阶段

2014年6月，国务院印发了《关于加快发展现代职业教育的决定》，教育部等六部门联合制定了《现代职业教育体系建设规划（2014—2020年）》，提出了我国建设现代职业教育体系的顶层设计方案。2015年10月，《教育部 国家发展改革委 财政部关于引导部分地方普通本科高校向应用型转变的指导意见》有力推动了本科高校的转型发展。2014年8月，教育部出台了《教育部关于实施卓越教师培养计划的意见》，启动卓越教师培养计划。2018年9月，教育部发布了《教育部关于实施卓越教师培养计划2.0的意见》。

近年来，师范学院重点推进人才培养质量的提升，从培养标准、培养方案、培养内容和培养途径四方面着手，深化应用型人才培养模式的改革。学校与地方政府、中小学共建U-G-S联盟，通过校政合作、校校协作，发挥联盟群体优势，建立学校与市教育局及基地学校之间多向交流、联合培养人才的机制，探索与实践学校教师教育专业化、职业化的人才培养模式；以卓越教师计划项目为依托，建立"卓越教师"人才培养模式；以提高师范生实践能力为目标，推行"顶岗实习""实习支教"等人才培养模式。非师范类专业建立了U-G-E协同育人机制，聘请行业企业专家参与制订人才培养方案，引入企业课程或共同开发课程；在人才培养标准方面，强调高校与行业、企业合作，共同制定应用型人才培养标准；探索政产学研结合、产教融合、成立产业学院等协同育人模式。

第二节　师范学院人才培养模式改革的现状

在全面深化高等教育综合改革的大背景下，作为我国高等院校的重要类型，师范学院也在积极探索转型发展。《本科教学质量报告》是大学向社会发布本科人才培养的重要窗口，也是社会了解大学教学质量的重要途径。经过搜索各校官网，笔者对16所师范学院发布的《2018—2019学年本科教学质量报告》进行了文本分析，重点扫描这些师范学院人才培养模式的现状、问题与特色，以期对师范学院转型发展提供借鉴与参考。这些高校来自我国16个不同的省（自治区、直辖市），从区域划分，东部5所，中部4所，西部5所，东北2所。这些高校均为1999年左右升本的新建本科院校，目前都保留"师范学院"名称。

一、师范学院人才培养模式的基本类型

人才培养模式是学校为学生构建的知识、能力、素质结构，以及实现这种结构的方式，集中体现了高等教育的教育思想和教育观念[①]，对于人才培养质量的提高具有举足轻重的作用。随着经济社会的发展和教育改革的日益深化，师范学院紧紧围绕"地方性、应用性、师范性"特征，在地方本科院校转型背景下，在坚守服务和保障地方基础教育发展使命的同时，主动融入和服务地方经济社会发展，探索特色发展之路，建立适应时代要求的人才培养模式。

（一）围绕人才培养目标，构建应用型人才培养模式

绵阳师范学院突出应用型人才培养，坚持"学生中心、产出导向、持续改进"的理念，突出学生应用实践能力培养，构建了四年一贯制"分层次、模块化"实践教学体系，提高专业实验、实训课时所占比例，人文社会科学类专业实践学分占专业总学分的比例不低于20%，理工农类专业实践学分占专业总学分的比例不低于30%。

太原师范学院在不同专业构建了不同的人才培养模式，非师范类专业设置2—3个方向，师范类专业根据新的教师资格证考试要求，改革教学内容。该校的人才培养模式主要有三种类型。一是"2+2"模式，前两学年主要完成通识教育和学科教育基础课程的学习，后两学年结合社会需要进行相关专业课程的学习，适用于学院教师教育类专业和部分新开办的非教师教育类专业。二是"2+1+1"模式，前两学年完成通识教育和学科教育课程的学习，第三学年进行专业方向分流学习，第四学年结合毕业论文（设计）开展相关的科学研究，适用于非教师教育类专业中适合专业方向分流的各二级学院、系。三是"2+2+（1）"或"2+1+1+（1）"辅修模式，前两学年主要完成通识教育和学科教育基础课程的学习，后两学年在修读原专业取得相应学分的同时，利用业余时间修

[①] 潘懋元. 2011. 应用型人才培养的理论与实践. 厦门：厦门大学出版社：6.

读辅修专业培养计划课程，培养复合型高级人才。

（二）突出教师教育特色，建立"三位一体"人才培养模式

盐城师范学院在与地方政府、中小学（幼儿园）长期进行良好合作的基础上，组建了盐城市U-G-S教师教育联盟，遴选11所实验示范学校和31个实习基地进行教育研究、教改实验、教师培训和教育实习等多方面的深度合作，积极探索协同培养师范生的新模式。

岭南师范学院坚持"产学研用合一、主动实践、提高能力、突出特长"的实践教学理念，师范专业侧重完善实施U-G-S协同培养机制，加强学校与地方教育部门、中小学、幼儿园和特殊教育学校的合作，构建了"教学研做互动合一"、培养具有驾驭课堂的教学力、体验反思的教研力、协同创新的实践力、心志专一的坚持力和为人师表的引导力"五力型"优质师资的教师人才培养模式。

遵义师范学院在总结多年师范专业实践教学成功经验的基础上，结合应用型人才培养的定位，构建起了以"基础实践教学打基础，专业实践教学树能力，综合实践教学强素质"为主要内容，以"一年级'学中做'，二年级'做中学'，三年级'做中思'，四年级'思中做'"为路径的实践教学体系。该校与遵义市教育局签署了合作领域明确，内容丰富、翔实，可操作性强的《共建U-G-S合作机制协议书》，并切实贯彻实施。

（三）设立卓越人才培养项目，探索"卓越教师"培养模式

咸阳师范学院探索出了卓越教师人才培养模式，在学前教育、应用化学、思想政治教育等专业择优选拔一批学有余力且有较强自学能力、外语基础扎实的优秀学生，开设"卓越教师"培养实验班，推进教师教育培养模式的改革与创新，建立U-G-S深度融合、"三位一体"的培养机制。

楚雄师范学院立足地方，秉承师范传统，整合师范专业的教师教育资源，开展边疆民族地区乡村教师培养模式改革的探索与实践，逐渐形成了以"整合连贯型"教师培养模式为主体，小学"全科型"卓越教师和乡村教师"职前职后协同"培养模式为补充的整合连贯型、全科型、协同型"三位一体"的乡村教师应用型人才培养模式。小学"全科型"卓越教师培养目标明确、内涵清晰，为基础教育培养了大批热爱教育事业、知识广博、能力全面的卓越教师。

（四）注重课程体系改革，构建"模块化"人才培养模式

天水师范学院创新教师教育人才培养模式，强调"知识、能力、素质"协调发展，注重实践能力培养，突出教师教育专业化特色和服务本地区基础教育需要。一是采取"3+1"人才培养模式，将学科专业教育与教师专业教育紧密联系，前三年主要学习通识课程、学科基础课程、专业课程，后一年学习教师教育课程，并进行实践教学。二是加强教师教育类课程建设，打破教育学、心理学和学科教学法"老三门"的传统教师教育课程结构体系，构建了"通识教育课程+学科专业课程+教师教育课程+实践课程"的模块化课程体系框架。其中，通识课程模块重点突出对学生的人文素养和科学精神的培养；专业课程模块重点强调学生专业知识的学习和对其专业能力的培养；教师教育课程模块重点打造学生的教育理念和技能；实践课程模块旨在提供真实情境，使学生能够将专业知识、教育知识与实践应用融为一体。三是强化教师教育实习工作，实施"集中编队+顶岗支教"实习模式。其中，集中编队包含校内预实习4周、实习学校实习8周和反思与总结4周三个阶段，顶岗支教主要包括"新疆地区顶岗支教""国培置换顶岗支教""甘南藏区援助支教"。

（五）强化学生实践能力，推进"顶岗实习支教"培养模式

盐城师范学院作为江苏省第一所组织赴疆支教实习的高校，2009年以来，先后选派22批1335名师生奔赴新疆哈密、伊犁哈萨克自治州、克孜勒苏柯尔克孜自治州等地的中小学开展支教工作。[①] 盐城师范学院通过援疆支教经验改进教育教学工作，优化师范生培养方案，整合课程模块，更加注重理论与实践相结合，开展了"百生访百师""卓越教师培养训练班""微型课堂教学比赛"等活动，有针对性地提高了师范生的师德素养和专业技能。盐城师范学院的支教工作得到新疆维吾尔自治区教育厅及相关地区教育部门的高度评价，"教育部简报"、《光明日报》、《中国教育报》等多次专题报道该校赴新疆实习支教工作。

淮南师范学院实施精准扶贫顶岗支教"炎刘模式"——援疆支教。自2015年6月起，该校坚持开展精准扶贫顶岗支教活动，先后派出9批1029名大学生到新疆、安徽淮南市寿县炎刘镇和阜阳市颍泉区宁老庄镇等地的近80所（个）小学、教学点进行支教扶贫，16 300多名贫困地区学生受益，形成了"心系贫困地区基础教育，主动服务国家扶贫战略，在艰苦环境中锻炼成长，践行立德

---

① 盐城师范学院信息公开网. 2019-12-27（2021-09-10）. 盐城师范学院2018—2019学年本科教学质量报告. http://xxgk.yctu.edu.cn/2019/1227/c4569a64101/page.htm.

树人大学宗旨"的精准扶贫典范——"炎刘模式"。①

(六) 推进产学研合作教育,创新"协同育人"培养模式

衡阳师范学院以"培养优质基础教育师资和地方经济社会发展需要的高层次应用技术技能型人才"为目标,以"坚持优势互补、互利共赢,坚持育人为本、服务地方,坚持机制创新、协同推进,坚持突出重点、示范引领,坚持合作实效、突出特色"为原则,明确"产教融合、校企合作"的办学路径,使高等师范教育与基础教育、职业教育对接,大胆创新人才培养模式,提高应用型人才培养质量,增强服务社会能力,推动学校内涵建设、转型发展。

湖州师范学院以校地共育为主线,探索政府机构、行业企业和学校共同参与人才培养的路径,构建了开放、共享、协同、创新、共赢的应用型人才培养机制;以修订人才培养方案为抓手,系统设计各专业实践教学课程,构建应用型专业成才路线图,对学生的知识、能力和素质进行阶段性、递进式的强化;以大学生创新创业能力培养为宗旨,科学构建创新创业教育体系,全面提升学校人才培养质量和毕业生就业竞争力。学校以产教融合学院作为"校地共育"人才培养模式改革的重要平台,遴选了一批校级产教融合学院立项建设项目。

二、师范学院人才培养模式的主要特色

进入新时代,我国师范院校面临的形势发生了深刻变化,师范专业认证对教师教育人才培养提出了明确的要求,日新月异的新技术、新模式、新业态推动着高等教育的改革。经济社会发展、科学技术进步和高等教育改革的大趋势给师范类院校人才培养工作带来了新的机遇和挑战。通过对各校人才培养质量报告中自我凝练的特色发展情况进行分析可以发现,师范学院在人才培养的实践中构建了立足"地方"、突出"应用"、着眼"多元化"的人才培养模式,形成了教师教育特色鲜明、文化传承品牌响亮、创新创业教育成效显著、人才培养模式多元的基本特征。

(一) 对接基础教育,彰显教师教育特色

教师教育是师范学院发展的根基和命脉,大部分师范学院都紧紧抓住教师

---

① 淮南师范学院发展规划处. 2019-12-14(2020-09-10). 淮南师范学院2018—2019学年本科教学质量报告. http://fgc.hnnu.edu.cn/2019/1214/c2168a78309/page.htm.

教育发展战略，围绕师范专业人才培养模式、人才培养规格、实践教学体系、师范技能培养等方面，从对接基础教育出发，形成了各具特色的教师教育品牌。例如，泉州师范学院致力于服务地方基础教育，精心打造"四个一体化"特色教师教育体系，即学前到高中教育师资培养一体化，职前培养和在职培训一体化，普通教育和特殊教育师资培养一体化，基础教育和高等教育一体化；盐城师范学院多年来始终坚持以"铁军"精神办学育人，坚守师范初心，服务基础教育，形成了"重品德、重素质、强基础、强实践"的教师教育人才培养特色，探索出乡村卓越教师培养体系，培养了一批又一批"下得去、留得住、教得好、走得远"的乡村卓越教师；楚雄师范学院创新乡村教师教育模式，服务云南基础教育事业；岭南师范学院努力培养具有"驾驭课堂的教学力、体验反思的教研力、协同创新的实践力、心志专一的坚持力和为人师表的引导力"的"五力型"教师，为粤西基础教育改革和发展做出了积极的贡献。

（二）融入地方文化，打造学校育人品牌

师范学院作为文理见长的地方高校，肩负着大学的文化传承与创新的使命，在人才培养过程中能融入地方文化特色元素，形成了具有地方特色的文化育人品牌。例如，大庆师范学院坚持"铁人"精神育人特色，把"铁人"精神教育融入思想政治教育，为祖国培养了大批"铁人"式的社会主义建设者和接班人；盐城师范学院围绕立德树人这一根本任务，高举"师范、沿海、老区"的大旗，坚持以"铁军"精神为引领，深入挖掘"铁军"精神在办学育人方面的价值，提升了办学育人水平；楚雄师范学院厚植文化土壤，打造校园文化品牌；太原师范学院以"行知精神"引领学院全面发展，以行知文化为主线，以二个方向为重点，发挥教师教育全学科优势，汇集各方优质思政资源，构建了全员、全过程、全方位的育人新模式。

（三）适应时代要求，开展创新创业教育

推进创新创业教育是当前我国高校改革的一项战略性任务。多年来，师范学院高度重视创新创业教育，将创新创业教育改革作为学校综合改革的着力点和突破口，不断探索、大胆实践，积累了经验，取得了成效。例如，泉州师范学院将"敢拼会赢"的闽南文化精神贯穿于人才培养全过程，探索出一条大学生创业"梯级孵化"成长规律：校内创业孵化基地初级（微企业）孵化、校外创业孵化基地成长初期（小企业）孵化和校外创业园成长中期（中型）孵化，

形成了可推广的"梯级孵化"创新创业教育特色。该校建构了"金字塔"式的创新创业教育课程体系,塔底由"创业基础"通识课和各二级学院开设的专业创业教育课程构成;塔腰由通识创业就业选修课和创新创业通识专选模块课构成,主要培育"大学生创业"项目团队;在塔尖举办创业先锋班,为有强烈创业意愿,真正想创业的学生开设创业课程,帮助其寻找创业项目,搭建孵化平台,为学生实现自主创业做准备。

(四)坚持产教融合,协同培养应用人才

综合化、地方性、应用型是师范学院转型发展的重要特征和趋势。师范学院在办学过程中必须突出地方属性,与所在区域保持天然的联系,根据地方经济社会发展需要,努力为地方发展提供人才培养、科技创新和文化传承创新等服务,实现学校与区域经济社会的协调发展[1];紧跟地方产业升级、结构调整的趋势动态,及时调整学科专业设置,着力打造一批地方和行业急需、优势突出、特色鲜明的学科专业;以培养生产管理服务等基层一线工作的本科层次人才为重点,着力培养"下得去、用得上、留得住、干得好"的高素质应用型人才和技术技能型人才[2]。南阳师范学院开展"订单式"人才培养试点,与牧原集团、南阳淅减汽车减震器有限公司等知名企业开展校企合作,实现订单式人才培养;唐山师范学院抢抓京津冀协同发展战略、唐山融入"一带一路"打造东北亚经济合作窗口城市的机遇,主动适应社会需求,采取多种措施为地方经济社会发展培养高素质的应用型人才。

三、师范学院人才培养模式存在的主要问题

教师教育作为师范学院的优势和特色,一方面成就了学校的发展和壮大,另一方面也在一定程度上成为学校向应用型转变的障碍。具体如下:对向应用型转变的认识不到位,推动力不足,缺少具有"双师"背景和专业素质的教师;师范教育时期的实验与实训室仪器设备都是围绕教师教育专业人才培养添置和配备的,非师范专业实训条件匮乏;师范教育时期专业课程设置是围绕基础教育人才培养建构的学科知识体系,缺少应用性、实践性和操作性。因此,人才培养方案的调整、课程体系的重构和实践教学条件的配备等是师范学院面

---

[1] 沈健. 2014. 江苏应用型本科院校人才培养的若干思考. 江苏高教,(4): 6-9.
[2] 朱治橙,戴道懿. 2015. 江苏省应用型本科院校人才培养模式改革路径探析. 开封教育学院学报,(7): 119-120.

临的问题。

（一）培养目标与经济社会需求还不完全匹配

我国社会主要矛盾已经转化为人民日益增长的美好生活需要和不平衡不充分的发展之间的矛盾，人民对公平而有质量的教育的向往更加迫切。师范学院由于自身发展需要，面临转型的问题，在具体办学过程中，聚焦不够，在办学定位、办学方向、发展目标等方面，不能正确处理好培养目标与办学层次的关系、学科建设与专业建设的关系、理论学习与实践训练的关系，出现了人才培养目标与经济社会发展需求不对应、人才培养模式与人才培养目标定位契合度不高的问题。

（二）人才培养模式改革有待进一步深化

一些师范学院的人才培养重理论、轻实践，人才培养模式改革滞后。具体如下：课程设置和教材缺少个性，缺乏地方特色、行业特色和学校特色；课程体系和教学内容还不能满足应用型人才培养的要求，未能充分体现自身特色和应用型人才培养理念；部分专业稳定的校外实习基地相对不足，校外实习的效果难以得到充分保证，实验室开放程度不高，对应用型人才培养的支撑作用不够；创新人才培养模式的覆盖面较窄，个别非师范类专业人才标准与行业的职业规范的结合不够紧密，对应用能力培养和实践性要求重视不够，教学方法重理论、轻实践，做学结合不够，学习评价还是只重知识考试、轻实践运用等。因此，在人才培养过程中，师范学院需要进一步加大教学改革探索，以适应学校转型发展的要求。

（三）课程体系与人才培养要求不够贴切

师范学院的教师教育课程体系一般是模仿师范大学建立的，缺乏理念引领和针对性设计，不能完全根据人才培养目标和规格来建立课程体系和设置课程，课程体系对毕业要求的支撑不足。普通本科专业类国家标准和师范专业认证等对人才培养规格提出了明确的要求，唯有将培养要求内化于课程体系之中，对照师范毕业生核心能力素质要求，遵循师范生成长成才规律，以师范生的学习效果为导向，明确课程体系对毕业要求的支撑作用，才能构建出基于产出导向的课程体系。

（四）教学方法和手段比较陈旧

一些师范学院在实施人才培养方案的过程中，还未完全走出传统的教育教学模式。部分教师还没有摆脱固有的教学思维定式，对应用型本科人才的学业标准和知识能力结构的理解还不够深刻，教学方法和手段比较陈旧。尽管已经有部分教师积极尝试改革教育教学方法和手段，但很多教师仍习惯于传统课堂讲授方式，启发式、探究式、讨论式、参与式等教学方法还有待进一步推进。这导致人才培养停留在传统的教学模式，不能适应教育现代化和信息化的要求，在教学模式、教学管理改革等方面存在滞后的现象。

（五）教学评价与实际应用不够对应

教学评价是培养模式中的重要环节。目前，大部分师范学院采用的学生评价方法以书面考试和测验为主，强调以量化的分数或等级的形式表现出来的评价结果，并以此为评价标准作为衡量学生学习效果的主要依据。现行的学生评价体系缺乏对实践能力的考查和相关标准，过分强调评价结果，侧重对学生智育方面的评价，对学生的能力、态度、实践、创新等方面的要求涉及较少，由此造成学生忽视过程学习，弱化实践能力培养，造成社会需要与学生自我定位错位，学生掌握的知识在实际岗位中用不上，实际岗位需要的能力学生达不到。

第三节　师范学院人才培养模式改革的深化

师范学院要紧紧围绕全面提高人才培养质量这个核心，全面落实立德树人根本任务，紧密结合地方经济社会发展需求，坚持"应用型"的人才培养定位，坚持错位竞争、特色发展，实施因材施教、分类培养，在人才培养模式与机制、教师能力发展与提升、课程体系与教学内容、教学方法与手段、教学管理与规范、教学资源配置等方面进行改革和实践，构建高水平的教学支撑体系、专业体系、课程体系、协同育人体系、教师育人体系、学习激励体系和质量保障体系。

一、深化人才培养模式改革的思路

（一）树立以卓越人才培养为引领的育人理念

当前，我国高等教育已经从规模扩张全面转向内涵式发展，时任教育部部长陈宝生在"六卓越一拔尖"计划2.0启动大会上强调，把"六卓越一拔尖"

计划的各项任务落到实处，打赢全面振兴本科教育攻坚战。[①] 在长期办学过程中，师范学院积淀形成的具有"学高为师，身正为范"特质的学校文化以及为国家培养优秀师资的使命担当，决定了其在人才培养过程中要树立以卓越人才培养为引领的育人理念。在体制机制上，以卓越教师、卓越工程师、卓越法治人才等建设项目为依托，推进卓越人才培养机制改革；在培养模式上，设立卓越班、专门学院、试验班等卓越人才培养模式；在制度创新上，改革考试招生办法、学生奖励办法、教学管理办法等；在资源配置上，集聚校内外师资、学科、实践平台、课程等优质资源来支撑卓越人才培养；在学生德育上，充分利用师范院校长期以来形成的蕴含"师范性"特质的学校文化对学生的影响力，让所有学生具有师范底色，以卓越人才培养引领师范学院人才培养改革，促进学校人才培养质量整体提高。

（二）确立以学生发展为中心的人才培养目标

师范学院在转型过程中，要确立以学生发展为中心的人才培养目标，贯彻"能力为本、重在应用，面向行业、服务学生"的人才培养理念，以促进学生全面发展为中心，注重提高学生的学习成效和可持续发展能力，尊重学生自主选择，注重培养目标的实践性，重视培养学生将所学的知识、方法有效应用到生产生活实际的能力；让学生学习的知识和养成的素质为提高能力服务，进而为自身成长和地方经济社会发展服务；明确以学生能力培养为导向的应用型人才培养目标，构建与能力培养目标相适应的课程体系和实践教学体系，提高人才培养质量和就业竞争力。

（三）构建以能力产出为基本导向的课程体系

人才培养模式是由培养规格、培养目标、培养方案、教师队伍、课程设置等诸多方面构成的，其中课程体系是核心，而人才培养模式变革的核心就是课程体系的变革。师范学院要围绕课程体系如何支撑毕业要求、课程教学如何实现课程目标等问题，构建基于能力产出导向的课程体系。同时，应该通过调整课程结构、强化专业核心课程、加大选修课程比例、合理设计与安排教师教育课程、推进专业课程国际化等提高课程设置的科学性和课程结构的合理性，提

---

① 中华人民共和国教育部. 2019-04-29（2021-09-10）. "六卓越一拔尖"计划2.0启动大会召开——掀起高教质量革命 助力打造质量中国. http://www.moe.gov.cn/jyb_xwfb/gzdt_gzdt/moe_1485/201904/t20190429_380009.html.

高整个课程体系对毕业要求的支撑作用。在课程矩阵中，每项毕业要求都要有合适的课程支撑并且对支撑关系能够进行说明；课程大纲中应明确建立与相关毕业要求指标点对应的课程目标，课程内容与教学方式能支撑课程目标的实现；课程考核与评分标准能够针对课程目标设计，考核结果能够证明课程目标的达成情况。

（四）建立以学生学习效果为重点的教学模式

随着高等教育教学改革的深入推进，师范学院要做到以下几点：第一，充分贯彻"以学生为中心"的教育思想，充分体现学生在学习过程中的主体地位，重点关注学生的学习获得感；第二，根据课程特点和要求，建立以学生为学习主体的课堂组织模式；第三，改进课堂教学方法，强调以问题或任务为导向，激发学生的学习兴趣，从"满堂灌"的讲授式教学向启发式、互动式教学转变，引导学生主动探索、主动思考和主动实践；第四，改变学生的学习方式，通过自主学习、课堂研讨和小组学习等方式，培养学生的自主发现问题、解决问题、沟通合作、独立思考等能力；第五，大力推动互联网、大数据、人工智能、虚拟现实等现代技术在教学和管理中的应用，提高教学管理和服务的信息化水平，实施更加精准的教育教学；第六，充分利用信息技术工具的便利性、交互性、协作性、开放性等特点，实现信息技术与课堂教学深度融合，重视学生的学习体验，提高学习效果；第七，改进学业评价方式，继续开展课程过程化考核，试点非标准化考试，适当提高学业的挑战性，进一步推动以能力培养为导向的考试方式变革。

（五）构建以实践为基础的多维协同育人体系

师范学院应做到以下几点：第一，主动应对新一轮科技革命与产业变革，以创新人才培养机制为导向，集聚资源要素，推进学科专业与人才培养协同，建立与社会用人部门合作更加紧密的人才培养机制；第二，加强校校协同、校企协同、第一课堂与第二课堂协同、线上与线下协同等，构建多维协同育人的新格局，拓宽人才培养渠道；第三，师范类专业对接地方基础教育，完善U-G-S协同育人机制，非师范类专业大力推动与国内龙头企业、行业标杆企业的合作，构建U-G-E合作机制，形成"课程嵌入""订单式培养"等校企合作人才培养模式；第四，探索建立与应用型人才培养相适应、以培养学生实践创新能力为核心、行业企业参与为关键的产业学院育人模式，不断提升人才培养的目标达成度和社会满意度。

（六）建立以创新创业为主线的全程育人机制

师范学院应做到以下几点：第一，推进创新创业课程、平台、训练、竞赛、成果孵化、保障机制"六位一体"的创新创业教育模式实践。第二，在政策上鼓励和支持学生参与创新创业，加大对创新创业学分的认定；以创新创业教育文化建设为先导，在通识教育和专业教育中融入创新创业教育，从课程体系、竞赛体系、实践实训体系等方面丰富创新创业教育的内容。第三，发挥学科竞赛对学生创新创业能力培养的推动作用，构建国家、省、校、院四级学科竞赛体系。第四，鼓励符合条件的学生参加职业资格考试，支持学生在完成学业的同时获取多种资格证书，增强创业就业竞争力。总之，师范学院要在潜移默化和无形浸润的过程中实现对学生创新意识、创新思维和创新能力的培养与训练，逐步形成开放探索式学习的意识和能力。

（七）健全以质量文化为核心的教学管理机制

质量文化建设是高校教学质量提升的基石，应成为学校管理者、教师、学生等的价值追求和行动自觉。师范学院应做到以下几点：第一，建立健全教学评价体系，充分发挥考核、评价的"指挥棒"作用，完善学生学习过程监测、评估与反馈机制，引导学生由"重知识"转变为"重学习""重能力"；加强考试管理，健全能力与知识考核并重的多元化学业考核评价体系；建立学生专业实践能力考核标准和评价体系，构建文化知识和实践能力相结合的教学评价模式。第二，加强对毕业设计（论文）选题、开题、答辩等环节的全过程管理，提高毕业设计（论文）质量；以学生学习体验和培养目标达成为导向，探索学生自我评价、相互评价以及教师评价相结合的学习效果评价机制。第三，加强制度建设，修订并完善专业、课程及教材、课堂教学、实践教学等环节的质量标准及相关规章制度。第四，全面收集教学质量评价数据，注重精准量化和实时反馈教学效果，多维度持续跟踪教学实施与组织的全过程。第五，开展日常教学数据监测工作，从学籍、师资、专业、课程、成绩等不同维度进行大数据学情分析，为教学运行、专业调整、学业预警、教研教改、政策制定等提供数据支撑。

二、卓越教师人才培养体系的构建

2014年8月，《教育部关于实施卓越教师培养计划的意见》颁布，标志着我国正式实施卓越教师培养工作。师范学院纷纷响应教育部的号召，陆续开展了"卓越教师培养计划"项目，开启了我国新时期的卓越教师培养的探索之路。为培养和造就一批教育情怀深厚、专业基础扎实、勇于创新教学、善于综合育人和具有终身学习发展能力的高素质专业化创新型中小学教师，2018年9月，《教育部关于实施卓越教师培养计划2.0的意见》发布。

教师教育是培养卓越教师的基础，从教师的成长发展阶段来看，一名师范生要成长为一名卓越教师需要经历合格教师、优秀教师、卓越教师等阶段，它是一个多阶段、长时期积淀的过程。因此，面向未来，我们认为师范学院卓越教师培养要在职前师范生培养的基础上，使师范生具备践行师德、学会教学、学会育人和学会发展的基本素养，为培养未来的卓越教师奠定坚实的基础。在职前培养中，师范学院应着重从以下几个方面构建卓越教师培养体系。

（一）确立科学合理的培养目标

卓越教师培养作为一种培养活动，在各师范学院的实施中有着不同的培养目标，确立明确的培养目标是各师范学院进行卓越教师培养的出发点，有利于卓越教师合理价值取向的实现。对于不同层次、不同类型的师范学院，在卓越教师培养的实践中，应根据本校的具体实际，确定卓越教师培养目标。例如，根据地域，培养目标可确定为培养乡村卓越教师和城市（镇）卓越教师；根据学生就业的层次和专业类型，培养目标可确定为培养高中卓越教师、初中卓越教师、小学卓越教师等；根据学校办学需要或条件，可确定卓越教师培养的范围是针对全体师范生还是部分师范生。师范学院在确定卓越教师培养目标时，培养的师范生除了要具备扎实的专业知识和较强的教育教学实践能力外，还应该注重对师范生卓越特质的培养，如健康的心理品质、不断求进的自我意识、终身学习的能力等，使培养的师范生不断突破自身，完善自我，在创造的过程中逐步走向卓越。同时，还要综合相关学科专家的建议以及社会的实际需要确定培养目标。

（二）加强从教信念和师德养成教育

德国思想家马克斯·韦伯提出了"志业化"的理念，即从卓越教师专业成长的角度看，教师从专业化走向"志业化"，是向教育信念的方向发展，已经提高到信仰的层面。师范生在学校学习期间，作为卓越教师专业发展的准备阶段，必须强化从教信念和师德养成教育。师范学院在卓越教师培养的实践中，可采取建立优才选拔与差生淘汰机制，通过大类招生、入校后二次选拔、设立面试环节等方式，考查学生的综合素养和从教潜质，遴选乐教适教的优秀学生攻读师范专业，同时建立淘汰机制，对于道德品质劣、专业成绩差、实践能力弱的学生要进行淘汰；将卓越教师的培养理念贯穿于通识文化课程、学科专业知识、教育理论课程和教育实践课程的学习中，在师范生具备系统、扎实专业知识的基础上，开展教学实践活动，在不断实践、反思与完善中增强执教信念，提高教学实践能力；围绕价值引领、知识传授、能力提升"三位一体"的课程教学目标，通过课程思政教育、好教师榜样激励教育等，帮助师范生将师德认识内化为师德认同，转化为师德行为。

（三）构建卓越教师多元培养模式

1. 构建"三维一体"模块化培养模式

培养方案是人才培养模式的纲领性及指导性文件，是开展人才培养工作的依据。课程在卓越教师培养中具有举足轻重的作用，它是现实培养目标的载体和重要路径，合理设置课程、优化课程结构是卓越教师培养的关键。因此，师范学院在制订卓越教师人才培养方案的过程中，要将习近平总书记提出的"四有"好老师培养目标和育人理念落实到教学安排之中，改变学科专业教育和教师职业素养教育简单叠加的做法，不断整合课程资源，打造课程模块，提升课程效能，构建通识教育、专业教育和教师职业素养教育"三维一体"的模块化培养模式，以增强学生的理想信念，开阔其视野，具备扎实的学识和高尚的品格，以及提高学生综合育人和学会教学的能力。

2. 构建职前职后一体化培养模式

教师教育需要涵盖职前的培养和职后的发展，其过程是一体化的。师范学院可以利用继续教育的资源和平台，构建卓越教师职前职后一体化培养模式，利用学校举办的"国培""省培"、中小学校长和学科骨干教师培训等平台，组织师范生与优秀中小学教师进行互动交流。一方面，师范生可以近距离了解来自中小学教育教学改革第一线的信息；另一方面，优秀的中小学教师可以对师范生的专业知识和实践技能进行面对面的指导。同时，包括大学、中小学在内的大量高水平的专家讲座和课堂教学录像、培训教师积累的教育教学资源，为师范学院卓越教师培养提供了丰富的资源库，在职前教育中体现了教师教育的实践性，也为卓越教师职前职后一体化培养提供了有力的支撑。

3. 建立本硕一体化培养模式

随着基础教育对高学历、高素质教师的需求越来越迫切，特别是目前许多中学对教师学历提出了更高的要求，为了保证师范学院自身的可持续发展以及提高学生的就业层次，已经具备教育硕士授权资格的师范学院可以建立本硕一体化的卓越人才培养模式。在教师专业发展等理论的指导下，结合本科师范教育与教育硕士研究生阶段的教育特点，在培养目标上按照培养师德高尚、教育信念坚定、学科知识扎实、专业化程度高、能够融通教育理论与教育实践，兼具教育教学能力和教学研究能力的要求，在生源选拔上明确标准，严格选拔；在课程设置上细化为学科专业学习阶段、教育学专业学习阶段和硕士研究生学习阶段来具体实施；在师资方面，可以设置双导师制，为每名学生配备学术导师和实践导师，分别为其提高教研能力与执教能力提供指导和帮助；在实践能力方面，依靠中小学稳定、优质的教育实践平台和资源，为师范生设计贯穿大学的多层次、分阶段、不间断的实践课程内容和实践环节。在本硕一体化卓越教师的培养过程中，学生从本科到硕士阶段的培养目标、课程体系、培养模式、学习时间、实践能力达到立体化、一体化，以促进卓越教师的培养，不断满足基础教育高质量发展的需求。

4. 建立全程化实践培养模式

全程化实践培养模式从培养卓越教师教育实践中存在的问题出发，自师范生入学伊始就开始实施，把教育实践贯穿到学生大学四年学习的全过程。该模式根据基础教育的需求和知识经济社会的要求，将技能训练、见习、实习和研习一体化，构建"分层递进、全程强化、优势互补、协同实施"的四年不断线的实践教学体系；根据师范生成长规律，依托校外教育实践基地，构建涵盖专业思想教育、从教信念教育、教学技能训练、综合实践、教育实习研习在内的"五位一体"实践教学内容体系；探索师范生实习模式改革，将传统的四年一次性实习实训贯穿到大学教育的全过程，分解到4个阶段、8个学期。第一阶段，结合专业思想教育和生涯教育，学生重在进行未来发展的自我设计，明确未来的发展方向与发展路径。第二阶段，安排体验性见习，通过体验真实的课堂教学和教育管理，熟悉中小学、幼儿园教育和教学常规，初步感知、了解教育教学的基本方法，为教育实习打下良好基础。第三阶段，安排教育实习，充分发挥学生的主观能动性，把在大学课堂上所学的理论知识和实际教学相结合，初步掌握教学的基本方法和技能。第四阶段，安排研究性见习，在教师的指导下，引导学生完成从选题到研究方案设计、研究方案实施、研究报告撰写等完整的研究过程，使学生形成初步的教研意识，掌握教研的基本范式和方法。在实施过程中，全方位提升师范生的知识技能和实践能力，为师范生奠定必备的职业生涯基础，使其具备卓越的教学实践能力。

（四）深化"三位一体"协同培养机制

《教育部关于实施卓越教师培养计划的意见》明确规定，要"建立高校与地方政府、中小学'三位一体'协同培养新机制"，这表明教师的培养已经从外在的模式发展转变到更深层次的机制发展。师范学院在卓越教师培养的实践中，不断进行"三位一体"协同培养的实践和探索，取得了丰硕的成果，但也存在协同培养主体作用发挥不够、协同培养机制不健全、运行不顺畅等问题。构建"三位一体"协同培养长效机制是下一阶段师范学院卓越教师培养面临的主要任务。三方主体要明确建立权责明晰、优势互补、合作共赢的长效机制，进行深度合作，由地方政府制定相关规章制度和法律文件，负责规划教师队伍建设、预测教师需求，充分协调地方政府与中小学、师范院校的三方关系；在实施上，由高校与地方政府、中小学三方主体共同参与，协同制订人才培养方案、设计课程体系、开发课程资源、组建教学团队、建设实践基地、共建教育教学研究基地和评估教师培养质量。在三方共同努力下，提高教师培养的适应性和针对性，全面提高卓越教师培养质量。

三、乡村卓越教师培养模式的探索

党的十九大报告指出，推动城乡义务教育一体化发展，高度重视农村义务教育，普及高中阶段教育，努力让每个孩子都能享有公平而有质量的教育。目前，师范学院大多承担了乡村教师定向培养任务，师范学院毕业生是乡村学校教师来源的主渠道，在国家乡村振兴战略的要求下，迫切需要培养一批批"下得去、留得住、教得好、走得远"的乡村卓越教师。2020年8月，教育部等六部门印发《关于加强新时代乡村教师队伍建设的意见》，在脱贫攻坚与乡村振兴有效衔接的大背景下，实现乡村教师可持续发展助力乡村振兴，推动实现公平而有质量的乡村教育。[①] 在快速城镇化背景下，面对乡村教育呈现的新特

---

① 中华人民共和国教育部，中共中央组织部，中央机构编制委员会办公室，中华人民共和国国家发展和改革委员会，中华人民共和国财政部，中华人民共和国人力资源和社会保障部. 2020-09-04（2021-09-10）. 教育部等六部门印发关于加强新时代乡村教师队伍建设的意见. http://www.moe.gov.cn/jyb_xwfb/gzdt_gzdt/s5987/202009/t20200904_485110.html.

征，如何坚定乡村教师扎根乡村教育的职业信念，如何提高乡村教师胜任乡村教育的执业能力，如何提高乡村教师的职后可持续发展能力，师范学院面临着新的挑战。

盐城师范学院创建于1958年，60多年来始终坚持以"铁军"精神办学育人，坚守师范初心，服务基础教育，形成了"重品德、重素质，强基础、强实践"的教师教育人才培养特色，探索出了乡村卓越教师培养体系，培养了一批又一批"下得去、留得住、教得好、走得远"的乡村卓越教师。2018年，该校"乡村卓越教师培养体系研究与实践"成果获国家级教学成果奖二等奖。

该校依据马克思主义实践论的哲学观点，基于扎根理论、情境学习理论和协同理论，通过实证研究、行动研究、案例研究等方法，本着"师德为先、学生为本、乡土融入、实践取向"的理念，从乡村教师教育教学改革实际入手，着力解决师范生乡土情怀生成难、不愿去村校、不愿留村校，师范生乡村教学能力弱、不太懂村娃、不擅教村娃，师范教育与乡村教学脱节、研究不深入、实施不精准等问题，开展了深入、持久的研究和实践，提出了乡村卓越教师培养的主要路径。

（一）凸显价值引领，重构人才培养方案

该校聚焦知识与能力、过程与方法、情感态度价值观三维目标，修订教师教育专业质量标准，重构人才培养方案；完善涵盖课程思政内容的课程教学大纲，将社会主义核心价值观、红色基因作为对教师教育质量的基本要求，融入教师教育专业课程体系，在课程评价中设置"育德效果"观测点，从意志与行动层面体现价值引领的作用。

（二）融入乡土文化，构建乡村教师教育特色课程体系

该校以乡村教育的实证调研、乡村儿童的学习经验、乡村教师的教育实践为依据，通过长期的探索和实践，围绕乡村卓越教师"四有三力"（"四有"即有教育情怀、有职业意志、有专业知识、有执业能力，"三力"即融入乡土社会的内驱力、聚焦乡村学校的发展力、关爱乡村学生的行动力）培养规格，构建乡土情怀、文化浸润和能力生成三大课程模块，开发了蕴含乡村教师职业道德与乡土情怀、融入地域与校园文化、关注乡村儿童探究经验与新农村建设等凸显乡村元素的系列课程。

（三）对接乡村教学需求，搭建三类教师教育实践平台

该校在重视教师通用技能的同时，针对乡村教师素养的特殊性，以资源建设为先导，搭建了乡村教育情境体验平台、乡村教育实践教学平台和乡村教师互动研修平台，培养师范生立足于乡村教师教育进行实践的技能。

（四）推进校地协同育人，创新教师教育协同培养方案

该校设置了校内和校外两个系列人才培养方案，校内培养方案完成通识教育和专业基础教育，以理论教学为主，辅以基本的实验和实训；校外培养方案主要完成职业教育，以实践教学为主，辅以必要的理论专题。同时，组建专兼融合、优势互补的教学团队，选用责任心强的老师进中小学做驻点教师，负责对学生在实习学校的日常进行管理，同时为每名学生配备校内导师，积极配合校外导师完成各项实践教学工作。

（五）优化职后服务，引领乡村教师持续发展

该校以引领服务为己任，发挥学校教师教育资源优势，为乡村教师专业发展提供支持。另外，利用信息技术建立乡村教师学习互动平台，共享线上课程资源，及时解决教育教学实际问题；现场指导乡村学校教育科研活动，协助乡村教师开展课题申报与研究工作。同时，总结"国培""省培"项目经验，调整乡村教师培训课程内容、授课形式，提升乡村教师培训的实际效果。

（六）重视教育实验，提升人才培养方案实施效果

该校以教育实验为基础，瞄准乡村教育发展变化与需求实际，构建并优化乡村卓越教师培养体系。早在2010年，学校就率先启动了乡村卓越教师培养实验工作，确定了"四有三力"的培养目标，采取"专业课程夯基、乡土课程浸润、乡村学校实践、合作课题助研"的培养路径，通过教育实验，推进课程体系、教学内容、实践模式的改革，不断增强乡村卓越教师培养体系的针对性和实效性。

盐城师范学院创新乡村卓越教师培养模式的实践表明，在乡村卓越教师培养过程中，师范学院要立足区域经济社会发展需求，加强师范生本土化培养，结合乡村教育实际，定向培养一专多能的乡村卓越教师，培养信守乡村志向、融入乡村生活、造福乡村学生的专业化乡村教师队伍。同时，要构建符合乡村

教育特点、融合乡村文化、凸显区域乡村特色的课程体系；重视教师通用技能的同时，针对乡村教师素养的特殊性，培养师范生立足于乡村教育教学的实践技能；以教育实验为基础，瞄准乡村教育发展变化与需求实际，确定乡村卓越教师培养目标，构建并优化乡村卓越教师培养体系。

第七章

师范学院科学研究创新发展

　　科学研究是指研究主体为探求事物或现象的内在本质和运行规律，通过调查、分析、实验、整理、推导等环节，对被认知对象进行的系统性、创造性工作。师范学院应当明确科学研究的重要职能，提高自身的科研能力，注重研究创新和成果应用，致力于促进高层次人才培养和推进高水平科研成果产出，同时促进科研反哺教学，发挥自身在推动社会发展、繁荣经济建设、促进科技进步、加强文化交流等方面的重要作用。在高等学校的发展历程中，科学研究一直占据重要位置，由科学研究而带来的科技创新始终是国家、民族、组织发展的重要力量。就师范学院而言，科学研究同样是推动自身发展的重要力量。因此，为了适应时代的需要，推动师范学院转型发展，促进科学研究创新发展应成为必然。

第一节 师范学院科学研究的价值与环境

师范学院科研创新发展的动因主要表现在三个维度。一是适应中国教育改革发展趋势，提升师范学院服务经济社会发展的能力。师范学院应把握科研创新发展的具体理论逻辑和实践逻辑，营造有利于科研创新发展的良好环境，利用新时代国家重视科研创新发展的利好大环境，凝心聚力，问题聚焦式地营造师范学院校内科研创新绩效的小环境，厚植其优势以推进师范学院科研向高质量发展方向转型。二是强化师范学院科研绩效量化考核，提升师范学院的核心竞争力，为师范学院的转型发展以及硕士点、博士点的申报提供实践依据。三是对教师个体来讲，实现自身科研的创新发展对提升教师科研的深度、广度，对教师评职称以及提升教师个体的核心竞争力有很大的实践价值。

一、师范学院科学研究创新发展的理论依据及价值

在师范学院发展过程中，科研与教学一直是学校发展的双翼。党的十八大以来，高校的科学研究面临着不转型不行、不创新更不行的局面，尤其是党的十九大之后，如果高校科研工作不识变、不应变、不转型，高校的科学研究可能就会陷入被动发展，错失发展机遇。这将可能影响到国家实施科教兴国战略和人才强国战略，对优化我国科技事业发展总体布局也会产生影响。

新时代，师范学院科学研究创新发展是建立在高质量发展的理论框架下，进而实现各师范学院的战略协同发展。科研高质量发展是指使各学校之间的科研更加平衡、更加充分地发展，也是各师范学院在科研方面的高效益、可持续发展。

师范学院科研创新发展研究在理论上秉承科研赋能机理，并从相关的评价理论到实践政策层面体现出创新发展的价值共创。科研赋能机理的内涵可以阐释为科研项目、科研经费、科研人员、科研基地、科研仪器等相关元素的质与量在科研过程中发挥有效作用的综合能力体现，即在科研高质量发展的过程中对各要素进行合理配置，实现科研高质量的循环结构优化、机制优化等，以促进师范学院科研的高质量发展。

对于科研赋能的效果，可以使用PPTT科研评价方法进行评价。PPTT科研评价理论的公式可以表示为：$\Sigma f_c = \Sigma f_1 \times c_1 + \Sigma f_2 \times c_2 + \Sigma f_3 \times c_3 + \Sigma f_4 \times c_4 + \Sigma f_5 \times c_5 + \Sigma f_6 \times c_6$。$\Sigma f_c$表示目标单位的科研成果总分，$f$是评价因子（或因素），英文是factor；$c$指系数，英文是coefficient。各评价因子的内容、得分、系数如表7-1所示。根据此公式，形成量化坐标式图表，以此比对各师范学院每年在科研成果方面取得的成绩，如图7-1所示（其中各系数c之和为1）。

表7-1　PPTT科研评价模式

f	c
f_1：国家项目（重大项目600分/项、重点项目300分/项、一般项目100分/项）	c_1：0.3
f_2：国家级科研成果奖（一等奖1000分/项、二等奖500分/项、三等奖300分/项、优秀奖50分/项）	c_2：0.3
f_3：省部级项目（重大项目80分/项、重点项目60分/项、一般项目50分/项、专项50分/项）	c_3：0.1
f_4：省部级科研成果奖（一等奖200分/项、二等奖100分/项、三等奖50分/项、优秀奖20分/项）	c_4：0.1
f_5：权威出版社著作数（20分/部）	c_5：0.1
f_6：权威期刊论文数（10分/篇）	c_6：0.1

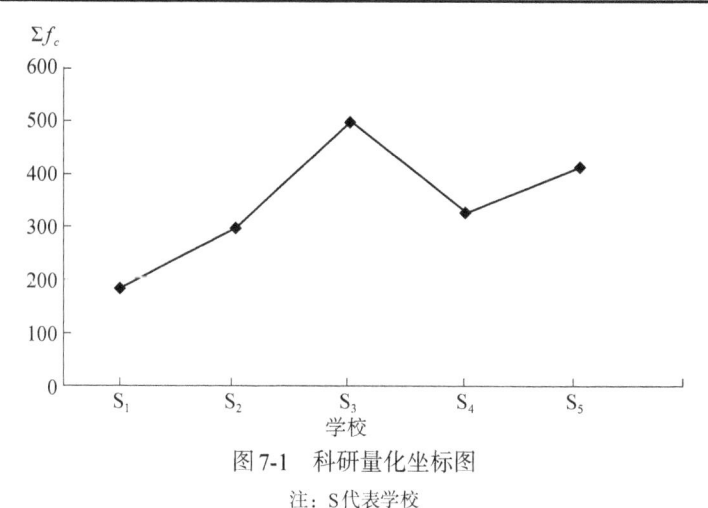

图7-1　科研量化坐标图

注：S代表学校

目标单位的科研成果总分为$\Sigma f_c = \Sigma f_1 \times c_1 + \Sigma f_2 \times c_2 + \Sigma f_3 \times c_3 + \Sigma f_4 \times c_4 + \Sigma f_5 \times c_5 + \Sigma f_6 \times c_6$。师范学院每年度的科研自评情况也可以参照此评价公式，如图7-2所示。

在微观理论基础层面，师范学院内部根据科研赋能机理，通过制订有关评价政策，增强科研评价中相关元素的能级，以实现其科研的创新发展，进而提

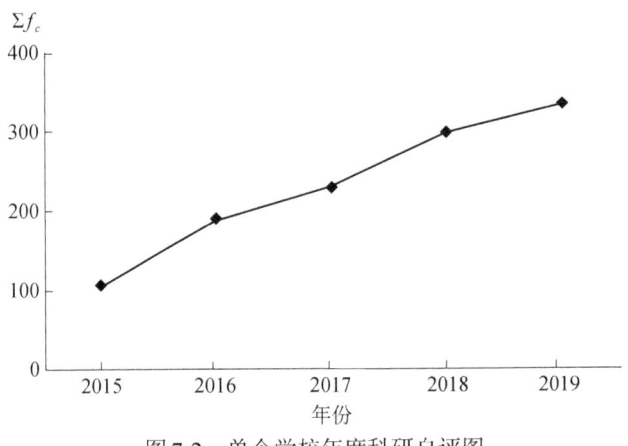

图 7-2　单个学校年度科研自评图

升学校的科研水平。师范学院应遵循有关科研评价理论，在科研经费投入、科研人员编制、科研成果评价等方面不断改革和完善科研奖励制度、职称评审制度，实现科研管理模式的创新、路径的优化以及发展机制的完善，使自身的科研创新能力得到有效提升。同时，促进各学科在学术上的理论创新，为未来申报硕士点、博士点奠定基础，进而实现科研创新发展的实践价值。

师范学院科研创新发展的价值还包含其理论价值和教师的个人价值的实现。在科研工作实践中，师范学院充分发挥其科研评价政策效应，在实践中不断完善 PPTT 科研评价理论，促进其理论价值的不断提升。同时，教师的科研潜力也在科研评价体系的实践中得到充分挖掘，教师的科研成果等级不断提高，这将会促进教师个人价值的彰显。

二、师范学院科学研究创新发展的内外部环境

师范学院科研创新发展是高校转型的重要方面。我国科研环境整体趋势向好。1978 年 3 月，全国科学大会在北京隆重召开，来自各行各业的科学技术人员 6000 余人参加大会，盛况空前。会上，邓小平再次重申"科学技术是生产力"，中国迎来了"科学的春天"[①]。2016 年 5 月，习近平在全国科技创新大会上提出："科技兴则民族兴，科技强则国家强。"[②] 实施科技创新驱动发展战略是应对发展环境变化、把握发展自主权、提高核心竞争力的必然选择，是加快

---

① 中国科学院. 2018. "科学的春天"——1978 年全国科学大会. 中国科学院院刊，33(4)：455.
② 新华网. 2016-05-30（2021-09-10）. 全国科技创新大会 两院院士大会 中国科协第九次全国代表大会在京召开. http://www.xinhuanet.com/politics/2016-05/30/c_1118956522.htm.

转变经济发展方式、破解经济发展深层次矛盾和问题的必然选择，是更好地引领我国经济发展新常态、保持我国经济持续发展和健康发展的必然选择。如今，中国科学技术支撑经济社会事业发展，为中国发展提供了强大动力。2018年5月，习近平在中国科学院第十九次院士大会、中国工程院第十四次院士大会上提出："全球科技创新进入空前密集活跃的时期，新一轮科技革命和产业变革正在重构全球创新版图、重塑全球经济结构……科学技术从来没有像今天这样深刻影响着国家前途命运，从来没有像今天这样深刻影响着人民生活福祉。"①当前中国科技发展，科研为先已成趋势，高校科研工作已经从"科学的春天"发展到"创新的春天"，经历了从科教兴国战略、人才强国战略再到创新驱动发展战略的演变。习近平总书记非常重视科研，2020年3月2日，习近平总书记指出，战胜疫情离不开科技支撑，要综合多学科力量加快科研攻关，在坚持科学性、确保安全性的基础上加快研发进度，力争早日取得突破，尽快拿出切实管用的研究成果。②

改革开放40多年来，党中央在科技发展的每一个关键点上都做出了正确而重大的战略部署，更加明确了高校科研创新发展的正确方向，为师范学院科研创新发展营造了良好的国内大环境。师范学院科研创新发展校内的运行环境呈现出由弱到强、由泛到专的螺旋式向上的趋势，也是师范学院全体教师对科研的认知水平逐渐提升的过程。高校科研是强校兴教的关键。科研兴，则高校兴，科研强，则教师强。中国科学院院士、"中国近代力学之父"钱伟长在20世纪80年代指出："你不上课，就不是老师；你不搞科研，就不是好老师。教学是必要的要求，而不是充分的要求，充分的要求是科研。"③这充分彰显了科研在高校工作中的重要地位。19世纪初，德国教育改革家洪堡提出，高校教师创造性地开展科学研究具有应然性，并应将其成果纳入教学活动中，这样的教学才是真正意义上的教学，以防止重视教学而忽视科研的思想。④美国当代学者伯顿·克拉克也曾经指出，在现代大学教学中，没有任何问题比教学与科研之间的关系更为根本。⑤这正强调了科研转型发展在师范学院转型发展、提档升格中的重要作用和地位。师范学院转型发展的根本目的是促进学校高质量发

---

① 央视网. 2018-05-28（2021-09-10）. 习近平：在中国科学院第十九次院士大会、中国工程院第十四次院士大会上的讲话. http://news.cctv.com/2018/05/28/ARTI2DlmFOfmnu718dpVtDj4180528.shtml.

② 人民网. 2020-03-15（2021-09-10）. 习近平：为打赢疫情防控阻击战提供强大科技支撑. http://baijiahao.baidu.com/s?id=1661213709175868546&wfr=spider&for=pc.

③ 钱伟长. 2004. 钱伟长文选（第二卷）. 上海：上海大学出版社：119.

④ 孙周兴. 2007. 威廉姆·洪堡的大学理念. 同济大学学报（社会科学版），18（2）：7-12.

⑤ Clark B R. 1997. The modern integration of research activities with teaching and learning. Journal of Higher Education，68（3）：241-255.

展,并提升人才培养的质量。师范学院教师不能仅仅停留在传授基本知识的层面,而是要打破"教书匠"的藩篱,拓展本专业更深层次的知识,做到术业有专攻。

实践证明,教师不参与科研,不积极申报高层次科研项目,不主动参加本专业的学术交流会议,会导致师范学院与外界高校科研沟通的桥梁断裂,将会滋生一批"价值弱化型"的副教授或教授,会直接影响师范学院对创新型人才的培育。随着各高校科研的快速发展,师范学院教师需要以科研项目为基础,以高层次科研项目为引导,提升自身知识的深度,以便满足教育高质量发展之需。师范学院科研的创新发展将在一定程度上倒逼教师的知识与能力结构的更新发展,以适应师范学院整体创新发展的需要。

第二节 师范学院科研发展的历程与现状

师范学院的科研发展经历了转型发展初始期、转型发展成长期、转型发展成熟期三个阶段,探究其科研发展的成效,总结其科研发展的不足,有利于师范学院从科研团队、科研制度、科研人才等方面提升核心竞争力。

一、师范学院科研发展的历程

随着高等教育从精英化向大众化转变,在国家教育发展战略的指导下,我国从1999年开始通过合并、升格新建了一批本科院校,其中包括不少师范学院。20多年来,师范学院在办学基础、办学层次、管理体制、人才培养、科学研究等各个方面都取得了长足的发展。作为高校重要职能之一的科研工作经历了起步、成长、跨越的发展历程,大致可以划分为三个发展阶段。

(一)转型发展初始期:科研工作初见端倪

1999年,一些师范学院由专科升格为本科,标志着其发展进入新的阶段。在转型发展初始期,办学层次和人才培养目标的改变对人才培养提出了更高的要求,学校在升本初期也逐步认识到科研工作的必要性,开始将科研工作提上日程,开启了摸索进程,在科研项目申报、科研成果评奖、专著评价、C刊论文发表等方面启动资助。例如,1999—2007年,盐城师范学院获批市厅级以上人文社会科学项目共计103项，立项数量基本呈现逐年递增的状态。1999年合并初期，学校获批市厅级以上人文社会科学项目仅为2项，纵向科研批准经费每项仅为0.7万元；2007年，学校获批市厅级以上人文社会科学项目24项，年度纵向科研批准总经费仅为13.8万元。①

在这一阶段，师范学院基本上是由专科学校合并升格而成的，原来主要从事专科教育，在本科教育思想观念、人才培养模式、学科专业建设、课程体系、教学内容和教学方法、科研工作基础、师资队伍建设等各方面尚不成熟。就科研方面而言，教师的科研意识淡薄，学历层次普遍较低，理论研究积淀不够，科学实验经验缺乏，科研配套经费不足，导致升本初期的师范学院科学研究成果的数量和质量都处于较低层次，科研工作总体处于起步和摸索阶段。

（二）转型发展成长期：科研质量逐渐提升

作为新建本科院校，师范学院的办学一般经历了一个以专科为主向以本科为主转型发展的过程。自专科升本以来，师范学院紧紧抓住高等教育大调整、大发展的历史机遇，以国家本科院校办学标准为依据，全力加强办学硬件的建设与改造，在发展力度和速度上不断推进，学校在办学目标、办学层次、办学规模、办学条件等方面都得到了长足发展。通过教育部本科教学水平合格评估后，部分师范学院的办学水平得到了提升。

这部分通过教育部本科教学水平评估的师范学院在办学层次和办学形式上获得了本科教育资格，但要实现"内涵升本"，建成合格的本科院校，必须实现办学战略创新发展。在这一阶段，为了适应国家和社会发展需要，师范学院明确了学科与科研对人才培养、办学特色和质量提升的重要作用，确立了以学科和科研为先导推进人才培养模式改革的战略重点，找准学院、学科核心竞争力，力求提升学校的科研实力与服务能力，全方位地实现创新发展提升，并迈向了内涵发展、质量提升的新阶段。2006年以来，国家相继出台了《国家中长期科学和技术发展规划纲要（2006—2020年）》《中共中央 国务院关于深化科技体制改革加快国家创新体系建设的意见》《中共中央 国务院关于深化体制机制改革加快实施创新驱动发展战略的若干意见》《国家创新驱动发展战略纲要》《国务院关于全面加强基础科学研究的若干意见》等，在国家相关科研政策的引领和支持下，师范学院通过制订管理制度、建立激励机制、加大力度改善学校科研条件等举措，促进科研工作的规范化、科学化，推动师范学院科研工作

---

① 根据访谈资料整理得出。

进入较快的发展阶段。这一时期，一些师范学院的科研工作不断推进，科研资源不断丰富，科研能力大幅提升，科研绩效取得了可喜成绩。

（三）转型发展成熟期：科研水平螺旋上升

当前，我国高等教育进入了高质量发展阶段，国内新建本科院校正面临新的机遇和挑战。师范学院的功能正由单一化向多元化拓展，办学品位、办学特色、办学水平正在向高质量发展跃升，迈向转型发展成熟期。伴随着学校内涵建设，学校开展科研的教师数量增多，20多年来，师范学院高度重视科研人才队伍建设，将人才引进、人才培养、体制建设作为科研工作的重点。师范学院通过提高科研服务水平、加大科研资助力度等方式促进教师科研水平与科研能力快速提升，注重提升科研人才队伍的创新力。当前各师范学院普遍重视科研，关注并积极开展科研的教师人数是2009年前的多倍，平均每校有科研团队10个。同时，校内各级科研平台的数量也在增加，并由量的积累向质的提升发展。随着各师范学院自身实力的提高，科研平台人员、经费投入等逐年递增，各类实验室、工程中心、研究中心、研究院等科研基地数量不断增加，平台实力不断增强。根据不完全统计，各师范学院省厅级科研平台一般为3—5个。另外，相关学校以及省（自治区、直辖市）下拨的科研经费也在逐步提高，为科研平台开展有效的科学研究以及社会服务提供了有力的保障，不仅能够调动科研人员的主动性与积极性，建设高质量的创新型科研队伍，而且能够鼓励学校加大科研投入力度，为推动师范学院的科研创新发展提供有力支持。

二、师范学院科研发展的现状

（一）师范学院科研发展的成效

高校科研创新发展对于提升学校办学实力和社会影响力的作用正在不断凸显。2015年以来，师范学院不断更新发展理念，确立了以研究质量提升为核心的科研内涵建设目标，聚焦高层次科研成果产出及转化，着力提升学术成果的社会影响力和服务地方经济社会发展的能力，支撑学校及学科建设和发展，取得了显著成效。对照PPTT科研评价公式：$\Sigma f_c - \Sigma f_1 \times c_1 + \Sigma f_2 \times c_2 + \Sigma f_3 \times c_3 + \Sigma f_4 \times c_4 + \Sigma f_5 \times c_5 + \Sigma f_6 \times c_6$，现以贵州、福建、安徽、河南、重庆、江苏等不同地区的6所师范学院为样本，对其有关元素进行数据定量科研评价分析。这6所师范学院2015—2019年社会科学研究评价积分如表7-2所示。

表 7-2 6所师范学院2015—2019年社会科学研究评价积分表

序号	学校	年度	国家项目(f_1)			国家级科研成果奖(f_2)	省部级项目(f_3)	权威期刊论文数(f_6)	Σf_c
			国家重大项目	国家重点项目	国家一般项目				
1	贵州省××师范学院	2015	0	1	5	0	0	39	279
		2016	0	1	5	0	0	53	293
		2017	0	0	2	0	1	48	113
		2018	0	0	4	0	0	43	163
		2019	1	0	3	0	2	26	306
2	福建省××师范学院	2015	0	0	4	0	2	102	232
		2016	0	0	3	0	4	88	198
		2017	0	0	3	0	2	76	176
		2018	0	0	3	0	3	74	179
		2019	0	0	4	0	6	65	215
3	安徽省××师范学院	2015	0	0	4	0	5	68	213
		2016	0	0	0	0	1	89	94
		2017	0	0	1	0	1	62	97
		2018	0	0	0	0	4	56	76
		2019	0	0	2	0	5	47	132
4	河南省××师范学院	2015	0	0	6	0	3	132	327
		2016	0	0	8	0	1	126	401
		2017	0	0	9	0	5	168	463
		2018	1	0	9	0	7	179	664
		2019	0	0	13	0	5	184	599
5	重庆市××师范学院	2015	0	0	2	2	3	90	345
		2016	0	0	3	0	2	85	185
		2017	0	0	6	0	7	110	325
		2018	0	0	10	0	6	102	432
		2019	1	0	8	0	6	114	564
6	江苏省××师范学院	2015	0	0	3	0	8	98	228
		2016	0	0	5	0	8	98	288
		2017	0	0	7	0	9	99	364
		2018	0	0	8	0	14	113	423
		2019	0	0	13	0	12	98	548

注：数据来源于政府相关网站，未统计省部级获奖以及权威出版社出版的著作

通过表7-2、图7-3可以发现，2015—2019年，这些师范学院的科研成果明显增多，科研能力逐步提升，并且以后提升的空间较大。这为师范学院科研创新的进一步发展奠定了基础，同时也为师范学院制订合理的科研创新发展政策提供了新路径。

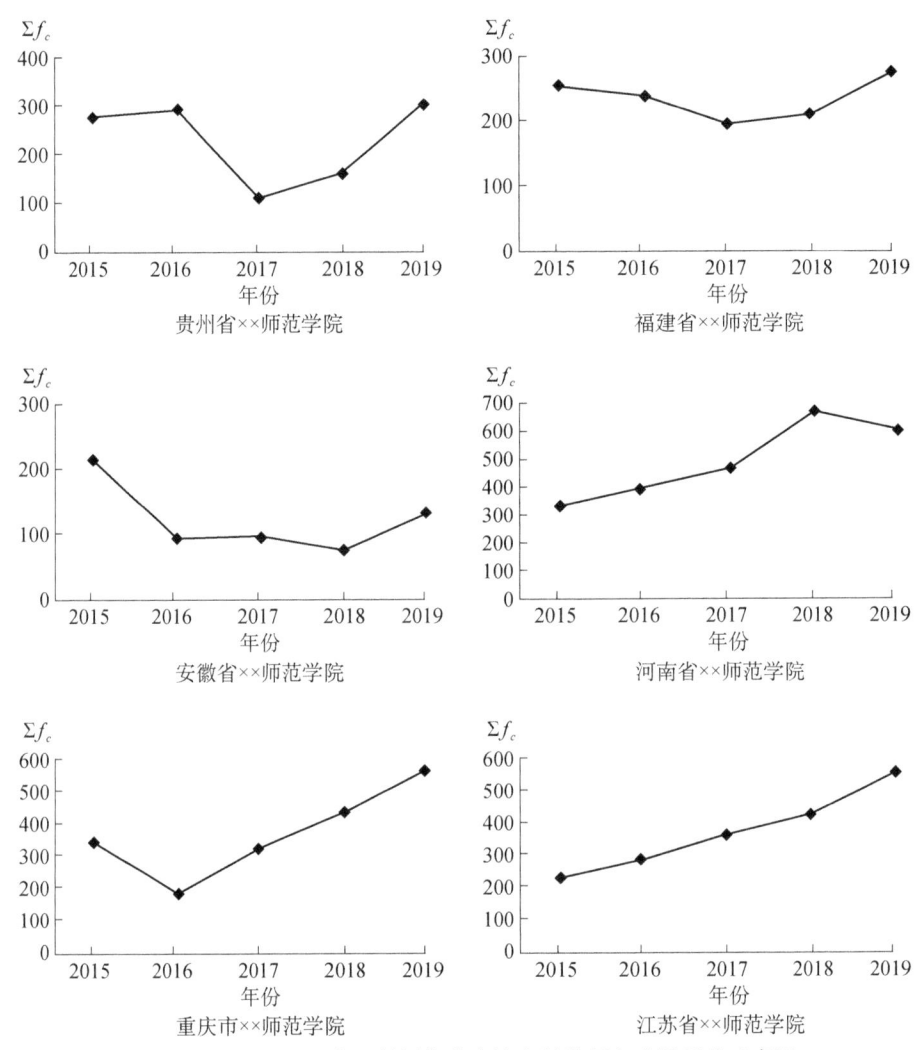

图7-3 2015—2019年6所师范学院社会科学研究成果积分示意图

1. 科研意识增强

师范学院采取相关创新举措，加大了对科研的引导和奖励力度，逐步形成了良好的科研氛围，科研成果的数量、质量以及经费支持方面实现了较大幅度的提升，科研成果逐步丰富，层次得到提升。师范学院加大了对优秀科研成果的奖励力度，重点奖励高层次科研成果。例如，盐城师范学院在科研成果奖励方面，从2009年的25万余元增加到2019年的近550万元，人文社会科学纵向科研经费突破500万元，自然科学纵向科研经费突破1000万元。①

---

① 根据案例学校访谈资料整理得出。

2. 科研项目数量增加

2015—2019 年，师范学院国家项目的立项数量保持平均每年 10—20 项，有两所师范学院获得了国家重大项目的立项，这是历史性的突破。五年来，师范学院立足地方特色，积极开展跨学科、跨领域的联合研究，取得了一定的成果。对照 2018—2020 年国家自然科学基金或国家社会科学基金立项名单，相关师范学院的有关专业方向的热点研究及跨学科联合研究立项比例分别呈逐年上升趋势，预计未来这两条主线的研究会呈上升趋势。师范学院充分意识到服务社会是高校职能的特色所在，在向上发展的过程中，为实现自身发展的内在要求，积极利用自身的优势为区域经济社会发展服务。在这一过程中，师范学院的科研能力在实践中不断得到提升，形成了良性循环。根据对江苏省师范院校的数据分析，2018—2020 年，由江苏省规划办、省科技厅负责的省级项目，各师范学院获批立项数一般都增加到 10 项左右，同时对于部级项目，各师范学院获批立项数一般增加到 5—10 项。由全国教育科学规划领导小组办公室负责的国家级项目，师范学院获批立项数一般为 0—2 项，有 60% 左右的师范学院立项数为 0 项。如表 7-3 所示，2016—2020 年，在全国教育科学"十三五"规划课题中，师范学院的国家重大、重点项目立项数为 0 项，一般项目从 2016 年的 4 项增加到 2018 年的 25 项，呈上升趋势。如表 7-4 所示，师范学院立项的国家重大项目数仅为 2 项，分别是 2016 年 1 项，2019 年 1 项；在国家级重点项目上，师范学院仅仅在 2016 年立项 2 项，2017 年立项 1 项，2018 年立项 3 项。由全国教育科学规划领导小组办公室、科技部负责的国家级一般项目，师范学院获批立项数一般都为 1—5 项。有的师范学院多年来获批的国家级项目数为 0 项。2016—2019 年，全国师范学院国家社会科学基金立项总数呈逐年上升趋势，如 2016 年师范学院获批立项的国家社会科学基金项目总数为 89 项，而 2019 年师范学院获批立项的国家社会科学基金项目总数已达 115 项，增加了 29.21%。[①]

表 7-3　全国教育科学"十三五"规划课题全国师范学院立项总数

单位：项

课题类别	2016年	2017年	2018年	2019年	2020年	合计
国家重大项目	0	0	0	0	0	0
国家重点项目	0	0	0	0	0	0
国家一般项目	4	18	25	13	12	72
国家青年项目	1	2	2	1	0	6

---

① 根据全国哲学社会科学工作办公室网站公布的数据整理得出。

续表

课题类别	2016年	2017年	2018年	2019年	2020年	合计
西部项目	0	0	2	2	1	5
教育部重点项目	9	4	4	14	5	36
教育部青年项目	6	6	5	5	4	26
合计	20	30	38	35	22	145

资料来源：根据全国哲学社会科学工作办公室网站公布的数据整理得出

表7-4 国家社会科学基金项目全国师范学院立项总数

单位：项

课题类别	2016年	2017年	2018年	2019年	2020年	合计
重点项目	2	1	3	0	0	6
重大项目	1	0	0	1	0	2
一般项目	62	83	97	86	87	415
青年项目	24	18	11	28	14	95
合计	89	102	111	115	101	518

资料来源：根据全国哲学社会科学工作办公室网站公布的数据整理得出

师范学院在内涵发展期的科研方向转型具有客观性，转型后其特色会进一步体现，每年的科研项目立项数会逐年增多，甚至每年立项数要达到20项以上；省级基金项目立项数也会明显增加，且每年各师范学院省级基金项目获批立项数要稳定在15项左右，国家级基金项目每年获批立项数要稳定在10—16项，其中部分师范学院争取每两年获批立项国家重大基金项目1项。

3. 科研成果获奖增多

师范学院科研成果获奖数量由20多年前的省部级项目无人获奖到现在能够获得国家级科研成果奖，甚至有的师范学院获得了省部级一等奖。究其原因，有如下两方面：一方面，师范学院充分发挥其在人文社会科学方面的优势，如在文学、历史、教育学等领域产出高水平科研成果，冲刺高层次奖项。同时，在转型发展中，师范学院的一些基础学科，如生物、化学、物理等学科与战略性新兴产业相对接衍生出医学、药学、新材料新能源等新的学科专业，开展相应的技术创新，形成了高水平科研成果，为科研获奖提供了更多的机会。另一方面，师范学院针对转型发展需要，加大了对高层次人才的引进力度，充实了科研队伍，更加有利于产出高质量的科研成果。同时，师范学院普遍更加重视科研奖项的组织申报，调动了科研人员的积极性，也有利于获得高层次科研奖项。

4. 科研管理不断完善

1999年以来，师范学院加快相关科研管理和服务体制机制建设，制订了一系列文件。在课题管理方面，制订以实际贡献为评价标准的科技创新人才收入分配激励办法。在岗位聘任和考核、职称评审、科研工作量考核以及科研奖励等方面，制订和完善了符合本校实际的科研评价细则。在课题经费管理方面，制订了规范项目资金管理办法，明确经费管理权限，加强预算审核把关，规范财务支出行为，强化资金使用绩效评价，确保资金使用安全、规范、有效。在科研考核方面，制订了《关于科研工作量计算与考核办法》《关于科研工作量积分与奖励办法（试行）》等，形成了激励与约束并行、管理和服务结合的科研制度体系，为科研工作的科学化、规范化提供了有力保障。学术交流能够起到了解学术前沿、交流学术信息、开阔视野和获取新知的作用，2016—2020年，师范学院积极举办、承办国内外大型学术会议，支持和鼓励教师参加国内外学术交流活动，立足学校资源搭建学术交流平台，促进了学校科研水平的大幅度提升。

（二）师范学院科研发展的不足

1. 高层次科研团队不足，科研创新能力不强

"人才强校"是诸多高校发展战略之首，加强科研队伍建设是"人才强校"战略的重要内容。近年来，师范学院非常重视对高层次人才的引进和培养，加大了人力资源投入，科研队伍规模、高级职称人员数量均有不同程度的增长，但由于科研起步较低、较晚，历史积淀不够，科研队伍整体层次不高、实力不强。

一是高层次人才缺乏。由于办学条件和办学层次相对不高，区位优势不明显，缺乏良好的科研环境，师范学院在人才竞争中处于相对弱势地位，难以吸引高水平的优秀人才，高学历专任教师所占比例偏低，高水平学术带头人缺乏，高端、杰出人才数量不足，科研人数与科研能力不成正比。

二是中青年科研人才培养后劲不足。高校人才竞争的不断加剧使学校将重点放在人才引进方面，忽视了对中青年科研人才的科学评价、后续使用和考核激励等可持续培养，加之自身培养的优秀人才流失严重，使得中青年科研人才发展后劲不足。

三是科研团队专业化研究建设滞后。教师的科研协作意识和能力不足，科研团队在教师科研中的引领和带动作用不明显，未能形成科研团队协作攻关的风气，难以形成联合攻关的协同效应。

2. 高层次科研平台较少，对高层次科研产出的支撑度不足

一是高层次科研平台数量不足。近年来，师范学院高层次科研平台的建设取得了显著成绩，建设了一批具有一定影响力的省级重点实验室、研究基地，但受制于自身能力和名牌高校挤压，高水平的平台数量仍然不足，科研平台的设施条件相对薄弱，难以满足大型仪器设备添置、运行和维护等需求。

二是科研平台的孵化作用不突出。师范学院科研平台的建设水平不高，对紧跟市场与社会需求的新型产学研创新组织的建设不足，在很大程度上影响了科研创新能力和科研成果产出水平。

三是科研平台整合与共享力度不大。在师范学院科研平台建设过程中，存在重建设轻运行、重"物"轻"人"的现象，专职研究人员的发展定位不明确，职称评定中岗位定位不具体，教师的科研积极性受阻，而且科研平台运行相对独立、封闭，导致人才的聚集效应不能充分显现，在学科群之间、核心学科与支撑学科之间未能形成有效的常态化交流合作机制，协作创新力度不够，未能形成有效的协同创新网络，其效益不高。

3. 标志性科研成果较少，学术影响力和应用性不强

一是标志性论文成果不足。从成果的层次和影响力方面看，师范学院的科研成果大多处于较低层次，缺乏各学科权威的和在顶尖刊物发表的科研论文，且论文的影响力不高。同时，体现成果社会影响力的省部级、国家级以上哲学社会科学优秀成果奖、科技进步奖数量和层次都亟待提升。

二是项目的标志性、应用性不强。师范学院科研课题数量整体呈上升趋势，国家自然科学基金项目、国家社会科学基金项目、国家艺术基金项目等都有不同程度的增长，但平均资助经费水平整体仍然较低、资助力度较小。另外，国家科技攻关计划项目、863计划项目、973计划项目、国家星火计划项目、国家火炬计划项目等基金项目有待突破。

三是面向应用技术的研发成果水平不高。多数师范学院未将科研成果转化情况纳入科研考核评价体系，侧重论文发表和纵向科研项目等，导致师范学院面向应用技术研发的科研体系薄弱，科技成果产出结构呈现"一多一少"的特点，即科研论文和项目产出较多，专利和科研成果转化产出较少。

4. 科研制度的导向作用不显著，科研环境亟待优化

一是科研制度的导向作用有待强化。在对科技人员的薪酬激励方面，师范学院过于注重短期目标，仅加大对立项的奖励力度，缺乏与科研管理服务相适应的科研成果评价、激励机制，没有形成教学与科研的良性互动机制和科研信

用机制。此外，学校通过探索形成的一些行之有效的激励措施受到既有政策和制度的约束，有待进一步规范。

二是科研管理能力需要加强。由于过分注重项目立项，一些师范学院忽视了对科研教师的培训、立项后的跟踪服务和不定期检查，部分教师难以按期完成。

三是科研氛围有待优化。师范学院各科研团队间的交流与合作较少，团队科研氛围弱，关于校级、省级科研团队建设方面缺乏健全、完善的制度保障。另外，开展科研的教师教学任务繁重，静下心来搞科研、做学问的科研文化氛围需要进一步优化。

四是宏观管理体制仍需进一步完善。科技、教学、财务等方面的统筹及协同仍需要加强，科研与产业、教学政策等的配套不够，科研政策的效用有待在实践中进一步发挥。

第三节 师范学院科研创新发展的方略与措施

师范学院科研创新发展是新时代高校发展之需，更是师范学院实现转型发展、内涵提升的必由之路。新发展理念下的师范学院科研创新发展应发挥教师教育科研的特色，彰显人文社会科学类学科的优势，聚焦应用性科学研究，积极培育具有地方特色的重大科研项目和成果，在科研人才队伍建设、科研平台搭建、科研评价机制构建等方面出台相应的措施，策应科研创新发展战略。

一、师范学院科研创新发展的方略

为全面落实《国家中长期科学和技术发展规划纲要（2006—2020年）》，充分发挥科学技术对经济社会发展的支撑、引领作用，加快推进创新型国家建设，2012年，《中共中央 国务院关于深化科技体制改革加快国家创新体系建设的意见》印发，指出要充分发挥高等学校的基础和生力军作用，建立以服务需求和提升创新能力为导向的科技评价和科技服务体系。师范学院是以培育未来教师为特色的地方性高校，在科研创新发展方略上应充分发挥自身的优势，加快校内科研体制改革，为社会经济发展和人才创新培养提供不竭动力。

（一）聚焦应用性科学研究重点，扎实推进国家级项目立项

应用性科研是与基础研究和学术研究相对的概念，是侧重解决应用问题的科学研究。应用科学的研究方向比较聚焦，研究目的明确，与实践发展的关系紧密，能直接体现出被研究对象的需求，可以广泛应用于社会决策、物质生产、技术创新等领域。因此，师范学院应加强与社会的联系，服务地方发展，凸显技术应用。

1. 应用性研究促进地方发展

师范学院的应用性研究应紧密结合社会发展和经济需要，解决本地区生产、生活中遇到的科学技术难题，通过科研创新带动产业创新、技术创新，提升产品的科技水平，提高成果转化效率。同时，师范学院应该聚焦区域经济重点产业领域，构建技术创新平台，推进知识转移和技术转化，推动科学研究，促进地方社会发展。

2. 应用性研究带动实践教学

科学研究与教育实践相互影响、互相促进，缺乏科研的教学往往会变成盲目、空洞的说教，因此要注重科研与教育相结合，促进科研与教学互动、科研与人才培养紧密结合，实现教学促进科研、科研反哺教学，同时要注重培育跨学科、跨领域团队，增强教师的创新意识和提高教师的创新能力。

师范学院作为地方性高校，应基于区位特点、地方特色等需求，紧密围绕学科建设任务，以重点学科为基础，以研究基地为依托，着力加强应用性科研创新，构建"学科-平台-团队-项目-成果"五位一体的科技创新应用体系，推出有师范特色、有科研基础、有较高应用价值、有较大社会影响力的科研成果。因此，师范学院应紧紧围绕大数据应用、传统产业转型升级、绿色发展、新能源以及海洋生物医药等应用领域开展研究攻关，积极争取国家级科研项目立项，提升教师的科技创新能力，扎实推进师范类院校向高水平应用型大学转型发展。

（二）发挥师范类教育方向科研特色，助力师范院校创新发展

2017—2019年的全国教育科学"十三五"规划课题的立项情况表明，师范院校的教育科学研究得到了长足发展。2017—2019年，全国共立项1520项，其中师范类院校立项561项，占36.9%。具体来说，2017年立项488项，其中师范类院校立项179项，占36.7%；2018年立项511项，其中师范类院校立项

184 项，占 36.0%；2019 年立项 521 项，其中师范类院校立项 198 项，占 38.0%。① 从师范学院获得立项的题目来看，课题与地方特色和学校专业特色结合得较为紧密。例如，贵州师范学院、伊犁师范学院等多以研究少数民族教育为聚焦点，南京特殊教育师范学院等以特殊教育课程及残疾人教育为研究内容，盐城师范学院、淮阴师范学院等地方院校多结合当地教育实际，以农村教师发展、农村教育、留守儿童教育等为主要研究方向。这为师范学院制订科研创新发展战略提供了新思路。

自 2019 年 10 月《教育部关于加强新时代教育科学研究工作的意见》印发以来，在习近平总书记关于教育的重要论述的指引下，教育科研战线认真贯彻落实该文件精神，切实增强了新时代教育科研工作的价值认同，深化了新时代教育科研工作的使命担当，对该文件中提出的"教育科学研究是教育事业的重要组成部分，对教育改革发展具有重要的支撑、驱动和引领作用"有了更加深刻的理解。实践证明，教育科学研究可以深化教学研究，提高学生的创新能力和实践能力，是打造响亮的教育学科品牌、培养高质量和专业化的中小学教师队伍的重要保证，是师范院校科研创新发展战略必须坚持的特色。师范学院一般都是由师范专科学校升格而来，教育类专业历史久远、底蕴较深，在教育类科研方面的实力较强，取得的科研成果较为丰富，有着深厚的历史积淀。中国的基础教育师资缺口较大，从PPTT科研评价理论六大元素来分析，师范学院应该从教育科学研究方向上争取国家级项目以及国家级科研成果奖励，并继续加强教育科学研究这一特色内容，可以深入对教材和教学进行研究，进而反哺课堂教学，对接基础教育需求，充分重视教师教育的发展，彰显师范学院的师范特色。同时，教师教育作为师范学院的重点学科和特色品牌，应顺应教师专业发展的历史趋势，挖掘教师教育科学研究中德育、学前教育、小学教育、农村教育、心理学研究、留守儿童教育、教法教材研究、高等教育、基础教育、教师教育发展、乡村卓越教师教育以及特殊教育等科研方向，鼓励相关教师，尤其是青年教师深入进行相关教育教学理论的研究，打造中小学教师研究基地，提升核心竞争力，为本校乃至本地区的教育事业发展建言献策，提供决策咨询。因此，在科研创新发展战略上，师范学院可以鼓励科研教师积极申报教育研究领域的科研项目，提高学校教育科学研究高层次项目的立项数量和质量，并积极推动国家级、省部级重点研究基地的申请与建设，带动教育科研发展，以提升PPTT评价理论中$\sum f_c$的分值，增强师范学院在新建本科院校方面的

---

① 根据全国哲学社会科学工作办公室网站公布的数据整理得出。

科研核心竞争力。

（三）发挥地方文化特色，培育国家级重大招标项目

我国的师范学院一般都分布在地级市，虽然是由各省教育厅分管，但由于位于地级市，此类高校与所在区域的政治、经济、文化有紧密的联系。从前文的科研数据分析可以明显看出，师范学院在科研上有两大明显优势：一是教育方面的研究实力较强；二是人文社会科学方面的研究优势明显。但是，与综合性大学和理工科高校相比，师范学院承担的国家重大项目不多，自然科学研究成果较少。在笔者选择的6所师范学院中，2015—2019年，有3所师范学院各有1项国家重大项目立项，有1所师范学院有1项国家重点项目立项，其他师范学院国家重大项目、重点项目立项数为0。师范学院的国家社会科学基金项目立项数、国家自然科学基金项目立项数每年为5—10项，而且其国家社会科学基金项目、自然科学基金项目（一般或面上）立项总数低于其他综合类高校。师范学院升格较晚，科研基础比较薄弱，因此需要整合科研团队力量，在国家重大项目层面实现零的突破。

对照2016—2020年获批立项的1800多项国家社会科学基金重大项目，通过对其的梳理可以发现，师范学院的科研有两个可以突破的方向：一是地方特色文化的形态转化及其当代嬗变研究；二是地方特色史料的整理及其研究和数据库的建设。相比其他高校，师范学院在这两个方面的研究有较好的基础和一定的优势，师范学院一般处在地级市，相关教师的研究基础比较扎实，前期积累比较多，这些研究既能体现地方特色，又能体现科研的新方向，因此师范学院可以充分发挥地方特色，培育重大科研项目。

（四）在人文社会科学优势学科中培育高层次科研项目，并申报高层次科研成果奖

高层次科研项目是指国家级以及省部级科研项目。高层次科研成果奖是指教育部和省级政府组织的科研成果评奖。从前文的分析可以知道，师范学院理工科相关学科由于前期的相关科研积淀比较薄弱，申报国家级项目难以立项。人文社会科学类学科是师范学院的优势和特色学科，前期相关学科的教师有一定的科研积累，因此对照公式 $f_1=f_{国家重大项目}+f_{国家重点项目}+f_{国家一般项目}$，如果要提高 f_1 的总分，还可以提高元素 f_1 中的国家一般项目的数量以及元素 f_3 中省部级项目的立项数量。国家社会科学基金项目设有26个学科（其中教育学、艺术学、军事

学为3个单列学科），另外还设有国家社会科学基金高校思想政治理论课研究专项、国家社会科学基金后期资助项目、国家社会科学基金中华学术外译项目、国家社会科学基金冷门绝学项目四类国家级基金项目。在项目培育策略上，师范学院要做好以下几个方面的统筹。第一，做好23个学科项目中的中国文学、中国历史、马列科社、外国文学、语言学、管理学、政治学等7个学科的科研。一般来说，这7个学科是师范学院的优势学科，这些学科的教师在科研方面一般都有较深厚的积累。师范学院应该在这7门学科的教师中做好存量与增量的内涵认证，形成高质量的项目申报书，这样可以在国家一般项目和后期资助项目中提高立项数量。第二，每年国家将思想政治教育专项单独作为专题科研项目，思想政治教育专业也是师范学院的优势学科，应该设法争取此类基金项目的立项。第三，国家社会科学基金中华学术外译项目主要资助代表中国学术水准、体现中华文化精髓、反映中国学术前沿的学术精品，以外文形式在国外权威出版机构出版并进入国外主流发行传播渠道。其旨在发挥国家社会科学基金的示范和引导作用，深化中外学术交流和对话，进一步扩大中国学术的国际影响力，提升国际学术话语权，让世界了解"哲学社会科学中的中国"。外语专业也是师范学院的优势专业，师范学院可以根据自身特色，联合校内多个专业，激发相关外语教师的积极性，积极培育此类国家社会科学基金项目。此外，师范学院还可以在人文社会科学优势学科中培育并申报教育部设立的中国高校人文社会科学研究优秀成果奖。

二、师范学院科研创新发展的措施

2018年，《国务院关于优化科研管理提升科研绩效若干措施的通知》指出，建立完善以信任为前提的科研管理机制，按照能放尽放的要求赋予科研人员更大的人财物自主支配权，减轻科研人员负担，充分释放创新活力，调动科研人员积极性，激励科研人员敬业报国、潜心研究、攻坚克难，大力提升原始创新能力和关键领域核心技术攻关能力，多出高水平成果。各地政府为落实该文件的精神，分别制定相关政策，通过多种措施为科研"松绑""减负"，为高校科研创新发展指明了方向。

（一）凝聚力量，充实科研人才队伍

1. 合理配置学科资源，注重人才梯队建设

人才是学校科研之本。科研项目需要教师去申报，高层次的论文、权威专

著需要教师去写。在师范学院高质量发展过程中，无论是科研项目还是科研成果获奖，都需要高质量的论文、权威的专著来支撑，没有前期的科研成果的积累，高层次项目和高层次科研成果则无法获得，所以发表高层次的论文是硬道理。首先，师范院校应注重人才引进，能够"走出去、引进来"，确立人才优先发展的战略布局，通过建立系统化、流程化的体系来评估、发展和保留高校内部的高潜力人才，创建内部人才储备库，为学校实现远景和战略目标提供坚实的人才保障。其次，师范学院要建立合理的人才梯队，兼顾学历、学科、职称、年龄的配比，注重学科间的平衡，注重理论型与实践型相结合，鼓励教师自主组建科研团队，发挥团队的优势和力量。最后，人才梯队的合理配置有助于确保科研工作的连续性，缩短研究周期，填补知识空白，有助于促进青年人才的培养和发展，提升师范院校的竞争力，增强对人才的吸引力。总之，师范学院要优化人才组合，使人尽其才，充分利用不同领域的学术资源，明确各领域的研究方向与内容，实现跨学科发展。

2. 提高引进人才待遇，创新人才培养模式

从根本上来说，创新发展就是对人才创造力的激发。对照各高校人才发展战略，师范学院应积极推进高端人才引进与支持计划，加大人才引进投入，提高引进人才待遇，以稳住相关人才。对于在学术研究领域具有一定影响力的优秀专家学者实行按需引进，提高学校高级人才比例，加强重点学科建设和发展，鼓励科学研究创造，带动学校科研学术水平的提升；培养创新型人才必须坚持以人为本，完善人才培养模式，保障人才培养质量，合理配置人才队伍，提升人才素质与科技创新水平；加强"双师双能型"教师队伍建设，深挖人才潜力，培养一批省内外有影响、国内外知名的学科领军人才、教学名师、科技创新团队和潜力较大的青年学者，以及理论功底扎实、技术应用能力强的高水平人才队伍；鼓励科研人员参加教育教学活动、科学研究调查、学术交流访问、国际国内会议，支持其在社会和学术领域兼职，简化请销假手续，优化因公出国程序。

3. 实行人才分类管理，疏通人才晋升途径

师范学院校要加快对人才的分类管理与考核，建立科学的评价体系，克服唯学历、唯资历、唯论文等倾向，引导广大教师潜心教书育人，潜心科学研究。比如，在职称晋升、岗位考核等方面，师范学院应当明确、清晰地界定教师类型，对教学为主型、科研为主型、教学科研并重型教师应有不同的考核标准，且标准的制订应科学合理，教学考核应结合教学课时量、教学质量、教学

评价等多方面进行综合考量、客观评价。在科研考核方面，师范学院应鼓励和引导教师多出高水平、高层次的科研成果，所有的考核都应做到奖惩有度。另外，考核还应注重教师所属学科间的不平衡，考核定级采取不同的标准，相对科学、公正地考核教师，促进学科均衡发展。同时，通过制订分级分类的考核办法、职称晋升条例等，实行人才分类管理，改善学术环境，疏通人才晋升渠道，为师范学院科研实现创新发展营造良好的氛围。

（二）加强管理，推动科研平台建设

师范学院应该利用科研平台优势，为培育高层次科研项目做准备。同时，要主动加强科研管理，提升科研绩效，推动科研平台制度建设，进一步体现学校的学术意志，充分贯彻学校的科研理念，引导科研平台良性发展和高效运行，为学术交流与合作、产出优秀学术成果提供必要条件。

1. 打造高层次科研平台

科研平台是教师进行科研活动的前提，科研平台层次的高低在一定程度上也会影响教师的科研成果质量。师范学院等地方性高校应努力推动省部级、国家级等高层次科研平台的建设，吸引优秀科研人才，拓宽科研发展空间，从而带动学科建设发展，提高师范院校的整体科学研究水平。

2. 确定科研平台发展目标

科研平台发展必须要有明确的定位及目标。在职责管理上，师范学院应该明晰科研平台的主要负责人及管理部门，完善平台教师的归属序列，制订科研平台教师职称晋升的独立评定办法。在运行管理上，增加科研平台的经费投入，给予科研平台更多的自主权，经费管理入账入户，比如，中期管理、结项管理均由项目负责人自主进行，不再加以过多限制，这样有利于其更好地开展科学研究。在考核项目上，进一步精简条目，对于科研平台的考核要求必须有较高层次的科研成果，且该成果必须与平台研究方向切实相关。同时，对相关性不强的考核项目进行大幅度删减，要做到指向明确、导向清晰，规避科研不端行为，引导相关人员专心从事科研，产出高水平的科研成果。

（三）建立创新发展长效机制，提高教师的科研能力

师范学院应在校内进行科研体制机制改革，立足学校发展目标，以"双一流"师范类高校的科研机制为范本，破除机制障碍，加大对高层次科研成果的奖励力度，建立适合本校实际的具有自身特点的管理制度和运行机制，把改革

创新作为体系建设的牵引动力,完善体制机制,优化政策环境,提升创新能力,增强服务意识,在基础研究和前沿技术研发上取得重要突破,更好地激发高校科技人员的积极性和主动性。

1. 优化科研活动管理机制

科研活动的开展和实施应充分遵循其规律和特点,精简管理流程,优化管理程序,从项目审查与验收、科研活动财务管理等多方面优化科研活动管理机制,促进科研活动有序开展。一是改进科研项目管理审查方式。师范学院应完善项目过程管理及评估验收,推动项目从过程管理向效果管理转变,赋予科研人员更多的自主权,以自我管理为主,减少过程管理及检查次数,项目承担者对项目进程负主要责任,须定期向项目承担单位汇报情况并进行备案。二是完善项目效果评价方式。对于相关基金项目效果的评价,须以一定数量、一定标准的成果为认定依据,提高项目验收层次,突出代表性成果的作用。三是健全科研项目财务管理制度。师范学院应简化项目资金拨付、报销等程序,节约科研工作者的时间和精力,扩大科研经费使用自主权,拓宽直接费用列支范围,健全科研财务助理制度。科研团队可以根据科研活动的需要,自主选择多种方式,如短期岗位聘用、第三方外包等,聘用相关财务助理为科研活动开展提供一定的管理服务,其服务经费可在科研项目经费中列支。

2. 健全科研成果评价机制

科研考核评估制度既是对科学研究成果的检验,也是对科研人员的激励。合理、健全的考核评估制度有利于正确引导科研人员往高层次迈进。师范学院的科研成果考核应注重中长期创新绩效,制订以激励为主的考核评价细则,加大对高质量成果、标志性成果、转化型成果的奖励力度,加强国际同行评价,着重评价成果的科学价值。同时,科研经费专款专用,成果考核激励要做到精细、准确,以提高科研工作者的科研积极性,保证科研成果的质量,提升学校的整体科研实力。

(四) 完善科研诚信引导机制

2018年,中共中央办公厅、国务院办公厅印发了《关于进一步加强科研诚信建设的若干意见》,对进一步推进科研诚信制度化建设等方面做出部署。师范学院作为科研诚信建设的责任主体,作为培养人民教师的摇篮,更应该充分贯彻落实该文件的精神,当好科研诚信教育的"守门人",以道德建设为先,促进对科学精神的传承;建立健全科研活动行为准则规范,加强科研诚信教育和科学精神培养，推行科研诚信承诺制度，强化科研人员的诚信意识，建立科研项目诚信档案，增强科研人员的社会责任感。另外，完善科研诚信和科学伦理监督机制，扩大公众对科研活动的知情权和监督权，鼓励科研诚信监督举报行为，树立积极的防范意识，对科研不端行为及时采取处理措施，以良好的科研生态推进师范学院的科研创新发展。

第八章

师范学院社会服务转型发展

从大学职能演变的历史过程来考察，社会服务职能是在人才培养、科学研究职能基础上产生的又一重要职能。高校社会服务职能是高校与社会融合、履行促进社会经济发展的使命、实现自身价值的必然要求。社会服务转型是师范学院转型的重要方面，既是我国高等教育改革的需要，又是师范院校自身发展的需要。师范学院要充分吸收国内外高校社会服务的成功经验，理性分析影响社会服务的关键因素，发挥优势，扬长避短，树立正确的社会服务理念，建立良好的社会服务体制机制，构建多样化的社会服务模式，丰富社会服务载体，促进社会服务转型。

第一节　师范学院社会服务转型发展的现实需要

高校社会服务职能确立以来，极大地丰富了高等教育发展体系，对世界高等教育产生了深远的影响。学术界对高校社会服务职能的内涵没有形成统一的界定，也没有各界认可的权威性标准解释。本章把高校社会服务职能定义为：高校以直接满足社会现实需求为出发点，自觉把人才培养和科学研究与社会发展结合起来，发挥学科优势、人才优势和科技优势，充分利用学校教育教学资源和条件，有目的、有组织、有计划地为社会政治、经济、科技、文化等服务，解决社会现实问题，促进社会发展与进步的一系列活动。

一、高校社会服务职能的演变

（一）高校职能的发展轨迹

高校是以知识传承与创造为目的、以实施高等教育为主要任务的社会机构。高校的产生与发展是一定社会政治、经济、文化等发展的产物，高校名称或为大学，或为学院，如剑桥大学、麻省理工学院，只是名称上的不同，但其性质都是高等教育机构。因此，高校职能是基于社会分工对社会发展产生的作用，也是高校存在的意义和价值。国内外普遍认为，人才培养、科学研究和社会服务是高校的三大基本职能。这三大职能并不是随着大学的产生而同时产生的，而是经历了一个功能不断拓展的过程。对高校职能演进的过程进行回顾，可以进一步加深我们对师范学院社会服务转型的认识。

现代意义的大学产生于中世纪的欧洲。中世纪的大学在产生时的名称为Studiumgenerale，意思为探索普遍学问的机构。中世纪的大学受当时教会和市政当局的控制，大学教育的目的就是培养牧师、律师、医生、教师等专门人才。1852年，英国著名教育家约翰·纽曼出版的著作《大学的理念》系统阐述了大学的唯一职能就是教学的理念。[①] 19世纪末，德国的洪堡认为，大学以研究为中心，研究是大学的主要任务之一。洪堡在柏林大学实践的大学理念及其办学原则对世界大学的发展产生了深远的影响，开创了科学研究成为高校又一

---

① 刘宝存. 2003. 纽曼大学理念述评. 复旦教育论坛,（6）: 73-76.

项重要职能的先河。

高校第三大职能——社会服务产生于19世纪中后期的美国，高校社会服务起始于美国的"赠地运动"，高校为社区服务的观念源于美国赠地学院创办的时代。1862年7月2日，林肯总统颁布了《莫雷尔法案》，为美国高校履行社会服务职能提供了法律基础，随后一批赠地学院的迅猛发展，谱写了美国高等教育发展的新篇章。20世纪初，在赠地学院中发展起来的威斯康星大学是当时的典范，其服务社会的办学理念被称为"威斯康星思想"，标志着高校社会服务职能的确立。

（二）高校社会服务职能的发展

1. 美国高校社会服务

高校社会服务职能确立于美国，威斯康星大学开创了高校社会服务的先河。1904年，威斯康星大学校长查尔斯·范海斯提出"服务应该成为大学的唯一理想""学校的边界就是州的边界"。范海斯认为，教学、科研和社会服务是大学的主要职能，必须认真考虑每一项社会职能的实际价值，州立大学的生命力存在于它和州的密切关系中。州需要高校来为其提供服务，高校对于州负有特殊的责任，州立大学的教师应用其学识专长为本州做出贡献。[①] 在威斯康星大学社会服务办学理念的影响下，美国各高校纷纷效仿，并紧紧围绕区域特点开展社会服务，进一步增强了高校的社会服务职能。曾任得克萨斯大学奥斯汀分校校长的拉里·R.福克纳指出，"大学在经济上的作用是区域性的，一所大学要想在区域经济中发挥作用，就必须了解这个地区的特点以及用什么方式为这个地区服务"[②]。20世纪60年代起，美国高校与企业建立"产学合作"关系，高校与企业合作建立了科学工业综合体、科学园等。美国高校通过社会服务促进了本国高等教育的发展。

2. 英国高校社会服务

英国高等教育历来具有注重人文主义教育的传统。英国较为古老的大学牛津大学和剑桥大学的人才培养目标是培养统治国家的精英。1852年，英国政府成立了"皇家工艺学会"，1921年建立了一套较为完整的技术人员证书制度，对于加强大学与社会之间的联系和结合起到了重要的作用。1963年，《罗宾斯

---

① 陈学飞.1996.当代美国高等教育思想研究.沈阳：辽宁师范大学出版社：31.
② 转引自：陈丽萍.2007-04-09.看外国大学怎样实践体制创新 走出"象牙塔".中国教育报，（第8版）.

报告》(Robbins Report) 提出了英国高等教育如何为社会服务这一重大问题，成为20世纪60年代英国促进高等教育大发展的政策依据。1970年成立的剑桥科学园成为欧洲较为成功的高科技园区，与美国的硅谷一道享誉世界。1987年，英国高等教育白皮书《高等教育：迎接挑战》(Higer Education: Meeting Challenge) 明确提出，高等教育必须更有效地为经济发展服务，同工商界建立更密切的联系①，标志着大学与工业之间的关系在政府的大力支持下已发展到了一个全新的阶段，使英国科技和社会经济发展走在世界的前列。

3. 日本高校社会服务

日本高等教育具有"国家主义"的传统。第二次世界大战以后，日本政府主动积极介入高校社会服务，使国家的需求和利益直接与高校发生联系，鼓励产业界（产）、高校（学）和研究机构（研）之间合作，并将其作为日本政府的长期教育科技政策。20世纪70年代开始，日本建设高新科技园区，建立了筑波科学城。20世纪80年代后期，日本一些高校建立了"共同研究中心"。其是通过高校与产业界开展合作研究共同建立的，以研究产业或生产中的重大问题为使命。②20世纪90年代中期以来，日本为实现经济振兴，积极探索建立具有自己特色的科技园，创办了"日本式硅谷"。在高校与企业的合作中，企业获得了高校研究成果和生产技术的支持，高校在提供社会服务的过程中解决了社会现实问题，有力地促进了日本政治、经济、文化、科技等的迅猛发展，也促进了日本战后经济的重新崛起。

4. 中国高校社会服务

改革开放以来，我国高等教育事业得到了飞速发展。1999年施行的《中华人民共和国高等教育法》明确规定了高校具有社会服务职能。20世纪末到21世纪初，我国高等教育进入大众化阶段，提高教学质量、加强内涵建设、培养社会需要的各类人才成为高校工作的重中之重，相比之下，高校社会服务工作还没得到普遍的重视。高校特别是众多地方本科院校的办学与社会脱节，与国家、地方经济和社会发展需求的结合不够紧密，社会贡献度不高，办学"千校一面"、缺乏特色等问题引起社会的关注。2007年，普通高等学校本科教学工作水平评估之后，我国高等教育从外延式发展转向内涵式发展。2010年，《国家中长期教育改革和发展规划纲要（2010—2020年）》发布，明确要求高校要牢固树立主动为社会服务的意识，全方位开展社会服务；2015年10月，《教育

---

① 徐辉，郑继伟.1993.英国教育史.长春：吉林人民出版社：366-367.
② 徐盛林.2008.日本大学的产官学一体化合作及其启示.理工高教研究，(5)：97-99.

部 国家发展改革委 财政部关于引导部分地方普通本科高校向应用型转变的指导意见》发布，提出地方普通本科高校要全面提高服务区域经济社会发展和创新驱动发展的能力；2017年12月，《国务院办公厅关于深化产教融合的若干意见》发布，要求深化高等教育改革，促进人才培养供给侧和产业需求侧结构要素全方位融合，培养大批高素质创新人才。高校社会服务得到了普遍的重视，高校与社会经济发展的互动日益加强，高校促进社会经济发展的能力不断提升。

二、师范学院社会服务的基本状况

师范学院作为我国高等教育体系中一类特殊的群体，长期以来，主要承担着为社会培养基础教育师资的重要任务，是教育的"母机"。除少数办学历史较长的师范学院以外，绝大多数师范学院是在20世纪末高等教育大众化的背景下，由师范专科学校、教育学院为主体（有的还合并了行业特色明显的中等专业学校）升格为新建本科师范院校。其学科专业建设以文理学科和师范专业为主，以教师教育为主要特色。经过20多年的发展，师范学院改变了以文理学科和师范专业为主的学科专业结构，实现了学科专业综合化。师范学院以教学为主的历史传统，使其在社会服务方面的基础相对薄弱，形成了有别于综合性高校和理工科高校的基本状况。

（一）社会服务对象单一

师范性是师范学院的根本属性，也是师范学院的办学根基。师范学院的根本任务是面向基础教育培养中小学及学前教育师资，在办学过程中与基础教育形成了天然的密不可分的联系。师范学院社会服务的对象主要是基层中小学，而且主要服务方向局限在提高在职教师的教育教学理论水平，侧重中小学校长、中小学师资培训等继续教育方面。师范学院发挥自身人文社会学科较强的优势，积极对外开展各种咨询服务，但为政府部门、企业等提供的智力支持不够，引领和服务地方社会、经济、政治、文化发展的作用发挥得不够充分，新办非师范专业特别是工科专业延续了师范专业的办学模式，融入行业的程度不够。因此，师范学院社会服务对象单一，社会服务面不宽。

（二）社会服务意识不强

师范学院办学以教师教育为主，在计划经济体制下，国家实行师范生包分配制度。在这样的环境下,学校很少考虑社会需求,主要将精力放在组织教学资源、抓好教学基本建设、强化内部教学管理、实现人才培养目标等方面。教师的责任就是履行教育教学职责,做好教书育人工作。因此,师范院校的办学呈现出比较封闭的特征,与社会缺乏广泛的联系,为社会服务的意识不够。在国家经济社会快速发展和市场经济不断完善的新形势下,社会迫切要求高校在做好人才培养和科学研究的同时,提高社会服务能力,直接为社会政治、经济、科技、文化建设服务,解决社会发展中的现实问题。师范学院受师范教育模式的影响,封闭办学的思维惯性还没有被打破,积极主动服务社会的进取精神不足,教师的社会服务意识不强,存在"等、靠、要"的思想。

(三)社会服务定位不准

社会服务是人才培养和科学研究职能的延伸,社会服务职能的发挥建立在人才培养和科学研究的基础之上,社会服务的有效发挥又会进一步对教学和科研产生促进作用。师范学院对其社会服务职能的定位还存在不正确的认识,有的把社会服务与教学、科研对立起来,把社会服务当作一种额外的负担,而不是一种责任和义务;有的离开教学和科研,不是依靠学科专业优势与社会需求结合开展社会服务,而是简单地把社会服务当成是有偿服务或创收的来源,从根本上偏离了社会服务的本质。师范学院对高校社会服务的差异性、多样性的认识不足,片面强调师范院校开展社会服务工作的不利条件,没有认清自身的优势、结合学校办学特点寻找社会需求与学校资源的结合点,也没有形成符合自身实际的社会服务模式。由此可见,师范学院对社会服务定位不准是其社会服务难以体系化的重要原因。

(四)社会服务机制不完善

师范学院的教师主动服务地方经济社会发展的责任感不够,开展社会服务的积极性、主动性不高,关键是没有建立起有效的社会服务长效机制。师范学院对社会服务缺少整体规划,没有把社会服务纳入学校发展规划来制订社会服务规划纲要,没有明晰社会服务的总体目标、阶段任务、实施步骤和保障措施,没有从自身条件出发发挥优势和特色,没有立足社会现实需求、明确社会服务的主攻方向、确立社会服务主要领域,无法为教师开展社会服务提供必要的条件和经费支持,没有做好顶层设计、实施规划引领。同时,其社会服务管理制度不健全,社会服务有关的管理办法、规章、制度等不完善,存在制度上的空白，在开展社会服务的过程中缺少规范，配套机制不到位。在激励政策上，师范学院没有像教师教学、科研实绩那样给予社会服务绩效应有的肯定，在职称评审、工作量考核、科研奖励和岗位聘任等方面不能充分体现，社会服务成绩得不到认可甚至受到歧视，严重挫伤了教师开展社会服务工作的积极性和创造性。

（五）社会服务机构不健全

师范学院社会服务工作迫切需要在校级层面加强组织推动。然而，大部分师范学院没有设置独立的社会服务职能管理部门，无法统筹规划和管理学校的社会服务活动，在加强学校社会服务工作的组织领导、整合学校资源、凝练社会服务方向、形成工作推进合力、调动教师从事社会服务工作的积极性方面存在不足；没有专职社会服务部门负责建立学校与地方政府、行业和企业深入沟通联系的机制，教师了解社会实际的信息渠道不够畅通，对社会需求不了解，信息处于不对称状况。教师开展社会服务项目大多依靠个人信誉或个人资源，社会服务工作难以实现可持续发展。有的师范学院将社会服务机构设在科研管理部门，把社会服务作为科研管理部门职能的一部分，但实际上仍将主要精力放在纵向科研项目、成果、奖项上，机构或有名无实，或投入精力不足，社会服务工作得不到真正落实，为教师社会服务提供支持不够。

师范学院社会服务总体上具有以上特征，反映出了师范学院的社会服务存在很多不足，但也意味着师范学院开展社会服务的潜力很大。

三、师范学院社会服务转型发展的现实意义

（一）办人民满意教育的要求

百年大计，教育为本。在知识经济时代，教育承载着一个民族的未来和希望，其发展的好坏与成败决定着一个国家的兴衰。改革开放以来，我国实施科教兴国战略，始终把教育放在优先发展地位，办人民满意的教育已成为当今教育发展的主题。高校作为科技与人才的聚集地和发源地，其使命就是发挥科学研究、人才培养、社会服务、文化传承与创新职能，更好地服务社会、服务人民，最终促进社会的发展。高校必须回应国家和社会对高等教育的要求，与国家经济社会发展需求相适应，为提高我国综合国力和国际地位提供强大力量，满足人民群众的期待。

改革开放40多年来,我国高等教育事业的办学规模、办学质量等都取得了跨越式发展,服务经济社会发展的能力也明显提升。高等教育必须坚持内涵发展、特色发展,在提高服务经济社会发展能力方面下足功夫。师范学院的办学虽然得到了快速发展,但与人民群众满意的高等教育的差距还很大,突出表现在办学与社会需求脱节、社会服务主动性不强、贡献率不高。这就要求地方师范学院必须跟上新时代的要求,强化社会服务的担当意识,树立正确的社会服务观,不断拓展社会服务领域与创新服务功能,主动服务经济社会发展需要,提升服务经济社会发展的能力,办人民满意的教育。

(二)高等教育改革的要求

在全面建成小康社会、开启现代化新征程的关键时期,经济社会发展的新形势要求推进高等教育综合改革,提高办学质量与水平。近几十年来,国内外高等教育最显著的变革就是高校社会服务功能受到重视和得到加强。师范学院作为高等教育体系的重要组成部分,其转型发展是一个长期而艰难的过程。从系统性来看,师范学院转型发展是内部各个系统全要素的转变,包含了社会服务职能的转变;从复杂性来看,师范学院转型发展是一项复杂且持久的事业,其改革路径受到诸多因素的影响,但社会服务的转型是师范学院转型发展的重要方面和重要方向。

从高校职能来看,人才培养是基本职能,科学研究是重要职能,社会服务是必要职能。要检验高校的办学质量与水平,社会服务职能作用发挥得好不好是重要指标。《国家中长期教育改革和发展规划纲要(2010—2020年)》指出:"高校要牢固树立主动为社会服务的意识,全方位开展服务。推进产学研用结合,加快科技成果转化,规范校办产业发展。为社会成员提供继续教育服务。开展科学普及工作,提高公众科学素质和人文素质。积极推进文化传播,弘扬优秀传统文化,发展先进文化。积极参与决策咨询,主动开展前瞻性、对策性研究,充分发挥智囊团、思想库作用。鼓励师生开展志愿服务。"该文件指明了高等教育社会服务的目标,明确了社会服务的主要内容。与综合性大学相比,师范学院在社会服务方面发挥的作用显然是远远不够的,必须深化教育教学改革,推进社会服务转型,服务地方社会发展,提高办学水平和办学质量。

(三)师范院校自身发展的要求

20世纪90年代后期以来,师范院校专门从事教师教育的封闭的教师教育体系被逐渐打破。1999年颁布的《中共中央 国务院关于深化教育改革，全面推进素质教育的决定》提出："调整师范学校的层次和布局，鼓励综合性高等学校和非师范类高等学校参与培养、培训中小学教师的工作，探索在有条件的综合性高等学校中试办师范学院"①，标志着我国教师教育已不再是师范院校独属的领地。2011年，国家推行中小学教师资格考试改革和定期注册试点工作，从2015年起，我国开始全面推行教师资格全国统考，不再区分师范和非师范概念，教师培养体系更趋于开放。事实上，综合性大学办教师教育比师范学院有更多的优势，其学科门类更全、办学规模更大、学术层次更高、科研能力更强。师范学院传统办学优势受到严重挑战，必然要求师范学院要有强烈的危机感，在办好师范教育的同时，加快社会服务转型的步伐。

在市场经济条件下，市场这只"无形的手"必然会影响教育资源的配置。当今高校之间的竞争非常激烈，师范学院的发展是困难与机遇并存。谁顺应高等教育发展潮流，适应社会发展需求，谁就能变被动为主动，争取社会资源促进自身发展。如果故步自封、不思进取，就会丧失主动权，在竞争中败下阵来。因此，师范学院必须扎根地方、服务经济社会发展、转变封闭的办学模式，充分发挥师范学院的科技资源、人才资源，主动适应经济结构战略性调整和产业转型升级需要，加大学科专业结构调整力度，深化产教融合、校企协同，促进行业企业技术进步，实现与区域经济社会发展的"同频共振"，以优势和特色为社会提供高质量的服务，在服务社会的过程中不断发展壮大，只有如此才能在高等教育竞争中占有一席之地。

第二节　师范学院社会服务转型发展的影响因素

师范学院社会服务转型并不是单一的、独立的，而是和学校整体发展目标、各个系统要素密不可分。师范学院社会服务转型必然与学校整体发展方向、转型发展目标一致，是为学校发展服务的，否则社会服务的转型就会失去应有的基础。师范学院社会服务转型既涉及办学理念、办学定位、办学传统、大学文化、思想观念、制度建设，又受到教育政策、科技政策、社会评价等的影响。师范学院社会服务转型之路就是要理性分析影响社会服务的因素，充分

---

① 中共中央，国务院. 1999. 中共中央 国务院关于深化教育改革，全面推进素质教育的决定. 人民教育，(7)：4-9.

挖掘积极因素，营造为社会服务的有利环境，坚持正确的办学理念，根据地方经济社会发展需求明确自己的办学定位，立足定位进行内涵建设，提高社会服务能力，使自身发展融入国家的创新体系，融入产业链、创新链、人才链的协调发展之中，为地方科技创新和经济社会发展提供有力支持。

一、办学理念与社会服务转型

大学办学理念是关于大学治理和发展的学问，是学校发展的顶层设计，体现了学校的战略性布局，反映了学校发展的决心、信心与智慧，它直接决定着大学办学实践。只有通过大学理念的引领、支撑，大学才能实现自身的变革，从而在改革中为国家和社会发展做出应有的贡献。

学校领导是学校办学治校的组织者和决策者，其办学治校理念决定着学校发展方向，对学校事业发展负有重要责任。党委书记和校长作为学校的主要领导者起着至关重要的作用，他们对高校社会服务的重视程度直接影响着全体师生员工的行为。当领导高度重视社会服务工作时，就会将社会服务意识渗透进高校管理的制度层面，将社会服务理念落实在学校各项工作中，促进师范学院社会服务工作持续发展。师范学院应以理念创新为先导，增强服务社会的责任意识、担当意识，并融入学校的办学实践之中，不断满足社会发展的需要。

部分师范学院在办学理念上不顾自身实际，在学科专业建设上追求"大而全"，其发展目标是升格为大学。这种片面的追求偏离了师范学院的师范性、地方性、应用型的定位，既不能形成自己的办学优势，也无法形成学校的办学特色。高校的办学定位体现了办学方向和治校理念。师范学院必须遵循可持续发展规律，客观准确地分析学校现有基础、自身的优势和不足，以及所处的外部环境可能带来的机遇和挑战。在办学理念、办学定位产生偏差的情况下，必然存在忽视社会服务职能的发挥，人才培养、科学研究和社会服务无法协调发展等问题。对社会服务没有清晰的认识，在提供社会服务过程中就会出现目标错位、决策空位、服务不到位的现象。很多师范学院立足自身特色优势，在正确的办学理念的指导下认清学校社会服务定位，综合自身发展、学科专业建设状况及科研能力、地方社会的信任程度、教学科研人员对社会服务的认识态度以及参与社会服务的能力和积极性、学校对社会服务的协调与管理能力和水平等相关因素，努力将人才培养、科学研究和社会服务与地方经济社会发展紧密结合起来，既服务了社会，又促进了学校发展，形成了办学优势和品牌。

二、大学文化与社会服务转型

大学是历史的产物，其发展的过程必然会深深地刻上文化的烙印，独特地显示大学的行为方式、精神状态和价值取向。从某种程度上说，师范学院的社会服务转型也是大学文化的转型。师范学院更需要在社会服务转型中培育能够支撑社会服务的精神，逐步形成与社会服务相适应的大学文化。

（一）价值取向

价值取向是一定的主体基于自身的价值观在面对或处理各种矛盾、冲突、关系时所持的基本价值立场、价值态度以及做出的基本选择。作为大学文化的重要因素，大学的价值取向决定着大学发展和前进的方向。师范学院社会服务转型发展与学校的价值取向密不可分，符合时代发展规律的大学价值取向可以指引大学在转型升级中正确定位，立足自身优势取长补短，实现跨越式发展。

"不可否认的是，在高速变化的情势下，高等师范院校是否能够按照自己的规划发展并把握这种发展对全局的影响，实际上是完全不确定的。"[①] 许多师范学院坚持立足地方、服务地方，重视社会服务并积极拓展服务领域，丰富服务内容，创新服务形式与手段，努力提高社会服务成效，着眼地方，主动从地方汲取养分来促进自身发展。也有部分师范学院思想封闭保守，坚持原有的办学模式，与所在区域经济发展的联系较少，社会服务意识较为淡薄，忽视了社会服务工作，其在办学过程中的价值取向不能体现师范学院的责任和使命，社会服务职能并没有实现组织化、制度化和常态化，严重影响了高校社会服务的开展。

（二）办学传统

办学传统是大学在长期的教育教学实践中形成的稳定、持久的行为方式，是办学历史的积淀。办学传统在一定程度上体现了学校的办学特色，但也有其局限性，一旦办学传统不适应新时代的要求，就会阻碍学校改革发展的步伐。

师范学院多由办学历史较长、办学条件好的师范专科学校升格而成，在长期的办学历程中积累了一些学科专业建设的比较优势，初步形成了一定的学科专业特色，大都以教师教育见长。其升格后仍保留"师范"特质，基础学科和

---

① 张斌贤. 2007. 论高等师范院校的转型. 教育研究，（5）：19-24.

人文学科较强，而理工学科的薄弱则成为师范学院服务地方发展的常见短板。其社会服务主要侧重于培训服务和人才服务，在科技服务、政策服务和资源服务等方面还存在很多不足。师范学院教师教育的办学传统为其办学提供了根基，形成了师范学院办学优势领域，但往往也会使教师与管理者的思维习惯固化。师范学院应坚持传承传统优势，让优势更优、特色更特。同时，师范学院要采取"扬弃"的态度，顺应国家和地方发展需求，勇于改革，打破传统，对社会服务方向、领域等加以调整和改革，在社会服务方面培育新的优势。

（三）教师观念

教师是社会服务活动的具体实践者，决定着学校社会服务工作部署的落实和社会服务职能的实现，决定着社会服务的效果。教师能否正确认识、处理教学、科研与社会服务三项职责之间的关系，是否能把社会服务作为教师的职责之一，会直接影响师范学院社会服务转型发展。

对于师范学院的教师而言，要改变传统的教师教育思维模式，主动面向社会从事社会服务工作。这对教师的专业能力与实践能力都提出了更高的要求，会触及其个人利益，一部分教师可能对学校转型办学的顶层设计和相关制度政策有抵触情绪，存在不愿转、不敢转、不会转等心理。部分教师缺乏社会服务意识，主要以完成教学任务与纵向科研为主，社会服务观念"滞后"。有些教师不了解区域经济发展的需求，缺乏实践和创新能力，做科研、写论文只是为了晋升职称，没有动力和勇气主动服务社会。师范学院应帮助教师树立社会服务理念，正确处理社会服务与教学、科研之间的关系，为社会发展和学校转型发展贡献力量。

三、政策导向与社会服务转型

（一）教育政策

国家教育政策决定着高校发展的方向，对高校办学行为具有规范和引导作用。从世界各国高校社会服务的历史来看，法律政策在促进高校社会服务方面发挥了强大的支撑作用。比如，美国的《莫里尔法案》、英国的《罗宾斯报告》等的颁布和实施，为促进高校开展社会服务奠定了政策基础和法律保障。

《中华人民共和国高等教育法》第四章第三十一条规定："高等学校应当以培养人才为中心，开展教学、科学研究和社会服务，保证教育教学质量达到国家规定的标准。"这是我国第一次以法律的形式规定了高等教育的社会服务职能，对我国高校社会服务工作具有规范和指导作用。在2015年1月召开的全国教育工作会议上，教育部部长袁贵仁就推动部分地方本科高校转型发展，强调要把办学思路真正转到服务地方经济社会发展上来，转到产教融合、校企合作上来。①近年来，国家逐步扩大高校办学自主权，为高校提供了自主办学的空间，为师范学院社会服务提供了有力支持。师范学院应抓住政策机遇，根植地方、依靠地方、融入地方，在服务地方中促进学校发展，引领和助推地方经济社会发展。

（二）科技政策

健全的科技政策有助于高校树立正确的社会服务意识，扭转唯论文、唯学历等的评价导向，改变技术转移链条不畅、人才队伍不强、体制机制不健全等状况，加快科技成果转化，为经济社会发展提供动力。

2017年，《国务院关于印发国家技术转移体系建设方案的通知》印发，指出推动高校、科研院所完善科研人员分类评价制度，建立以科技创新质量、贡献、绩效为导向的分类评价体系，扭转唯论文、唯学历的评价导向。对主要从事应用研究、技术开发、成果转化工作的科研人员，加大成果转化、技术推广、技术服务等评价指标的权重，把科技成果转化对经济社会发展的贡献作为科研人员职务晋升、职称评审、绩效考核等的重要依据，不将论文作为评价的限制性条件，引导广大科技工作者把论文写在祖国大地上。

2018年，《国务院关于优化科研管理提升科研绩效若干措施的通知》印发，提出"贯彻落实党中央、国务院关于推进科技领域'放管服'改革的要求，建立完善以信任为前提的科研管理机制，按照能放尽放的要求赋予科研人员更大的人财物自主支配权，减轻科研人员负担，充分释放创新活力，调动科研人员积极性"②。一系列"放、管、服"科技改革的支持政策为师范学院开展社会服务工作创造了有利条件。

（三）社会评价

社会评价是社会参与大学治理的重要方式，是学校办学声誉和社会影响力

---

① 袁贵仁. 2015. 全面深化综合改革 全面加强依法治教 加快推进教育现代化——袁贵仁部长在2015年全国教育工作会议上的讲话. 人民教育，（4）：6-18.

② 国务院. 2018-07-24（2021-09-10）. 国务院关于优化科研管理提升科研绩效若干措施的通知. http://www.gov.cn/zhengce/content/2018-07/24/content_5308787.htm.

的重要体现。大学社会评价是除大学之外的社会力量对大学的人才培养、科学研究与社会服务等办学质量的评价，当今高校之间的竞争日益激烈，大学的社会评价越来越引起高校的关注，评价结果对大学办学产生的影响也越来越大。

由新闻媒体、网络媒体、研究机构等社会机构发布的大学排行榜是全球较为通用的一种大学社会评价模式，几乎所有高等教育规模较大的国家都有教育评估机构发布大学排行榜。目前，大学排名对高校的评价主要包括人才培养、师资队伍、教学水平、科研水平、学生就业和办学条件等，对高校社会服务很少涉及或者没有评价，很多评估指标偏重自然科学，人文社会科学的显示度较低。由于评价导向的作用，师范学院一般对大学排行榜看得过重，造成对科研过度追捧，对社会服务不够重视，严重影响了师范学院社会服务职能的发挥。在教育部门的各类评估中，尽管国家一直提倡高校要提升社会服务的能力，但是社会服务工作并没有被纳入具体的考核指标中，也没有制定具体的考核体系。无论研究型大学还是地方本科院校，都用"一把尺子"来量，不能体现不同层次、不同类型学校在办学方面的差别，指标体系也只突出教学与科研指标，社会服务权重很小或是不能得到反映，挫伤了高校社会服务的积极性。教育行政部门应贯彻落实高校分类管理的原则，将社会服务作为重要的评估内容，真正发挥评估的"指挥棒"的作用，引导高校特别是师范学院结合自身实际服务区域经济社会发展。

四、教师评价与社会服务转型

（一）管理体系

在师范学院社会服务转型过程中，完善的管理体系可以为其开展社会服务创造有利环境和条件，建立健全社会服务机构是师范学院开展社会服务的基础，完善的社会服务管理体制机制是保障。要想使社会服务工作顺利开展，师范学院不仅要处理好外部关系，同时要处理好内部关系，而内部关系处理得当与否主要取决于师范学院对自身发展、社会贡献价值和作用的认识程度。

社会服务管理体系与学校整个管理体系是紧密相连的，涉及学校观念、政策、措施、操作方式等多方面的相互关系，同时涉及与校外合作过程中的利益分配、法律责任、风险防范等。社会服务缺乏体系化管理是师范学院社会服务职能得不到充分发挥的重要原因之一。师范学院应该建立完善的社会服务管理体系，保证社会服务工作有部门负责、有专人管理，在机制上能形成活力，在工作上能得到保障。社会服务机制的构建与完善是高校开展社会服务活动需要着重解决的问题，在遵守大学发展规律和市场经济规律的前提下，在整合校内外社会服务资源的基础上，构建社会服务机制，只有这样才能为社会服务工作的顺利开展奠定基础。

（二）科研导向

高校科研是学术水平的重要体现，是学校办学的重要竞争力，加强高校科研工作是增强国家创新能力的现实需要。高校重视科研无可厚非，但学校的层次、研究实力决定了其科研目标存在巨大差异。研究型大学是以面向科学重大基础理论、重大前沿技术、重大原始创新为主，而地方高校特别是师范学院对领军人才的吸引力不够，高水平的学术团队缺乏，人才短板难以消除，在基础研究上很难突破。因此，师范学院应从自身条件出发，树立正确的科研观，在科研定位上应该是基础研究与应用研究并重，在技术集成创新上下功夫，走产学研结合的服务社会创新需求的科研之路。

师范学院科研导向存在唯高层次项目、高水平论文的现象，甚至将其放在不恰当的地位。在职称评审、评奖、评优和考核中，一些师范学院只重视申报纵向课题的级别、学术论文发表的数量与质量，对于这些项目、论文成果究竟对社会、行业、企业是否有真正的应用价值，基本不予考虑。同时，一些师范学院不重视直接解决社会问题的应用性研究和科技成果的转移转化，加剧了教师唯论文的价值取向，学校科技成果转化率低下，对社会的贡献度不高。其实，科学研究中的"学术型"与"应用型"不是彼此对立、非此即彼的，而是互为支撑的，相互可以转化。在学术研究中取得的成果可以直接或间接应用于实际，在应用研究基础上的积累也可以上升为理论学术成果。因此，师范学院要调整科研导向，以社会需求为导向推进产学研结合，促进科研成果的转移转化。

（三）激励机制

激励机制是组织系统中激励主体通过激励因素或激励手段与激励客体之间相互作用关系的总和。师范学院社会服务激励机制主要指师范学院在开展社会服务方面为了激励高校内部、地方政府和企业三者的积极性，促进社会服务的开展而制订的一系列政策、规章制度及措施的总和，是开展社会服务的重要保障。

师范学院内部社会服务的具体措施和制度决定着师生的社会服务意识、服务理念和服务热情，决定着学校科技成果转化效率，决定着教师对社会服务工作的投入程度。有效的高校社会服务激励机制应该包括薪酬激励、精神奖励、职称晋升等方面。薪酬激励是高校激励机制的核心内容，师范学院要制订合理的薪酬激励制度，让教师积极参与社会服务工作，从中得到应有的经济报酬，在心理上有成就感，在行动上有动力。精神奖励是对在社会服务中做出突出贡献和成绩显著的人员给予的精神鼓励，师范学院可以采用颁发荣誉证书、授予荣誉称号、评选表彰先进、媒体宣传等方式进行激励，体现组织对个人的认可和对个人价值的尊重。在职称晋升评审中，师范学院要重视对教师的社会服务方面的考核，综合评价教师社会服务和科技成果转移转化工作，将社会服务工作和纵向科研放在同等重要的位置。

第三节　师范学院社会服务转型发展的实现路径

师范学院办学转型是中国特色社会主义进入新时代的必然要求，是新时代高等教育改革与发展的必然趋势，也是师范学院发展的内在要求。师范学院办学转型包括人才培养的转型、科学研究的转型、社会服务的转型，是一项整体性、系统性的教育改革工程。师范学院社会服务转型是师范学院办学转型的重要方面，是学校直接服务于社会经济发展能力的重要体现。师范学院社会服务转型涉及服务理念、服务意识、服务定位、服务方向、服务方式、组织管理、内外机制、服务载体、服务成效以及社会服务过程中各主体之间的关系协调等诸多因素，这些因素发生的量变或部分质变，构成了师范学院社会服务转型的发展路径，成为衡量其社会服务转型成效的指标。

一、社会服务机制转型

师范学院社会服务工作受学科专业特点、师范教育传统等客观条件的制约，但这不是师范学院不能开展社会服务的借口，也不是师范学院不能提高社会服务能力与水平的原因。问题在于师范学院没有认清自身在社会服务方面的优势，没有发挥社会服务的主动性，服务社会的使命感和责任感不强。师范学院必须加强对社会服务工作的统一领导，加强工作组织协调；建立和完善科学有效的社会服务机制，发挥机制的导向和激励作用，充分调动二级教学单位、科研平台和教师从事社会服务工作的积极性、主动性。

社会服务对外涉及学校与社会的关系，必须把握地方经济和社会发展需求，协调政府及职能部门、企事业单位的关系，争取政府出台政策予以支持，切实解决地方社会发展面临的问题，赢得社会各界的信任。社会服务对内涉及学校社会服务顶层设计、学科专业建设和方向凝练、应用成果的积累培育、社会服务团队组建、激励机制的形成、目标管理与业绩考核和社会服务收入的分配等。师范学院进行社会服务不仅需要与政府、企业打交道，密切相互之间的联系，还需要动员各二级教学单位、科研平台积极开展社会服务工作，学校各管理部门予以配合，师生员工给予理解支持。同时，建立社会服务工作制度，规范社会服务行为，形成良好的机制，营造良好的社会服务工作氛围，对于师范学院社会服务工作的开展至关重要。

师范学院的社会服务离不开政府的支持，离不开与企业的合作，需要与政府、企业建立密切的联系，建立稳定的合作机制，政府、学校、企业之间形成密不可分的合作共同体、利益共同体，为开展社会服务工作创设良好的外部环境。三螺旋理论表明，在知识经济时代，大学、政府、企业等具有不同价值体系的创新主体应发挥各自的优势，相互作用、相互促进，形成创新合力。因此，师范学院要积极主动地加强与地方的沟通和互动，破除封闭办学藩篱，主动走向社会，把社会服务融入与地方政府、行业、企业的合作之中，形成紧密互动、相互依靠、协同发展的关系，只有这样社会服务工作才能具有坚实的基础。成立政产学研指导委员会是加强与地方的联系、深化校地合作、校企合作的重要手段。政产学研指导委员会主任由地方分管科技、教育的领导和学校主要领导担任，邀请地方政府相关职能部门领导、地方大型龙头企业和支柱企业负责人以及学校相关职能部门负责人作为成员，聘请在地方、行业有代表性、有影响力的资深专业人士组成顾问委员会。政产学研指导委员会讨论决定学校社会服务总体规划、重点领域方向，对于学校社会服务工作提出改进意见，帮助学校解决社会服务工作中遇到的问题，争取让政府出台支持学校社会服务工作的政策。同时，依托学校学科专业，把学科专业与行业发展结合起来，与高新技术企业、重点企业建立校企联盟，积累一批具有长期稳定关系的校企合作单位，建立优势学科服务地方重点产业的机制。

师范学院之所以在社会服务方面存在主动性不强、积极性不高、工作难以推进等问题，除了思想认识不到位之外，很大程度上是因为没有建立完善的社会服务内部机制。师范学院必须进一步探索改进社会服务工作机制，切实改变计划经济体制下的固有思维，解放思想，大胆创新，通过政策引导、制度激励，鼓励支持各类科研人员投入到社会服务工作中，将学校科研成果与市场经济需求相结合，充分调动教师、科研工作者的积极性。师范学院要推进社会服务工作，提高社会服务水平，在根本上要建立有效的机制。机制是保证社会服务工作系统性、稳定性、持久性的基石，是激发教师和科研人员开展社会服务工作的积极性的强大动力。首先，要解决高校考核和激励机制这一社会服务工作"指挥棒"问题。师范学院要通过良好的机制，引导教师认识到社会服务并不是额外的工作任务，而是自己应尽的职责和义务，真正树立起服务社会的意识，主动融入社会发展建设中，自觉地将教学、科研与社会发展相结合，主动面向经济社会发展的主战场，带着项目成果、专利技术和智力成果到基层、企业去，在服务社会的过程中实现自身价值。同时，要彻底改变社会服务工作"干与不干一个样""干好干坏一个样"的局面，让社会服务工作实绩突出的个人精神上有荣誉、成绩上有肯定、经济上得实惠。在教师考核体系中，与教学、科研一样，师范学院应该将社会服务作为考核内容，明确基本工作任务，合理分配教学、科研和社会服务工作的考核权重，创造社会服务的工作环境，使教师感受到社会服务工作任务的压力，同时也要激发教师服务社会的动力。教师和科研人员的社会服务成果和业绩与职称评审、岗位晋升、评优评先、考核聘任挂钩，社会服务工作成效可以按照一定比例计算工作量，对其予以充分肯定。另外，根据社会服务的绩效，实行差异性薪酬分配制度，多劳多得，优劳优酬，不断完善社会服务薪酬分配激励机制。

二、社会服务方向转型

《中国教育改革和发展纲要》明确指出："高等教育的发展，要坚持走内涵发展为主的道路，努力提高办学效益。要区别不同地区、科类和学校，确定发展目标和重点。制订高等学校分类标准和相应的政策措施，使各种类型的学校合理分工，在各自的层次上办出特色。"[①]这就说明对于不同层次、不同类型的高校，不可以强求其采取统一的发展模式，不同层次、不同类型的高校对应当承担的社会服务职能以及社会服务内容和实现方式，可以各有侧重。潘懋元在谈到高校的三项职能时说："不同层次、不同类型的高等学校，对于三个职能

---

① 中共中央，国务院. 1993-02-13（2021-11-30）. 中国教育改革和发展纲要. http://www.ce.cn/xwzx/gnsz/szyw/200706/01/t20070601_11569707.shtml.

以及每个职能的任务可以有所侧重，也应当有所侧重，可以根据自己的特点，选择适当的活动范围。不要人家有，我们马上就跟上，条件不同、特点不同、类型不同、层次不同，不要互相攀比。"①与其他院校相比，师范院校在社会服务方向上应该有差异地选择，应根据自身的办学特点和优势，确立社会服务重点领域和发展方向；要正确处理好教学、科研和社会服务三者的关系，社会服务要与学校的办学方向相一致，与学校的总体发展布局相协调，与地方社会经济发展需求相一致；既要通过社会服务活动促进学校人才培养、科学研究和教育教学改革，又要在社会服务过程中促进区域经济社会发展。学校要在与社会的结合中得到更好的发展，以服务社会成果得到政府的支持，以服务能力促进校地、校企合作，在相互依存、相互支撑中形成良性发展循环。美国高校的社会服务范围非常广泛，取得了巨大的成效，但具体到每一所高校，它们都不是盲目地开展社会服务，而是根据自身的发展水平和当地经济、文化发展的具体需要进行的。师范学院社会服务方向的选择，对于形成社会服务优势，树立社会服务品牌，获得稳定持久的服务能力，具有十分重要的战略意义。总的来说，师范学院社会服务方向应该以服务地方基础教育、服务地方战略性新兴产业和特色产业为着力点。

（一）服务基础教育发展

2018年6月，教育部组织召开了新时代全国高等学校本科教育工作会议。在这次会议上，教育部部长陈宝生对本科教育发展提出"四个回归"的要求，即回归常识、回归本分、回归初心、回归梦想。②这对包括师范学院在内的本科院校提出了重要的发展课题，意义重大，催人反思。师范学院在转型发展过程中，学科专业的综合化不断增强，而师范的特质却有所弱化，师范学院办学的初心到底应该是什么？在转型发展过程中，其是不是背离了这样的初心？2018年1月出台的《中共中央 国务院关于全面深化新时代教师队伍建设改革的意见》深刻分析了我国教师队伍建设目前存在的问题，明确指出了我国"师范教育体系有所削弱，对师范院校支持不够"的现实。③一方面，师范教育在整个高等教育体系中的地位在下降；另一方面，师范教育在教师教育体系中的

---

① 潘懋元. 2007. 潘懋元论高等教育. 福州：福建教育出版社：253-254.
② 陈宝生. 2018. 坚持"以本为本" 推进"四个回归" 建设中国特色、世界水平的一流本科教育. 时事报告（党委中心组学习），（5）：18-30.
③ 中共中央，国务院. 2018-01-20（2020-02-20）. 中共中央 国务院关于全面深化新时代教师队伍建设改革的意见. http://www.gov.cn/gongbao/content/2018/content_5266234.htm.

作用在削弱。这两个方面体现在师范院校没有突出为基础教育培养优秀、合格的中小学师资这一主业，更没有为基础教育提供强有力的社会服务。师范学院是地方基础教育发展的基石，有为基础教育服务的教师教育专业队伍，有充足的教学设备、教育学心理学专业实验室、各学科教学实验示范中心等优质资源，既为基础教育开展社会服务提供了良好的条件，也承担了回归师范学院本分、初心的社会责任。师范教育是特色，也是优势，必须坚持以地方基础教育为主的社会服务方向，这也是师范学院社会服务最重要的方向。加强对地方基础教育发展研究，服务地方中小学教育，提高地方基础教育水平，增强师范学院社会服务的针对性和实效性，是师范学院生存发展和获得社会赞誉的根本。

师范学院服务地方基础教育，要主动与幼儿园、小学、中学建立长期合作的关系。2014年8月，国家教育部门在卓越教师培养计划中第一次提出的U-G-S教师教育模式成为多方协同开展教师教育的创新举措。它既在教师培养中把高校、地方政府、中小学三个主要教育主体结合起来协同育人，又有利于师范学院结合政府的政策优势、高校的学术资源优势、中小学校的基础教育实践优势开展社会服务工作，形成稳定的社会服务对象。师范学院应着力加强U-G-S联盟建设，构建良好的服务环境；坚持基础教育服务形式的多样化，全方位服务基础教育，服务的对象包括政府、学校、教师、家长、学生等；开展教师岗前培训、教师职后培训、教师专项技能培训、校长培训、教育行政管理人员培训，着力提高基础教育的教学和管理水平；开展中小学学校战略规划、教师质量评估、课程与教材开发、项目论证等工作，提升中小学办学水平。师范学院的教育学学科建设要把基础教育作为重要研究方向，与中小学新课程的实施、新的教学理念和方法的形成结合起来，联合申报基础教育成果奖，为中小学教学改革提供理论支撑。师范学院要开展咨询指导服务，为家长和学生提供专业咨询，为政府提供教育决策咨询，对中小学的教育改革给予针对性指导。师范学院要成立基础教育研究平台，提升基础教育研究水平，产出高水平研究成果，同时在服务基础教育的过程中促进教师教育整体水平的提高。

（二）服务地方经济社会发展

伴随着学科专业结构的调整和优化，在转型发展过程中，师范学院在原有师范专业的基础上，新增了大量的非师范专业，师范学院学科专业数量明显增加，非师范专业数量大大超过了师范专业数量。其中大部分新办学科专业是根据地方产业结构转型升级和市场需求的动态变化情况，依据地方经济社会发展需要建立起来的。这些学科专业建设与发展扩大了师范学院的社会服务范围，是师范院校服务社会的新的增长点。一方面，师范学院社会服务还存在不少不利因素。师范学院学科专业以文、理学科见长，对传统的基础学科改造不够及时，与社会的融合度不高，工科专业少而不强，还不能有效支撑地方产业发展。与研究型大学、高水平科研机构相比，师范学院难以拿到"高、大、上"的社会服务重大项目。另一方面，师范学院社会服务也有"本土化"优势和人脉资源，以及服务范围广泛和服务方式灵活等优势。因此，师范学院自身要有清晰的社会服务定位，要走错位发展之路，避开与研究型大学、高水平科研机构之间的竞争。在服务的范围上，由小的项目开始逐渐争取大的项目；在服务的项目难度上，先从能做的做起，先易后难，循序渐进；在服务的技术层次上，由较低层次、中间层次的技术逐步向高层次技术过渡。在探索过程中，师范学院要掌握社会服务规律，增强社会服务信心，提升社会服务层次，为促进地方社会发展做出应有的贡献。

师范学院社会服务必须紧紧扎根于当地经济社会发展实际，紧扣"本土性"方略，紧密结合地方的实际需求；必须强化特色意识，制订特色战略，实施特色工程，突出社会服务重点领域，把学科建设特色与地方产业特色结合起来，打造学校社会服务地方特色，塑造师范学院社会服务品牌和提升其影响力；必须依托地方，深入挖掘地方的特色资源，走与地方经济社会相结合的发展之路，提升服务地方经济和行业的能力。很多师范学院处于非省会的中小城市，这些城市聚集了处于成长期的中小型企业，具有旺盛的技术创新需求，社会服务的空间比较广阔。师范学院可以发挥技术创新、集成创新的独特优势，用应用技术研究成果帮助企业解决面临的技术难题，促进科技成果转化，促进行业技术进步；注重培养和引进高层次应用型人才，大力开展应用研究，为地方战略性新兴产业发展提供重要的支撑；充分发挥师范学院基础人文和社会学科的传统优势，为政府、企事业单位决策咨询服务；编制政府、行业事业发展规划和产业发展研究报告，提供决策咨询报告，输出智力服务成果，发挥政策的思想库和智囊团的作用，努力成为地方决策咨询中心；拓展地方文化服务，深入研究地方红色文化，传播红色基因；弘扬地方传统文化，打造地方传统文化品牌，引领地方文化建设；策划、承办地方大型文化活动，成为地方文化建设的高地和辐射源，成为地方文化传承创新不可或缺的重要力量。

三、社会服务模式转型

各高校在发展定位、服务面向、学科专业、办学特色、服务能力等方面都有自己的强项，也有不擅长、不熟悉的领域，有的以人文社会科学见长，有的以自然科学见长。区域经济社会发展重点、产业结构、自然资源等具有地方特色，地方经济社会发展的多样性、社会服务对象的差异性、社会需求的多样性，决定了师范学院社会服务不可能采用单一的模式，必须结合学校办学实际和社会需求，根据服务内容、对象的不同，选择社会服务的形式、途径和手段等，逐步形成多样化的社会服务模式。

（一）项目合作

在发展过程中，地方政府、企事业单位常常会遇到大量的政策研究、发展规划、技术等方面的难题，需要委托高校提供智力支持和技术支撑，同时支付项目经费，这为师范学院开展项目合作提供了广阔的空间。项目合作主要是指横向科研项目，即除申报立项的纵向资助课题外，由高校教师和科研人员接受政府部门（不含相关部门下达的常规计划项目）、企事业单位、社会团体委托开展的技术开发、技术服务、技术咨询、技术转让以及各类咨询项目。横向科研项目直接来源于社会迫切需要解决的现实问题，体现了需求导向，具有强烈的指向性；以应用研究为主体，将知识转化为生产力，推进科技成果转移转化，具有鲜明的应用性；面向社会各个领域，与多学科、多专业的办学紧密相关，与学科专业紧密结合，具有广泛的关联性；课题任务形式多样，便于教师发挥优势，具有灵活性和自主性。师范学院在人文社会科学方面拥有优势，可以为地方制定经济社会总体发展战略、行业发展规划、重大决策提供咨询服务，成为政府的智囊团和思想库；为企业提供管理和决策信息咨询服务，提供专业化的解决实际问题的方案；发挥科技创新优势，围绕行业企业的关键性技术问题和重大技术问题，推广、研究开发新技术、新工艺，提供技术方案，解决技术问题；项目合作时间短期、长期均可，服务对象可以是政府、企事业单位、社会团队，服务技术可以是高新技术，也可以是一般技术。总之，切合师范学院特点的项目合作是师范学院主要的社会服务模式。

（二）联合开发

在技术创新过程中，企业需要开发新产品、研发新技术。企业产品设计、加工工艺、专用设备和模具、材料、检测等技术难题可以在实验室进行研究，但实验研究的成果要转化为生产，必须通过中试进行验证。中试需要大量的资金投入，需要有成套设备和生产环境，这是高校不具备的。除非前景非常好、产业化成熟度高，否则高校一般不会直接开展中试工作，只会进行原理性验证和产品小试等实验室工作。因此，当企业有这样的技术需求，高校能供给这方面的技术、人才，且企业、高校都面临着不能独立承担的情况时，联合开发就成为最好的合作模式。在联合开发的过程中，高校获得企业提供的开展研究所需的资金等物质支持，企业从高校获得科技及智力支持并从中获取利润。师范学院要高度重视科技成果的培育，重视应用研究，把科学研究与社会行业技术发展前沿结合起来，加强技术成果积累，提高科技成果的二次开发水平，形成一批可应用、可转化的科技成果，为企业提供技术源泉。同时，师范学院要聚焦学科专业领域优势，跟踪地方重点产业，主动对接行业企业，组织专家团队深入企业了解行业技术发展状况，找准行业技术发展的关键，有针对性地开展前瞻性研究，增强技术开发的针对性和有效性。通过联合开发，双方共同进行新产品的研究性实验，以及新产品的开发和新技术的研究，共享研究成果和知识产权。这样不仅能帮助企业解决技术难题，获得研究经费，也能促进高校科技成果转化，将技术成果迅速转化为现实生产力。

（三）共建实体

当今社会处在知识经济时代，教育、经济和科学技术在社会发展中的相互联系越来越紧密，逐渐形成一体化的发展特征。1912年，美国经济学家熊彼特首次提出创新概念，主要是指将生产要素进行再次组合，产生创新效率的质变，从而提高生产效益的活动。1971年，德国学者哈肯首次提出协同的概念，指出两个及两个以上主体通过协调配合共同完成目标，从而实现组织整体效益大于各组成部分之和的效果。协同创新是当今创新理论最重要的核心理念之一。在国家实施科教兴国战略，进行结构调整和转变经济发展方式，促进高质量发展的过程中，需要创新主体之间协同配合，共同推进国家创新体系建设。高校、企业都是创新的主体，通过协同创新，高校与企业的创新资源要素得到组合衔接，破除高校与企业创新的堵点，打破两者之间的体制机制等方面的壁垒、藩篱，发挥协同效应，使双方优势互补，加快技术创新的步伐，提高创新的效率。师范学院具有较强的科学研究基础，拥有一批科技成果，由于资金不足等，科技成果直接转化的现实条件不足。与企业共建经济实体，开展技术研发，是师范学院科学研究成果、技术开发成果进入生产领域或成为实质性生产要素，实现技术产业化、市场化的高级形式，有利于学校科技创新资源与产业资本的结合，加快高新技术产业化的进程，从而产生良好的经济效益和社会效益。

(四) 共建研发机构

随着国家区域规划的实施，国家产业布局逐步进入科学化、规范化的轨道。在发展产业过程中，区域社会不再呈现一哄而起、盲目扩张的无序状态，而是根据地方自然资源禀赋，充分考虑地方产业基础，通过规划布局重点产业、特色产业，形成了稳定、持久的产业发展目标，也符合国家产业分布要求，避免了重复建设造成资源浪费和恶性竞争，体现了地方产业特色。这些重点产业、特色产业一般聚集于产业园区，产业的发展迫切需要高校为其提供技术和研发支撑。师范学院要充分利用自身熟悉地方经济实际、地方产业发展情况的优势，将社会服务重心放在地方重点产业、重点行业上，把重点学科、品牌专业建设与地方行业发展结合起来；要通过与开发区、高新区、产业园区、大型支柱企业、龙头企业共建研发机构，联合创办技术研究中心。这类研发机构是校地、校企开展研发合作，为解决行业发展中的重大技术课题而成立的研究机构，可以是校地共建、校区共建、校企共建，也可以与政府、园区、企业多方共建，以技术创新为核心，以机制创新作为保障，让政府机构、知名高校、科研院所、大中型企业加盟，瞄准行业共性技术和关键技术，相互配合，协同创新，积极展现学校的人才和学科优势，共同为企业的发展提供良好的技术支撑，提高师范学院社会服务的影响力。

四、社会服务平台建设

(一) 科技创新平台建设

师范学院的科技创新平台包括省部级以上重点实验室、工程实验室、工程技术研究中心，以及其他市级工程中心等行业特色平台。这些科技创新平台特别是省级以上平台，集聚了学校比较有优势的科技资源，代表了学校科研的较高水平，是学校科技实力和科技创新能力的集中体现，同时也是区域科技创新的"先锋队"、高新技术成果的"原发地"。将学校有形的人力资源和无形的知识资产应用到地方产业发展中，是师范学院科技创新平台的重要历史使命，对于促进地方经济社会发展具有十分重要的作用。师范学院省级科技创新平台要立足地方经济、社会、科技的发展需求，彰显学科优势和人才优势，面向市场，着力解决地方经济社会发展中和行业、企业面临的共性、关键性技术问题，利用起点高、基础研究能力强的特点，合理配置科技资源，凝练研究方向和发展目标，推进产学研结合，为地方社会产业发展提供技术支撑。通过科技创新平台的辐射作用，企业能提高自主创新能力，推动区域产业创新，学校能提升服务地方经济社会的能力和水平。同时，师范学院应该坚持开放共享机制，建立大型仪器设备共享服务平台，为企业技术创新提供技术支持，为行业企业提供检验检测服务，不断提高大型仪器设备的使用效率。

（二）技术转移中心建设

师范学院要加强技术转移中心建设，建立健全科技成果转化平台。根据《国务院关于印发实施〈中华人民共和国促进科技成果转化法〉若干规定的通知》第十一条的规定，研究开发机构、高等院校的主管部门以及财政、科技等相关部门，在对单位进行绩效考评时应当将科技成果转化的情况作为评价指标之一。《国务院关于印发国家技术转移体系建设方案的通知》要求高校建设好技术转移中心，发挥其在高校科技成果转化和社会服务中的作用。师范学院要高度重视技术转移中心的建设，将其作为学校专门从事科技成果转化的管理服务机构，配备专门人员，为其发挥应有功能创造条件。师范学院要依托技术转移中心，有效整合和汇聚校内外创新要素和科技资源，围绕企业自主创新的科技需求，以服务科技创新、促进技术转移为导向，以推动产学研结合、促进高校科技成果转化、提升企业自主创新能力为目标，服务地方、企业技术创新体系建设，为地方经济建设和企业科技发展提供全程的一站式、网络化的技术创新综合性服务，努力构建多层次、全方位、布局合理、开放协作、功能完备、高效运行的技术转移服务体系。技术转移中心要按照队伍建设专业化的要求，坚持"目标导向、以人为本、优化结构、机制灵活、重在激励"的原则，形成一支专兼职相结合的技术转移服务队伍；建立成果库、专家库、信息库、团队库和专利库等数据库，突出功能性、服务性、互动性、信息性，打造信息化服务平台；提供学校的专家团队及服务领域、科技成果等信息，及时发布相关产学研合作单位的企业需求，扩大技术转移、成果转化的市场覆盖面；鼓励教师进行科技成果转化，制定并出台相关政策，建立健全规章制度，完善激励机制。对于从事应用研究、试验开发、技术推广等工作的教师，将其获得自主知识产权、对提升产业竞争力做出的贡献及取得的成果作为考核的重要依据。对于在科技成果转化中成绩突出者，在评奖、评优、职称晋升等方面给予政策倾斜，依法依规对科技成果转化收益合理分配。为适应科技成果转化市场化机制,学校成立技术转移中心有限公司,作为中心市场化平台,中心与公司实行一体化运作,积极探索技术转移工作的市场化机制。通过技术转移中心的运作,整合科技资源,集成学科优势,着力构建科技创新服务平台,加快科技成果转化。

(三) 大学科技园建设

师范学院要加强大学科技园建设,把大学科技园建设成为学校进行社会服务的重要窗口。建设大学科技园是一条为国内外实践证明了的推动高新技术成果转化及产业化的有效途径。斯坦福大学科技园、剑桥大学科技园既成就了各自学校的蜕变与飞速发展,成为享誉世界的著名高校,同时又带动了当地科技产业的发展,催生了世界级科技企业和国家创新发展中心。2001年5月,科技部、教育部授牌20多个国家大学科技园[①],同年6月,科技部、教育部联合发布了《国家大学科技园"十五"发展规划纲要》,从此拉开了我国大学科技园建设的序幕。大学科技园利用高校的学科优势、科研优势、信息资源,为科技人才的创新创业提供平台,促进高校智力资源与其他社会资源的优化组合,促进企业间合作开展技术创新。大学科技园已成为国家创新体系的重要组成部分,是教育、科研与经济的有效结合点。建设大学科技园能充分发挥师范学院学科专业门类齐全、科研实力较强、科技信息丰富等优势,为科技人员创造良好的创新创业环境,促进人才、技术、信息、实验设备、图书资料等综合资源与社会其他资源的优化重组和整合,对于推动地方产业结构调整、带动区域经济发展具有重要的战略意义。大学科技园在服务地方经济社会发展过程中有助于促进学校应用型人才培养,促进学校科学研究水平提升,促进学校高水平学科体系形成,促进学校科技成果转化与产业化。大学科技园是区域战略性新兴产业和特色产业发展的重要支撑,是高校创新创业教育、高层次创业人才培养的重要基地,是高校科技成果转化和产业化的重要渠道,是区域创新体系建设的重要力量。师范学院要与地方政府签订合作共建大学科技园的协议,制订大学科技园整体发展规划,结合学校学科特色和地方重点产业、特色产业,确定大学科技园的产业方向;成立大学科技园管委会,负责大学科技园的各项管理工作;成立大学科技园有限责任公司,负责科技园的具体运营,为大学科技园建设、运行、管理提供必要条件;聚焦创新,秉承"健全创新机制、孵化创新

---

① 中华人民共和国科学技术部,中华人民共和国教育部. 2001-05-11(2021-09-10). 科学技术部、教育部关于认定首批国家大学科技园的通知. http://www.moe.gov.cn/jyb_xxgk/gk_gbgg/moe_0/moe_7/moe_16/tnull_165.html.

企业、培育创新人才、营造创新环境"的办园宗旨，坚持"学校主导、多元合作、功能互补、整体规划、分步实施、市场运作"的建设思路，以制度创新、管理创新、技术创新为抓手，按照现代企业制度采取市场化运作模式，积极发挥学校的人才优势、学科优势和创新优势，将学校的综合智力资源与社会资源相结合，充分利用社会力量，走"政产学研用"协同、"政校企"结合、联合创办大学科技园之路，广泛吸纳各类人才、成果与资本，促进"政、产、学、研、资、介"紧密结合，贴近区域产业发展方向，扎根区域发展土壤，把大学科技园打造成为地方新兴产业和特色产业的引领高地、区域经济社会发展与技术进步的重要创新源、高新技术企业和战略性新兴产业培育的重要载体、科技型中小企业的孵化器，成为学校社会服务有影响力的品牌。

第九章

师范学院教师队伍建设改革

教育大计，教师为本。深化教师队伍建设改革是促进师范学院转型发展的关键因素和根本保证。本章探讨了1999年以来师范学院转型发展中教师队伍建设的历程，分析了师范学院教师队伍建设改革的现状，并从强化培养机制、完善引进机制、改革评价机制、健全激励机制四个方面，就如何进一步加强师范学院教师队伍建设改革工作提出了对策建议。

第一节　师范学院教师队伍建设改革的历程

21世纪以来，师范学院始终把教师队伍建设作为提高办学水平和人才培养质量的关键要素。本节以盐城师范学院为例，通过剖析其建设历程，以点窥面，重点分析师范学院在升本初期的数量扩张、内涵发展的层次提高、转型发展的结构改善、创新发展的质量提升四个主要阶段在教师队伍数量、职称结构、学历学位结构、年龄结构、学缘结构、"双师型"教师等几个方面建设取得的成绩，梳理其建设历程，揭示高水平的教师队伍建设在推动师范学院高质量发展方面取得的成绩。

一、升本初期的数量扩张

这一阶段大致为师范学院升本初期至教育部进行本科教学工作水平评估。升本之前，各师范专科学校办学规模小，教师队伍数量不足、质量不高，专业设置单一、以师范专业为主。升本初期，这些学校的主要任务是应对高等教育大众化发展的需要，提升办学层次，实施办学层次的转型发展，同时积极扩大招生数量，全面增加专业设置。通过合并升格，这些学校由专科向本科转型，从单一师范院校向综合性师范院校转型。这一时期，其本科教育体系基本建成，办学影响力得到明显提升。随着办学层次的升级、专业数量的增长、办学规模的扩张，专任教师数量大幅度增加。

以盐城师范学院为例，该校1999年3月正式成立，至2007年秋接受教育部本科教学工作水平评估时，全日制在校生达15 263人，其中本科生14 201人，分别比建院初期增加了11 099人和13 001人。①

如表9-1所示，该校专任教师人数由建院初的428人增至2007年的819人，博士学位人数由1人增至53人，正高职称教师从7人增至66人，副高职称教师从130人增至232人。经济学、法学、工学、管理学等非师范专业专任教师的数量总体上均呈增长的态势，适应了学校从单一性师范院校逐步向综合性师范院校转型的需要。

---

① 数据来源于盐城师范学院2007年高等教育事业基层统计报表。

表9-1 1999—2007年盐城师范学院专任教师部分数据汇总表

单位：人

年度	专任教师总数	引进教师		专任教师职称、学历				相关学科教师			
		录用研究生	校外调入	正高	副高	博士	硕士	经济学	法学	工学	管理学
1999	428	0	8	7	130	1	39	0	0	0	0
2000	455	2	3	13	143	3	51	0	0	0	0
2001	519	1	16	18	143	5	50	10	0	8	0
2002*	649	4	90	31	173	42	220	27	9	0	0
2003	714	23	7	35	174	42	243	11	11	22	8
2004	720	5	0	38	185	60	229	14	11	24	2
2005	724	8	2	44	208	64	252	6	7	45	0
2006	780	42	6	44	209	64	275	20	14	47	6
2007	819	44	10	66	232	53	255	18	87	65	47

注：*表示2002年盐城商业学校并入盐城师范学院

资料来源：盐城师范学院历年高等教育事业基层统计报表

二、内涵发展中的层次提升

"十一五"后期，国家适度控制高等教育发展的规模和速度，引导高校提高办学质量，改善办学结构，突出内涵发展。师范学院经过本科教学工作水平评估后持续建设，办学规模不断扩大，办学条件明显改善，办学实力显著增强，发展空间进一步拓展，呈现出良好的发展态势。师范学院努力实施"人才立校、科研强校、特色兴校"发展战略，大力推进内涵式发展，启动实施各类人才培养工程，通过加大对骨干教师、学科带头人、青年拔尖人才"三支队伍"的建设力度，学院教师队伍的结构和质量得到了进一步的改善和提升。

以盐城师范学院为例，该校2008年召开了第一次党员代表大会，确立了聚焦内涵发展，强化教师队伍建设和学科专业建设，走以提高办学质量为核心的内涵式发展之路。在教师队伍发展中，以教师队伍建设的博士化工程为重要发展方向，学校进一步加强了领军人才和科技创新团队、优秀教学团队的建设。

由表9-2得知，在这一时期，由于体量扩张保持相对稳定，盐城师范学院的专任教师队伍从2008年的888人增至2012年的1023人，与升本初期相比，增幅明显降低。在教师队伍质量的提升方面，2008—2012年，学校已不再招聘本科生作为教师，主要是增加研究生学历学位教师招聘数量。随着各种激励措施的实施，盐城师范学院教师队伍的职称、学历有了较大幅度的提升，正高职称教师由73人增加到115人，副高职称教师由244人增加到320人；博士学位教师由69人增加到154人，硕士学位教师由313人增加到578人。与此同时，为了应对教师力量的不足，盐城师范学院加大了外聘教师的力度，在这5年间，每年外聘教师人数都达到200人以上，其中大部分是高职称、高学历的其他高校以及行业的教师。

表9-2　2008—2012年盐城师范学院专任教师有关数据汇总

单位：人

年度	专任教师总数	引进教师		专任教师				外聘教师						
		录用研究生	校外调入	正高	副高	博士	硕士	总数	国内教师	外籍教师	正高	副高	博士	硕士
2008	888	67	14	73	244	69	313	199	188	11	36	121	17	40
2009	913	30	4	82	252	81	345	206	196	10	37	125	18	41
2010	953	44	6	99	297	97	348	212	203	9	37	131	19	46
2011	981	39	6	107	311	114	553	231	221	10	47	139	25	64
2012	1023	43	9	115	320	154	578	236	226	10	48	140	28	65

资料来源：盐城师范学院历年高校基础数据报表

三、转型发展中的结构改善

在经过教育部本科教学工作水平评估后，师范学院加大人才培养改革力度，以深化教学改革、调整专业结构、建立特色应用型课程体系三个方面为重点，拓宽实践教学范畴，适应区域产业更新、经济发展与技术创新需要，不断优化学科专业建设内涵，及时调整专业结构，融合行业标准进行课程设置，侧重培养学生运用所学知识分析和解决实际问题的能力。

2012年，盐城师范学院提出了转型发展战略，2013年学校召开的第二次党员代表大会确立了以内涵建设为主题、以转型发展为主线全面推进学校各项工作的发展理念。第二次党员代表大会召开以来，盐城师范学院在教师队伍建设方面加大改革举措，健全柔性引才机制，推进教师进企业、行业，深化校企合作，强化培养"双师型"教师，有效应对社会对应用型人才培养的需求。

由表9-3得知，2012—2016年，盐城师范学院根据学校转型发展的总要求，大力促进教师队伍建设的转型发展，进一步加大了教师的培训工作，5年间，参加国内和国（境）外培训的教师数量有了大幅度的增加，从2012年的62人增至2016年的139人。同时，盐城师范学院加大了对"双师型"教师的认定和培养力度，"双师型"教师从2012年的16人增至2016年的139人，其中

"双师型"正高职称教师从2人增加至14人,"双师型"副高职称教师从10人增加至69人。

表9-3 2012—2016年盐城师范学院专任教师有关数据汇总

单位:人

年度	专任教师总数	培训教师		专任教师职称、学历		"双师型"教师			外聘教师			正高	博士
		国内	国(境)外	正高	博士	总数	正高	副高	总数	国内教师	外籍教师		
2012	1023	59	3	115	154	16	2	10	246	236	10	48	28
2013	1046	70	2	122	185	16	3	13	195	183	12	45	31
2014	1045	116	5	121	188	66	10	22	197	183	14	45	31
2015	1058	137	23	117	215	77	11	26	98	84	14	13	5
2016	1070	126	13	141	238	139	14	69	194	177	17	19	16

资料来源:盐城师范学院历年高校基础数据报表

四、创新发展中的质量提高

经过以数量扩张、内涵建设、质量提升为主的转型发展阶段之后,盐城师范学院的办学实力得到进一步提升,2016年以优异成绩通过教育部本科教学工作审核评估。但在高等教育分层明显、优质资源获取困难的情况下,盐城师范学院主要以推进特色学科发展、品牌专业建设为重点,通过实施特色品牌战略推进高质量发展。

由表9-4得知,至2019年,盐城师范学院有专任教师1252人,其中正高职称教师140人,博士354人。3年来,盐城师范学院在向高质量发展的过程中,大力加强教师队伍建设。面对人才竞争的劣势,学校加大引进力度,3年内共引进博士202名。为了解决艺术、工科一些紧缺专业的师资不足问题,学校也引进了一定数量的优秀硕士生。学校大力推进国内外培训工作的开展,各类培训人数也有大幅度增加。外聘教师总数由2017年的261人增加到2019年的279人。同时,经济学、农学、工学等学科专业的专任教师稳步增加。

盐城师范学院有近百名教师应聘担任武汉大学、南京大学等高校硕士生导师或博士生导师,2017—2019年获批省部级以上科研项目175项,其中2017年获46项,2018年获65项,2019年获64项,在同层次高校中,无论是项目层次还是项目数量都处于较高位次。①

---

① 资料来源于盐城师范学院历年科研统计数据报表。

表9-4　2017—2019年盐城师范学院专任教师有关数据汇总

年度	专任教师总数	招聘教师		培训教师	教师职称学历		"双师型"教师			外聘教师	相关学科教师		
		博士	硕士		正高	博士	总数	正高	副高		经济学	农学	工学
2017	1120	57	0	129	127	297	128	12	63	261	5	58	112
2018	1142	61	16	342	136	322	144	15	78	286	7	63	89
2019	1252	84	21	436	140	354	144	10	80	279	10	74	92

资料来源：盐城师范学院历年高校基础数据报表

第二节　师范学院教师队伍建设改革的现状

经过多年的发展，师范学院的教师队伍建设取得了长足的进步，在教师队伍建设的规模、结构、层次、素质等多方面都有了质的转变，形成了能满足教学科研、学科发展需要的教师队伍，为师范学院人才培养、科学研究、社会服务工作打下了坚实的基础。本节以1997—2010年升格的16所师范学院为例，对这16所高校的教师队伍建设的现状进行研究和分析。

一、师范学院教师队伍建设改革的主要成效

21世纪以来，师范学院的教师队伍建设改革大体经历了四个时期，即数量扩张、层次提升、结构改善、质量提高。这16所高校的升本时间虽有先后，但在国家宏观教育政策的推动下，后升本的高校在学习借鉴先升本高校的发展经验的过程中，已跨越了升本初期的扩张期，进入内涵发展、质量提升期，其教师队伍建设改革都取得了较大的成绩，具体如表9-5所示。

表9-5　16所师范学院教师队伍建设现状数据

学校名称	专任教师数/人	生师比	高级职称占比/%	学历结构		年龄结构		
				博士占比/%	硕士占比/%	35岁及以下教师占比/%	36—45岁教师占比/%	45岁以上教师占比/%
淮阴师范学院	1150	15.82∶1	51.48	38.30	49.48	19.91	46.35	33.74
湖州师范学院	841	15.06∶1	48.04	39.00	44.83	16.63	45.61	37.76
太原师范学院	981	21.75∶1	42.41	25.89	55.45	34.15	29.46	36.39
盐城师范学院	1252	16.70∶1	52.08	28.03	51.56	22.44	42.04	25.15
洛阳师范学院	1442	19.07∶1	33.49	31.28	57.35	31.90	45.70	22.40

续表

学校名称	专任教师数/人	生师比	高级职称占比/%	学历结构		年龄结构		
				博士占比/%	硕士占比/%	35岁及以下教师占比/%	36—45岁教师占比/%	45岁以上教师占比/%
曲靖师范学院	772	17.52∶1	36.66	14.77	61.01	30.70	44.17	25.13
商丘师范学院	1265	18.40∶1	33.84	23.32	52.57	26.64	49.33	24.03
南京晓庄学院	910	17.98∶1	47.80	33.52		17.47	50.44	32.09
南阳师范学院	1263	19.42∶1	34.84	28.27	56.29	24.62	49.49	25.90
遵义师范学院	878	17.97∶1	56.49	24.49	52.05	30.87	41.80	27.33
楚雄师范学院	590	17.41∶1	41.19	6.10	66.61	27.80	35.59	36.61
咸阳师范学院	911	16.82∶1	40.40	20.31	61.47	23.60	50.93	25.47
绵阳师范学院	1098	16.83∶1	46.20	24.20	49.00	19.80	48.90	31.40
合肥师范学院	756	18.58∶1	41.40	24.07	68.25	39.42	44.31	16.07
宁德师范学院	456	17.71∶1	44.10	21.50	60.70	38.40	36.00	25.70
齐鲁师范学院	703	21.48∶1	37.74	18.78	67.71	36.84		

注：因四舍五入，个别数据之和不等于100，为保持数据原貌，不做修改
资料来源：16所师范学院在本校主页上公布的2018—2019年度本科教学质量报告

（一）学缘结构得到优化

从各高校的发展情况来看，由于教师数量不足，在发展初期出现了本校毕业生留校任教、本校培养的教师占多数的情况，从某种程度上说，这对于高校教师队伍建设是不利的，不利于整个学校创新氛围的形成，不利于在学校内部形成良好的学术氛围，有时还会形成学术和利益的小圈子。16所院校2017—2018学年和2018—2019学年的本科教学质量报告数据显示，经过20多年的引进和培养，师范学院教师队伍的学缘结构都比较合理。

（二）职称结构趋于合理

根据教育部颁布的《普通高等学校本科教学工作水平评估方案（试行）》的要求，在普通本科院校教师队伍中，高级职称教师所占比例要达到30%以上。表9-5的数据显示，这16所师范学院都能达到教育部的这一要求，其中有3所学校的高级职称教师所占比例达到50%以上，有8所学校高级职称教师所占比例为40%—50%。

(三) 学历结构显著提高

教育部发布的《普通高等学校本科教学工作水平评估方案（试行）》要求普通本科院校教师中拥有硕士以上学位教师的比例达到50%以上为优秀，30%以下为不合格。表9-5的数据显示，在这项指标上，16所师范学院除个别学校数据不详外，其他高校不仅全部符合教育部的评估方案要求，而且大多为优秀等级。

(四) 年龄结构明显改善

专任教师的年龄结构对学校的未来发展尤为重要。要达到较为合理的年龄结构，师范学院必须从宏观上适当控制教师队伍中各年龄段教师人数的动态平衡，使其符合新陈代谢的自然规律。从总体上讲，合理的年龄分布规律应该是青年教师数略多于中年教师数，中年教师数略多于老年教师数，从而构成金字塔形的年龄结构。经过多年的发展，师范学院教师队伍的年龄结构已经得到很大改善。表9-5的数据显示，这16所师范学院45岁以下专任教师数占比较为合理。

二、师范学院教师队伍建设改革存在的问题

16所师范学院发布的2017—2018学年和2018—2019学年两个学年的本科教学质量报告均对教师队伍建设改革中存在的问题进行了深入的剖析，从重要性程度来看，"高层次教师的引进和培养""教师数量不足""'双师型'教师不足"方面的问题位列第一层面，"教师队伍结构""青年教师培养""教师教学质量和能力"方面的问题位列第二层面，"创新创业导师""教师访学研修"方面的问题位列第三层面，其他还有"高层次教学成果""教师培养制度""教学督导""教学改革动力""教学理念落后""科研创新团队"等问题。笔者对其进行了梳理、分析和归类，认为当前师范学院在教师队伍建设方面大致存在以下四个方面的问题。

(一) 重学历、轻能力

经过多年的发展，师范学院专任教师的学历学位层次有了较大提高，这有助于各高校完成人才培养、科学研究、社会服务等任务。但是师范学院教师队伍建设评价体系都把教师引进和培养导向高学历、高职称方向，存在"重学

历、轻能力"的现象。面对激烈的人才竞争，在教师队伍建设过程中，师范学院在引进人才的制度设计上形成了"非博士莫进"的模式，而有些学科如工科引进博士学位教师存在困难，造成教师数量不足，这导致教师队伍建设中出现以下多种问题。

一是教师的教学能力欠缺。大多数新进的具有博士学位的人员出自非师范专业，没有经过规范的教学技能训练，缺乏一定的教学基本功，在教学方面没有显示其高学历的应有优势。其教学大多属于灌输式的，普遍没有脱离"以教师为中心、以课堂为中心、以教材为中心"的教学方式，"我讲你听"依然是主要的教学模式。一些具有博士学位的教师在教学创新方面的能力不足，在教学过程中不能进行教学创新，缺乏多元的教学方法。[1]

二是教师的实践能力欠缺。随着办学规模的扩大，新建师范学院引进了一批高学历人才以扩大师资队伍。他们大多没有相关行业的实际工作经验，专业实践能力不高，不能胜任应用型人才培养的教学实践工作。他们将理论转换为技术、将技术应用到现实的专业实践能力不足，实训教学、现场指导能力较弱，可以说是纯"理论型"教师。

三是教师的社会服务能力不足。国家和社会对地方高校转型发展的要求重点在于满足区域社会经济发展的需求。从科学研究的角度来看，师范学院的科学研究应以解决本区域社会生产生活中存在的现实问题为主攻方向；从师范学院的社会服务功能来看，要通过人才培养、科技服务、文化创新来服务本区域的经济社会发展。

（二）重学术、轻应用

多年来，在教师队伍建设中，一些师范学院仅把拥有博士学位、已发表多少篇论文、参与多少科研项目等作为引进人才的定档标准，而对教学能力、实践能力、社会服务能力的考核评价只是走走过场，在教师职务晋升、业绩考核、评奖评优中，把学术成果、学术论文和科研项目作为基本依据。关于一些教学团队、教师名师的评选，对照选拔条件，往往只有学术标准而没有道德、教学、能力等方面的要求。

在教师队伍建设的制度设计中，一些师范学院对道德素质、教学素质、能力素质等方面的关注缺失。特别是在师范学院转型发展过程中，其应用型人才

---

[1] 王中华. 2017. 新建本科院校博士研究生学历教师队伍建设问题与对策——以贵州师范学院为例. 南昌师范学院学报，（2）：40-43.

培养的模式已然建立，但应用型教师队伍建设没有得到应有的重视，也很少有学校实实在在地向社会公开招聘业内优秀的工程技术人才担任专职教师。《中国制造2025》明确提出，要以高层次、急需紧缺专业技术人才和创新型人才为重点，实施专业技术人才知识更新工程和先进制造卓越工程师培养计划，在高等学校建设一批工程创新训练中心，打造高素质的专业技术人才队伍。[①] 高校要面向产业、面向世界、面向未来，培养大批创新能力强、适应制造业转型升级需要的优秀工程技术人才，这就对高校教师队伍的工程实践经历、产学研合作能力等提出了更高的要求。可以说，只有改变教师业绩评价导向，构建以应用型人才培养为核心的评价体系，才能从根本上提高教师的实践能力和创新能力，否则将无法提高应用型人才的培养质量。

（三）重数量、轻结构

一些师范学院在转型发展初期忙于扩大招生规模、扩大校园面积、扩大教师数量，没有充分关注师范学院发展的战略选择、学科专业的发展规划，造成了不同学科专业之间教师比例严重失衡，造成了有些学科、专业"人多活少，有人没事做"，有些学科、专业"人少活多，有事没人做"的现象。

一些在历史上规模较大、需压缩的传统专业，教师数量过剩、高级职称教师比例高，但一些社会亟须发展的面向应用领域的新型学科专业、要加强的特色专业却可能存在严重的教师短缺。这种情况属于教师队伍建设的"结构性短缺"。"结构性短缺"一方面会影响师范学院按照社会需求创设新的学科专业、调整学科专业结构；另一方面会增加以后扩大教师队伍、优化教师素质的负担。如某高校在引进人才的过程中，大量引进传统文科、纯理科类的人才，数量过剩，而艺术类、设计类、财会类、工科类的具有博士学位的教师极为短缺，且没有采取有效措施加大引进和培养力度，造成了这些专业师资数量的长期不足。

（四）重引进、轻培养

近年来，国家、地方高校出台了诸多人才项目和计划，不惜花重金从海外引进高层次人才，取得了明显成效。但其工作中也存在偏颇，例如，在引进人才方面不遗余力、不惜代价，对在职教师的培养重视不够、措施不力，教师职

---

① 中华人民共和国国务院. 2015-05-08（2021-09-10）. 国务院关于印发《中国制造2025》的通知. http://www.gov.cn/zhengce/ content/2015-05/19/content_9784.htm.

业拓展体系亟待完善，对在职教师的教学和科研的激励也不够。这种现象的存在影响了高校教师队伍整体素质的提升和中青年教师个人职业生涯的拓展，从长远看必将会影响高等学校的可持续发展。

"引进"是高校加强教师队伍建设的重点举措，"培养"是加强教师队伍建设的重要途径。在教师队伍建设的过程中，师范学院存在"重引进、轻培养"的问题，主要表现在对人才引进工作不遗余力、不惜代价、不拘一格；对人才培养工作重视不够、跟进不够、服务不够。一是认识上有偏见。在"引进"和"培养"这两种人才工作方式的选择上，由于考虑到现有人才培养周期较长，不能完成短期人才工作目标和科研任务，一些高校管理者存在工作上的认识误区和短视行为，在教师队伍建设上存在"重引进、轻培养"的制度设计。二是工作上有偏好。在"重引进、轻培养"的理念和制度的引导下，一些学校对相关部门引进人才提出了硬性指标，相关人员为了引进高层次人才可以做到千山万水、千辛万苦、千言万语，而对原有教师的培养工作重视不够、投入不足。原有教师的成长得不到同等支持，不能适应教学和科研工作的需要，致使人才培养质量得不到充分保证。三是待遇上有偏差。一些师范学院对引进的教师动辄给几十万甚至上百万元的安家费、科研启动金，对原有教师的奖励、激励偏弱，这也导致原有教师的工作积极性下降。从全国范围来看，高层次人才相对稀缺是常态，高校之间对师资的竞争更加激烈，如果仅依靠较大的投入来"引进"教师，而不能平等对待原有教师的劳动付出，会严重打击学校原有教师的积极性，现有资源也有可能萎缩、流失。

第三节 师范学院教师队伍建设改革的深化

2018年，《中共中央 国务院关于全面深化新时代教师队伍建设改革的意见》出台，要求"全面提高高等学校教师质量，建设一支高素质创新型的教师队伍。着力提高教师专业能力，推进高等教育内涵式发展。搭建校级教师发展平台，组织研修活动，开展教学研究与指导，推进教学改革与创新。加强院系教研室等学习共同体建设，建立完善传帮带机制。全面开展高等学校教师教学能力提升培训，重点面向新入职教师和青年教师，为高等学校培养人才培育生力军。"[①]

---

① 中共中央，国务院. 2018-01-20（2021-11-30）. 中共中央 国务院关于全面深化新时代教师队伍建设改革的意见. http://www.gov.cn/xinwen/2018-01/31/content_5262659.htm.

一、师范学院教师队伍建设改革的目标

师范学院教师队伍建设改革的总体目标是建设高素质、专业化、创新型的教师队伍。从16所师范学院的教师队伍建设目标来看，各高校对当前教师队伍建设中存在的问题都有深刻的认识。要培养一批教书育人能力突出的教学名师，打造一批在行业领域和学科领域具备竞争力的学科带头人，形成一支师德高尚、业务精湛、结构合理、勇于创新的高素质教师队伍，师范学院必须加大改革力度，加快教师队伍建设，力求达到以下三个方面的建设目标。

（一）专任教师数量充足

生师比是衡量教师数量是否充足的一个重要指标。《普通高等学校基本办学条件指标（试行）》要求，除体育、艺术、医药类院校外，其他院校的生师比不高于18为合格标准。《普通高等学校本科教学工作合格评估指标体系》在教师队伍数量方面基本要求生师比达到18∶1；各专业的教师数量满足教学需要；合理控制班级授课规模。

从现实情况来看，师范学院专任教师的数量还存在一定的不足，部分学校尚未达标。如表9-5所示，16所师范学院的生师比均较高，在大量引进外聘教师的情况下，还有6所高校的生师比超过了18∶1。我们必须认识到，虽然大量外聘教师，数量不足仍然是当前师范学院教师队伍建设中普遍存在的问题，导致师范学院的生师比较高。因此，师范学院要通过大量引进和培养各类人才，争取使教师数量达到教育部本科教学质量评估标准的要求，并逐渐降低生师比，来保证专任教师数量充足。

（二）专任教师素质优良

2018年，习近平总书记在北京大学师生座谈会上发表重要讲话时强调，"建设政治素质过硬、业务能力精湛、育人水平高超的高素质教师队伍，是大学建设的基础性工作"[①]。在教师队伍建设过程中，师范学院要全面考察人才的整体素质，不仅要考察其业务能力，如知识水平、语言表达、授课质量等，还要考察他们是否具有良好的道德水平、敬业精神、协作精神和学习能力。

高等教育的发展关乎国家和民族的未来，要进行社会主义现代化强国建

[①] 中国教育报评论员. 2018-05-06. 建设高素质高校教师队伍——四论学习贯彻习近平总书记在北京大学师生座谈会上的重要讲话精神. 中国教育报，（第2版）.

设，需要培养各类优秀人才，这对高校教师队伍建设提出了更高的要求。一是政治思想素质要高。教师要为人师表，把自我修养和教书育人结合起来，做到以德立身、以德施教、以德立学、以德育德。二是高校教师要有高水平的科学研究能力。大学是研究高深学问之处，这要求教师要有较高的科学研究水平，把科学研究的前沿知识融入教学环节。三是教学水平要高。教学过程有很强的专业性，教师要苦练本领，站好、站稳课堂，把高深的知识讲明白、讲透彻。

（三）专任教师结构合理

师范学院要根据学校的教学和科研需要，对教师队伍建设进行科学合理的规划，要从职称结构、学历结构、专业结构、能力结构等多方面做好教师队伍建设工作，坚决避免教师队伍建设存在盲目性、朝令夕改等短期行为，确保人尽其才、人事相宜，促进人才培养和学校可持续发展。根据教育部公布的《普通高等学校本科教学工作合格评估指标和基本要求（试行）》的要求，专任教师中具有硕士学位、博士学位的比例大于等于50%；在编的主讲教师中90%以上具有讲师及以上专业技术职务或具有硕士、博士学位，并通过岗前培训。[1] 发达地区的要求更高，如江苏省教育现代化监测指标要求，到2022年高校专任教师博士学位比例不少于60%；具有一年以上（累计）境外学习、进修、工作经历的教师比例，高水平大学为30%以上，其他本科院校为20%以上，国家和省示范（骨干）高职院校为10%以上。[2] 这就要求师范学院要大力推进教师学历的提升，促进45岁以下中青年教师的快速成长。

2014年以来，国家大力推动地方本科院校的转型发展，也给师范学院教师队伍建设提出了新的要求，如2014年教育部发布的《关于地方本科院校转型发展的指导意见（征求意见稿）》，对加强"双师型"教师队伍建设提出明确要求——专任教师队伍中"双师型"教师占专任教师的比例逐步达到50%以上。"双师型"教师要兼具理论教学和实践教学的双重素质。师范学院将目标定位于应用型人才的培养，因此其培养的学生既要有一定的理论基础，又需要有一定的实践能力。从16所高校2018—2019年的数据来看，"双师型"教师占比还远没有达到要求。因此，师范学院必须采取多种措施，推进"双师型"教师的培养工作。

---

[1] 中华人民共和国教育部办公厅. 2012-01-10（2021-09-10）. 普通高等学校本科教学工作水平评估和基本要求（试行）. http://www.moe.gov.cn/srcsite/A08/s7056/201802/t20180208_327138.html.

[2] 江苏省人民政府办公厅. 2016-08-03（2021-09-10）. 江苏省政府办公厅关于印发江苏教育现代化监测指标的通知. http://www.jiangsu.gov.cn/art/2016/8/24/art_46577_2555948.html?sifsdo=sowyu2.

二、师范学院教师队伍建设改革的内容

依据《中共中央 国务院关于全面深化新时代教师队伍建设改革的意见》的精神，高校教师队伍建设改革主要包括以下几个方面：一是着力提升思想政治素质，全面加强师德师风建设；二是全面提高高等学校教师质量，建设一支高素质创新型的教师队伍；三是深化教师管理综合改革，主要是要推动高等学校教师人事制度和职称制度改革；四是推进高等学校教师薪酬制度改革，建立体现以增加知识价值为导向的收入分配机制。

（一）加强思想道德建设

《中共中央 国务院关于全面深化新时代教师队伍建设改革的意见》提出全面提高教师思想政治素质和职业道德水平，要求广大高校教师深入学习把握习近平新时代中国特色社会主义思想，引导教师树立正确的历史观、民族观、国家观、文化观，坚定中国特色社会主义道路自信、理论自信、制度自信、文化自信，准确理解社会主义核心价值观的深刻内涵，带头践行社会主义核心价值观。广大教师在工作中要弘扬高尚师德，以德立身、以德立学、以德施教、以德育德，坚持教书与育人相统一、言传与身教相统一、潜心问道与关注社会相统一、学术自由与学术规范相统一，争做"四有"好教师。根据《中共中央 国务院关于全面深化新时代教师队伍建设改革的意见》的精神，教育部印发了《新时代高校教师职业行为十项准则》《关于高校教师师德失范行为处理的指导意见》，进一步细化了高校教师职业道德具体要求和惩罚措施。2019年11月15日，教育部等七部委印发的《关于加强和改革新时代师德师风建设的意见》对师德师风建设提出了更高的要求。

师范学院要根据中央和教育部的文件精神完善师德规范，建立健全系统、完备的师德建设长效机制，制订符合本校实情的操作性强的规章制度；大力推动师德建设常态化、制度化；创新师德教育载体，实施师德师风建设工程，在教师培养的每个环节渗透师德师风教育的内容，在教师成长的每个阶段设置师德师风的门槛；善于弘扬先进、注重感召、加强引领，形成强大的正能量；注重加强对教师的师德师风、思想政治素质等的监察监督，强化师德考评；推行师德考核负面清单制度，实行师德失范"一票否决""零容忍"，形成强大的威慑力；完善诚信承诺和失信惩戒机制，同时要着力解决学术不端等问题。

（二）加强专业能力建设

高校教师的专业能力不仅包含教师在本专业的教学能力，而且包含教师在学科专业领域的实践能力、科研能力、社会服务能力。师范学院要切实加强教师的专业能力建设，一是学校层面要深入把握所在区域经济发展及人才需求，对人才培养方向、培养质量进行全面的规划和管控，以适应当地经济发展的需要；二是各专业教师要加强科学研究，解决行业内的实际问题，促进当地经济和社会发展；三是各专业教师必须深入了解学校毕业生对口单位的用人标准、岗位职责等情况，了解本专业与相关行业的关系，在教学中引入实践内容，体现教学的实用性和实践性。

因此，师范学院应完善机制、体制，保障教师专业能力的提升。一是学校要在有关职能部门的统一协调下，推动构建教师专业能力提升的规划和机制。二是要有操作性强的实施方案。学校职能部门要结合各专业的特点制订实施方案，做好校内教师专业能力提升、高端人才引进、兼职教师聘用以及"双师型"教师队伍建设等工作。三是要建立科学的专业能力建设评价标准。四是要构建分类、分段、分层的教师专业能力培养体系。五是要有具体的考核细则，将教师专业能力建设的各项量化指标与教学单位的目标考核管理体系融合在一起。六是要有相应的配套制度，建立教师专业能力水平与职称评审、职务晋升联动的管理机制。

（三）加强人文素质建设

人文素质在各种素质中处于基础地位。杨叔子有一句名言："一个国家、一个民族，没有现代科学，没有先进技术，就是落后，一打就垮；然而，一个国家、一个民族，没有民族传统，没有人文文化，就会异化，不打自垮。"[①] 人文素养对高校教师的素质结构、师德修养、人格塑造、教学风格、专业发展等方面的完善都起着巨大的作用。[②] 大学教师的人文素养是建立在其职业素养基础上的文化修养。高校必须重点关注其在履行人才培养、科学研究、服务社会、传承文化与创新这四大职能过程中所需的特定素养。大学教师的职业要求决定了大学教师的人文素养更应该指向其精神层面，而不仅仅是指大学教师拥

[①] 转引自：张从志，谢婷婷. 2016-09-12. 杨叔子院士：没有人文的科学是残缺的. 中国青年报，（第12版）.

[②] 桂署钦. 2010. 论高校教师人文素养体系的构建. 教育与职业，（18）：40-41.

有人文知识的多寡。① 大学教师的人文素养不仅要求大学教师具有广泛而深刻的社会学科基础知识，而且包括在这些社会学科的基础知识中习得的处理自身、他人、社会、自然等多种、多层关系中形成的正确的价值观以及遵循这种价值观的行为规范。

第一，要充分认识人文素养的重要性，形成学校与教师的发展共同体。大学教师群体的重要性不言自明，作为学术组织的大学与教师群体互相依存。教师人文素养缺失，大学肯定不完整。提高教师的人文素养是落实国家素质教育政策的应有之义，也是做好大学生培养工作的关键，大学的社会责任也要求大学教师有较高的人文素养。就教师个人来讲，提高人文素养既是人格健全发展的必备条件，也是提高人才培养质量的有效手段。

在人文素养这个层面上，大学与教师必须形成一个关乎全局的发展共同体。大学教师在这个共同体中共享智慧、交流思想，在合作过程中得到多种文化的滋养，共同解决问题。为了适应科学研究和知识创新的需要，更是为了共同的价值追求和工作目标，教师要互相信任，以团队力量、无私品质，遵循独有的行为规范，形成合力，促进教师的发展；要把教师成长融入人才培养的各种实践活动中，融入对现实教育问题的解决中，促进教师的发展，提升学校教育的质量，从而不断提高学校的整体办学水平，推动学校与教师这一发展共同体不断进步。

第二，完善机制，形成有利于人文素质提升的生态。提升教师人文素质的首要目标是着重培养教师的人文精神，促进教师主动应变。师范学院要建立"以人为本、重在激励"的管理机制，为教师人文素养的提升创造适宜的制度、文化生态环境。在大学，作为一种实践活动，教育教学活动是不断调整自我定位、体验组织角色、寻求他人认可的过程。教师应把个人发展目标和学校发展战略统一起来，形成共同愿景。在此愿景的驱动下，"大学教师自觉自主地与学校组织成员主动交流，改善自己的心智模式，并通过团队学习创造合作的氛围，使大学成为一种智能组织，为个体及大学的持续发展创造条件"②。

第三，结合教师考核评价，系统提升教师的人文素养。提高教师的人文素养，应该依靠大学丰富的教育资源，开展多种形式的专题教育培训和行为管理，特别是要结合教师队伍建设来做好这项工作。科学的制度约束和政策导向是教师人文素养提升的有力保障。师范学院要进一步加强和规范教师培养制

---

① 任珂. 2013. 文化生态观照下的大学教师人文素养的培育研究. 教育探索，（8）：111-113.
② 任珂. 2013. 文化生态观照下的大学教师人文素养的培育研究. 教育探索，（8）：111-113.

度，如教师教学、科研考核、职务评聘，必须增加一些人文素养内容和具体考核要求；教师的专业进修、学校专业课程体系建设、教学组织实施等都应强调人文素质评价内容，从而营造有利于提高教师人文素养的氛围。

第四，开展多种活动，增强教师提升人文素养的主动性、积极性。师范学院应以党团教育、理论学习、素质拓展、教学研讨等多种活动为契机，积极探索把思想政治教育、专业发展研讨、教育教学研究、党政工团活动与人文素养提升有机融合起来。在整体工作框架下，积极引导教师形成正确的价值观，思考社会、学校、个人三者之间的关系，增强教师在人才培养、科学研究、服务社会、文化传承与创新等多方面、多角度的理想与情怀、责任与担当，促进教师在工作中提升人文素养。

（四）加强行业背景建设

2015年，《教育部 国家发展改革委 财政部关于引导部分地方普通本科高校向应用型转变的指导意见》印发，要求改革教师聘任制度和评价办法，调整教师结构，加强"双师双能型"教师队伍建设，聘请企业优秀专业技术人才、管理人才和高技能人才作为专业建设带头人、担任专兼职教师。同时，有计划地选送教师到企业挂职工作、接受培训和实践锻炼。通过教学评价、绩效考核、职务（职称）评聘、薪酬激励、校企交流等制度改革，增强教师提高实践能力的主动性、积极性。[①]教育部高等教育司原司长张大良指出："坚持把教师队伍建设作为引导地方本科高校转型发展的核心要素，建设一支教师资格、工程师资格兼具，教学能力、工程实践能力兼备的'双师双能型'教师队伍。"[②]为了更系统地培养本校"双师双能型"教师队伍，师范学院应从以下三方面着手做好"双师双能型"教师队伍建设工作。

一是进一步完善人才引进办法，对于学科专业建设急需的"双师双能型"人才，提高相关引进待遇，给予相应的安家费和科研启动经费。同时，鼓励相关专业聘请一定数量的能独立承担某一课程模块教学或实践教学任务的行业实践经验丰富的校外专家、高级工程技术人员，承担本专业相关教学任务，构建数量相对稳定的"双师双能型"兼职教师队伍。

---

① 中华人民共和国教育部, 中华人民共和国国家发展和改革委员会, 中华人民共和国财政部. 2015-10-21（2021-09-10）. 教育部 国家发展改革委 财政部关于引导部分地方普通本科高校向应用型转变的指导意见. http://www.moe.gov.cn/srcsite/A03/moe_1892/moe_630/201511/t20151113_218942.html.

② 张大良. 2015. 把握"学校主体、地方主责"工作定位 积极引导部分地方本科高校转型发展. 中国高等教育,（10）: 23-29.

二是进一步拓展培养途径，提升教师队伍素质。师范学院要鼓励专任教师参加校内外实践实训活动，通过挂职企业行业、社会调查研究、科研合作咨询、专业实践实训和毕业实习指导等形式，选派相应专业的教师深入社会各行各业积累实际工作经验，提高实践教学能力。

三是鼓励教师参加职业（技能）资格考试和职业技能大赛，以赛促学、以赛促教、以赛促建。同时，积极支持教学科研单位从社会各行各业邀请名师专家、高级工程技术人员来校开展学术与技术交流，对本行业最新生产工艺、技术流程、设备装置和发展趋势进行介绍，拓宽本专业教师和学生的知识视野。

（五）加强国际背景建设

教师国际化在高校的国际化建设中处于核心地位，是高等教育国际化最基本的表现形式，是实现高校科研国际化的前提、教学国际化的中介及学生国际化的桥梁。[①] 近代国内高校发展的历史本身就是高等教育国际化的产物，不断更新的教育方针政策和教育法律法规呈现出的均是国内外高等教育交流与合作史。

一是要创造各种条件，扩大教师海外学习和交流的范围。师范学院应该与各类政府培训机构加强合作，开设外语培训班，开展联合培训，为教师培训提供便利，对专业教师进行英语应用培训或备考培训，提高教师的外语应用水平；拓展各类公派渠道，提高教师海外学习项目的申报质量和录取比例。同时，师范学院应该加大对骨干教师赴国外深造的支持力度，在与国外学校交流合作中探索教师出国培训的方式，拓宽教师的国际视野。

二是要采取多种措施加大对海外人才的引进力度。师范学院应该完善人才引进工作实施办法和人才引进优惠政策，根据专业需要引进学有所成的海外博士补充师资队伍。同时，在校内创建良好的学术生态环境，把国际前沿的科研动态、研究方法带到校内，促进教学和科研水平的提高。

三要坚持"走出去，请进来"，促进校际的国际学术交流与合作。有条件的学校可以聘请国外知名学者等作为学校发展的国际顾问，来校讲学，充分利用海外高层次人才及智力资源，发挥他们在学科建设、科学研究、人才培养等方面的咨询和指导作用。同时，师范学院可以资助、选派优秀青年教师、学术骨干到国外高水平大学或研究机构交流合作，积极主办、承办国际学术会议，促进教师国际化发展。

---

① 陈杰，胡晨，孟扬. 2014. 进一步提高高校教师队伍国际化水平探索. 青年与社会，(9)：219.

三、师范学院教师队伍建设改革的措施

2015年发布的《教育部 国家发展改革委 财政部关于引导部分地方普通本科高校向应用型转变的指导意见》要求，在转型发展过程之中，高校需要"通过教学评价、绩效考核、职务（职称）评聘、薪酬激励、校企交流等制度改革，增强教师提高实践能力的主动性、积极性"①。教师队伍建设制度要体现出公开性、相对稳定性、适度超前性，这是吸引和稳定教师队伍的重要保障。另外，教师队伍建设的各项措施制度化也是依法治校的必然要求。②

（一）强化培养机制

师范学院应该在本校教师队伍建设规划的引导下，针对不同专业、不同年龄、不同知识结构的教师，本着缺什么补什么的原则，完善机制，多措并举，加强教师培养。

一是重视岗前培训。加强岗前培训是提高教师队伍素质的重要环节，新教师特别是没有受过系统教师教育的新教师，要接受系统的学科教学论、心理学、教育学培训。他们不仅要接受现代教育理念、了解高校教育规律、提高教学能力，同时要具有管理班级、处理师生关系等基本的技能技巧。③

二是完善政策、加大投入。针对多数高校存在的"重引进、轻培养"的问题，师范学院管理者应树立引进与培养并重的理念，建立有效的规章制度，在待遇、职称和职务晋升等方面对本校培养的人才与引进的人才同等对待，不能厚此薄彼，以免造成伤害而影响教师教书育人的积极性，甚至导致人才流失。学校层面要鼓励教师多层次、多方向地选择进修路径，不仅要在在职培养工作方面做到层次化、系列化和规范化，加大培训的力度、广度和深度，而且要经常性地为兼职教师提供教育学、心理学等方面的进修课程。教师发展管理部门要通过多种途径强化教师专业发展，例如，举办教师教学技能竞赛，为展示教学技艺、切磋教学技能提供平台；开展教师教学研讨活动，交流教学心得；建立教师教学成长档案，客观地反映教师教学改革和能力成长的过程；利用现代信息和存储技术建立教师教学发展资料库；建立青年教师成长协助模式，设立

---

① 中华人民共和国教育部，中华人民共和国国家发展和改革委员会，中华人民共和国财政部. 2015-10-23（2021-09-10）. 教育部 国家发展改革委 财政部关于引导部分地方普通本科高校向应用型转变的指导意见. http://www.moe.gov.cn/srcsite/A03/moe_1892/moe_630/201511/t20151113_218942.html.

② 邝邦洪. 2004. 对新建本科院校师资队伍建设的思考. 中国高教研究，（5）：68-69.

③ 王侨. 2016. 新建本科院校青年教师教学发展研究. 山东大学硕士学位论文：9-41.

教学助理培训项目，帮助新教师为未来的学术职业发展做好规划；开设名师教学工作坊，传递先进的教育思想、教学经验和教学成果；构建教师在线教学咨询系统，提供诊断与指导、教学咨询等帮助，引导教师开展教学改革与创新，资助广大教师从事课程开发和研究。

三是加强教师校际交流与合作。师范学院应该积极选派教师赴国内外高校进修培训或交流访学。《国家中长期教育改革和发展规划纲要（2010—2020年）》指出："加强国际交流与合作。坚持以开放促改革、促发展。开展多层次、宽领域的教育交流与合作，提高我国教育国际化水平。"[①]师范学院要提升教师的教学研究水平，就应当促进教师加强国际交流与合作，更多地了解和学习国外教学和科研方面的最新研究成果，进行有益借鉴。师范学院要加强与国外教育机构合作办学、互相承认学历，建立与国际接轨的学分互换机制，还可以充分利用双方的教育资源优势，整合师资力量，采取学位项目合作模式，建立海外课程学习、联合课程、暑期学校、海外实习和科研合作机制。

四是加强实践能力的培训。师范学院应该加强与企业的合作，依托教师发展中心建立多学科的教师实践实训基地，以提高教师的实践动手能力为宗旨，结合学科、专业特点设置培训内容，保证专职教师每年轮训一次，脱产培训的时间列入教师的正常工作量。如果条件允许，也要为专职教师进入企业进行较长时间的实践锻炼提供机会。

五是加强对年轻教师的培养。师范学院要在人才培养、科学研究、社会服务、文化传承与创新的实践中促进青年教师快速成长，要建立系统的教师培养制度，提高高学历教师的教学实践能力和科研水平；要给他们提目标、压担子，协助他们建立科研团队，构建学术梯队，充分发挥高学历教师的中坚和骨干作用，促进整个教师队伍的发展。

（二）完善引进机制

师范学院应充分考虑学校发展的需要、人才培养的需求、社会服务的要求，统筹和完善人才引进工作，要重视各专业发展的特殊性，关注引进人才的结构要求，要重视应用型人才的队伍建设，加大对"双师双能型"教师的引进力度。

一是建立科学的教师选聘规划。师范学院要按照人才培养的要求和本区域

---

① 国家中长期教育改革和发展规划纲要工作小组办公室. 2010-07-29（2021-09-10）. 国家中长期教育改革和发展规划纲要（2010—2020年）. http://www.moe.gov.cn/srcsite/A01/s7048/201007/t20100729_171904.html.

产业发展的要求，明确本校不同类型教师的任职资格、岗位职责和选聘计划。按照教师类型划分，既要充分考虑具有深厚的理论基础的"理论型"教师，又要选聘有较强的理论水平和较强实践能力的"双师双能型"教师。比如，在一些师范学院，很多学科肩负着基础教育师资培养的重担，但学科教学法的教师较少，面对这种情况，师范学院可适当引进基础教育领域的教学骨干作为学科教学法的教师。同时，也有许多学科在培养工科人才，可引进业内具有一定理论水平、实践能力较强的工程技术人才担任实践实训、实习指导教师。

二是重视对高层次教师的引进。师范学院高层次教师数量普遍不足，要推动学术和学科带头人的工程建设，实施"教授资助工程""高层次教师队伍培养计划"等各类专项工程；根据专业和学科发展需要，设立特聘教授岗位，外聘高层次的教学和科研专家；推行教授后备人才和学术带头人"培养计划""海外研修计划"，多形式、多途径地培养高层次的后备人才。

三是重视对技术技能型教师的引进。师范学院的大多数教师缺乏实践经历，"双师双能型"教师比例较低，培养应用型人才的实践教学经验、知识转化能力不足。因此，师范学院要选聘业界高层次的技术与管理人才，制订和完善技术技能型人才选聘实施办法、柔性聘用实施办法等制度，引进实践经验丰富、操作技能强、具备教师条件的人才进入教师队伍，及时帮助他们尽快成为高水平的教师。

四是重视对新专业教师的引进。师范学院部分新专业教师生师比偏高、青年教师比例过高的问题尤为突出，因此师范学院在进行人才引进时，应当优先考虑解决这两个突出问题。同时，要加强新专业方向的应用型教师团队建设；可以采用多种柔性引进措施，把行业、产业高端人才选聘为新专业课程特聘教师；采用"兼职""拼盘""兼课""拜师""客座"等多种模式，快速解决新专业教师短缺的问题。

（三）改革评价机制

2016年8月25日发布的《教育部关于深化高校教师考核评价制度改革的指导意见》指出，"考核评价是高校教师选聘、任用、薪酬、奖惩等人事管理的基础和依据。考核评价政策是调动教师工作积极性、主动性的'指挥棒'，对于新时期高校推动教学改革、提高教育质量、坚持正确科研导向、促进科研成果转化、开展创新创业和社会服务，具有全局性和基础性影响"。就师范学院的现状来看，教师的考核评价需要强化以下几点。

一是突出人才培养的核心地位。师范学院必须牢固确立人才培养在高校工作中的中心地位。针对高校中出现的重科研、轻教学的现象，师范学院必须强化教育教学工作的中心地位，通过强化课堂教学考核、规范教学工作量认定、加强教学质量评价、完善教学质量约束和激励机制等多种途径，促使高校教师回归教学本位，做好教学工作。

二是加大实践能力考评的力度。师范学院教师队伍建设的考核评价模式必须进行改革，不能单纯用学术要求对教师进行考评，要把教学作为对教师进行考核的首要标准，建构起适应应用型人才培养要求的分类考评模式：对于"纯理论型"教师，可以继续沿用学术型的标准进行考评；考评"双师型"教师的教学工作，不仅包含对基础的学术能力、教学能力的考评，还应重点考评实践教学能力；对于"纯实践型"教师的考评重点则是实践教学能力。在教师职务晋升、绩效考核、评奖评优等方面向"双师型"教师和一线教师倾斜，促进现任教师加快转型。

三是深化教师职称制度改革。长期以来，师范学院教师职称晋升标准中理论科研成果所占权重较大，这种政策导向导致教师特别关注理论水平的提高，而忽视了实践能力的提升，教师的能力结构不适应应用型人才培养的需要和师范学院转型的需要。因此，职称评审标准不能因循传统的"重理论轻实践""重科研轻教学"的思路，师范学院应积极探索有利于应用型教师成长的职称评定制度，其核心指标为教学能力、社会服务能力、实践能力，由此确立合理的权重，为应用型教师的职业发展创造良好的环境。

（四）健全激励机制

为了更好、更快地实现发展目标，师范学院必须建立有效的激励机制来充分调动教师的积极性。师范学院应建立科学、有效的激励机制，公平地对待各类人才，实行引进的人才与本校培养的人才同等待遇，充分调动全校教师的积极性，从而实现学校事业科学而快速的发展。①

一是完善职称评定制度。对职称结构进行合理规划、科学调整，根据不同学科和岗位的特点制订相应的职称评定标准；加强对论文、课题的管理，既要重视数量，更要重视其质量；职称评定中要有意识地破格提拔一些年轻的带头人，在进行比例分配时，可以适当向年轻的学术带头人倾斜；在职称评聘和项

---

① 谢佳娜. 2014. 新建本科院校基础学科教师队伍建设研究——以A大学理学院为例. 江西师范大学硕士学位论文：19-22.

目管理中，要充分关注教学、实践、社会服务等各项工作，对此类工作进行适当量化，增大其在职称和项目评聘中的权重，有助于引导广大教师重视科研以外的各项工作。

二是完善薪酬体系建设。绩效优先、兼顾公平、强化岗位职责是制订薪酬等级的重要原则。教师的薪酬等级要以绩效考核的结果为主要依据，充分体现多劳多得、优劳优酬。在兼顾公平的同时，学校的薪酬制度可以适当地向教学科研骨干、优秀学科带头人等高层次人才倾斜，以调动他们的积极性和创造性。师范学院也可制订个性化的福利方案，为不同类型、不同发展方向的教师制订多种可供选择的个性化福利方案，教师可以根据自己的需要选择适用的福利项目。

三是拓宽教师职业发展。高校教师追求的不仅仅是获得劳动报酬，更关注自己的职业发展。他们希望在工作的同时，能够实现自己的人生价值。鉴于此，师范学院要更加关注教师自身的发展，要对教师的职业发展给予有力的激励。当前，高校教师的职业发展有两个方向：在提升学术层次、提高职称等级的同时，教师还希望在行政级别上有所提升。针对师范学院教师队伍目前的情况，应分类管理和激励，对那些确实在管理上有能力的教师，为其考虑相应的管理岗位，适当地满足其在职业发展方面的需求。对于那些学术能力较强，但管理能力不足的教师，对其学术成果加大激励力度，让其安于教学科研工作。

第十章
师范学院治理结构优化

　　推进高校治理结构与治理能力的现代化建设，是深化高等教育综合改革的重要内容，是推动高等教育现代化的迫切需要，也是促进师范学院转型发展、提升办学质量和水平的必由之路。师范学院有着不同于其他类型高校的发展阶段特征，在发展过程中面临着众多难题。推进学校管理体制机制改革，理顺学校内部管理系统中各主体的责、权、利关系，并加强校内外利益相关者的管理合作与协同，形成系统、科学的管理制度规约体系，是解决这些难题的关键。

第一节 我国高校治理结构的演进

伴随着经济社会和高等教育事业的不断发展，我国的高校治理结构也经历了调整、改革、创新、优化的轨迹，有力推动了现代大学制度建设。

一、高校治理结构概述

(一) 高校治理结构

高校治理结构是借鉴企业治理结构概念而提出的。有学者认为"治理是个人或组织、公共部门或私有部门管理其一般事务的多种方式的总和，它是一个使得冲突和多元利益得到妥协并采取合作行为的持续过程"[①]。治理不是规则和活动，而是过程；治理过程不是控制，而是协调。因而，治理有别于管理。

高校治理结构一般是指高校各利益主体参与高校相关事务的决策机构及运行机制，目标是使各利益主体关系平衡，保障高校的有效运行与发展。高校治理结构不仅关系到高校的生机与活力，更关系到高校培养人才的质量与办学效益。

高校治理结构主要包括外部治理结构和内部治理结构两大部分。外部治理结构主要是大学利益相关者之间的权力关系和责任义务，包括大学与政府、大学与社会、大学与用人单位、大学与投资者、大学与学生及学生家庭等。一般认为，高校内部治理结构由党委形成的政治权力、校长形成的行政权力、教授形成的学术权力和师生形成的民主权力组成，是这四种权力关系的组织与运行机制。

(二) 高校领导体制

我国高校的领导体制是高校治理结构的核心内容，它主要反映的是高校举办者和办学者的权力与职责关系、党委与行政部门之间的关系，以及高校行政系统与学术系统之间的关系等一些基本范畴。世界各国高校的领导体制大致有以下四种：一是以美国为代表的体现校外利益集团诉求的董事会领导下的校长

---

① 龚怡祖. 2009. 大学治理结构：现代大学制度的基石. 教育研究，30 (6)：22-26.

负责制；二是以欧洲主要发达国家为代表的体现校内各方意志的权力机构领导下的校长负责制；三是以日本为代表的由政府任命的校长负责制；四是中国实行的学校党委领导下的校长负责制，学校党委是全校的领导核心，对学校内设机构的干部有任免权，对重大事项有决定权，校长则对学校的行政、学术、教学等拥有执行权，校长接受学校党委的领导。20世纪末，我国出现了民办高校，由于它们的经费来源不同于公办高校，所以其一般实行董事会领导下的校长负责制。

（三）高校管理系统

高校管理系统是指高校内相互联系的不同权力和职责主体共同构成的具有特定结构和功能的统一体。高校管理系统在结构上一般分为三个层次：校、院、系。

"学校以宏观决策与管理服务为主，把握办学方向、制定发展规划、改革管理体制、获取教育资源、制定政策与制度、协调内部关系、考核监督检查、提供咨询服务等。"[①] 校级行政管理机构则统筹全校的行政工作，它以校长为核心，由校长根据高校决策机构确定的政策和方向，制订具体的落实计划，确定有关部门的人选，组织内部有关职能部门和人员最大程度地实现预期目标。

学院即二级学院置于学校之下，它随着高校管理重心的下移成为学校的管理中心，行使着学校分配和下放的与学院相关的行政管理权，并在学校的监督与指导下，相对独立地履行教学、科研和社会服务等职能，制订所在二级学院的发展规划并对下属各个系（所）的教学科研等活动进行管理、监督与协调等。院长一般由学校聘任。

系是高校教学和科研的基层学术单位，一般设立于二级学院之下，不再具有原来校系模式中系级拥有的行政管理职能。它在二级学院的领导下，具体负责开展教学和科研活动，落实上级意图并接受监督和考核。系主要由系主任负责，系主任一般由二级学院或学校人事部门聘任。

二、我国高校治理结构演进

改革开放后，我国高等教育事业正式进入恢复重建阶段，高等教育领域的改革也随之全面展开，取得了丰硕成果，并实现了历史性跨越。根据改革开放

[①] 林健. 2009. 大学校院两级管理模式中的权责划分. 国家教育行政学院学报，（11）：37-43.

以来一些对高校发展具有重大意义的历史事件,我国高校治理结构演进可以分为以下几个阶段。

(一) 恢复调整阶段 (1977—1984年)

1977年恢复高考以后,中国高等教育进入"拨乱反正"时期,逐步恢复中央统一领导、中央与地方两级管理的治理模式。1978年,教育部颁布的《全国重点高等学校暂行工作条例(试行草案)》规定,"高等学校的领导管理体制,是党委领导下的校长分工负责制","高等学校的党委会是中国共产党在高等学校中的基层组织,是学校工作的领导核心,对学校工作实行统一领导"[1],这是改革开放后我国对高校治理体系进行变革的重要一步,它强调了党委在高校中的领导地位。

(二) 启动改革阶段 (1985—1988年)

1985年,国家出台《中共中央关于教育体制改革的决定》,指出高等教育管理体制改革的方向是国家及其教育管理部门要加强对高等教育的宏观管理和指导,并对高校内部管理体制做了突破性规定,学校逐步实行校长负责制,有条件的学校要设立由校长主持的、人数不多的、有威信的校务委员会作为审议机构。这一治理结构变革的初衷是通过扩大高校的自主办学权,将党委从管理高校具体事务的状态中解放出来,却在一定程度上影响了党委在高校的地位和作用。这一时期存在着两种领导体制:一方面,大部分高校实行党委领导下的校长负责制;另一方面,部分高校试行的是校长负责制,但实行校长负责制是方向。为了加强学校的民主监督和民主管理,这些试行校长负责制的高校实行了高校教职工代表大会制度,同时加强了党的建设。

(三) 改革调整阶段 (1989—1994年)

1989年,中共中央、国务院批转的国家教育委员会《关于当前高等学校工作中的几个问题的意见》明确指出,"在今后一个相当长的时期,高等学校仍实行党委领导下的校长负责制"[2]。1990年,中共中央下发了《中共中央关于加强高等学校党的建设的通知》,明确高等学校实现党委领导下的校长负责

---

[1] 转引自:黄兴胜,黄少成. 2018. 改革开放40年中国高校内部治理嬗变、动因与启示. 复旦教育论坛, 16 (6): 5-11.

[2] 转引自:黄兴胜,黄少成. 2018. 改革开放40年中国高校内部治理嬗变、动因与启示. 复旦教育论坛, 16 (6): 5-11.

制。1993年，国家教育委员会出台了《关于加快改革和积极发展普通高等教育的意见》，同年中共中央、国务院印发《中国教育改革和发展纲要》，这两个文件都将高等教育体制改革作为重要内容，指出要继续深化教育体制改革，改革在计划经济体制下形成的包得过多、统得过死的弊端，初步建立起与社会主义市场经济体制和政治体制改革、科技体制改革相适应的新的教育体制，强调在教育领域推行简政放权的基本方针，高等教育体制改革主要是解决政府与高校、中央与地方、国家教育委员会与中央各业务部门之间的关系，逐步建立政府宏观管理、学校面向社会自主办学的体制。

（四）推进法治阶段（1995—2009年）

1995年，《中华人民共和国教育法》颁布，以法律形式确立了高校治理结构改革和发展的方向。1996年，《中国共产党普通高等学校基层组织工作条例》明确规定高等学校实行党委领导下的校长负责制。校党委统一领导学校工作，支持校长按照《中华人民共和国教育法》的规定积极主动、独立负责地开展工作，保证教学、科研、行政管理等各项任务的完成。至此，党委领导下的校长负责制成了公办高校领导体制的唯一选项，随后的一系列政策文件出台，要求正确处理好党政关系，全面实施党委领导下的校长负责制。1999年实施的《中华人民共和国高等教育法》规定"国家举办的高等学校实行中国共产党高等学校基层委员会领导下的校长负责制"[①]，从而以法律的形式明确了高校内部的领导体制为"党委领导下的校长负责制"，并对学校党委和校长的职权作出了科学界定。

（五）深化改革阶段（2010年至今）

2010年，《国家中长期教育改革和发展规划纲要（2010—2020年）》颁布，提出了"适应中国国情和时代要求，建设依法办学、自主管理、民主监督、社会参与的现代学校制度，构建政府、学校、社会之间新型关系"，"落实和扩大学校办学自主权"，并就高等教育提出了"完善中国特色现代大学制度""完善治理结构""加强章程建设""扩大社会合作"等改革要求。[②] 同年，《国务院办

---

① 全国人民代表大会常务委员会. 1998-08-29（2021-09-10）. 中华人民共和国高等教育法. http://www.people.com.cn/item/faguiku/jy/F44-1020.html.
② 国家中长期教育改革和发展规划纲要工作小组办公室. 2010-07-29（2021-09-10）. 国家中长期教育改革和发展规划纲要（2010—2020年）. http://www.moe.gov.cn/srcsite/A01/s7048/201007/t20100729_171904.html.

公厅关于开展国家教育体制改革试点的通知》确定了26所部属高校作为"推动建立健全大学章程，完善高等学校内部治理结构"的试点学校，这意味着高校治理结构的改革与完善进程进入实质性阶段。2013年，《中共中央关于全面深化改革若干重大问题的决定》则针对教育领域的综合改革进一步强调指出："深入推进管办评分离，扩大省级政府教育统筹权和学校办学自主权，完善学校内部治理结构。"① 2017年，《教育部等五部门关于深化高等教育领域简政放权放管结合优化服务改革的若干意见》印发，推进了高等教育领域"放管服"改革，促进了高校治理结构改革的深化。2019年召开的党的十九届四中全会通过了《中共中央关于坚持和完善中国特色社会主义制度、推进国家治理体系和治理能力现代化若干重大问题的决定》，强调坚持和完善中国特色社会主义制度、推进国家治理体系和治理能力现代化，是全党的一项重大战略任务。接着，教育部发出通知，要求认真学习贯彻党的十九届四中全会精神，推进教育治理体系和治理能力现代化。这对我国高校治理结构提出了更高的要求。

三、我国高校治理结构改革的特点

（一）加强党对高等学校的领导

1990年，《中共中央关于加强高等学校党的建设的通知》下发，明确高等学校的领导体制，坚持党委的领导地位，实现党委领导下的校长负责制。至此，党委在高校治理结构中的核心地位得以重新确立。1996年，《中国共产党普通高等学校基层组织工作条例》颁布，再次指出高等学校实行党委领导下的校长负责制，高校党委全面领导学校工作。1999年实施的《中华人民共和国高等教育法》指出，"国家举办的高等学校实行中国共产党高等学校基层委员会领导下的校长负责制"②，以法律的形式明确了党在高校中的领导和核心地位。2007年，教育部党组下发《中共教育部党组关于加强普通高等学校基层党组织建设的意见》，首次提出高校院（系）"党政联席会议制度"，"院（系）党委（党总支）要充分发挥政治核心和保证监督作用，支持行政负责人独立负责地行使职权。建立健全党政联席会议制度，院（系）工作中的重要事项，要经

---

① 中华人民共和国国务院新闻办公室. 2013-11-19（2021-09-10）. 中共中央关于全面深化改革若干重大问题的决定. http://www.scio.gov.cn/xwfbh/xwbfbh/wqfbh/2013/2013n11y20r/xgzc29523/document/1350900/1350900_4.htm.

② 全国人民代表大会常务委员会. 1998-08-29（2021-09-10）. 中华人民共和国高等教育法. http://www.people.com.cn/item/faguiku/jy/F44-1020.html.

过党政联席会议，按照民主集中制的原则集体研究决定"①。2010年，新修订的《中国共产党普通高等学校基层组织工作条例》重申了高等学校实行党委领导下的校长负责制，明确了高校及其院（系）党组织的主要职责。2014年，中共中央发布《关于坚持和完善普通高等学校党委领导下的校长负责制的实施意见》，将党委领导下的校长负责制明确为中国共产党对国家举办的普通高等学校领导的根本制度，为新时代加强高校党的建设和完善中国特色现代大学制度提供了重要遵循。由此可见，党委领导下的校长负责制是经过反复探索与实践形成的高等学校的根本制度。

（二）深化政府"放管服"改革

2016年4月，在高等教育改革创新座谈会上，李克强总理指出："要加快建设一批高水平大学。国家确定了推进世界一流大学和一流学科建设的重大举措，鼓励公办民办各类学校办出特色、分类发展。""要加快推进高等教育领域'放、管、服'改革。结合高校特点，简除烦苛，给学校更大办学自主权。"②"'放'即简政放权，'管'即放管结合，'服'即优化服务。"③2017年3月，《教育部等五部门关于深化高等教育领域简政放权放管结合优化服务改革的若干意见》印发，对高校学科专业设置机制、编制及其岗位管理制度、进人用人环境、教师职称评审机制、薪酬分配制度、经费使用、内部治理、监管优化服务等八大方面提出了改革要求，要求将高校办学自主权下放、归还地方政府和高校。④地方政府也先后出台了深化高等教育领域的"放管服"改革的实施意见和具体办法。

（三）推进高校依法治校进程

1999年，《中华人民共和国高等教育法》的实施，加快了高校依法治校的步伐，2014年10月，《中共中央关于全面推进依法治国若干重大问题的决定》对我国高等学校依法治校提出了新的更高要求。高校章程对于高等院校依法治

---

① 中共教育部党组. 2007-05-25（2021-09-10）. 中共教育部党组关于加强普通高等学校基层党组织建设的意见. http://www.moe.gov.cn/s78/A12/szs_lef/moe_1416/s6628/moe_1417/tnull_22773.html.

② 中国政府网. 2016-04-17（2021-09-10）. 李克强：深化教育改革激发更大活力 贯彻创新战略赢得发展未来. http://www.gov.cn/xinwen/2016/04/17/content_5065095.htm.

③ 林清泉，刘典文. 2016. 深化高等教育"放管服"改革的路径选择——基于福建省的实践与探索. 教育评论，（12）：3-8.

④ 刘冬冬，闫晓丹. 2019. 高等教育"放管服"改革：内涵逻辑、困境分析及消解路径. 重庆高教研究，（6）：20-27.

校的价值就是以"基本法"的地位保障学校能真正基于其特有的组织属性，发挥其功能，完成人才培养、科学研究、社会服务、文化传承与创新、国际合作交流的任务。高校章程是依法治校的基石，只有制订、完善并切实遵循学校的章程，才能实现依法治校的目标。目前，我国高校普遍制订和发布了章程，形成了一校一章程的格局，进一步推动了高校依法治校、自主办学的进程。

（四）推动社会参与高校治理

随着经济社会的发展，高校早已走出"象牙塔"，与社会的联系、合作日益紧密，社会力量参与高校治理已成必然。《国家中长期教育改革和发展规划纲要（2010—2020年）》明确提出，完善高校治理结构，建设依法办学、自主管理、民主监督、社会参与的现代大学制度，构建政府、高校、社会之间新型关系的目标和任务，凸显了社会参与高校治理的重要性，还要求探索建立高等学校理事会或董事会，健全社会支持和监督学校发展的长效机制。我国部分高校为了拓宽办学渠道、创新人才培养模式、推动产教融合以及提高学校知名度建立了董事会或理事会，对学校发展进行咨询、指导、评议、监督，创新了社会参与高校治理的机制，推动了高等教育民主化的进程。

第二节 师范学院治理结构的现状

本节选取盐城师范学院、合肥师范学院、乐山师范学院、楚雄师范学院、黄冈师范学院、南阳师范学院作为案例，对6所师范学院治理结构的现状进行调查分析，从领导体制、管理层级、学术治理、民主管理、社会参与、依法治校等方面梳理其基本情况和主要特征。

一、师范学院治理结构的调查分析

（一）领导体制

师范学院全面实行党委领导下的校长负责制，以学校党委作为坚强的领导核心，校长在党委的统一领导下履行行政职能。例如，《合肥师范学院章程》提出，"中国共产党合肥师范学院委员会是学校的领导核心，统一领导学校工作，把握学校发展方向，决定学校重大问题，监督重大决议执行，支持校长依法独立负责地行使职权,保证以人才培养为中心的各项任务完成"。《楚雄师范学院章程》明确规定:"实行中国共产党楚雄师范学院委员会领导下的校长负责制,学校党委和行政对重大问题实行'集体领导,民主集中,个别酝酿,会议决定'的议事和决策基本制度。"二级学院层面普遍实施党政共同负责制。例如,《盐城师范学院章程》提出,将党政联席会议作为二级学院党政共同负责制的决策形式,二级学院重要工作和重大事项应当由党政联席会议讨论决定;《楚雄师范学院章程》提出,二级学院的重大事项决策实行党政联席会议决策制度。

(二)管理层级

师范学院普遍实行校院系三级建制、二级管理,对校内公共事务实行垂直管理、延伸管理,发挥二级学院的办学实体作用。例如,乐山师范学院不断深化校院两级管理体制改革,进一步理顺学校与学院的关系,扩大二级学院的办学自主权。学校工作重心向二级学院下移,政策和资源向二级学院倾斜,建立了以办学质量为导向的竞争性资源配置机制,逐步实施二级学院经费切块管理,使二级学院真正成为自主办学的主体,充分释放办学活力与增强发展动力。楚雄师范学院通过深化校院两级管理体制改革来努力促进学校权、财、物的管理重心下移。合肥师范学院稳步推进校院二级管理,规范有序地授予教学科研机构相应的管理权限,指导和监督其相对独立地自主运行。

(三)学术治理

师范学院普遍建立了校学术委员会、学位委员会、教学指导委员会等学术组织,部分学校的二级学院采取三合一的教授委员会治理模式。例如,黄冈师范学院与楚雄师范学院均明确提出由校学术委员会统筹行使学校学术事务的决策、审议、评定与咨询等职权。南阳师范学院提出将学术委员会作为学校学术事务的决策机构。学术治理组织体系构建有两种模式:一是校学术委员会下设相应的二级学术管理机构。例如,楚雄师范学院的校学术委员会根据需要下设学科建设委员会、教学指导委员会、专业技术职务评审委员会、学术道德委员会等专门委员会。二是设置与校学术委员会并列的相关学术管理机构。例如,乐山师范学院在学校层面设立学术委员会、学位评定委员会、专业技术职务评聘委员会、教学工作委员会。盐城师范学院在学校层面设立学术委员会、学位评定委员会、教学指导委员会,在二级学院成立教授委员会,对本学院的所有学术事务进行审议和决策。乐山师范学院除了在学校层面设立各学术管理机构外，还提出在二级学院（部）设立学术分委员会、学位评定分委员会、学院教学工作委员会。

（四）民主管理

师范学院普遍实施校院二级民主管理，以教代会、工代会、学代会、团代会为主要形式，依法确立并尊重师生员工的主人翁地位，保障师生参与学校管理、学校政策的制订与执行，并对学校事务进行监督与评议。例如，南阳师范学院实行以教师为主体的校院两级教职工代表大会制度。楚雄师范学院将教职工代表大会作为教职工依法参与民主管理和监督的基本形式，将学生代表大会作为全体在校学生行使民主权利和参与学校民主管理的基本形式。合肥师范学院依法建立了教职工代表大会制度，完善教职工参与学校民主管理和民主监督的长效机制。盐城师范学院明确提出定期召开校院两级教职工代表大会、学生代表大会。

（五）社会参与

师范学院通过成立理事会、校友会、基金会等组织构建社会参与学校治理的机制。高校理事会是高校同社会联系的纽带，不少师范学院注重理事会建设，充分发挥理事会的职能，使之起到促进学校建设与发展的作用。例如，合肥师范学院设立了由办学相关方面代表参加的理事会，作为支持学校发展的咨询、协商、审议与监督机构。黄冈师范学院设立了理事会，作为学校事业发展的重要咨询机构，负责对学校发展战略规划、学科建设、人才培养、科学研究及社会服务等重要事务提出咨询意见。乐山师范学院提出加强学校理事会建设，组建教育（校长）发展基金会，探索学校、政府、社会等多元主体参与的大学治理模式，共同推进现代大学制度建设。盐城师范学院基金会是学校加强和国内外各界的联系与合作，募集办学资金，奖励、资助学校师生，推动学校教育事业发展的独立法人机构。

（六）依法治校

师范学院均制订了学校章程，并建立了以章程为统领的规章制度体系，全方面开展学校章程的制订、审核、颁布和学习宣传，并扎实推动执行。在学校章程的总体架构与要求下，师范学院加快学校规章制度建设，开展规章制度

"废、改、立、释"工作，提高规章制度的适用性、可操作性，形成了一套精简、高效的规章制度体系，有效统合学校的政治权力、行政权力、学术权力和民主权力，以强化权力制衡和决策民主促进章程的执行和落实。同时，深入开展校园普法工作，全面加强法制宣传教育，努力打造法治校园。例如，合肥师范学院扎实推进章程实施、理顺内部治理结构和权力关系，积极争取和落实办学自主权，注重加强法治宣传教育，营造依法治校的氛围，推进法治校园建设。

二、师范学院治理结构改革的成效

（一）进一步明晰高校领导体制和决策机制，党的领导得到了全面加强

1999年实施的《中华人民共和国高等教育法》规定："国家举办的高等学校实行中国共产党高等学校基层委员会领导下的校长负责制。"[1] 至此，我国公办高校的领导体制以法律形式确立下来。在校级决策机制方面，完善党委常委会和校长办公会议事决策制度，明确"三重一大"事项必须由党委常委会研究决定；在校级工作机构方面，不少学校在成立党委办公室、组织部、宣传部、统战部的基础上成立了党委教师工作部、学生工作部、安保工作部，加强党对学校工作的领导。在二级学院层面，实行党政共同负责制，二级学院的重要事项通过党政联席会进行决策，有的学校明确二级学院党员院长兼任副书记，还有一名副院长兼任副书记，有的系实行党员教师"双带头人"制度。总之，从学校到学院再到学系，党的领导得到了全面加强。

（二）逐步推行管理重心下移，普遍实现由一级管理向两级管理的转变

我国大多数新建师范学院是由师范专科学校、教育学院、师范学校等合并升格而来，合并升格前的学校规模普遍不大，学校管理一般实行以职能部门为主体的一级管理模式。升格后，随着学校规模的不断扩大，大多数学校通过合理组建二级学院，调整学校、职能部门、二级学院之间的责、权、利关系，将以前以学校及职能部门为管理主体的一级管理模式（学校层面的集权管理模

---

[1] 全国人民代表大会常务委员会. 1998-08-29（2021-09-10）. 中华人民共和国高等教育法. http://www.people.com.cn/item/faguiku/jy/F44-1020.html.

式）转变为校院两级管理模式。校院两级管理使学校组织结构在一定程度上实现了扁平化，权力下放，管理重心下移，使二级学院有了一定的自主权，激发了二级学院的办学活力。

（三）普遍制订了学校章程，不断推进按章办学、依法治校的进程

很长一段时间内，我国高校的法治观念和依法管理的意识比较薄弱，高校章程缺失，规章制度不健全。1995年颁布的《中华人民共和国教育法》和1999年实施的《中华人民共和国高等教育法》均以法律的形式规定学校必须制订章程，按照章程依法自主办学。高校章程上承国家教育法律法规，下启学校规章制度，是高校办学的纲领性文件，是高校成为法人组织的必备条件，也是高校依法治校的首要环节和重要依据。2003年7月，教育部下发了《关于加强依法治校工作的若干意见》；2012年11月，教育部颁布了《全面推进依法治校实施纲要》，对今后一段时期的依法治校工作进行了总体部署。党的十八届四中全会以依法治国为主题，审议通过了《中共中央关于全面推进依法治国若干重大问题的决定》，客观上为新时期高校依法治校工作的深入推进营造了良好的氛围与提供了契机。在这个时期，高校普遍依法制订了章程，依照章程规定管理学校，并修订了学校内部规章制度；建立了法人制度，聘请了法律顾问；不断加强普法宣传教育，推进法治校园建设。

三、师范学院治理结构存在的问题

面对治理体系和治理能力现代化的新要求，我国师范学院的治理结构和能力在诸多方面还不能很好地适应新时代学校事业发展的需要，主要表现为学术、行政、民主权力没有有效体现出各自在管理中的应有价值，校院两级管理体制改革滞缓，在校外合作办学方面缺乏动力机制，以及管理制度保障体系建设滞后等。

（一）行政权与学术权失衡，学术权力比较薄弱

行政、学术与民主管理权力是支撑高校管理的几大重要权力支柱，其相互之间作用的失衡必然会带来管理上的"扭曲"与"倾斜"，出现相应的管理问题。这种失衡突出表现在行政权力不同程度的"泛化"，以及学术权力和民主权力的"弱化"。

行政权力的泛化是我国高校管理中的一个"顽疾",尤其是行政权力过大对于学术权力的挤压,以及行政权力对于学术事务的过多干预。这种状况在新建师范学院比较严重,原因有以下几个方面:第一,师范学院的师资力量相对薄弱,学术力量不够强大,自然会导致学术权力的底气不足、权威性不强;第二,学术组织本身的行政色彩较重,主要表现为组织成员及领导中有很多人同时也是学校和职能部门、院系党政领导;第三,学校对学术权力不够重视,学者在学术决策和学校管理中的作用没有得到有效发挥,在某种程度上造成了学术权力的弱化。

(二) 校院两级管理体制改革滞缓,简政放权不到位

校院两级管理体制改革中最为突出的问题如下:一是学校权力过于集中,一些师范学院不仅人权、财权、物权集中在学校层面,而且事权也较多集中在学校层面,习惯于"一竿子插到底",统得过多、管得过细,影响了二级学院的办学积极性、主动性。二是责、权、利不清晰,校级职能部门与二级学院的职责、权限不明晰,事权与人财物权不匹配。事实上,随着办学规模的扩大,沿用权力过于集中的管理模式,学校既管不了,更管不好。师范学院办学权力过于集中在校级层面,二级学院的办学实体地位难以落实,校院两级管理也就无法真正实现。

校院两级管理模式实施的关键在于,学校学系地位的理顺与运行。在师范学院校院两级管理体制改革进程中,学系方面存在的不足主要有以下几个方面:一是定位不明确。系是属于行政组织、学术组织或是行政与学术兼有的组织,系主任应该定位于学术团队负责人还是行政领导,或者是具有一定行政职能的学术团队负责人,不是很明确。二是组织的设置不科学。一些系的规模过大,一些系的规模过小,有些教师一人分属不同的系或教研室。一些系、教研室并存的学院则面临着如何处理好系与教研室的关系的问题。三是系主任的责、权、利不清晰。一些系主任多靠人情、面子请老师做事,影响了系主任的工作积极性。四是系一级的考核激励措施缺乏,主要表现在对系主任教学工作量的减免比例过低,在评优和职称评审方面,系主任职务不能加分。[①] 系主任工作积极性不高的另一个原因是,他们虽然承担了很多工作任务,但在绩效、收入分配等方面并不能体现"效率优先,优劳优酬,兼顾公平"的原则。

---

① 郭雷振. 2014. 新形势下校院两级管理体制改革困境的反思. 长春工业大学学报(高教研究版), 35(3): 6-9, 14.

(三) 社会参与度不高，缺乏行业、企业参与学校治理的有效机制

在转型发展的背景下，师范学院需要面向社会办学，加强与政府、学校、企业、科研机构的合作。师范学院在这个合作体系中很好地承担自身应有的职责，是其治理能力的重要体现。师范学院在这方面主要存在以下几个问题。

第一，高校主动合作的意识不强。师范学院虽然大多明确提出要立足于地方办学，服务学校所在区域的经济社会发展，但更多地处于一种被动的姿态，坐等政府、企业来寻求与自己合作，缺乏主动出击的意识和精神。政府、企业由于缺乏对高校服务水平、服务能力以及可与之合作的具体领域的了解，也往往不会主动寻求与高校的合作。另外，校际办学更多体现为一种竞争的关系，即使是同城高校之间也缺乏资源的共享。

第二，产学研合作形式单一、零散，缺乏稳定性。师范学院参与的政产学研合作，很多只是就某一具体项目任务的完成进行的即时性、临时性合作，具有短、平、快的特点。相对而言，重大的、具有长期合作性质的、具有稳固平台式的合作比较缺乏，没有建立起一套系统、持久的合作机制，使得产学研合作缺乏深度和内涵，合作主体之间的互动不足，难以建立起深厚、持久的合作关系。

第三，地方政府的支持力度不够。地方政府作为区域经济社会的主要管理者，需要积极发挥自身的作用，不仅要为产学研创造良好的合作环境，提供有力的体制、机制、政策甚至财力支持，还要充当校企之间合作的引导者、推动者、协调者和监督者。从当前情况来看，地方政府对于产学研合作重要性的认识不足，思想观念比较滞后，经验缺乏，更多地处于尝试与摸索阶段，同时也受制于自身财力的薄弱，导致整体上对产学研合作的支持力度不够。

(四) 制度建设与保障乏力，制度执行不到位

高校内部管理制度是实行高校治理现代化的重要依托和保障，是高校治理体系建设的关键一环。依据现代大学制度建设的理念和要求，师范学院在管理制度体系建设方面存在着一些"短板"。

第一，在制度内容方面，表述过于官方化，抽象性和原则性条款比较多，可操作性不强；制度内容中规约的权责不清晰，权责之间的对应性较差，增加了制度执行的阻力；制度内容陈旧，没有能够根据形势发展需要适时做出调整，削弱了制度的现实性和适应性。

第二，在制度设计方面，学校章程制订与实施之前，制度建设零敲碎打，

缺乏统筹性与系统性。在制度体系的建设过程中，没有从制度建设的整体性着眼，缺乏一种战略的眼光，缺乏对于制度建设的长远规划，忽略了制度之间相互协作、相互支撑的关系，导致了制度的延续性、稳定性和制度革新之间的失衡，造成了制度之间的矛盾与掣肘。①

第三，在制度执行方面，没有把握好制度建设的精简、高效原则，为建设制度而建设制度，造成了制度体系的臃肿、繁杂，不仅加大了制度的执行成本，同时也降低了制度的执行效率。与此同时，片面追求制度的健全，但很多只是停留在书面上，束之高阁，没有发挥应有的作用，削弱了制度的保障力。

第三节　师范学院治理结构优化策略

师范学院应该以"内部优化、外部协同、章程统领"为路径，构建横向上权力平衡、纵向上重心下移的体制机制，实现内部治理结构优化；构建"产教融合、校地联动"的社会合作办学体制机制，实现学校与外部的协同发展；以"章程为统领"实施制度改革，实现内外部制度建设的统筹协调与有序推进。

一、完善横向上权力平衡、纵向上重心下移的内部治理结构

师范学院应该按照新时代治理体系和治理能力现代化的要求，回归人本和公共性，构建横向上党政管理、学术管理和民主管理三个维度，纵向上学校、学院、学系三个层级协调、高效的内部治理结构，如图10-1所示。

（一）完善协调高效的党政管理体制

首先，建立党委领导、校长负责、和谐高效的党政管理体系；其次，坚持党委领导下的校长负责制，完善党委和党委常委会会议制度，规范党委常委会的决策程序，全面落实"三重一大"（即重大决策、重要人事任免、重大项目安排和大额度资金运作）决策制度，建立健全执行、督查、反馈机制，推进党委决策的民主化、科学化进程；最后，加强校长办公会制度建设，规范校长办

---

① 谭秀森. 2006. 高校内部管理制度建设存在的问题、成因及对策分析. 教育发展研究，(19): 65-68.

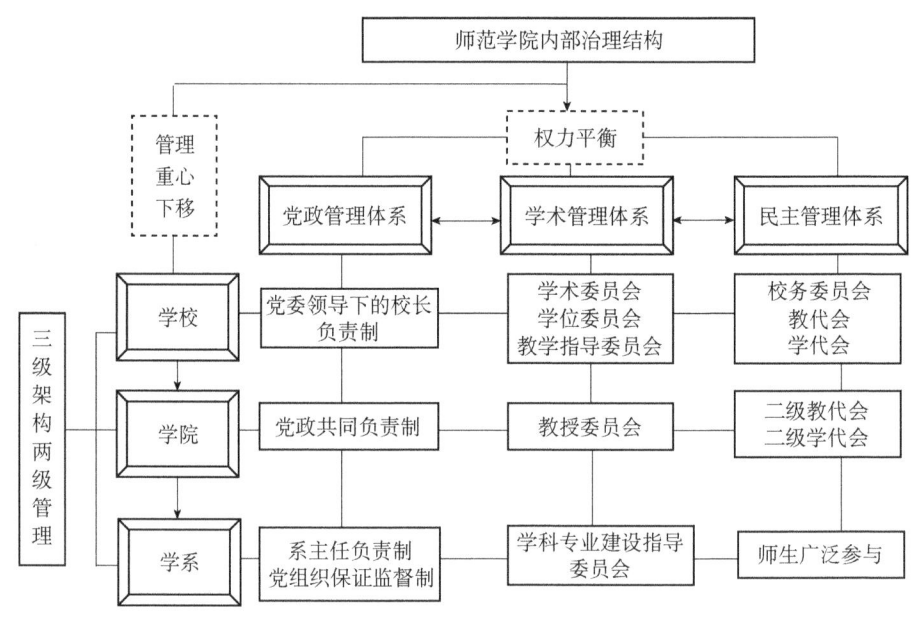

图10-1 我国师范学院内部治理结构优化图

公会议议事规则及决策程序，完善行政运行机制，提升行政决策的科学性和有效性。二级学院健全党政领导沟通机制，完善以党政联席会议为主要平台的沟通协调制度，形成民主、和谐的沟通渠道。学系实行系主任负责制和党组织保证监督制。

（二）建立教授为主体的学术管理机制

首先，营造尊重学术权力的氛围，建设校院两级学术组织架构和运行体系，完善教授治学机制，促进学术权力和行政权力的协调、均衡发展。其次，在校级层面与二级学院层面建立学术委员会、学位委员会和教学指导委员会，不具备相应条件的学院，可实施"三会合一"的教授委员会制度。教授委员会履行以上三个委员会的相关职责，统筹学术管理工作，充分发挥其在学院事业发展规划、学科与人才队伍建设、职务评聘、内部机构设置等方面的决策、评议和咨询作用，实现学术权力的相对统一，改变学术管理机构设置分散、学术事务多头管理、决策水平和效率不高的状况。

（三）健全师生本位的民主管理机制

首先，建立健全校务委员会、教代会、学代会以及二级教代会、二级学代会等组织；其次，建立教代会（工会）代表列席会议制度和工作参与制度，落实教代会的职权，提高教代会的水平，建立教代会代表巡视制度，充分发挥教代会作为校务公开基本载体的作用，建立健全学代会和二级学代会；最后，扩大校务、院务公开渠道，强化师生员工在学校重大事项决策过程中的知情权和在政策制订、执行过程中的参与权、监督权，完善校内民主决策、民主管理、民主监督的有效机制。

（四）深化校院两级管理体制改革

师范学院校院两级管理改革具体表现在学校人、财和物等资源配置在校院两级的权力权限划分上。总的来说，其目的是要实现二级学院在教学、科研、社会服务以及组织人事、财务、机构设置、专业设置、学科建设、教师专业发展等方面与学校事业发展的宏观决策相一致，在这个前提下，享有更多的自主权。对于权责的划分范围与程度，并没有一套标准的模式可循，只能是以本校权责划分实际产生的成效来衡量其优劣，并在实践的基础上逐步调整、优化。总之，只有下放学校权力，落实二级学院权力，才能有效地实施校院两级管理，而要使这些权力真正能够落地生根，还需要对授权形成正式的制度文本，使其制度化、常态化。此外，要加强对权力运行的监督，建立内控机制，保证权力正确、有效地行使。

（五）优化学校内部教师教育机构

师范学院在转型过程中大多选择了教育学教研室、教育系转变为教育学院或教师教育学院等的建制模式。有一些高校下设挂靠教务处的教师教育学院，并成立了教师教育科学学院，其他设有师范专业的二级学院同时承担学科教学任务，这样导致在一所师范学院内与教师培养有关的组织机构不止一个，形成了教师教育机构的分散性特征。另外，涉及教师教育的院系过多，导致了从事教师教育的教学和研究人员的多头管理，阻碍了学科的交叉和融合，影响了教师培养质量和科学研究，制约了师范学院教师教育质量的提升。

在转型过程中，师范学院解决教师教育资源分散、多头管理问题的主要途径是整合资源，优化教师教育机构设置，强化教师教育机构职能。一是整合资源，协同培养。整合资源主要包括整合校内外有关教师教育的师资，以师范生通识教育课程建设为抓手，组建高水平的教学团队。协同培养是指专业学院负责培养学生的学科专业知识和能力，教师教育学院负责组织实施教师教育理论课程教学、教师职业技能训练、教育见习实习、教师资格认定管理等。二是优化教师教育机构设置，强化其职能。在学校内部成立教师教育工作领导小组，组织、协调师范生的培养工作；成立实体运行的教师教育学院，也可以是教育学院（部）等，与其他专业学院协同培养师范生。三是大类招生、分段培养。师范专业与各学科同类专业实行大类招生，打破进校就固化师范生身份、把师范生统一安排到教师教育学院学习的做法。本科前两年，学生除了在专业学院接受学科课程教学外，教师教育学院也面向全体学生开设教师职业技能和教师教育理论课程。学生选修并考核合格两年后，在自愿的基础上经过选拔进入师范专业学习，由教师教育学院在教师教育相关知识和教师职业技能方面对其进行更为深入、系统、全面的培养。

二、创新"政、产、学、研"合作办学的协同治理模式

师范学院应该坚持优势互补、资源共享、校地互动、合作共赢的原则，以建设行业企业参与学校内部治理的合作办学体制和区域资源共享的多元化合作机制为抓手，努力建设"产教融合、校地联动"的合作办学体制机制，实现校地（企）合作办学、合作育人、合作就业、合作发展，如图10-2所示。

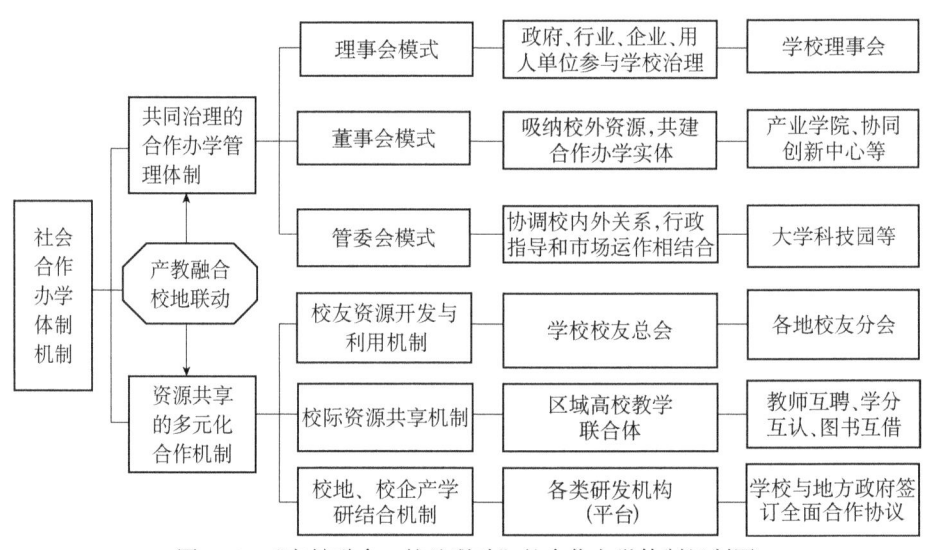

图10-2 "产教融合、校地联动"的合作办学体制机制图

（一）建立政、行、校、企参与学校管理的理事会模式

首先，积极探索构建与各级政府、行业、企事业单位进行多形式、多层次、多渠道对接的体制机制。其次，建立校外人士参与学校管理的理事会模

式。其成员主要包括支持学校办学和发展的地方政府、主管部门、共建单位代表、行业组织、企事业单位和其他社会组织的代表；杰出校友、社会知名人士、国内外知名专家以及校内的管理者、学术组织负责人和教师、学生代表等。其主要通过组织理事会会议发挥作用，参与学校管理、专业建设、人才培养和课程设置等工作。

（二）建立合作办学实体的董事会模式

师范学院应该充分吸纳外部资源，与社会合作共建科技研发实体，以董事会模式实施管理，创新科技研发平台的管理体制与运行机制。董事会是学校与董事单位在科研、培训、实习及就业方面合作的重要桥梁与纽带，这种模式也是学校不断拓宽办学渠道、加强产教融合、提高人才培养质量、服务地方的重要体现。部分高校还在尝试构建一种面向行业企业的应用型人才培养模式，也是一种合作教育模式，如行业学院、产业学院。总之，合作教育的实现方式应该趋于多元化。

（三）建立科技研发服务平台的管委会模式

大学科技园是以高校为依托，将学校的综合智力资源优势与其他社会优质资源相结合，为高校科技成果转化、高新技术企业孵化、创新创业人才培养、产学研结合提供支撑和服务的机构，是高校实现社会服务功能的重要平台。大学科技园应当组建专业化的管理公司，并按照现代企业制度建立管理机制，探索可持续发展的新模式。一般来说，管理委员会是大学科技园的决策管理机构，实行"官、产、学"协同共管的模式，按照"政府支持、依托大学、市场调节、企业运作"的运行机制，协调学校与外部的关系，建立起行政指导和市场运作有机结合的新模式。

（四）建立区域资源共享的联合体模式

首先，建立校友资源开发和利用机制。师范学院应该建立校友组织及相应的制度体系，联络和服务广大校友，促进校友资源的有效开发和利用。其次，建立校际资源共享机制。师范学院应该探索实现教师互聘、学分互认、图书互借、优质教育教学资源共享，并逐步建立跨专业、跨学科、跨学校的选课制度。例如，高校区域教学联合体的建设，有利于提高高校办学效益与办学水平；区域U-G-S教师教育联盟能整合区域的教育资源，建立高校、地方政府、中小学与幼儿园"三位一体"的协同培养新机制，实现联盟单位人才培养、资源建设、教师发展、教学改革与研究等方面的协同合作、优势互补。最后，建立校地、校企产学研结合机制。学校与地方政府签订全面合作协议，各二级学院与相关县（市、区）、行业结成合作同盟，强化产学研合作。

三、构建以学校章程为统领的现代大学制度体系

（一）制订学校章程

制订大学章程是国家有关法规赋予学校的重要义务，是完善现代大学制度的重要任务，是促进学校事业科学发展的重要举措。制订学校章程应遵循法制统一、改革创新、自主管理、民主公开等原则，一般包括充分调研、起草初稿、征求意见、形成草案、送审核准等阶段。学校章程的主要内容一般分为序言和正文两个部分。序言部分主要阐述学校的办学历史、办学理念、办学传统、办学特色和办学目标等。正文部分一般包括总则、举办者与学校、学校功能与教育形式、组织结构与管理体制、教职员工、理事会、基金会、校友会、经费与资产、校徽、校旗、校歌、校庆日、附则等。

大学章程在现代大学制度建设中起到了纲举目张的重要作用。学校要以章程建设为基础，统领学校和二级单位的各项制度改革，增强制度之间的协同性、可操作性。

（二）完善制度体系

师范学院应该在学校章程的总体架构与要求下，推进学校规章制度建设，坚持科学性和可操作性原则，开展规章制度的"废、改、立"工作，按照决策类、执行类、监督类三大类规章制度，对原有的制度进行修改完善，创新、优化内部管理制度体系，积极构建适应现代大学治理要求和学校转型发展需要的制度体系。各二级单位要基于自身实际，以学校章程和规章制度为依据，按照立项、起草、审核、决定、公布、解释等程序，建立健全本单位内部管理制度，形成一套具有本单位特色的、科学规范的规章制度体系。学校与各二级单位要通过现场座谈、网上公示等方法广泛听取有关部门、学院、民主党派、各级各类学术管理机构的意见，保障制度建设的民主化和公开化。总之，要通过制度建设增强规章制度的适用性、可操作性、约束性和有效性，建立规章制度的长效机制。

(三) 强化制度执行

师范学院应该加强制度的学习解释工作，提高规章制度的被知晓度；强化制度的执行，做到有章必循；严格对制度执行情况进行监督检查，做到违章必究。规章制度的生命力在于执行，师范学院应该将规章制度的执行放到依法治校的全局中来考量，提高遵守规章制度的自觉性，当好制度管理的执行人，提升规章制度的使用成效，以此推进学校管理制度化、规范化和科学化进程，形成有章可循、按章办事、规范高效的管理体制，为学校发展提供有力的制度保障，提升制度的认同和执行效率，具体如图10-3所示。

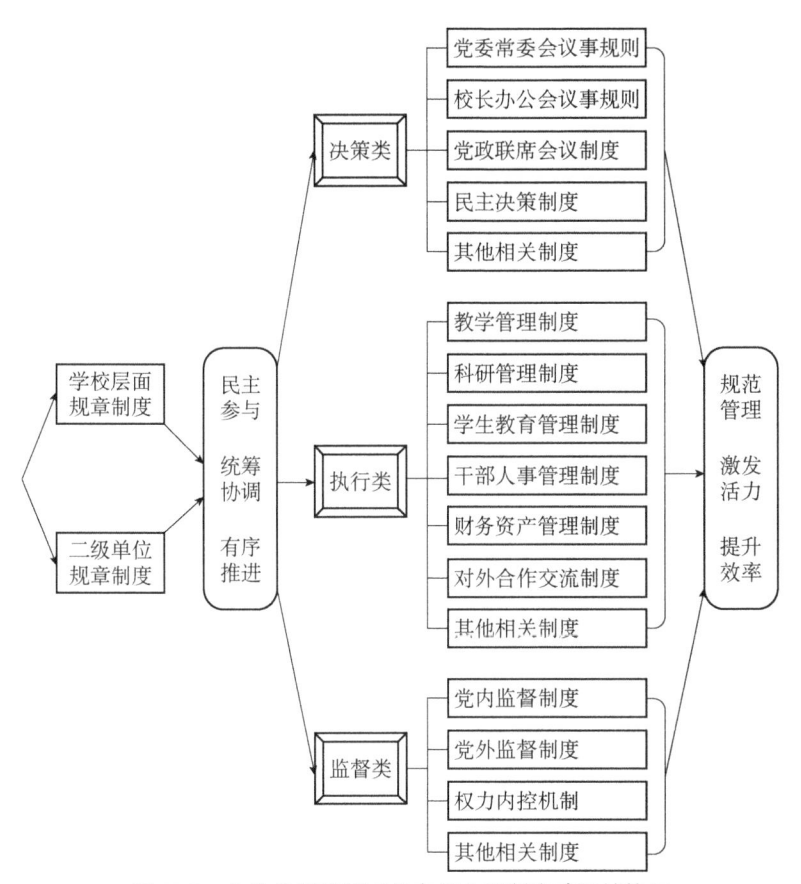

图 10-3　大学章程统领下的高校内部制度建设结构图

第十一章

发达国家教师教育转型发展的经验与启示

  教师质量事关国家未来和人类文明的传承，教师教育已引起世界各国的高度重视。尤其是美国、英国、法国和德国等欧美国家和日本等亚洲国家都在不断进行教师教育的改革和转型，在建立完善其教师教育制度方面积累了有益的经验。在世界全球化不断向纵深发展的今天，了解发达国家教师教育走过的路程，借鉴其教师教育制度改革的经验，对我国教师教育制度的改革完善和师范院校的转型发展均具有重要意义。

第一节　美国、英国、法国、日本等国教师教育的演进

英国、法国两国教师教育的共同特点是起步较早、发展水平高。美国和日本现代教师教育的发展历史虽然较短，但取得的成就举世瞩目，走在世界教师教育的前列。

一、美国教师教育演变发展的轨迹

创立于19世纪初期的美国教师教育制度，其发展经历了从中等到高等、从封闭到开放、从机构置换到模式多元的变迁。其间专业课程和学科课程多次博弈，从分离到整合，培养主体从师范学校、师范学院再到综合大学教育院系，教师专业化的内涵不断丰富。教师专业化和教师教育专业化已成为当前美国教师教育发展的明显趋势。[①]

（一）萌芽时期的教师教育

美国独立之前，美洲大陆主要参照欧洲的方式培养教师。[②] 此时的学校教会色彩浓厚，教会负责管理学校和选定教师。[③] 教师并非专业人士，缺乏专门训练，只是由有经验的教师教授一些知识。[④] 美国独立后，举办教育成为州的职权。[⑤] 社会迫切需要大量的技术人员，中等学校发展迅速，从而对教师的需求量剧增，文实中学的师资训练班和导生制便应运而生。当时，许多私立的文实中学设立了师资训练班，以使大量的穷苦人具备担任学校教师的资格，这便是美国中小学教师教育的萌芽。师资训练班只是一种短暂的过渡，很快就被后面专门的师范教育专门机构取代。导生制是当时用来缓解小学教师数量不足的另外一种教师培训方式。该做法源于英国，19世纪初传入美国。具体做法为教师先教会导生（一般为学业较好、年龄较大的学生），然后再由这些导生去教其他的学生。这样一名教师可以指导上百名甚至更多的学生，大大提高了教师

[①] 黄崴. 2003. 教师教育体制：国际比较研究. 广州：广东高等教育出版社：8-23.
[②] 王萍. 2012. 美国中小学教师教育发展研究. 华中师范大学博士学位论文：24.
[③] 滕大春. 1994. 美国教育史. 北京：人民教育出版社：60-76.
[④] 周钧. 2015. 美国教师教育理论与实践. 北京：北京师范大学出版社：23-28.
[⑤] 《外国教育丛书》编辑组. 1979. 师范教育的现状和趋势. 北京：人民教育出版社：17-32.

教学的效率。[1] 这种做法有效解决了教育经费和师资短缺的问题，让更多的儿童获得了受教育机会，对美国独立后教育的发展起到了积极的促进作用。但是导生制本身也有着致命的缺陷，导生毕竟是学生，其知识掌握、教学和课堂管理水平远达不到文实中学培养的教师的水平，其教育质量是难以保证的，因此导生制很快就退出了历史的舞台。17世纪初到19世纪初，师资培养的层次还比较低，可以看作是美国中小学教师教育的萌芽和起步阶段。其显著特点是全民重视和参与教育，积极借鉴他国培养教师的经验。作为一种过渡形式，文实中学的师资训练班和导生制为后来正规的教师训练机构和专业教师教育的产生奠定了一定的基础。[2]

（二）师范学校时期的教师教育

19世纪，美国义务教育普及，对专门师资培训机构产生了现实的需求。1823年，第一所师范学校成立，俄亥俄州率先颁布了教师证书法令，从制度方面为教师行业提供了制度化的保障。[3] 各州的师范学校快速发展起来，到19世纪末，美国基本确立了师范教育体系，教育经费从地方公款中支出。[4] 此时的教师教育课程设置依据的是朴素的技艺观念。[5] 这一时期的美国教师教育主要实践的是裴斯泰洛齐和赫尔巴特的教育思想[6]，实现了三个方面的改变：从无需专业教育便可充任教师转变为需要取得教师资格方可做教师的转变；私立师范学校向州立师范学校的转变；从初等师范教育向中等师范教育的转变。不过，这一时期美国的师范学校还存在很多问题，如由于生源质量、课程和年限的限制，教师培养层次较低，教师的社会地位较低影响了教师队伍的素质；经费和投入的限制影响了教师教育的发展等。后来，许多师范学校为了迎合市场需求，降低了入学条件和毕业标准，使得师范学校变成了批量生产教师的"工厂"。

（三）师范学院时期的教师教育

19世纪末到20世纪初，为了提升民众的基本素质，美国更加重视教育质

---

[1] 杨汉麟. 2005. 外国教育实验史. 北京：人民教育出版社：349-352.
[2] 王萍. 2012. 美国中小学教师教育发展研究. 华中师范大学博士学位论文：25.
[3] 王凤玉. 2008. 社会变革与教育机构转型：美国师范教育机构转型研究及启示. 北京：人民出版社：20-31.
[4] 戴本博，张法琨. 1990. 外国教育史（下）. 北京：人民教育出版社：1-8.
[5] 戴伟芬. 2012. 美国教师教育课程思想30年. 北京：北京师范大学出版社：50-51.
[6] 王萍. 2012. 美国中小学教师教育发展研究. 华中师范大学博士学位论文：35.

量。自1893年纽约州奥尔巴尼师范学校升格为师范学院以来[①]，美国教师教育呈现出从中等师范学校向高等师范学院过渡的特点，这意味着教师教育从一般训练进入专业训练阶段，逐渐形成了美国高等教师教育体系。这一时期的教师教育在入学条件、课程安排、资格认定和激励制度等方面都有了较大变化。高等师范学院的招生面向高中毕业生，培养年限也由两年延长为四年，并授予学士学位。其培养目标从中小学教师拓展到师范学校教师、学校研究人员和教育管理人员等，在入学时，不仅考察其基本学历，而且注重考察个人综合素质，这是一个很大的进步。同时，学习内容有所增加，在课程设置方面，提高了教育专业、心理学和教育理论课程的比例，这些新增的课程打牢了学生的教育理论和心理学基础，促进了教师教育的科学化。另外，教师资格证由综合化证书转向学科化证书，终身教师资格证书被废除。

师范学校转变为师范学院标志着美国教育形成了以独立、定向培养师资为主体的新格局。这一阶段的显著特点是注重师范性，非常强调培养"教育工作者"和"教学艺术"的训练，而对普通教育知识的要求则相对忽视，有人称其为封闭的专业主义课程理念。由此引发的学术性与师范性失衡的问题受到教育界的关注，并由此引发了一系列争议。[②]

（四）大学化时期的教师教育

20世纪30年代，师范学院便开始向文理学院和综合性大学演变，教师教育逐渐成为大学教育的一部分。特别是到了20世纪中叶至20世纪80年代，师范学院的学术性不足受到社会各界的指责，培养学者型教师成为整个社会的呼声，教师教育进入了大学化时期。正是基于对教师重要性的深刻认识，美国采取一系列举措鼓励教师积极从教，为履行好教师职责做好充分准备。[③] 为了培养学者型教师，美国调整教师教育的课程结构，削减教育专业课程，增加任教学科课程。教师教育形成了由普通教育、学科教育和专业教育构成的多元课程模式，其中许多机构规定普通教育类课程应该至少占1/3。[④] 另一个特色就是提出和实施教学硕士课程计划，这体现了美国教师教育发展的新动向，动摇了教师教育专业的传统培养模式。

[①] 李晓波，陆道坤. 2012. 思想演变与体制转型：中国教师教育回眸与展望. 镇江：江苏大学出版社：74-80.

[②] 王萍. 2012. 美国中小学教师教育发展研究. 华中师范大学博士学位论文：55.

[③] 王永春. 2016. 美国教师教育改革的新措施研究. 中国轻工教育，（4）：9-12.

[④] 戴伟芬. 2012. 美国教师教育课程思想30年. 北京：北京师范大学出版社：56-58.

二、英国教师教育演变发展的轨迹

英国教师教育一度被誉为当今世界上最成体系、最富成效的教师教育之一①,成为各国争相效仿的对象②。

(一)教师教育的初创阶段

英国教师教育产生于18世纪中期。在这之前,英国教育多由教会、私人或慈善团体管理。初等教育的教师培养完全是非正规的,教师一般由教会任命的教会人士或有识之士担任。公学或文法学校教师则来源于未受过专门培训的普通大学毕业生。后来,教师数量不足的问题日益凸显。为了应对师资不足问题,导生制应运而生。其具体的做法是挑选年纪较大且成绩优秀的学生(导生)担任教师的助手。首先,教师对导生进行系统培养和训练,然后由导生对其他学生进行教学和指导。这一创举扩大了受教育者的范围,解决了师资短缺的问题。不过导生制只是一种权宜之计,并非正规的师资培训制度,其弊端也备受诟病。主要原因在于,导生的教学质量低下、管理机械,只适合于背诵、书写和计算等简单的任务,不利于学生和导生自身的成长。

针对导生制的不足,英国许多有识之士学习借鉴裴斯泰洛齐的教师教育理念并将其带回英国,建立了一批师范学校。1846年,沙图华兹借鉴荷兰的经验,创立了见习教师制。这一设计不仅保留了导生制经济、高效的特点,而且兼有了正规、质量相对较高的优点,因此推行很快,弥补了英国师范学校的不足。不过,这一时期的教师教育如师范学校和见习生制都以教学技术为重,学生的学习时间短,不重视对普通科学文化知识的教授。

(二)教师教育的定型阶段

大学参与师资培训与创办地方公立师范学校,是英国现代教师教育体系确立的重要标志。③1890年,英国政府正式立法设置了走读制师范学院,授权大学或大学的教育学院开办教师教育。走读制的师范学院发展很快,至1931年,

---

① 王磊,王晓冬,李洁佳. 2018. 英国教师教育发展与革新的具体路径及启示. 中国成人教育,(5):115-117.
② 张学仁. 2013. 英国教师教育的历史经验及启示. 北京理工大学学报(社会科学版),(1):155-160.
③ 李先军. 2006. 英国近现代教师教育发展研究. 华中师范大学硕士学位论文:14.

仅大学师范部就有22所①，这有助于教师教育摆脱教会的垄断和控制，教育专业的学术地位得以提升，为大学系统培训中学教师提供了先期经验，标志着教师教育迈向高等教育阶段。此外，大学附属的走读制师范学院对训练学院产生了一定的冲击，客观上也刺激了训练学院进行教学和管理改革。此外，政府还通过渐进式的方式推进公立教师教育。1902年，英国政府颁布了《巴尔福教育法》，规定地方教育当局的任务是保证满足初等教育的要求，并为中等学校和师范学校提供资金。②此时存在三种性质不同的师范学院，具体为大学的走读师范学院、地方政府设立的师范学院和地方的私立师范学院。这一时期，英国师范学院有了长足发展③，教师教育发展迅速，师资培养形式多样，初等教育教师的培养质量也得到了提高。

（三）教师教育的探索阶段

《1944年教育法》延长了义务教育的年限，对基础教育的师资培养提出了更高要求，大学纷纷参与到师资培训中。《罗宾斯报告》《詹姆斯报告》的发表对大学教育学院的建立起着至关重要的作用。

《罗宾斯报告》建议将提高师资培训的质量纳入政府议事日程，建议立即扩大高等教育规模，将所有高级技术学院升格为大学。该报告指出，苏格兰和威尔士的师范学院甚至不太确定自己的教育是否属于高等教育，因此明确师范学院的地位，让其提供一定标准的师资培训就显得尤为必要。其核心观点于1964年被英国政府基本采纳，进而设立了教育学院，引入了4年制课程，开始实行教育学士学位的授予工作。为承担地区师资培训的职责，各所大学纷纷建立了教育学院。20世纪70年代，英国教育学院的数量达到160多所，成为英国师资培训的主要机构。④教育学士学位的授予工作提高了教师的学术水平，保证了教师质量，并且提高了教师教育在高等教育系统中的地位。

20世纪70年代初，为了提高教师培养质量，《詹姆斯报告》对教师教育制度存在的"过于学术化"和师资培训效率不高等问题提出了严厉的批评，教育学院和地区委员会取代了地区师资培训组织，提出了著名的教师教育"普通高等教育-专业训练-在职培训"三段制新模式，从而将普通教育与专业教育分离

---

① 戴本博，张法琨.1990. 外国教育史（下）. 北京：人民教育出版社：140.
② 戴本博，张法琨.1990. 外国教育史（下）. 北京：人民教育出版社：12-14.
③ 徐辉，郑继伟.1993. 英国教育史. 长春：吉林人民出版社：171-179.
④ 李先军.2006. 英国近现代教师教育发展研究. 华中师范大学硕士学位论文：35.

开来。① 同时，该报告强调了教师终身教育和教师带薪脱产学习的重要性。随着1975年教育白皮书《继续教育规程》的颁布，地区师资培训组织被彻底取消，原来隶属于大学的地方教育学院正式成为高等教育的一部分，这一举措提高了师范院校的地位。②

（四）教师教育的快速发展阶段

20世纪80年代以来，英国教师教育改革的步伐不断加快，从以前以大学为主导的模式转变为大学、中小学共育的"基于中小学"的职前教师培养模式。③ 教师培训的主体同时囊括了大学教育机构、高等教育学院和校本培训机构等。大学和中小学的合作内容具体、可操作性较强，具体体现为：在导师角色分配方面，大学和中小学教师组成教师共同体，各司其职；在课程安排上，涉及学科知识、专业研究和教学实践三个模块，其中教学实践所占比例最大；在评价方式上，大学和中小学校指导教师联合对师范生进行评价。④

三、法国教师教育演变发展的轨迹

作为世界上第一所师范学校（法国神甫拉萨尔1681年在兰斯创办的师资培训学校）的诞生地，法国有着悠久的教师教育传统，其教师教育机构的改革也颇具特色。早期，幼儿园教师、小学教师与中等学校教师分开培养，后来设立了专门的机构把初等教育师资培养和中等学校师资培养联合起来，进行一体化培养。

（一）教师教育的奠基期

1684年，教士拉萨尔创办的"基督教学校修士会学院"被认为是世界上最早具有近代气息的教师教育机构。⑤ 因此，拉萨尔也通常被视为法国教师教育的奠基人。除了宗教训练和读写算唱等普通教育科目之外，学生还要专门学习教授法并到附属"练习学校"实习。

---

① 李先军. 2006. 英国近现代教师教育发展研究. 华中师范大学硕士学位论文：37.
② 张学仁. 2013. 英国教师教育的历史经验及启示. 北京理工大学学报（社会科学版），(1)：155-160.
③ 王岩. 2013. 英国职前教师教育改革发展探析. 重庆第二师范学院学报，(5)：165-170.
④ 李琳, 蒋池小美. 2018. 大学与中小学共育：英国新教师合作培养模式研究. 课程教育研究，(8)：212-213.
⑤ 王长纯. 1994. 从双轨制到一体化——谈法国师范教育制度的历史演进. 外国教育研究，(3)：25-28.

法国政府重视小学教师的培养工作，教师培养制度相对完备，对入学要求、课程设置、修业年限和学生待遇等问题均有相应的规定，各师范学校也都有固定的教学人员和设施。虽然其保留了宗教教育，却在很大程度上提高了世俗科学知识的比例。不过，由于举办者多为各个省或私人，培养制度也是不尽相同。例如，有的师范学校是单独设立的，有些则设立在市立中学内；有些实行寄宿制，有些则采取走读制；有些有实习学校，有些则没有实习学校。[①]

法国政府对中等教育教师的培养不如小学教师那样重视。1808年，巴黎师范学校改组成巴黎男子高等师范学校，学制为两年，后来改制为3年，分为文、理两科。学生的普通学业由巴黎大学负责，专业训练由巴黎男子高等师范学校负责。尽管这一时期法国的教师教育并没有形成系统的教育制度，却为以后的教师教育制度的确立奠定了基础。

（二）教师教育的确立期

此时的法国教师教育从分散多样和各自为政走向了统整一致，教师教育制度确立下来。值得注意的是，从诞生之日起，为了适应双轨的教育制度，法国教师教育的发展就有了两条平行轨道，其体制和做法是不同的。其中一轨专为上层阶级的子弟设立，包括幼稚园、市立或国立中学、大学或高等专门学校，这些学校的学生只要通过教师职业培训和相应的考试就能成为中等教育的教师；另一轨的对象主要是劳苦大众的子弟，包括母育学校、初等小学和高等小学，这些学校的学生没有机会上中学，也不可能升入大学，他们必须到师范学校接受培训方可成为初等教育的教师。

（三）教师教育的完善期

第二次世界大战后，法国政府恢复重建了师范学校系统。这一时期的教师教育研究也有了长足进步，为法国教师教育的高质量发展提供了科学依据与方法论基础。

经过几次变革，法国师范学校提高了入学要求，只招收受过两年以上高等教育且具有规定文凭的学生，这样师范学院就正式成为高等教育机构，师范学院完成了地位的转变。师范学院主要的教育内容为包括教育培训和学科培训在内的职业培训。在培养主体方面，从1979年起，大学开始参与师范学院的

---

① 薛凌芸. 2006. 法国近现代教师教育发展研究. 华中师范大学硕士学位论文：6.

培养工作，两者各司其职、相互配合，为后来大学级师范学院的成立奠定了基础。[1]

法国中学教师和小学教师的培养存在很大差别。中学教师培养主要由综合大学和有关高等教育机构完成。法国教师种类较多，培养方式也是多种多样[2]，不同教师教育机关颁发的文凭和证书有着较大差别。中等教育教师的资格主要分为初中普通教师、证书教师、会考教师，此外还有职业高中教师、技术教育教师和其他类型的教师。教师的类型不同，培养体制也存在诸多差异。法国师资培养机构呈现多样化，出现了专门负责中等教育的教师培训机构。原来的高等师范学校的专业设置和培养目标也有了新的变化。法国中等教育教师培养方面形成了"大学与专门机构相结合，以大学为主；学术与职业教育相结合，先后分别进行"的体系[3]，但是存在重学术性、轻师范性的问题。

（四）教师教育的一体化培养

1989年，法国政府颁布的《高等教育方向指导法》对整个法国教育体系做了指导性规定[4]，认为无论是小学教师还是中学教师，作为一种职业都应该是一个完整的系统，在世界范围内首次实现了完全高等教育水平上的一体化。其明确提出改革师资培训制度，以解决教师数量少、质量参差不齐、职前和职后培训不足的问题。法国政府解散了现有的师范学校、教育培训中心等机构，这一做法改变了以往对各级各类教师分别培养的传统，每个大学区内有1所大学级师范学院，成为学区内唯一的培养中小学教师的专门机构，将中小学教师的理论培养、现场实习、教育实践等结合在一起。[5] 教师教育一体化的标志主要体现在四个方面：职前职后培训机构的同一化、招生对象的一致化、训练年限的统一化和毕业后获得的学历文凭水平相同。

这一做法提高了教师的学历和水平，同时强化了大学在教师培训中的作用。[6] 其课程设置更为灵活，更加注重理论和实践的结合，将教学实习系统化和制度化，更注重新技术的引入。此外，跨年级实习有助于教师全面了解

---

[1] 邢克超.1993.战后法国教育研究.南昌：江西教育出版社：51-57.
[2] 黄崴.2003.教师教育体制：国际比较研究.广州：广东高等教育出版社：29-36.
[3] 顾明远，梁忠义.2000.世界教育大系（法国教育）.长春：吉林教育出版社：319.
[4] 汪凌.1991.法国小学新政策——法国教育部长对1989年7月指导法的介绍.外国教育资料，（4）：60-66.
[5] 王长纯.1994.从双轨制到一体化——谈法国师范教育制度的历史演进.外国教育研究，（3）：25-28.
[6] 廉晓洁.2011.法国"教师教育大学化"发展研究.河北大学硕士学位论文：26-30.

其他年级和整个教育体制的特点。①

四、日本教师教育演变发展的轨迹

日本历来高度注重教师培养。自1872年起，在短短100多年中，日本教师教育就实现了从封闭型模式到开放型模式再到综合型模式的转型。

（一）以师范类学校为主体的封闭型教师职前培养阶段

1872年，日本颁布了《学制令》。此后，日本对教师的需求激增。《学制令》规定教师的资格为：小学教师应取得师范学校或中学文凭，20周岁以上，男女皆可；中学教师应取得大学文凭，25周岁以上；大学教师则需要持有学士学位。②1872年，日本第一所师范学校——东京师范学校在东京建立，4年后日本就有了94所师范学校。后来，由于国家财政困难和教育政策的变动，许多师范学校不得已关闭。小学教师培养和县级教育指导工作便由各个县自行设立的师范学校负责。师范学校的诞生既是《学制令》的要求，也是近代教育理念的产物，其功能除了最初的教师培养外，后来还延伸至小学课程的章程制订和教材审定。③

1885年，日本太政官制被内阁制取代，十分注重教师教育的森有礼成为文部大臣。在森有礼教育思想的影响下，1886年，文部省颁布了《师范学校令》，认为教育是国家建设的工具，教师在国家人力资源开发中发挥着核心作用。该法令明确师范学校是培养那些立志成为教师的人的地方，应注重学员服从、忠诚和尊重他人等良好品性的养成，从中可以看出儒家思想的影响，这就是第二次世界大战前日本教师教育的基本理念。《师范学校令》将师范学校分为两级，即寻常（普通）师范学校与高等师范学校，学生必须按照国家规定学习，学生享受公费资助，但毕业后必须到指定的教育岗位工作。④文部省随后颁布了《高等师范学校规程》《女子高等师范学校规程》等系列法规，基本确立了日本教师教育的传统制度。

19世纪末20世纪初，为了适应国内外政治经济形势的需要，日本对教师教育进行了整顿。1897年，日本颁布了新的《师范教育令》，明确规定了高等

---

① 杨金花.2007.法国教师教育课程设置研究.河北师范大学硕士学位论文：23.
② 谢赛.2018.日本教师教育.上海：华东师范大学出版社：21.
③ 谢赛.2018.日本教师教育.上海：华东师范大学出版社：11-18.
④ 梁忠义.1996.日本教师教育制度的演进.外国教育研究，（6）：15-24.

师范学校、女子师范学校和寻常师范学校的任务,并进行整顿。整顿后的教师教育不仅加强了国家对师范教育的控制,而且把教育学放到了教师教育的中心地位,注重德育及技能学科的教育,明确规定了师范毕业生的服务年限。整顿后的教师教育制度一直沿用下来,在第二次世界大战前基本没有太大的变化。由此可见,这一时期日本教师职前培养采取的是以师范类学校为载体的封闭型培养模式。

(二)以综合性大学为载体完全开放型的教师职前培养阶段

第二次世界大战后,日本几乎完全照搬了美国模式,对教师教育体系进行重建。美国教育使节团提交的《美国教育使节团报告书》建议日本将教师教育结合到大学教育体系中,建立开放的教师教育体制。1948年,文部省正式宣布在大学培养教师,并规定各都道府县的综合大学必须设置教育学部或学艺学部,开设2—3年的教师课程。1949年颁布的《教育职员资格法》正式确立了在大学实施开放型的教师培养新体系。[1] 然而,由于日本国情的制约,开放型的教师培养模式出现了一些不切实际的情况。

后来,日本教师教育由美国化不断向本土化过渡。20世纪70年代末80年代初,日本政府创设了三所新教育大学,其目的在于研究与初、中等教育实践有关的科学,并为初、中等学校教员提供进修与研究机会。新教育大学同时开设本科课程和在职教师进修的研究生课程,并以研究生课程为重点,这带动其他大学也开设了研究生课程,提升了教师的学历。其他大学通过设置研究生院培养教师的数量也开始增长,这有助于促进中小学教师素质的提升。

(三)以师范大学和综合性大学为主体的综合型模式阶段

20世纪80年代中后期,日本教师教育改革的重要动因是应对整个社会结构发生的快速变化。20世纪80年代中后期,日本实现了追赶西方发达国家的目标,步入了从工业化社会向信息化社会过渡的新阶段,呈现出低生育率、人口老龄化、受教育程度高等一系列特征。在教育领域,激烈的入学考试竞争、恶作剧、逃学、校园暴力、青少年问题行为等现象日益突出,引起了日本社会的担忧。与此同时,在尊重学生个性、培养学生的创造力和思维表达能力、国际化和信息化方面也存在诸多问题。

1986年,日本出台的《关于教育改革的第二次咨询报告》提出了许多明

---

[1] 臧佩红. 2010. 日本近现代教育史. 北京:世界知识出版社:47-56.

确建议，内容涉及教师培养、资格证书、录用入职和教师进修等方面，主要举措有重新认识和选择教师培养阶段的学科与教育科目内容，重新审视教育实习的意义，将教育实习与新教师入职教育结合起来进行多样化的教育。20世纪90年代，日本社会对教师教学有了新的理解，1997年，文部省咨询机构发表了《面向新时代的教师培养改善对策》，提出需要重点培养师范生基于全球视野采取行动的能力、在变革背景下生存的能力以及实践指导能力。1999年，日本教育职员培养审议会对教师培养课程的体系性、教师教育课程教学方法的改进、教育活动的外部评价、协同大学附属学校等方面提出了具体建议。[①]

针对大学本位教师培养制与开放式教师培养制并存等诸多问题，日本在21世纪发表了一系列报告，不断改进教师培养。2001年，《关于今后国立教师培养大学和学部的改革》出台后，日本合并一些教育类大学或综合性大学教育学部，以优化资源及提高效率；合并或撤销一些附属学校；改善研究生层次的教师在职培训；在大学中设置示范性教师教育课程等。2005年发布的《创造新时期的义务教育》提出，高素质教师应让学生和家长放心，受社会尊重和信赖。2006年发布的《关于今后教师培养与教师资格证制度的改革》提出了一些具体措施，提高教师教育课程质量标准；设立针对在职教学人员的专业型研究生课程；引进教师资格证书更新制度。特别是教师终身学习体制的构建、教师核心资质的培养和核心教职课程的开发，逐渐成为近年来日本教师教育改革的中心议题。[②] 2010年，教师教育开始新增教育实践实训课程，2012年的《关于综合提升贯通教师生涯的素质能力的策略》将"培养课程的质量保证"列为核心内容。

第二节　发达国家教师教育转型发展的特征

虽然各国的教师教育各具特色，但纵观其发展历程就会发现教师教育的一些趋势性特征，主要体现为教师教育模式的开放化趋势、教师教育机构的综合化趋势、教师教育层次的高学历趋势、教师教育内容的专业化趋势、教师教育过程的一体化趋势和教师教育管理的法治化趋势。

---

① 谢赛. 2018. 日本教师教育. 上海：华东师范大学出版社：22.
② 谢赛. 2018. 日本教师教育. 上海：华东师范大学出版社：11-29.

一、教师教育模式：开放化趋势

培养模式的开放化是世界教师教育发展的一个明显趋势，即教师教育模式正在由封闭式、定向型模式向开放式、非定向型模式转变，即由以高等师范院校为主体的定向型教师教育模式向综合大学、文理大学等高等院校培养的非定向型教师教育模式，以及由师范院校、综合大学、文理大学共同培养师资的合作型教师教育模式转变。

教师培养模式的封闭型和开放型这一提法源于英国詹姆斯·波特的报告。封闭型教师教育模式又称定向型职前培养模式，教师培养主体为专门的师范院校，其优点是学生训练较为系统，学生未来的职业定向更明确，也容易根据国家需要灵活调整，缺点是师范教育相对封闭，学生对学科知识的掌握不够扎实，培养的师范生较为僵化，适应其他工作的能力较差。第二次世界大战前，很多国家采取这种模式培养教师，后来慢慢被开放型或综合型教师教育模式取代。[1] 开放型教师教育模式的培养主体为综合大学、文理学院或其他学院附属的教育机构，其优点是国家对教师培养的管理相对宽松，教师自由发展空间较大，教师的基础知识面广、适应能力强、就业出路比较宽，缺点是目标不够明确，教育专业的实践训练往往不足，对教育事业的认同和忠诚度不足。第二次世界大战后，越来越多的国家采取此种模式。

美国教师教育可以被看作开放式或非定向型教师教育体系的代表。20世纪五六十年代起，美国教师教育的任务从师范学院转交至综合大学和多科学院共同承担，快速、彻底地实现了从封闭向开放的转变。[2] 师资培养机构主要是综合性大学、文理学院、初级学院和社区学院等高等院校，当前美国教师培养的三条主要途径是大学化的教师教育、选择性教师证书项目和驻校模式的教师教育。[3] 教师培养并不局限于大学学部或学院，具有跨院系培养的特征，增强了教师培养的综合性。其优点是学生先接受完整的文理知识教育，增强发展潜能，具有成为一专多能的复合型人才的潜力，但也容易出现师范性不足的倾向[4]，这也使得教育学院在大学中处于边缘化的境地，面临诸多困境。受到大

---

[1] 陈永明.1999.现代教师论.上海：上海教育出版社：20-33.
[2] 郭志明.2007.美国开放式教师教育模式的形成机制研究.天津师范大学学报（社会科学版），(2)：71-75.
[3] 周钧.2015.美国教师教育理论与实践.北京：北京师范大学出版社：23-28.
[4] 李晓波，陆道坤.2012.思想演变与体制转型：中国教师教育回眸与展望.镇江：江苏大学出版社：80-83.

学评价制度的影响，教授更偏爱学术研究和理论知识[1]，忽视了对未来教师实践层面能力和技能的培养。[2]

在教师培养主体方面，日本与美国有类似之处。日本负责培养小学教师的机构为国立教育大学（即四年制教育大学）、综合大学的教育学部或短期大学；负责培养初中教师的机构为四年制大学或短期大学；负责培养高中教师的机构主要为四年制大学或研究生院。[3]从历史上看，第二次世界大战前的日本采取的是封闭型的教师培养模式，只有师范学校的毕业生才能成为中小学教师。战后初期，受美国的影响，日本的教师培养模式向开放型转变，只要具备条件的各类大学均可以培养教师[4]，不过也出现了国家无法准确把握各类大学教师培养的过程、数量和就业取向等问题。20世纪60年代后，日本教师教育又向综合型教师职前培养模式转型，教师培养专门机构以及综合性大学的教育学部等共同承担教师培养任务，综合型教师职前培养模式既有封闭型教师职前培养模式的封闭性，也有开放型教师职前培养模式的开放性，在日本的教师培养过程中发挥着越来越大的作用。[5]这种模式有利于国家更准确地了解教师培养状况，既可以提高教师的实践动手能力，又能够拓展教师培养的渠道。不过，如何处理大学自治与国家调控的关系、教师培养专门机构与综合性大学如何定位，又成了实践中的难题。

二、教师教育机构：综合化趋势

教师教育机构功能的综合化是当今世界教师教育发展的共同趋势。20世纪50年代，美国的师范院校逐渐完成了综合化进程，师范院校的功能大大拓宽，不再单纯地培养教师，有些变成了兼具多种功能的综合性文理学院，有些变成了综合性大学中的教育学院。美国教师教育机构的综合化趋势后来为许多国家效仿。英国教师教育享誉全球，20世纪80年代，英国建立了教师教育新模式，将地方教育学院正式列为高等教育机构，教师由综合性大学、师范学院和多科技术学院共同培养，更注重伙伴合作学校的作用；20世纪90年代，法国

---

[1] 张勇军. 2012. 地方高等师范院校综合化发展研究：以A省为例. 华东师范大学博士学位论文：218.
[2] 阎光才. 2003. 美国教师教育机构转型的历史经验及其启示. 教师教育研究，(6)：73-77.
[3] 黄崴. 2003. 教师教育体制：国际比较研究. 广州：广东高等教育出版社：38-39.
[4] 许晓旭. 2011. 日本教师教育政策研究. 东北师范大学硕士学位论文：8-12.
[5] 陈君. 2011. 封闭、开放与综合：日本教师职前培养模式转型研究. 河北大学博士学位论文：197-201.

各类师范学校承担的教师教育重任也为综合性大学的教师培训学院取代；日本的教师教育培养模式也改为以高等教育为主，具有开放性。① 由此可见，综合化是当今教师教育机构的一个重要发展趋势。

教师教育机构向综合化转型，其主要目的是增强办学的综合性。一方面，根据国家发展战略和区域发展需要兴建相关学科，举办非师范专业，为服务经济社会发展培养各类专门人才；另一方面，可利用多学科优势，促进教育学科、师范专业与其他学科专业的交流、融合，提高教师教育的培养质量，为区域基础教育输送知识更丰富、专业素质更高的师资。

三、教师教育层次：高学历趋势

对教师学历和资格的高标准代表了未来社会和教育发展的趋势。随着教师数量的逐渐饱和与社会经济科技发展对教师要求的不断提高，世界发达国家都不约而同地出现了教育层次上的高学历化特征。原来单一、低层次的中等师范教育慢慢退出历史舞台，许多原来专门从事教师教育的师范学院有些升格为教育大学，有些合并成为综合性大学的教育学院，在实现本科化之后纷纷获得了硕士、博士学位授予权，以培养高规格的教师。

美国在20世纪50年代就已经基本实现了本科化，综合大学中具有硕士、博士学位授予权的师范教育学院培养了大约90%的教师。法国中小学教师则采取"3+2"模式培养，3指的是大学本科3年，2指的是在师资培训大学级学院中攻读为期2年的教师教育课程。在英国，教师资格的门槛也越来越高，除了学制4年的教育学学士本科模式外，获取研究生教育课程证书也是获得英国中小学教师资格的主要途径。②

日本教师教育向高学历化发展也是一种趋势。由于意识到研究生水平的教师教育在西方发达国家已成为一般标准，日本已经大大落后，日本中央教育审议会于2005年指出，在加强本科阶段教师培养的同时，有必要在制度上重新探讨研究生阶段的教师培养和再教育问题。爱知教育大学从2005年开设六年一贯制的教师培养课程（含两年研究生），2006年东京大学较早地开设了教师职业研究生院。需要注意的是，这种高学历不是以往意义上的研究型的高学历，而

---

① 甘晖. 2013. 学科综合化：高水平师范大学转型的战略选择——以陕西师范大学为例. 高等教育研究，（4）：54-59.
② 杜彦武. 2018. 英国教师教育伙伴合作模式及其借鉴. 江西社会科学，（9）：247-253.

是贴近教育现场的实践型的高学历。①

四、教师教育内容：专业化趋势

师范性与学术性的争论是各国教师教育都会面临的重大难题。各国关于教师教育培养主体的转型及其争论，在一定意义上是教师教育在学术性与师范性这两种价值取向之间不断权衡、调整的结果。②一般而言，师范性解决的是如何教的问题，体现了教师的专业化程度，反映的是教师思想、道德、行为、素养和技能等教育学科的专业素养方面，包括教育学、心理学和学科教学论等知识。③学术性解决的是教什么的问题，关注的是学科知识和教研任务中的学术水平差异④，反映的是师范生学科知识和技能以及学科研究的能力达到的程度和水准，强调的是教师掌握的任教学科的理论知识。

美国教师教育的历史可以看作是师范性与学术性相互博弈的历史⑤，近年来表现出了相互融合的趋势。⑥美国早期教师主要来自师范学校和文实中学中的师范教育。师范学校开设了大量师范教育课程，以突出教师专门培养的必要性和合理性。为了提升在大学中的地位，大学中的教育学院也非常关注教育教学的理论构建，这都可以看作是师范性倾向。文实中学的师范教育重视学术性的理论学习，文理学院开展的师范教育也注重自由教育和文理的学科知识教育，这可以看作是学术性倾向。20世纪初期，由师范学校升格而来的师范学院在教师培养上更注重教学艺术的训练，忽视了高深的学科知识的教育。1957年，苏联人造卫星上天，倍感压力的美国将矛头直指师范教育，认为教育质量下滑的原因在于教师仅仅知道如何教学而不知道教是什么。代表师范性教育理念的教育学学者则反击，认为真正懂得教学的教师能够教任何学科内容。在反复的争论之后，人们意识到职前教师既应该受到广博的文理教育，也要接受师范类课程的专业培养，教师教育是文理学院或综合大学的职责。因此，在舆论

---

① 胡国勇. 2007. 日本教师教育制度改革面面观. 上海教育,（9）：40-42.
② 董英楠. 2011. 从"师范性"与"学术性"争论看美国师范教育机构转型. 沈阳师范大学硕士学位论文：1.
③ 康翠萍. 2003. 师范性与学术性统一：高等师范教育运作的基本原则. 江苏高教,（1）：81-83.
④ 柳晓娜. 2018. 论教师教育中的"学术性"和"师范性". 教育教学论坛,（5）：29-30.
⑤ 戴伟芬. 2012. 学术性与师范性的抉择与融合——美国教师教育课程思想流变. 教师教育研究,（1）：93-96.
⑥ 郭志明. 2019. 学术课程与专业课程的较量与融合——20世纪美国教师教育课程改革的历史逻辑. 教师教育研究,（4）：111-115.

的推动下，原来的师范学院不断向综合大学或文理学院转变以培养学者型教师，学科知识得到了越来越多的重视。[1] 从那时起，美国教师教育中的学术性从未被动摇。然而，学术性的备受推崇，在一定程度上导致了教育专业课程的缩减、教师的教学能力较差。在实际的改革与实施的过程中，出现了注重学术培养而轻专业养成、师范性弱化、师范教育在大学中被边缘化、教师入职标准过于宽松、教师专业性不强等问题。于是，人们开始重新思考学术性与师范性问题，寻求两者的融合，大学将教育学院改造为研究生院，开展教育科学研究和实验活动，形成了朝高层次、专业化方向发展的趋势。20世纪80年代以来，美国中小学教师教育领域发生了一系列的改革，以更好地促进中小学教师专业发展。[2] 在课程设置方面，强调打破学科壁垒和多维融合。教师不再仅仅是一种普通的职业，要想成为一名教师，已离开不像医生那样的专门职业培养，教师教育由此进入专业化阶段。教师专业强调教育学、心理学、教育心理学知识在任教学科中的应用，而不是学科知识之间或学科知识与教育知识的机械叠加。在职前教师培养方面，人们开始强调知识的连贯性和融通性，除了注重文理专业知识的教授之外，还强调对教学方法与教学技巧的培养，尤其是要利用教育实习培养职前教师的教学技能和课堂驾驭能力。教师教育课程改革中呈现出学科知识渗透和融合的特点。[3]

第二次世界大战后，日本教师教育的课程大体分为两种类型，即注重高水准学科知识的教学内容和注重教师特有知识技能的教学内容。前者注重学术性，在教师培养方案中体现为中小学学科科目课程的开设；后者重视师范性，在教师培养方案中体现为教育学专业课程和教育实习等。两种课程比例不断变化，背后是学术性与师范性的动态权衡。当社会要求师范生一毕业就能胜任教学时，师范性就更受到重视，而学术性易被忽视，如此则容易出现后劲不足的问题。后来，日本教育界对这一倾向进行矫正，学术性稍占上风，但对学生综合能力的培养相对不足。之后，师范性又受到进一步的重视。[4] 日本在21世纪发布了《关于今后国立教师培养大学和学部的改革》（2001年）、《关于今后教师培养与教师资格证制度的改革》（2006年）、《关于综合提升贯通教师生涯的素质能力的策略》（2012年）等一系列报告，不断改进教师培养。日本教师要

---

[1] 董英楠. 2011. 从"师范性"与"学术性"争论看美国师范教育机构转型. 沈阳师范大学硕士学位论文：18-28.

[2] 戴伟芬. 2012. 学术性与师范性的抉择与融合——美国教师教育课程思想流变. 教师教育研究，24（1）：93-96.

[3] 洪明. 2003. 反思实践取向的教学理念——舍恩教学思想探析. 外国教育研究，（8）：14-17.

[4] 李平. 2017. 日本全科型小学教师培养模式研究. 江苏师范大学硕士学位论文：9-11.

经过大学的培养，同时所有的教师都要通过国家或地方的考核，方能取得相应级别的教师资格证书。教师资格证书分为普通和临时两类，前者全国通用，有效期为终生；后者是由地方教育委员会根据本地师资需要对志愿应聘者进行的考核，审查合格即可获得。教师通过进修既获得了教师资格证书，也提高了教育教学能力。日本教师教育重视人文关怀，强调教育学课程的重要性；重视教师职业道德和生命关爱，凸显对儿童的爱护、关心和理解；在保证最普遍、最核心的评价之后，突出各自培养机构的办学特色。[①] 作为东西方文化融合的亚洲国家，日本教师教育对学术性与师范性的融合经验，值得我国借鉴。

欧洲国家则通过采取本科+研究生课程、师范生毕业后进行一段时间的教育见习等方法，来平衡学术性与师范性的问题。在英国，要取得中小学教师资格，最主要的途径就是通过研究生教育证书课程获得。该课程的对象是有志于做教师的各专业的大学毕业生。他们在本科毕业后到教师教育学院接受为期一年的师范课程学习，专门培养教育教学的能力，以便为今后的教师生涯打下基础。师范课程的主要学习内容为学科学习、专业研究和教育实践。学科学习主要是特定学科的学习；专业研究包括学生的个别差异、教师和专业发展等；教育实践主要是教育实习，主要培养实际教学中需要的技能。研究生教育证书课程大多由大学负责，虽然有中小学的参与（如实习），但是大学要对培养质量负责。在完成课程学习后，新教师就能通过应聘到一所学校工作，在这所学校工作满一年（全日制），就可以通过注册获得普通教学委员会和合格教师身份。[②] 在法国，2013年颁布的《重建共和国学校导向和规划法案》规定教师教育高等学院取代教师培训学院负责遴选师范生，为师范生提供教师专业化培训，组织教师招聘考试和授予学生"教学、教育与培训"硕士学位等工作。[③] 在德国，师范生大学毕业后还不能立即从事教师工作，需要一定时间的教育见习，从而保证了教师的教学能力可以胜任教育教学工作[④]，这些较为现实的做法也不失为融合学术性和师范性的有益探索。

---

① 夏鹏翔，刘慧.2018. 当代日本教师教育评价研究及启示. 课程·教材·教法,（1）：137-141.
② 夏杨燕，程晋宽.2018. 英国职前教师教育培养模式探究. 外国中小学教育,（7）：54-62.
③ 董显辉. 2018. 法国教师教育高等学院的职能及其运行机制研究. 河北大学成人教育学院学报,（1）：93-99.
④ 高松，袁潇.2018. 德国教师教育见习制度探析. 外国教育研究,（3）：35-48.

五、教师教育过程：一体化趋势

在重视职前教师培养的同时，各国也非常重视新教师的入职教育和在职教师的继续教育工作，呈现出了教师教育职前培养、入职教育和职后培训一体化的趋势。

新任教师的实际教学与其理想教学存在着巨大差别，新任教师常常会感到挫败感和紧张焦虑，有3—5成的教师会在5年内流失。① 因此，美国加强了对新教师有组织的指导工作，对他们进行强化培训，帮助他们认识到教学工作的复杂性，并不断丰富其教学实践经验。在职教师的培训内容与形式变得灵活多样，具有极强的针对性、实用性和前瞻性，他们把进修课程办到中小学，提高了在职教师的参与度和培训的针对性，能更有效地解决教师遇到的各种问题，受到了教师的广泛欢迎。20世纪80年代兴起的教师发展学校强调经验丰富的中小学教师和大学的监督导师多方合作，一方面为师范生提供理论应用于实践的职前学习机会，另一方面促进了在职中小学教师的教学反思，取得了较好的培训效果。②

英国也高度重视大学与中小学的伙伴关系，促进教师教育职前职后的一体化培养。英国的教育模式从以大学为主导的模式转变为大学、中小学合作的"基于中小学"的教师职前培养模式。③ 大学、当地教育部门、中小学、新教师、中小学相关人员和机构的大力参与和支持，大学、当地教育部门、中小学等共同参与中小学教师执教能力的培养培训。政府将对新教师的支持放到与对新教师的评估同等重要的位置，相关机构围绕这两方面对新教师进行培训，各司其职。采取老教师传帮带的方式对青年教师进行培训，不仅影响其教学技能，而且会影响其职业意识、人格等方面。入职培训的引入和传帮带方式的培训使得职前教育与职后教育有机衔接起来，有效弥补了以往封闭性体制导致的新教师适应不良等缺陷，有利于减少新教师的流失，从而保证教师队伍的稳定。随着终身教育的思想逐渐被人们认可，英国出现了一种新的教师教育模式——校本教师教育，强调合作的以学校为本位的师资培训模式得到进一步加强。教师在职进修发生了变化，许多中小学专门制订了专业培训日，要求教师每年脱产进修一定天数。大学、中小学校和地方教育部门的联系不断加强，建立了合作式的教师培训制度。特别需要指出的是，英国成立了以"教学学校"

---

① 许明，黄雪娜. 2002. 从入职培训看美国新教师的专业成长. 教育科学，(2)：51-55.
② 丁艳平. 2008. 教师教育职前职后一体化课程体系构建研究. 曲阜师范大学硕士学位论文：2-4.
③ 王岩. 2013. 英国职前教师教育改革计划探析. 世界教育信息，(7)：34-39.

为主导的教学联盟。2010年，英国发布了白皮书《教学的重要性》，提出革新教师教育培训的路径，形成以教学学校为主导、联合其他各类学校的培训体系。这一模式给教师提供了相对灵活的教学环境，提高了教师教育培训质量。①

法国教师在职培训具体由高校承担，但是由教育行政部门组织。一方面，向教师提供大学教授的学术性内容；另一方面，依据终身教育事项，利用现代化设备参与教师在职培训，引导教师积极参与培训，而不仅仅停留于在校学习，从而使教师职前培养和在职培训连为一体。② 教师教育大学学院成为学区内唯一的培养中小学教师的专门机构，用以改革师资培训制度，以解决教师数量少、水平参差不齐、职前和职后培训不足的问题。

经过多年探索，日本在职前培训、入职培训和职后研修方面形成了一体化的纵向体系。③ 尤其是1999年日本教师教育审议会提出大学与地方教育委员会的合作计划，强调教师教育的整体性和连续性，在内容上不仅重视职前和入职中的实习，更强调职后培训的实效，强调了必须通过职前、入职和职后培训等全过程来培养教师的理念。④

六、教师教育管理：法治化趋势

各国通过一系列法律法规和条例加强对教师教育的管理，法治化也成为世界各国教师教育改革的重要趋势。

法国是世界上较早为教师教育立法的国家之一。《教育方针法》规定了大学师范学院是学区内培训中小学（幼儿园）教师的专门机构。《继续教育法》明确规定了每名教师继续教育的权利、义务、待遇、培训等，以切实做好教师的继续教育。⑤

美国的教师教育法制相对完善，教师培养质量是通过认证制度加以规范和保障的。⑥ 全美教师教育认证委员会（National Council for Accreditation of Teacher Education，NCATE）和教师教育认证委员会（Teacher Education

---

① 王磊，王晓冬，李洁佳. 2018. 英国教师教育发展与革新的具体路径及启示. 中国成人教育，（5）：115-117.
② 薛凌芸. 2006. 法国近现代教师教育发展研究. 华中师范大学硕士学位论文：24-38.
③ 王建平. 2003. 日本教师教育发展动向及启示. 教育科学研究，11：57-59.
④ 张梅. 2001. 日本谋求教师教育一体化的新动向——试析日本教育职员养成审议会的近三次审议. 外国教育研究，（6）：50-53.
⑤ 姚琳，彭泽平. 2004. 当前法国中小学教师继续教育的特点. 继续教育，（3）：53-54.
⑥ 王兴宇. 2018. 美国教师教育认证制度变革及其对我国的启示. 教育科学，（6）：79-85.

Accreditation Council，TEAC）是美国两大认证机构，其教师认证标准体系对我国教师教育认证工作具有重要的参考意义。[①] 在各州颁发初级教师资格证书的基础上，美国于1986年发布的《国家为21世纪准备教师》呼吁统一全国教师标准，成立全国高质量教师标准组织，为在职教师建立较高的标准，为其颁发象征职业优秀的教师资格证书。这一举措极大地提高了教师队伍的整体水平。当前，美国拥有基于教师培养机构培养方案认证的教师教育认证委员会，以及基于包括所有教师培养方案在内的整个教师培养机构认证的全美教师教育认证委员会，这两大组织的任务在于分析如何提高教师教育机构的水平或教师教育机构培养方案的质量并提出改善建议，认证结果不对师范专业办理的续停做出结论，也就是不具有管理功能。[②]

英国教师资格证的获取并不依赖于结果性考试，而是依据过程性考核。[③] 要取得英国中小学教师资格，最主要的途径就是学习研究生教育证书课程。[④] 另外一种途径是接受以培养小学教师为目标的学制4年的本科教育，培养机构主要是大学、技术学院与高等教育学院，入学条件与其他本科专业持平或更高，必须取得数学和英语学科的中等教育会考合格证书，同步参加学科专业训练与实践训练，全部完成之后获得教育学士学位。[⑤] 英国教育与就业部规定，地方政府举办或资助的学校的所有教师必须为合格教师，他们必须满足如下条件：①经教育和科学部本身（及代表教育和科学部的其他单位）以书面形式证明的合格；②修完教育和科学部认可的下列师资培训课程之一，包括教育学士学位课程、教师证书课程、研究生教育证书课程，并由英国大学和国家学历颁发委员会授予资格；③所有中小学新任教师必须是符合既定条件的合格者。[⑥]

日本也非常重视包括教师资格证书制度以及教师教育认证制度在内的教师教育制度建设。现今，日本教师资格证书分为普通、特别和临时三种，每种证书都有特定的获得方式和有效期。为了帮助大学提高教育及研究质量，日本设立了大学评价学位授予机构、短期大学标准协会、日本技术者教育认证委员

---

① 姜蕴，洪明. 2019. 美国教师教育质量认证的新动向——AAQEP新标准的内容和特点分析. 外国教育研究，（6）：105-116.
② 张松祥. 2017. 我国师范专业认证需要关注的若干问题及其对策研究. 教育发展研究，37（Z2）：38-44.
③ 赵菊梅，张玉成. 2018. 高质量、多途径的英国职前教师培养——赴英国参加教师教育培训考察报告. 现代教育科学，（12）：140-143.
④ 夏杨燕，程晋宽. 2018. 英国职前教师教育培养模式探究. 外国中小学教育，（7）：54-62.
⑤ 杜彦武. 2018. 英国教师教育伙伴合作模式及其借鉴. 江西社会科学，（9）：247-253.
⑥ 陈永明. 1999. 现代教师论. 上海：上海教育出版社：20-33.

会、日本高等教育评价机构、日本大学认证协会等多种类型的认证机构，对不同类型的大学实施不同的认证评价。①

第三节 发达国家教师教育转型对我国的启示

我国教师教育在体制机制与培养机构等诸方面也存在着诸如学术性与师范性、教师培养的定向型与开放型、综合性大学是否要举办教师教育等现实的争论。② 值此发展转型关键之际，分析和借鉴其他国家教师教育的经验、教训，有利于促进我国教师教育的改革发展。不过，由于国情不同，学习他国教育经验时，需要联系我国国情和教师教育实际加以分析和有选择性地吸收。

一、定向型与开放型体制需要并存：采取混合型过渡

开放化是世界教师教育模式发展的一个趋势，我国的职前教师培养也呈现出由封闭式、定向型向开放式、非定向型转变的特征。

"文化大革命"之后相当长的一段时间，鉴于经济水平落后、教师地位不高的特定国情，我国教师教育一直实行的是"封闭型"或"定向型"的师范培养模式。高师、中师的师范生全部享受助学金待遇，毕业后基本上都被安排到教育战线工作。该模式在一定程度上保证了教师队伍的稳定，促进了教育事业的发展。但是，由于缺乏市场竞争意识，教师培养的路径过于狭窄，师范生培养质量常为人诟病，无法适应市场经济、科学技术和教育改革的迅猛发展。

1993年颁布的《中华人民共和国教师法》明确规定，非师范学校应当承担培养和培训中小学教师的任务。1999年，教育部《关于师范院校布局结构调整的几点意见》明确提出，以师范院校为主体，其他高等学校积极参与，中小学教师来源多样化。同年，《中共中央 国务院关于深化教育改革，全面推进素质教育的决定》指出："鼓励综合性高等学校和非师范类高等学校参与培养、培训中小学教师的工作，探索在有条件的综合性高等学校中试办师范学院"③，

---

① 谢赛. 2018. 日本教师教育. 上海：华东师范大学出版社：5-31.
② 张勇军. 2017. 地方师范院校综合化发展研究. 合肥：中国科学技术大学出版社：1-3.
③ 中共中央，国务院. 1999. 中共中央 国务院关于深化教育改革，全面推进素质教育的决定. 人民教育，(7)：4-9.

许多综合高校纷纷着手教师教育工作，封闭型的教师培养模式被打破。① 2013年，教师资格证考试不再区分师范生和非师范生的做法，更是激发了许多非师范生投身教育的热情，教师教育的开放度不断扩大。由此可见，我国教师教育正在经历从封闭走向开放的变革，综合性大学办师范专业和师范院校的综合化就是具体体现，这也符合世界教师教育从封闭走向开放的趋势。不过，这也出现了一些问题，由于国家尚未出台严格的教师教育机构的准入标准，教师教育似乎成了谁都可以涉足的领域，数量众多的低水平院校也纷纷培养师范生，反而在一定程度上影响了教师培养的效果。②

我国当前教师教育的主体依然是师范院校。③ 考虑到教师教育实行完全开放的培养模式会造成师范性不足，以及国家对教师培养过程、数量和就业取向等具体状况难以精准掌握等潜在风险，加之我国幅员辽阔、各个地区对教师的需求程度不一等，我们认为教师教育转型发展需要充分把握好定向培养与开放培养的分寸，循序渐进，因时因地展开，只有如此才能保证改革结果与提高教师教育质量的初衷始终保持一致。因此，开放型与定向型并存的混合型培养体制将是我国教师教育在今后较长一段时间内的主流培养模式。

二、师范性与学术性取向需要融合：推进专业化建设

关于师范性与学术性的问题，在20世纪初我国兴办师范教育时就存在了，在后来的不同时期又有不同的表现形式，且在办学主体的选择、师范生培养模式的改革、课程体系的调整等多个层面对教师教育产生了影响。④ 师范性与学术性的矛盾虽然无法消除，却可以相互协调、融合，在教育教学实践中也是可以相互转化、渗透的。学术性与师范性的整合是教师教育的本质，也是我国教师教育专业化的重要特征。

当代教育理论界认为，教育教学工作不是单纯的知识传递，更需要创造。⑤

---

① 李喆.2008.地方高等师范院校的转型与发展.北京：中国社会科学出版社：10-28.
② 黎婉勤.2015.三十多年来我国教师教育发展的特点和趋势——基于政策文本的视角.河北师范大学学报（教育科学版），（17）：102.
③ 中华人民共和国教育部，中华人民共和国国家发展和改革委员会，中华人民共和国财政部.2018-02-11（2021-09-10）.教育部等五部门关于印发《教师教育振兴行动计划（2018—2022 年）》的通知. http://www.moe.gov.cn/srcsite/A10/s7034/201803/t20180323_331063.html.
④ 陆道坤，许涉.2019.论"中国特色师范教育体系"的改革与发展——基于"师范性"与"学术性"互动的角度.大学教育科学，（6）：9-14.
⑤ 叶澜.1992.一个真实的假问题——"师范性"与"学术性"之争的辨析.高等师范教育研究，（2）：10-16.

教师职业的复杂性和丰富性需要教师有自己独特而富有整体性的高标准的专业修养，学术性强调学术实力，重视教师在学科知识教学和教研工作中的学术水平，而师范性则强调教育学、心理学、教学法、实习见习等关于如何教的课程，重视普通话、书写、组织教学能力、班级管理技能等教师必备的基本技能技巧。有学者建议在师范专业认证中构建凸显师范性和学术性要求的评价标准和评价机制，从而形成更合理的标准体系。教师专业化离不开国家和学校层面的举措。在国家层面，主要是制定专业标准，构建有利的制度，做好保障工作；在学校层面，则要适当调整课程目标，做好校本教研，促进教师专业的发展。①

三、教师教育层次与规格需要提升：实行新三级教育

我国基础教育需求的压力呈现出由数量增长型向质量追求型转变的特点。②换言之，教师不仅要达到合格学历的最低要求，还要向更高层面发展。这既符合世界教师教育总的发展趋势，也是办好人民满意教育、提升群众教育获得感的内在要求。

2009年修订的《中华人民共和国教师法》规定了各级教师资格应当具备的最低学历，具体为幼儿园教师为幼儿师范学校毕业，小学教师为中等师范学校毕业，初级中学教师为专科学历，高级中学教师为本科学历。这一学历要求与发达国家相比尚有一定的差距。近年来，随着国家对中小学教师要求的提高，有关教师学历的政策也出现了一些变化，如小学教师中师化、专科化，未来将达到本科化，初中教师专科化、本科化，未来获研究生学历的教师应占一定的比例；高中教师本科化，获研究生学历的教师占一定的比例，未来获研究生学历的教师达到较高的比例。③ 2018年，《中共中央 国务院关于全面深化新时代教师队伍建设改革的意见》明确提出，逐步将幼儿园教师学历提升至专科，小学教师学历提升至师范专业专科和非师范专业本科，初中教师学历提升至本科，有条件的地方将普通高中教师学历提升至研究生。④

因此，教师教育的层次和规格应由原来的中师–大专–本科"旧三级教育"

---

① 何二林，潘坤坤，马士茹. 2019. 我国教师专业化的内涵、影响因素及发展策略：基于近二十年教师专业化发展的文献分析. 河南科技学院学报（社会科学版），（2）：30-35.
② 李喆. 2008. 地方高等师范院校的转型与发展. 北京：中国社会科学出版社：10-28.
③ 傅树京，卢新迪. 2016. 中小学教师学历层次提高的政策演变. 中小学教师培训，（4）：1-4.
④ 中共中央，国务院. 2018-01-20（2021-09-10）. 中共中央 国务院关于全面深化新时代教师队伍建设改革的意见. http://www.gov.cn/xinwen/2018-01/31/content_5262659.htm.

尽快提升到大专–本科–研究生"新三级教育"。各类教师教育主体需要根据自身实际和外部要求，灵活调整培养层次与规格，各安其位，各尽其责，培养好高层次、高规格的后备教师。师范教育的结构对教师的层次提升产生了很大的制约。① 作为各地教师教育"母机"的师范院校，承担着培养基础教育师资、支撑本地基础教育发展的重任，也是教师层次与规格提升的主渠道，因此建议有关机构在教育硕士点的增设方面予以充分考虑和适当倾斜，以避免教师培养与地区经济发展需求脱节。②

四、职前培养与职后培训需要贯通：构建一体化体系

在过去的一段时间内，教师职前教育由普通中高等师范院校负责，教师职后教育由教育学院或教师进修学校负责。虽然职责明确，但是不同培养主体各自为政，难以形成合力，教育课程间存在一定程度的交叉重叠和脱节现象，在一定程度上造成了资源浪费，不利于教师的专业发展。为了进一步提高教师教育质量，我国教师教育改革也呈现出职前职后贯通和一体化培养的趋势。一方面，负责职前教师培养的师范院校开始涉足职后教师教育；另一方面，负责职后教师培训和进修任务的教育学院也大多合并或改名为师范学院，开始承担职前教师培养工作。

职前职后培养一体化的重要表现即为多培养主体的各司其职与协同合作。有人认为，我国教师教育的U-G-S是对美国教师发展学校模式的中国化改造。20世纪80年代，美国教师教育中存在的理论培养与实践脱节的危机问题，引发了社会各界的强烈不满，于是由大学发起、以中学为基地的教师专业发展学校出现了，集教师培养培训、教育科学研究、教学实践改进和教学质量提高等功能于一体。首都师范大学教育科学学院与北京市丰台区中学合作创建的教师发展学校于2010年诞生，被认为是我国对美国教师专业发展学校模式的最早借鉴。后来，考虑到我国的国情，东北师范大学等师范院校开展的U-G-S教师教育创新试验区进一步明确了政府的角色。随后出现的教师教育联盟、教师教育协同创新中心等均体现了大学、政府、中小学校在强化师范生能力训练、推进

---

① 刘大文，杨广学. 1998. 综合、开放、应用型教育硕士研究生课程探析. 中国高教研究，（5）：52-53.

② 王颖丽，张渊. 2016. 地区经济发展视角下的江苏专业学位研究生教育发展探析. 中国成人教育，（16）：113-116.

教师培养职前职后一体化培养方面的全面合作。① 这些不同主体间的协同试验区不仅成为职前教师训练的实践培养基地，也为在职教师的进修提供了保障。此外，一体化课程体系是职前职后教育一体化的核心内容和关键环节，尤其要减少课程的交叉重叠。② 因此，各教师教育机构越来越重视教师教育职前职后课程目标、模块和内容的顶层设计，增强它们之间的衔接性、连贯性和整合性。同时，也需要根据课程研究的最新进展适时进行调整和优化。

五、教师教育的管理方式需要完善：加强法治化建设

虽然我国在有关教育的法律体系中尚没有针对教师教育专门立法，但是《中华人民共和国教育法》《中华人民共和国教师法》《教师资格条例》对教师职前教育、教师资格证、入职教育和在职进修都有了明确的规定③，这成为我国教师教育依法管理的主要依据。《中华人民共和国教师法》明确规定了教师的资格和任用条件，即"中国公民凡遵守宪法和法律，热爱教育事业，具有良好的思想品德，具备本法规定的学历或者经国家教师资格考试合格，有教育教学能力，经认定合格的，可以取得教师资格"④。

与发达国家相比，我国教师教育的标准建设相对滞后，不过标准导向的教师教育管理体制进展很快，这在教师资格的规定方面体现得尤为明显。在相当长的一个时期内，师范专业毕业生自动获取教师资格证，而非师范专业的人员则需要通过特定的考试才能取得教师资格证，由各省组织考试。2013年，教育部颁布的《中小学教师资格考试暂行办法》则对其进行了改革，不再区分师范生和非师范生，明确提出非师范教育类专业毕业人员（简称"非师范生"）和非全日制师范教育类专业毕业人员需按本省份的要求参加相应的教师资格考试并合格，目前，教师资格考试实行全国统一考试（内蒙古、新疆、西藏等地仍为省考）。这一政策大大提高了教师入职的门槛，打破了教师资格的终身制，对于师范教育是一个大的挑战，同时也激发了非师范专业大学生报考的积极性。为了进一步做好师范教育，2017年，教育部出台了《普通高等学校师范类

---

① 赵夫辰. 2015. U-G-S（大学、政府、中学）理念下的教师教育. 河北师范大学学报（教育科学版），17（5）：114-117.

② 陈时见，王雪. 2015. 教师教育一体化课程体系的构建与实施. 教育研究，36（8）：109-112.

③ 戴亦明. 2006. 论教育法制与中小学教师教育制度建设. 宁波大学学报（教育科学版），（4）：117-119.

④ 中华人民共和国教师法. 2009-08-27（2021-09-10）. http://www.yw.gov.cn/art/2021/1/22/art_1229472031_59229215.html.

专业认证实施办法（暂行）》，提出"学生中心、产出导向、持续改进"的认证理念，根据目标定位不同制定了相应的认证标准和实施办法，构建横向三类覆盖、纵向三级递进的师范类专业认证标准体系，推动有关高校合理定位、特色发展、持续提升师范专业人才培养质量。2018年，教育部出台了《教师教育振兴行动计划（2018—2022年）》《关于实施卓越教师培养计划2.0的意见》，我国教师教育不断走向法治化。不过，在此过程中也面临一些困境，例如，教师专业认证的政府制度保障不足、认证机构专业性欠缺、社会公众参与意识亟须提升、认证组织行政化等[1]，此时借鉴国外分层分类推进的专业认证工作框架有一定的积极意义[2]。

尽管目前我国已经针对师范专业、教师教育课程出台了标准，但是教师教育者专业标准、教师教育机构资质标准等尚待出台，对综合性大学举办师范教育的必要资质、师范类高校如何分类转型、地方政府对师范教育的支持等问题还有待于进一步具体化和可操作化。

---

[1] 杨跃. 2018. 师范专业认证制度改革的现实困境与治理对策——基于新制度主义理论视角的分析. 现代教育管理，（2）：71-76.
[2] 龙宝新. 2018. 美国师范专业认证工作对构建我国师范专业认证工作框架的启示. 教师发展研究，2（2）：109-118.

第十二章

师范学院转型发展的政策分析与建议

　　教育政策作为国家意志的体现,为每个时期的教育改革与发展指明了基本方向,也为其提供了强大的支撑与保障。1999年以来,我国高等教育新政策频频出台,有力地推动了高等教育高质量发展。地方师范院校也在此发展浪潮中实现了从外延到内涵的转型发展。本章的内容主要有三个部分:一是运用文献研究法对相关政策文本进行梳理,寻找引导我国师范学院发展的政策脉络;二是运用Nvivo11分析软件对1999—2019年与师范学院发展相关的政策做了节点分析,以期了解政策关注的重点;三是对师范学院转型发展中的政策需求和供给情况进行分析,在此基础上对如何促进师范学院转型发展提出相应的政策建议。

第一节　师范学院转型发展的政策沿革

21世纪以来，转型发展一直是师范学院发展的一大主题。作为国家高等教育体系的重要组成部分，师范学院在政策与市场两只"大手"的推动下，在办学定位、办学模式、教学体系、学术组织、管理体制等方面不断经历着量变、质变的过程。

一、师范学院转型发展研究的政策文本选择

1999年以来，国家颁布的政策文件很多，本章只选择与师范学院转型发展相关的政策文件进行分类分析，以期获得政策是否配套、周全以及有效方面的认识，为完善政策供给寻找支撑。政策选择的类型主要包括以下几个方面。

（一）高等教育的宏观政策

师范学院隶属于高等教育的一部分，国家宏观政策对其有指导意义。因此，与教育相关的国家宏观政策都有选入，如《2003—2007年教育振兴行动计划》《国家新型城镇化规划（2014—2020年）》《国家教育事业发展"十三五"规划》等。

（二）教师教育的相关政策

师范学院的主要职能是培养教师，党和国家长期以来一直高度重视教师教育，对教师教育从体制、机制到制度建设，再到教师队伍建设都有具体的政策安排。1999年，教育部发布了《关于师范院校布局结构调整的几点意见》《关于新时期加强高等学校教师队伍建设的意见》两个重要文件；2002年，《教育部关于"十五"期间教师教育改革与发展的意见》出台；2012年，《国务院关于加强教师队伍建设的意见》印发；2018年，《中共中央 国务院关于全面深化新时代教师队伍建设改革的意见》出台，这一文件以中共中央、国务院的名义发布，把教师队伍建设问题摆到了前所未有的高度。

（三）关于地方本科院校的相关政策

地方本科院校多数是20世纪90年代以来通过合并升格而建立起来的一批

新型本科院校。1999年高校扩招之后,一些师范专科学校、行业学校经过合并、调整、升格、扩建、更名等不同方式或途径形成一批师范学院、综合学院和行业学院,这类高校也具有新建性、地方性、本科层次等主要特征。[①]此类院校大都以培养师范类专业人才为主,并结合当地经济发展状况开展非师范类应用型人才培养,既凸显"师范性",又向"综合化"发展。因此,国家对地方本科院校的政策完全适用于师范学院,如《教育部关于"十三五"时期高等学校设置工作的意见》《教育部 国家发展改革委 财政部关于引导部分地方普通本科高校向应用型转变的指导意见》等。

(四)关于基础教育的相关政策

师范学院作为培养基础教育师资队伍的主力军,基础教育改革发展的要求必然会反映到师范学院的办学之中,因此《关于减轻中小学教师负担进一步营造教育教学良好环境的若干意见》《中小学教师继续教育工程方案(1999—2002年)》《中共中央 国务院关于深化教育改革,全面推进素质教育的决定》等有关基础教育改革发展的政策都有入选。

(五)关于职业教育的相关政策

师范学院转型后,学校拥有一大批非师范专业。大量的非师范教育与高等职业教育有许多相同的要求,如加强实习实践、"双师制"、产教融合等,这些政策对师范学院转型发展也有较大的指导意义,所以也都有选入。另外,中西部高校中也有许多师范学院,关于中西部教育的一些政策文件也有选入,如《现代职业教育体系建设规划(2014—2020年)》《中西部高等教育振兴计划(2012—2020年)》等。

综上所述,通过政府工作网站及其他途径进行检索,搜索到包括中共中央、国务院、教育部及各部委颁布的与师范学院改革发展相关的意见、决定、办法、通知等各种规范性文件共计39份,详见表12-1。

表12-1 国家政策样本表

序号	颁布机构	政策名称	颁布时间
1	教育部	《关于师范院校布局结构调整的几点意见》	1999年
2	中共中央、国务院	《中共中央 国务院关于深化教育改革,全面推进素质教育的决定》	1999年

---

① 田凤俊. 2018. 新建地方本科师范院校转型发展思考——以宁夏师范学院实践探索为例. 宁夏师范学院学报,(2):96-103.

续表

序号	颁布机构	政策名称	颁布时间
3	教育部	《关于新时期加强高等学校教师队伍建设的意见》	1999年
4	教育部	《中小学教师继续教育工程方案（1999—2002年）》	2000年
5	国务院	《国务院关于基础教育改革与发展的决定》	2001年
6	教育部	《教育部关于"十五"期间教师教育改革与发展的意见》	2002年
7	科技部、教育部	《关于充分发挥高等学校科技创新作用的若干意见》	2002年
8	教育部	《教育部关于推进教师教育信息化建设的意见》	2002年
9	教育部	《教育部关于实施全国教师教育网络联盟计划的指导意见》	2003年
10	国务院	《2003—2007年教育振兴行动计划》	2004年
11	教育部	《教育部关于启动新一轮民族、贫困地区中小学教师综合素质培训项目暨新课程师资培训计划（2004—2008年）的通知》	2004年
12	教育部	《教育部关于"十一五"期间普通高等学校设置工作的意见》	2006年
13	教育部	《教育部关于大力推进城镇教师支援农村教育工作的意见》	2006年
14	教育部、财政部、人事部等	《教育部直属师范大学师范生免费教育实施办法（试行）》	2007年
15	教育部办公厅、财政部办公厅	《教育部办公厅 财政部办公厅关于组织实施中等职业学校专业骨干教师培训工作的指导意见》	2007年
16	国家中长期教育改革和发展规划纲要工作小组办公室	《国家中长期教育改革和发展规划纲要（2010—2020年）》	2010年
17	教育部	《教育部关于大力加强中小学教师培训工作的意见》	2011年
18	教育部	《教育部关于"十二五"期间高等学校设置工作的意见》	2011年
19	教育部、国家发展和改革委员会、财政部等	《中西部高等教育振兴计划（2012—2020年）》	2013年
20	教育部等六部门	《现代职业教育体系建设规划（2014—2020年）》	2014年
21	国务院	《国务院关于加快发展现代职业教育的决定》	2014年
22	中共中央、国务院	《国家新型城镇化规划（2014—2020年）》	2014年
23	教育部、国家发展和改革委员会、财政部	《教育部 国家发展改革委 财政部关于引导部分地方普通本科高校向应用型转变的指导意见》	2015年
24	中共中央、国务院	《中共中央 国务院关于深化体制机制改革加快实施创新驱动发展战略的若干意见》	2015年
25	教育部	《高等职业教育创新发展行动计划（2015—2018年）》	2015年
26	国务院	《国家教育事业发展"十三五"规划》	2017年
27	教育部	《教育部关于"十三五"时期高等学校设置工作的意见》	2017年

续表

序号	颁布机构	政策名称	颁布时间
28	教育部等五部门	《教育部等五部门关于深化高等教育领域简政放权放管结合优化服务改革的若干意见》	2017年
29	国务院办公厅	《教育部直属师范大学师范生公费教育实施办法》	2018年
30	中共中央、国务院	《中共中央 国务院关于全面深化新时代教师队伍建设改革的意见》	2018年
31	教育部等五部门	《教师教育振兴行动计划（2018—2022年）》	2018年
32	教育部	《教育部关于加快建设高水平本科教育 全面提高人才培养能力的意见》	2018年
33	教育部	《教育部关于实施卓越教师培养计划2.0的意见》	2018年
34	教育部	《教育部关于深化本科教育教学改革全面提高人才培养质量的意见》	2019年
35	中共中央、国务院	《中国教育现代化2035》	2019年
36	中共中央办公厅、国务院办公厅	《加快推进教育现代化实施方案（2018—2022年）》	2019年
37	中共中央、国务院	《中共中央 国务院关于深化教育教学改革全面提高义务教育质量的意见》	2019年
38	中共中央办公厅、国务院办公厅	《关于减轻中小学教师负担进一步营造教育教学良好环境的若干意见》	2019年
39	教育部等七部门	《关于加强和改进新时代师德师风建设的意见》	2019年

在这39份文件中，由中共中央、国务院或国务院发布的文件有10份，由中共中央办公厅、国务院办公厅联合发文或国务院办公厅发文的有3份，由教育部或教育部会同其他部委联合发布的文件有25份。

二、政策引导下的师范学院转型发展的历程

以1999—2019年为时间跨度，对上述政策文件发布的时间顺序进行分析统计，详见图12-1。由图12-1可知，政策较为密集的两个区域分别是1999—2007年、2010—2019年，此时间段也与师范学院经历的二次转型期相吻合。第一个转型期为1999—2007年。这一阶段的转型主要是层次提升、规模扩张，可看成转型初始期。此阶段有两个方面的特征：一个是由专科升格为本科并由单科性高校向多科性高校转型；另一个是师范学院的师范教育向教师教育的转变。第二个转型期是2010—2019年，这一阶段是高校的内涵发展、质量提升阶段，可

看成转型成长期。此阶段经历了两个方面的转变：一是师范学院向应用型高校转变；二是教师教育向新师范教育转变。在这两个阶段，国家的政策导向都发生了较大的变化。

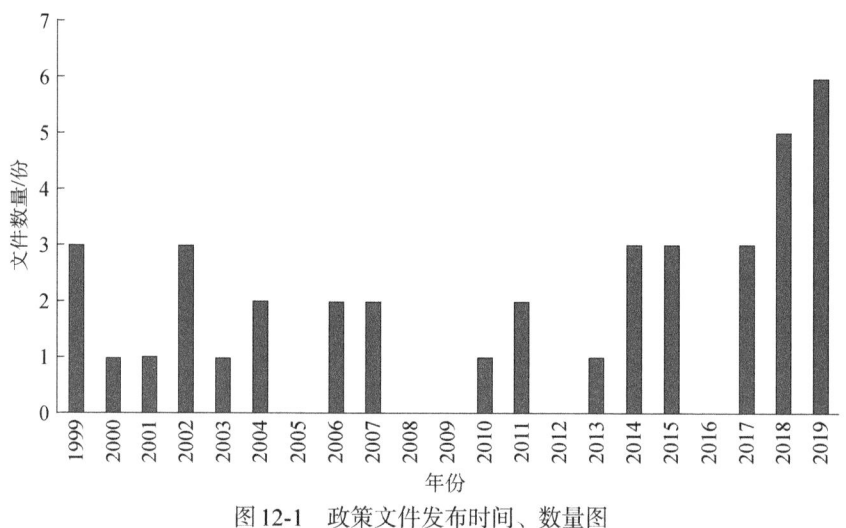

图12-1 政策文件发布时间、数量图

（一）单科性向多科性转变

20世纪末至21世纪初期，我国经济建设稳步推进，经济体制改革不断深化，教育事业蓬勃发展。1999年初，国务院批转了《面向21世纪教育振兴行动计划》。同年6月，《中共中央 国务院关于深化教育改革，全面推进素质教育的决定》指出，调整现有教育体系结构，扩大高中阶段教育和高等教育的规模，拓宽人才成长的道路，减轻升学压力；通过多种形式积极发展高等教育，到2010年，我国同龄人口的高等教育入学率要从1999年的百分之九提高到百分之十五左右。[①] 这一文件的政策效应当年就得到了体现，《1999年全国教育事业发展统计公报》显示，1999年，全国普通本专科招生159.68万人，比上年增加51.32万人，增长47.4%。[②] 此后，普通本科招生数连续多年增加，进入了面向21世纪我国高等教育规模扩张的大发展阶段。正是在此背景下，全国高校拉开了扩招序幕，一大批以师范专业为主的师范学院大力发展非师范专业，实现了扩容增量，并在办学目标、学科专业、培养模式和课程体系上呈现出综合

---

① 中共中央, 国务院. 1999. 中共中央 国务院关于深化教育改革，全面推进素质教育的决定. 人民教育,（7）: 4-9.

② 中华人民共和国教育部. 2000-05-30（2021-09-10）. 1999年全国教育事业发展统计公报. http://www.moe.gov.cn/jyb_sjzl/sjzl_fztjgb/tnull_841.html.

化趋势，实现了单科性高校向多科性高校的转型发展。

（二）师范教育向教师教育转变

20世纪末以来，师范学院最根本的变化是师范教育向教师教育的变革。早些年，师范学院作为培养一线教师的摇篮，却一直滞后于基础教育的发展，这使得教育行政部门不得不频频出招，推动教师教育的改革。在所选政策文本中，有15份文件提及教师教育问题，充分说明了国家对教师教育的重视。

为了进一步推动教师教育改革，促进教师队伍质量的提升，教育部连续出台了多个文件。1998年，教育部发布了《面向21世纪教育振兴行动计划》，提出让一些办学能力强的综合大学在新师资培养、教师培训方面做出贡献。1999年，教育部颁布的《关于师范院校布局结构调整的几点意见》提出，"坚持独立设置师范院校主体作用，同时进一步拓宽中小学教师来源渠道，鼓励一批高水平综合大学参与培养中小学教师"[①]。1999年，《中共中央 国务院关于深化教育改革，全面推进素质教育的决定》提出，要"加强和改革师范教育，大力提高师资培养质量。调整师范学校的层次和布局，鼓励综合性高等学校和非师范类高等学校参与培养、培训中小学教师的工作，探索在有条件的综合性高等学校中试办师范学院"[②]。这对师范教育提出了新要求，直接促进了我国师范教育向教师教育的转型发展。

21世纪，教师教育政策持续发力。2001年6月，《国务院关于基础教育改革与发展的决定》发布，其中在涉及高等教育的部分提到"完善以现有师范院校为主体、其他高等学校共同参与、培养培训相衔接的开放的教师教育体系。加强师范院校的学科建设，鼓励综合性大学和其他非师范类高等学校举办教育院系或开设获得教师资格所需课程"，"推进师范教育结构调整，逐步实现三级师范向二级师范的过渡"。[③] 2002年，《教育部关于"十五"期间教师教育改革与发展的意见》中明确了"十五"期间的主要任务之一就是初步形成职前职后相衔接、体现终身教育思想、开放的教师教育体系。于是，一大批师范学院以此为契机，大力调整高校布局结构，经过多年发展，我国教师教育的体系基本

---

① 中华人民共和国教育部. 1999-03-16（2021-09-10）. 关于印发《关于师范院校布局结构调整的几点意见》的通知. http://www.moe.gov.cn/srcsite/A10/s7058/199903/t19990316_162694.html.

② 中共中央，国务院. 1999. 中共中央 国务院关于深化教育改革，全面推进素质教育的决定. 人民教育，（7）：4-9.

③ 国务院. 2001-05-29（2021-09-10）. 国务院关于基础教育改革与发展的决定. http://www.gov.cn/gongbao/content/2001/content_60920.htm.

形成。

与此同时，教师教育也在不断完善和发展。2007年，《国家教育事业发展"十一五"规划纲要》提出，"鼓励和支持具备条件的综合大学培养和培训中小学教师，逐步形成开放灵活、规范有序的教师教育体系，提高教师教育的层次和水平"[①]。2011年，《教育部关于"十二五"期间高等学校设置工作的意见》提出，"对于现有高等师范教育资源无法满足需要，且布局合理，条件具备，可以中等师范学校为基础设立幼儿师范高等专科学校"，"农、林、师范院校名原则上不更改为非农、林、师范的校名。农、林、师范院校在合并、升格时，要确保农、林、师范教育不受削弱，继续保留农、林、师范名称"。[②] 这些政策文件大力推进了我国教师教育体系建设的实践进程，且思路清晰、精神一致，而且一以贯之，就是要让师范教育办学体制更加开放、形式更加多样，培养培训要逐步一体化。[③]

（三）教学型向应用型转变

2010—2019年，随着我国工业化进程的加快，对应用型人才的培养逐步受到国家的重视。在国家政策的引导下，地方本科院校逐步向应用型高校转型发展。笔者通过对上述政策文本的分析发现，涉及师范学院改革发展的内容较多集中在师范学院转型上。有6份文件提到了师范学院的布局结构与发展定位要求，"转型"一词出现40多次。自2014年以来，有关地方本科院校转型的政策陆续出台，这些文件逐步构建了地方本科院校转型的政策体系。

在政策供给上，国家致力于高校分类体系的建立，引导地方高校走应用型发展的道路。政策重点引导高校要适应国家和区域经济社会发展需要，建立动态调整机制，不断优化高等教育结构；要优化学科专业、类型、层次结构，促进多学科交叉和融合；要重点扩大应用型、复合型、技能型人才培养规模；要加快发展专业学位研究生教育；要建立高校分类体系，实行分类管理，促进高校办出特色；要发挥政策指导和资源配置的作用，引导高校合理定位，克服同质化倾向，形成各自的办学理念和风格，在不同层次、不同领域办出特色，争创一流。《中共中央关于全面深化改革若干重大问题的决定》提出"加快现代

[①] 中华人民共和国教育部. 2007-05-31（2021-09-10）. 国家教育事业发展"十一五"规划纲要. http://www.moe.gov.cn/jyb_xwfb/gzdt_gzdt/moe_1485/tnull_22875.html.

[②] 中华人民共和国教育部. 2011-12-19（2021-09-10）. 教育部关于"十二五"期间高等学校设置工作的意见. http://www.moe.gov.cn/srcsite/A03/s181/201112/t20111219_129633.html.

[③] 蔡国春. 2019. 改革在路上：中国特色教师教育体系建设之省思. 江苏高教，（12）：30-40.

职业教育体系建设，深化产教融合、校企合作，培养高素质劳动者和技能型人才。创新高校人才培养机制，促进高校办出特色争创一流"①。《国务院关于加快发展现代职业教育的决定》提出"引导普通本科高等学校转型发展。采取试点推动、示范引领等方式，引导一批普通本科高等学校向应用技术类型高等学校转型，重点举办本科职业教育……建立高等学校分类体系，实行分类管理，加快建立分类设置、评价、指导、拨款制度。招生、投入等政策措施向应用技术类型高等学校倾斜"②。2015年3月，《中共中央 国务院关于深化体制机制改革加快实施创新驱动发展战略的若干意见》颁布，进一步提出要通过开展校企联合招生、联合培养试点，拓展校企合作育人的途径与方式，加快部分普通高等本科院校的转型。③

教育部等相关部委也纷纷制定相关文件，进一步细化和明确地方本科院校的转型。2014年6月，教育部等六部门编制了《现代职业教育体系建设规划（2014—2020年）》，鼓励本科高校与职业学校联合培养高层次的应用技术人才，以支持此类院校转型。2015年10月，《教育部 国家发展改革委 财政部关于引导部分地方普通本科高校向应用型转变的指导意见》对地方本科院校的转型提出了更为具体的指导性建议，使转型具有了可操作性。各高校纷纷基于自身实际情况进行转型实践，师范学院也在这波浪潮中开始向应用型转型发展。总之，从国家层面到各级主管部门政策的内容来看，一系列政策的颁布出台，标志着地方本科院校转型发展政策体系已初步建立。

（四）教师教育向新师范教育转变

新师范教育是基于教师教育发展面临新机遇、新挑战的背景下，以改革与创新教师教育体系作为出发点提出的，是我国师范教育发展的新目标和新阶段。新师范教育是近两年才提出的新概念，其实早在2010—2019年就已经出现了很多新师范教育的元素。具体表现在关于师范教育的政策大大增加，由上一个时间段的9个相关政策增加至26个，这说明了国家对师范教育的重视程度在变化，对师范学院转型投入了更多的支持与保障。2018年，首次以中共中央、

---

① 中华人民共和国国务院新闻办公室. 2013-11-19（2021-09-10）. 中共中央关于全面深化改革若干重大问题的决定. http://www.scio.gov.cn/m/32344/32345/32347/32756/xgzc32762/Document/1415757/1415757.htm.

② 国务院. 2014-06-22（2021-09-10）. 国务院关于加快发展现代职业教育的决定. http://www.gov.cn/zhengce/content/2014-06/22/content_8901.htm.

③ 中共中央，国务院. 2015-05-23（2021-09-10）. 中共中央 国务院关于深化体制机制改革加快实施创新驱动发展战略的若干意见. http://www.gov.cn/xinwen/2015-03/23/content_2837629.htm.

国务院名义颁布的关于教师队伍建设的文件，表达了这样的一个判断：我国师范教育体系有所削弱，对师范院校的支持不够。为了解决这个问题，《国务院关于加强教师队伍建设的意见》提出了要构建以师范院校为主体、综合大学参与、开放灵活的教师教育体系的改革发展任务。至此，新师范教育逐步清晰。新师范教育主要有五个方面的特点：①强化师范教育。师范学院的师范教育特色必须加强，公费师范生培养再度回归。②必须以立德树人为根本任务。牢牢确立师德教育的首要地位。③必须具有中国特色社会主义特征。要积极探索中国教育智慧，发展具有中国特色社会主义特点的教师教育形态，为在全球教育发展议题上提出中国主张、中国倡议和中国方案贡献智慧。④需要深化和重构现代教师教育的体系。⑤新师范教育是新时代背景下人才培养改革的新模式。新师范教育结合了"互联网+"思维，使校地合作制度化、教育研究实践化、专业建设标准化、教学过程个性化、职前职后一体化、学业管理严格化。

在这一时间段内，作为新师范教育一部分的卓越教师相关政策也进一步发展和完善，从《教育部 国家发展改革委 财政部关于深化教师教育改革的意见》《教育部关于实施卓越教师培养计划的意见》到《教师教育振兴行动计划（2018—2022年）》《教育部关于加快建设高水平本科教育 全面提高人才培养能力的意见》《教育部关于实施卓越教师培养计划2.0的意见》等，我国的卓越教师培养实践再上新台阶。

第二节　师范学院转型发展的政策分析

如何对师范学院转型发展的相关政策进行分析？通过对以上这些文件的粗略统计可以发现，涉及师范学院改革发展的内容众多，但较多集中在三个方面：一是教师教育变革。多年来，基础教育以应试教育向素质教育转变为起点，经历了新课程改革到核心素养培养的持续深化发展，经历了基础教育从均衡发展到优质均衡的过程。在这一历程中，师范学院作为一线教师培养的摇篮，总体上是滞后于基础教育发展的。为适应基础教育改革发展的要求，国家出台了多份文件，其中有15份文件提及教师教育问题，也反映了国家对教育大计、教师为本的共识。这一历程大致经历了高等师范院校从师范教育向教师教育的转变，此后又开始了教师教育向新师范教育的转变。二是地方院校转型发展。有6份文件提到了高校转型发展相关的问题，如布局结构与发展定位等。

三是教师队伍建设。教师队伍是高校发展的核心要素,有18份文件涉及教师队伍建设问题,充分显示了国家对教师队伍建设的高度重视。

文本分析的方法如下:对这三方面政策内容运用质性分析软件Nvivo11进行研究,围绕关于师范学院转型发展的国家政策文本,采用自由编码的方式研究国家政策的关注点。具体步骤包括:首先,将筛选出的符合研究范畴的政策文件导入Nvivo11软件;其次,对政策文件进行标注和编码,形成子节点;再次,运用节点分析的方法呈现我国教育政策在这些方面的聚焦点;最后,进一步对父子节点进行分析,从而了解国家政策在制定与实施时的偏向性、发展变化历程,揭示不同背景下师范学院转型发展的具体要求和政策的变迁。对师范学院转型发展的解读以表12-1所列的39份文件为依据,结合我国政策中关于师范学院转型发展的相关内容,对政策文本进行编码后,共产生3个父节点、15个子节点(表12-2)。

表12-2　子节点出现频次统计表

父节点	子节点	出现频次
教师教育改革	学科建设	16
	专业建设	11
	人才培养模式	24
	卓越教师	6
	乡村教师	9
地方院校转型	办学模式	7
	体制机制	10
	应用型	12
	社会服务	13
	制度建设	15
教师队伍建设	师德	26
	教育教学能力	15
	教育信息化	16
	终身学习	2
	教师培训	29

一、教师教育改革政策分析

教师教育是师范学院工作的重要组成部分,教师教育政策对这些高校的影响较大，因此对教师教育政策进行分析，能更好地了解师范学院的发展脉络。

（一）政策关注点研究

教师教育改革政策文件中的高频词分析如下：以教师教育改革为"父节点"检索的政策文本中，"人才培养模式"一词出现频次高达24次，"学科建设"出现16次，"专业建设"出现11次，"乡村教师"出现9次，"卓越教师"出现6次。政策文本中对人才培养的举措提出许多明确要求，为当前乃至未来一段时间内高校的学生培养改革提供了指引。在人才培养类型方面，围绕国家重大发展战略，提出复合型、应用型、创新型三类不同的人才培养类型。在人才培养模式方面，提出了"合作育人模式""跨学科跨专业人才培养模式""卓越人才培养模式""拔尖人才培养模式"等。

学科与专业是人才培养的载体，是衡量一所高校办学水平的标尺。政策文本中多次提出要坚持以学科为基础，带动学校发挥优势、办出特色；要遵循教育规律，集中有限资源，优化优势学科、特色学科和需求学科等不同层次学科。

另外，"乡村教师"在政策文本中出现9次，国家从服务体系建设、提升工资待遇、加大培训力度等方面颁布了一系列向乡村教师倾斜的教育政策，具体如下：一是农村教师来源补充政策；二是农村教师工资待遇倾斜政策；三是农村教师培训工作政策；四是农村教师职称评聘倾斜政策。这些政策表明，国家对乡村教师队伍的建设和发展高度重视，以此吸引更多优秀人才到乡村任教。

（二）政策特点分析

1. 以促进教育均衡发展为目标，高度重视乡村教师与乡村教育

农村教师队伍的建设是义务教育均衡发展的重要保障。党的十七大后，党和国家更加重视乡村教师队伍建设，出台了一系列关于乡村教师队伍建设的政策。在乡村教师补充方面，"特岗计划"的实施有效缓解了农村贫困地区、偏远地区师资力量不足的问题；在乡村师资培养方面，从2007年的"师范生免费教育政策"到2018年的"师范生公费教育"，通过定向招生、提前录取等方式为农村学校及偏远地区学校培养了一批又一批的高素质教师。"国培计划"的实行更是让一大批农村骨干教师占有了更为优质的教育资源。此外，教师校长交流轮岗制度的实施，有利于区域内的教师、校长通过城乡交流形成资源互

补，带动薄弱学校教师的专业化发展。2015年颁布的《乡村教师支持计划（2015—2020年）》较为完整地架构了我国乡村教师支持政策框架，从培养、待遇、职称、流动、培训、荣誉等多方面为乡村教师发展提供了政策支持。

2. 重视教师培训工作，促进教师队伍职业化发展

关于教师教育的各类文件都对教师的岗前培训做了强调，"培训"一词出现的频次高达314次。1999年颁布的《关于新时期加强高等学校教师队伍建设的意见》明确规定，青年教师必须参加岗前培训。同年颁布的《中小学教师继续教育规定》对教师教育中的学历教育与非学历教育进行了区分，使得教师教育政策更加全面、系统、深入，教师培训的对象也更加全面、细致，尤其是对农村贫困地区教师的培训工作给予政策倾斜。同时，教师培训也更具科学性与针对性，新课程改革实施以来，许多政策又对教师进行新课程方面的培训提出了新的要求。随着互联网时代的到来，对教师进行信息技术培训也在各类教师教育政策中得到强调。另外，2010年起开始实施"国培计划"，在这项政策的持续推动下，我国的"国培、省培、县培"三级培训体系逐步建立，广泛覆盖的教师全员培训极大地促进了教师的专业化发展。

3. 注重建立教师教育标准体系，推动教师教育的规范化建设

2011年，我国开始实施教师资格统一考试制度。《教育部关于大力推进教师教育课程改革的意见》《教师教育课程标准（试行）》《教师专业标准（试行）》等文件的发布，使教师培养有了明确的规范、清晰的标准，标志着我国教师教育专业化时代的到来。2012年8月颁布的《国务院关于加强教师队伍建设的意见》又对教师专业发展标准体系做了进一步完善。同年，教育部以连续颁布的《幼儿园教师专业标准（试行）》《小学教师专业标准（试行）》《中学教师专业标准（试行）》分层分类地构建了各类教师专业素质、教师专业发展的标准、规范。总之，接连公布的这些文件为师资培养顺利推进提供了坚实的政策基础。

二、地方院校转型政策分析

（一）政策关注点研究

地方院校转型政策文件中的高频词分析如下：以地方院校转型为"父节点"，根据上述政策材料统计，词频出现较高的是"制度建设""体制机制"，分别出现15次、10次，说明国家重视制度建设、体制机制建设在转型发展中的作用。深化地方高校改革必须依靠制度建设，推进地方高校转型需要好的体制机制，要通过制度创新和治理能力建设，使高校转型在规范的轨道上进行，确保各项改革部署落地生根。

"社会服务""应用型"两词分别出现13次、12次。社会服务是高校第三大职能，也是体现地方院校特色的重要方面，因此政府要引导高校和市场接轨，要求地方院校切实和地方经济发展结合，并服务于地方经济建设。发展应用型高校有利于培育高端创新创业人才，实现新技术与人才的有效对接，促进我国经济转型升级。

（二）政策特点分析

1. 高度重视，出台专门政策

"地方院校转型"一词最早在《国家中长期教育改革和发展规划纲要（2010—2020年）》中被提及，此后陆续出现在其他政策文件中。2015年10月出台的《教育部 国家发展改革委 财政部关于引导部分地方普通本科高校向应用型转变的指导意见》更是将这一话题上升为专门的政策话语。政策的陆续出台不仅体现出国家的宏观指导和调控，更表明地方高校位于"转型发展"的主体地位，展现出积极的态度。通过进一步分析发现，这些政策主要以地方普通本科院校和独立学院为转型对象，在转型内容方面，这些政策旨在完善应用型人才培养体系。

2. 重视引导，分类发展

2014年2月26日，李克强总理主持召开的国务院常务会议首次明确本科高校转型问题，并提出"引导一批普通本科高校向应用技术型高校转型"[①]。通过"引导一批"这一措辞可知，国家对于地方本科院校的转型并非强制，更不是搞"一刀切"，而是循序渐进地鼓励、引导。同年5月2日，《国务院关于加快发展现代职业教育的决定》印发，提出"采取试点推动、示范引领等方式，引导一批普通本科高等学校向应用技术类型高等学校转型，重点举办本科职业教育"[②]。国家通过招生计划的倾斜、财政投入的倾斜等政策杠杆，引导一批新建地方本科院校先行先试，以此带动其他地方本科院校的转型。

3. 任务明确，路径清晰

《教育部 国家发展改革委 财政部关于引导部分地方普通本科高校向应用

[①] 人民网. 2014-02-27（2021-09-10）. 李克强主持召开国务院常务会议. http://cpc.people.com.cn/n/2014/0227/c64094-24476765.html.

[②] 国务院. 2014-06-22（2021-09-10）. 国务院关于加快发展现代职业教育的决定. http://www.gov.cn/zhengce/content/2014-06/22/content_8901.htm.

型转变的指导意见》提出的地方普通本科院校转型发展的主要任务包括加快融入区域经济社会发展、建立行业企业合作发展平台、建立紧密对接产业链的专业体系等14项。通过具体的政策话语可知，该文件把转型的地方本科院校纳入高等教育而不是职业教育。2017年1月颁布的《国家教育事业发展"十三五"规划》，在"协调推进教育结构调整"部分将"加快发展现代职业教育""调整高等教育结构"并列为二级标题，而在同样的二级标题"调整高等教育结构"中又再次谈到推动普通本科高校向应用型转变，对于不同的任务做了清晰的部署和规划。此外，教育部等六部门印发的《现代职业教育体系建设规划（2014—2020年）》把本科生教育与研究生教育正式列为现代职业教育体系的有机组成部分，并明确提出优化高等职业教育结构，支持定位于服务行业和地方经济社会发展的本科高等学校实行综合改革，向应用技术类型高校转型发展。① 在路径方面，《中共中央 国务院关于深化体制机制改革加快实施创新驱动发展战略的若干意见》提出，"开展校企联合招生、联合培养试点，拓展校企合作育人的途径与方式"②。对于高校来说，可以强化其服务地方社会的能力；对于地方来说，通过帮助高校了解地方行业、企业人才需求，培养出满足行业企业需求的人才，可以实现互利共赢。

三、教师队伍建设政策分析

教师队伍建设关乎整个教育事业的兴衰成败，教育改革改到深处在课堂，改到难处在教师。因此，对教师队伍建设政策的分析能更好地了解当前教师政策的问题与不足。

（一）政策关注点研究

教师队伍建设政策文件中的高频词分析如下：在相关政策文件中，出现频次较多的是"教师培训"，达29次。这些政策文本对中小学教师的培训目标、周期、体系、制度以及经费支持等都有系统的表述，为推动教师培训提供了充

---

① 中华人民共和国教育部，中华人民共和国国家发展和改革委员会，中华人民共和国财政部等. 2014-06-16（2021-09-10）. 教育部 发展改革委 财政部 人力资源社会保障部 农业部 国务院扶贫办关于印发《现代职业教育体系建设规划（2014—2020年）》的通知. http://www.gov.cn/gongbao/content/2014/content_2765487.htm.

② 中共中央，国务院. 2015-03-13（2021-09-10）. 中共中央 国务院关于深化体制机制改革加快实施创新驱动发展战略的若干意见. http://www.gov.cn/xinwen/2015-03/23/content_2837629.htm.

足的政策依据。"国培计划"的实施则全面推动了中小学教师培训的深入开展。党和国家一直高度重视教师队伍的"师德"建设，在政策中"师德"一词出现的频次为26次，政策文本大多从思想政治素质、教师职业理想、职业道德水平等方面对教师行为规范提出要求。针对教育市场化思潮导致的师德失范问题，国家又提出要求自觉抵制有偿家教，不得利用职务之便牟取私利等内容，提出实施师德考核的"一票否决制"等。党的十八大以来，以习近平同志为核心的党中央把"立德树人"作为教育的根本任务，要求大力弘扬社会主义核心价值观；党的十九大报告提出要加强师德师风建设，培养高素质教师队伍，倡导全社会尊师重教，同时对落实立德树人的根本任务提出了更高的要求。

"教育信息化"在政策中出现的频率为16次。21世纪，我国全面迈入信息化时代，教育领域也不例外，越来越多的政策开始提及"教育信息化"这个新词汇。《教育部关于"十五"期间教师教育改革与发展的意见》也提到，要大力推进教师教育信息化建设，制定教师教育信息化建设标准，加快信息化基础设施建设。①

（二）政策特点分析

1. 发文密度不断加大，政策体系逐步完备

我国教师教育政策逐步呈现出数量多、密度大、系统性强的特点。尤其是《国家中长期教育改革和发展规划纲要（2010—2020年）》颁布之后，国家出台多项针对教师队伍建设的政策，有力地保障了我国教师队伍的稳定性，也增强了教师的职业吸引力。2018年3月，教育部等五部门印发《教师教育振兴行动计划（2018—2022年）》，对于深化我国教师教育改革、推进教师教育体系建设具有更为重大的意义。

2. 发文主体层级提高，政策的权威性不断增强

从政策发布的数量来看，2009—2019年，由国务院直接颁布的有关教师队伍建设的政策数量占到改革开放40多年来国务院颁布政策总量的36.4%。政策发布的主体层级明显提高，表明政策的权威性、力度不断增强，例如，1998年的《教育部办公厅关于当前加强教师队伍管理的通知》，2012年的《国务院关于加强教师队伍建设的意见》，以及2018年的《中共中央 国务院关于全面深化新时代教师队伍建设改革的意见》。

---

① 中华人民共和国教育部. 2002-03-01（2021-09-10）. 教育部关于"十五"期间教师教育改革与发展的意见. http://www.moe.gov.cn/srcsite/A10/s7058/200203/t20020301_162696.html.

3. 发文主体日趋多元，政策的协同性不断增强

通过对教师队伍建设政策的发文主体分析可知，发文主体呈现出多样化的特点，已不单由教育主管部门颁布，越来越强调多部门联合发文，政策的系统性、协同性不断增强。从数量上看，这一比例已占到36.3%。例如，2002年的《教育部关于推进教师教育信息化建设的意见》由教育部单独发布，2012年的《教育部 国家发展改革委 财政部关于深化教师教育改革的意见》由教育部等联合发布，2018年的《教师教育振兴行动计划（2018—2022年）》由教育部等五部门共同发布，2019年的《关于加强和改进新时代师德师风建设的意见》由教育部等七部门共同发布。

4. 教师质量成为更加重要的政策议题

近年来，随着我国的经济总量不断增长、教育事业不断发展，有关教师质量的问题成为重要的政策议题，也体现在各项教师教育政策中。教育行政部门及师范院校要加强教师职前培养，提升教师的综合素质和专业化能力，尤其应重视对中西部地区教师、贫困地区教师的培训，促进其专业能力的提升。教育信息化又要求教师掌握必要的信息化手段。另外，一些政策着重强调了师范生培养的质量问题，例如，《教师教育振兴行动计划（2018—2022年）》提出通过改善师范生生源质量、优化教师教育学科专业体系、建设高水平教师教育基地等措施，为我国基础教育源源不断地输送合格人才。

四、相关单项政策分析

为推动师范学院的转型发展，国家政策不仅在宏观方面给予指导，在微观方面也有许多专项的政策支持。办学活动包含的内部要素众多，前面章节选择了教师教育教学能力、师德、招生就业、卓越教师、教师培训、人才培养等方面以管窥政策关注的重点和实施要求，本节将选择一些单项政策进行分析，运用质性分析软件Nvivo11进行研究，围绕表12-1的国家政策文本进行相关统计分析。

（一）人才培养政策

人才培养是高校的重要职能，政策文件从多个维度对地方师范学院的人才培养提出要求，"人才培养"一词出现的频数为33次。近年来，随着我国产业转型升级和经济结构的不断调整，人才培养的结构和质量并不能与之适应，推

进高质量的各类人才培养迫在眉睫。因此，要解决培养单位供给与用人单位需求脱节的矛盾，需要以市场为导向，着眼新时代、新业态对人的素质能力的要求，从人才培养的标准、方案、内容和途径等方面着手，对人才培养的各环节、各要素进行改革。在培养标准上，高校应以专业认证为推手，加强与地方产业部门的合作，吸引行业专家参与人才培养标准的制订，共同商讨制订符合行业需要的人才培养标准。在人才培养方案上，应强调人才培养方案的系统、完善，将"产学研结合""协同育人""产教融合"等思想融入人才培养的全过程。在培养内容上，为学生提供更多的实习机会，提升学生的实践能力，明确提出强化实践对人才培养的要求。所以，在政策文本中，"实践"一词的出现频次达到21次，"实习"一词的出现频次达到14次，说明我国师范学院人才培养的重点在加强实践、能力培养方面。"创新"一词出现16次，主要出现在近几年的政策文件中，说明我国开始逐步强化人才的创新意识，培养创新型人才。

在政策话语方面，几份重要文件均对高校人才培养提出要求。《中共中央 国务院关于深化教育改革，全面推进素质教育的决定》提出，"高等教育要重视培养大学生的创新能力、实践能力和创业精神，普遍提高大学生的人文素养和科学素质"[1]。《教育部 国家发展改革委 财政部关于引导部分地方普通本科高校向应用型转变的指导意见》提出："加强实验、实训、实习环节，实训实习的课时占专业教学总课时的比例达到30%以上，建立实训实习质量保障机制。扩大学生的学习自主权，实施以学生为中心的启发式、合作式、参与式教学，逐步扩大学生自主选择专业和课程的权利。具有培养专业学位研究生资格的转型高校要建立以职业需求为导向、以实践能力培养为重点、以产学结合为途径的专业学位研究生培养模式。"[2]《国家教育事业发展"十三五"规划》提出"全面推动教师教育改革创新，着力提高教师培养质量。继续实施卓越教师培养计划，扩大教育硕士招生规模，培养高层次中小学和中等职业学校教师"[3]。

---

[1] 中共中央，国务院. 1999. 中共中央 国务院关于深化教育改革，全面推进素质教育的决定. 人民教育，（7）：4-9.

[2] 中华人民共和国教育部，中华人民共和国国家发展和改革委员会，中华人民共和国财政部. 2015-10-23（2021-09-10）. 教育部 国家发展改革委 财政部关于引导部分地方普通本科高校向应用型转变的指导意见. http://www.moe.gov.cn/srcsite/A03/moe_1892/moe_630/201511/t20151113_218942.html.

[3] 国务院. 2017-01-10（2021-09-10）. 国家教育事业发展"十三五"规划. http://www.moe.gov.cn/jyb_xxgk/moe_1777/moe_1778/201701/t20170119_295319.html.

（二）服务社会政策

师范学院是地方高校，政策文件特别强调了地方高校要服务地方经济社会的发展。"服务"一词出现频次达123次。地方本科院校服务社会涉及地方行业企业，因此"地方"一词出现56次，"企业"一词出现36次，"行业"一词出现25次。可以看出，高校作为服务社会的主体，不是单打独斗，而是需要各行各业的支持与帮助。脱离了"地方"，远离了"企业""行业"，转型犹如失去双臂，无法顺利进行。地方本科院校服务社会必定需要加强和行业、企业之间的合作，因此"合作"一词出现67次。

在地方本科院校转型的过程中，应把为地方经济社会发展作为办学特色，一方面要与地方政府、行业企业建立长效合作机制；另一方面，要与地方、行业、企业在人才培养的各个环节深化合作，以提高人才培养的质量。"特色"一词出现22次，"经济社会发展"一词出现15次，一方面说明国家关注经济社会的发展；另一方面也传递出教育是促进经济社会发展的基础和保障，要充分发挥教育在社会经济发展甚至是民族复兴和人类文明发展中的作用。高校服务社会的关键在于所设专业要能对接地方经济社会发展的要求，在文本中"专业"一词出现46次，充分凸显了转型中专业设置、专业建设的重要性。在专业设置方面，应增加符合地方经济发展需要的应用型专业，紧密对接当地产业；在专业建设方面，要围绕校地结合点，打造一批行业需要的、优势突出的、特色鲜明的专业。

（三）"双师型"教师政策

培养理论与实践兼具、实践见长的学生，实现高校向应用型转型，"双师型"教师至关重要。[①] "双师型"一词在政策文本中出现28次。1999年，《中共中央 国务院关于深化教育改革，全面推进素质教育的决定》提出，"加快建设兼有教师资格和其他专业技术职务的'双师型'教师队伍"[②]。国家对高职院校"双师型"教师的要求十分明确。2003年，教育部出台的《高职高专院校人才培养工作水平评估方案（试行）》明确提出了"双师型"教师的素质标准的四点要求[③]；2006年，教育部颁布的《关于全面提高高等职业教育质量的若

[①] 陈正权. 2017. 地方院校转型发展的价值反思与路径探寻. 教育与职业，（9）：44-49.

[②] 中共中央，国务院. 1999. 中共中央 国务院关于深化教育改革，全面推进素质教育的决定. 人民教育，（7）：4-9.

[③] 中华人民共和国教育部办公厅. 2004-04-27（2021-09-10）. 教育部办公厅关于全面开展高职高专院校人才培养工作水平评估的通知. http://www.moe.gov.cn/srcsite/A07/moe_737/s3876_qt/200404/t20040427_110099.html.

干意见》对高职教育的"双师型"教师队伍进一步明确了建设的结构与素质目标。至此，我国"双师型"教师队伍建设要求逐步从高职院校延伸到应用型高校。2010年，《国家中长期教育改革和发展规划纲要（2010—2020年）》提出，"加强'双师型'教师队伍和实训基地建设"①。2014年，《现代职业教育体系建设规划（2014—2020年）》提出，"完善'双师型'教师培养培训体系。改革教师资格和编制制度"②。2015年，《教育部 国家发展改革委 财政部关于引导部分地方普通本科高校向应用型转变的指导意见》指出，"通过教学评价、绩效考核、职务（职称）评聘、薪酬激励、校企交流等制度改革，增强教师提高实践能力的主动性、积极性……加强'双师双能型'教师队伍建设"③。

通过上述分析可以发现，国家出台的各项政策日益完善，对于"双师型"教师的建设更加规范。虽然影响"双师型"教师队伍建设的政策变迁因素很多，但政府在推进政策变迁过程中的主导性和主体性一直没变。从最初的"双师型"政策概念的提出，到要求高校重视培养"双师型"教师，到提高"双师型"教师队伍比例，再到鼓励校企合作、改革评聘编制与完善考核评价标准等，一方面表明了"双师型"教师队伍建设的重要性、必要性；另一方面也表明了政府对"双师型"教师队伍建设的高度重视和强力推进，体现出鲜明的政府主导性及强制性制度变迁特征。④

（四）卓越教师政策

优质师资是基础教育的永恒追求，以卓越教师培养为着力点是提高师范学院办学质量的重要途径。我国的"卓越教师"培养共经历了两步——卓越教师培养计划1.0和卓越教师培养计划2.0。2014年，《教育部关于实施卓越教师培养计划的意见》出台，要求"培养一大批师德高尚、专业基础扎实、教育教学能力和自我发展能力突出的高素质专业化中小学教师"⑤。随后，各师范学院

---

① 国家中长期教育改革和发展规划纲要工作小组办公室. 2010-07-29（2021-09-10）. 国家中长期教育改革和发展规划纲要（2010—2020年）. http://www.moe.gov.cn/srcsite/A01/s7048/201007/t20100729_171904.html.

② 中华人民共和国教育部. 2014-06-23（2021-09-10）. 现代职业教育体系建设规划（2014—2020年）. http://www.moe.gov.cn/srcsite/A03/moe_1892/moe_630/201406/t20140623_170737.html.

③ 中华人民共和国教育部，中华人民共和国国家发展和改革委员会，中华人民共和国财政部. 2015-10-23（2021-09-10）. 教育部 国家发展改革委 财政部关于引导部分地方普通本科高校向应用型转变的指导意见. http://www.moe.gov.cn/srcsite/A03/moe_1892/moe_630/201511/t20151113_218942.html.

④ 车静. 2018. 地方转型高校"双师型"教师队伍建设研究——基于政策、理论、实践三维视角. 辽宁教育行政学院学报，（6）：24-27.

⑤ 中华人民共和国教育部. 2014-08-18（2021-09-10）. 教育部关于实施卓越教师培养计划的意见. http://www.moe.gov.cn/srcsite/A10/s7011/201408/t20140819_174307.html.

开始探索对卓越教师的培养。《中共中央 国务院关于全面深化新时代教师队伍建设改革的意见》强调要培养数以十万计的卓越教师。①《教师教育振兴行动计划（2018—2022年）》提到，"深入实施'卓越教师培养计划'，建设一流师范学校和一流师范专业，分类推进教师培养模式改革。推动实践导向的教师教育课程内容改革和以师范生为中心的教学方法变革"②。《教育部关于实施卓越教师培养计划2.0的意见》提出，通过深化改革、落实举措显著提升师范生的综合素质、专业化水平和创新能力。

（五）师德建设政策

教师职业道德规范是教师职业身份的重要体现，也是党和国家制定教师队伍建设政策的重要内容。1999年，教育部出台了《面向21世纪教育振兴行动计划》，要求"大力提高教师队伍的整体素质，特别要加强师德建设"③。2000年，教育部颁布的《关于加强中小学教师职业道德建设的若干意见》对我国广大基础教育教师提出了具体、明确的职业道德要求。

《国务院关于基础教育改革与发展的决定》指出，"以转变教育观念，提高职业道德和教育教学水平为重点，紧密结合基础教育课程改革，加强中小学教师继续教育工作……将依法治教与以德治教紧密结合"④。《教育部关于进一步加强和改进师德建设的意见》对各教育行政部门以及教师的师德建设做了进一步规划。《国家教育事业发展"十一五"规划纲要》提出，"在学校全体教职员工中牢固树立育人为本的思想，不断加强学校德育和思想政治工作队伍建设，着力建设高水平的辅导员和班主任队伍"⑤。2008年，教育部重新修订颁发《中小学教师职业道德规范》，从爱国守法、爱岗敬业、关爱学生、教书育人、为人师表、终身学习六个方面对中学教师的职业道德提出了明确要求。2010年颁布的《国家中长期教育改革和发展规划纲要（2010—2020年）》指出"努力

---

① 中共中央，国务院. 2018-01-20（2021-09-10）. 中共中央 国务院关于全面深化新时代教师队伍建设改革的意见. http://www.gov.cn/gongbao/content/2018/content_5266234.htm.

② 中华人民共和国教育部，中华人民共和国国家发展和改革委员会，中华人民共和国财政部等. 2018-02-11（2021-09-10）. 教师教育振兴行动计划（2018—2022年）. http://www.moe.gov.cn/srcsite/A10/s7034/201803/t20180323_331063.html.

③ 中华人民共和国教育部. 1999-01-13（2021-09-10）. 面向21世纪教育振兴行动计划. https://www.gmw.cn/01gmrb/1999-02/25/GB/17978%5EGM3-2505.HTM.

④ 国务院. 2001-05-29（2021-09-10）. 国务院关于基础教育改革与发展的决定. http://www.gov.cn/gongbao/content/2001/content_60920.htm.

⑤ 中华人民共和国教育部. 2007-05-31（2021-09-10）. 国家教育事业发展"十一五"规划纲要. http://www.moe.gov.cn/jyb_xwfb/gzdt_gzdt/moe_1485/tnull_22875.html.

造就一支师德高尚、业务精湛、结构合理、充满活力的高素质专业化教师队伍"①。2011年颁布的《高等学校教师职业道德规范》从爱国守法、敬业爱生、教书育人、严谨治学、服务社会、为人师表六个方面，对高校教师职业责任、道德原则及职业行为提出了具体要求。

2012年，国家政策对师德建设继续发力，《国务院关于加强教师队伍建设的意见》明确提出要构建师德建设长效机制，全面提高教师的思想政治素质。接着，教育部又相继颁布了《幼儿园教师专业标准（试行）》《小学教师专业标准（试行）》《中学教师专业标准（试行）》，这些文件也对各层次教师的职业道德提出了要求。《教育部关于2013年深化教育领域综合改革的意见》提出，要全面落实师德考核的"一票否决制"。同年出台的《教育部关于建立健全中小学师德建设长效机制的意见》强调，要从师德教育、师德宣传、师德考核、师德激励、师德监督、师德惩处、师德保障等七个方面努力构建师德建设的长效机制。②2014年9月颁布的《教育部关于建立健全高校师德建设长效机制的意见》提出了建立健全高校师德建设长效机制的原则、要求和主要举措，并明确列举了教师各项禁止性行为及违反师德行为的惩处办法。③

随着师德建设的不断深化，相关政策也更加细化、具体。2014年，教育部印发的《中小学教师违反职业道德行为处理办法》明确列出10条中小学教师违反职业道德的行为。2016年，教育部专门针对高校教师的学术活动出台了《高等学校预防与处理学术不端行为办法》。2018年颁布的《教师教育振兴行动计划（2018—2022年）》提出要"落实师德教育新要求，增强师德教育实效性"，"研制出台在教师培养培训中加强师德教育的文件和师德修养教师培训课程指导标准"。④2018年，《教育部关于公布首批全国高校黄大年式教师团队的通知》指出，"完善高校教师师德行为规范，强化师德师风考核，体现奖优罚劣，着力解决师德失范、学术不端等问题"⑤。2018年11月，教育部印发《新

---

① 国家中长期教育改革和发展规划纲要工作小组办公室. 2010-07-29（2021-09-10）. 国家中长期教育改革和发展规划纲要（2010—2020年）. http://www.moe.gov.cn/srcsite/A01/s7048/201007/t20100729_171904.html.

② 中华人民共和国教育部. 2013-09-02（2021-09-10）. 教育部关于建立健全中小学师德建设长效机制的意见. http://www.moe.gov.cn/srcsite/A10/s7002/201309/t20130902_156978.html.

③ 中华人民共和国教育部. 2014-09-29（2021-09-10）. 教育部关于建立健全高校师德建设长效机制的意见. http://www.moe.gov.cn/srcsite/A10/s7002/201409/t20140930_175746.html.

④ 中华人民共和国教育部. 2018-03-22（2021-09-10）. 教师教育振兴行动计划（2018—2022年）. http://www.moe.gov.cn/srcsite/A10/s7034/201803/t20180323_331063.html.

⑤ 中华人民共和国教育部. 2018-01-05（2021-09-10）. 教育部关于公布首批全国高校黄大年式教师团队的通知. http://www.moe.gov.cn/srcsite/A10/s7002/201801/t20180122_325218.html.

时代幼儿园教师职业行为十项准则》《新时代中小学教师职业行为十项准则》《新时代高校教师职业行为十项准则》，对新时代各级教师的职业行为规范做出了更为细致的规定。2019年2月23日，中共中央、国务院印发《中国教育现代化2035》，明确提出："大力加强师德师风建设，将师德师风作为评价教师素质的第一标准，推动师德建设长效化、制度化。"[①]

第三节　师范学院转型发展的政策建议

师范学院是国家公共事业的组成部分，政府一直是推动其发展的主导力量。同时，政府的各类政策文本也都随着社会、经济和文化等的发展而不断完善，而修改完善的政策都是指向现实中的问题。为此，本节在对我国师范学院仍然存在的现实问题进行梳理、分析的基础上，提出促进师范学院转型发展的政策建议。

一、师范学院转型发展的现实困境

师范学院为地方基础教育培养了大量的师资，为地方经济社会发展提供了人力资本。经过多年的发展，师范学院已成为我国本科院校的重要力量。在国家政策的宏观指导下，师范学院坚持需求导向、服务地方、特色发展，围绕地方性、综合化、应用型的办学定位，在办学能力、办学质量等方面都取得了长足的发展。进入新时代，师范学院在发展中不断前行，但一些问题也逐渐显现，主要有以下几个方面。

（一）大学之梦与定位之痛的冲突

高校的功能决定了高校本身应重视应用性，但自古以来，无论是洪堡的"教学与科研相统一"的原则，还是纽曼的"大学的理想"，以及现代让人眼花缭乱的各种大学排行榜，都不约而同地强调"学术"的重要性。大学的"学术性"更是成了众多师范学院自建立起就孜孜以求的"终极目标"。转型为"应用型"的高校，始终过不去的"坎"就是对"学术性"的追捧和对"应用性"

[①] 国务院. 2019-02-23（2021-09-10）. 中国教育现代化2035. http://www.gov.cn/zhengce/2019-02/23/content_5367987.htm.

的忽视。更为严重之处在于，这种观点根深蒂固而且影响到学校的各个层面，也就对师范学院的转型发展产生了较大的阻抗。有学者形象地总结道：师范学院面对转型一般表现为"不愿转、不敢转、不知道往哪里转、不知道怎么转"。① 究其原因，师范学院的领导和教师熟悉了高校间的"攀比"，熟悉了传统办学的"高大上"，熟悉了行政部门"一刀切"的评比，害怕转型带来的未知性。同时，师范学院的管理者身在局中，常常无法发现现行的教学管理存在的各种问题。转型作为一种根本性的变革，不仅需要花费大量的人力、物力，而且不免会牵动某些人的利益，因此出于对既得利益的维护，以及担心转型的风险，许多师范学院转型发展往往不能深入彻底。②

（二）分类发展与评价导向的矛盾

我国高校数量众多，分类发展一直是教育行政部门追求的目标，《国家中长期教育改革和发展规划纲要（2010—2020年）》提出，要优化高等教育结构、实行高校分类管理。引导高校分类发展符合时代发展的"分工"要求，它与人才培养结构多样化、多层次的人才市场需求相适应。因此，要对高校进行职能分工，使各类型高校的发展边界明晰化。这是解决当前我国高校趋同问题的重要举措，也是应对复杂多样的社会需要的保证，更是高校个性发展、特色发展的内在需要。让高校各安其位需要有一系列政策的保障，但这方面的政策供给不足，突出表现在没有明确的高校分类标准、缺乏分类评价的指标体系、评价导向不科学。政府有关部门要加强对大学排行榜的监督和管理，淡化对高校综合排名的运用，在对高校进行经费划拨、项目投放时要分类切块。有学者认为，目前对地方应用型高校的评估执行的仍然是"一刀切"的标准，分类评估体系不健全，评估的导向作用反而成为制约"转型发展"的最大障碍，这些问题都需要出台具体政策加以解决。③ 只有这样才能让地方高校安于本位，做好自我，在各自的"生态位"上充分发展。

（三）综合之路与师范之名的困惑

随着我国高等教育大众化的迅猛发展，师范学院的办学规模普遍超过2万人。许多师范学院的专业数有50多个，非师范专业占比大多超过了70%。师范

---

① 王者鹤. 2015. 新建地方本科院校转型发展的困境与对策研究——基于高等教育治理现代化的视角. 中国高教研究，（4）：53-59.
② 王恒安. 2016. 地方师范院校转型的困境及其发展路径. 佳木斯职业学院学报，（7）：212-213.
③ 张威. 2016. 地方高校转型发展政策的制定与实施路径. 教育与职业，（8）：25-27.

学院创办非师范专业起初是为了扩大招生、增加经费来源，也有的是希望综合化后能有机会升格升级。综合化对师范教育的发展能产生很多积极的作用，如学科之间的互补、培养模式之间的互相借鉴、人文与科学技术素养的融通等。但不可否认的是，在综合化的过程中，一些高校的师范教育弱化现象明显，将较多的经费投入、人员配备、资源配置放到了理、工、农、商等与地方经济发展需求相关的专业，师范学院的底色和特色逐渐淡化，严重影响了师范生的培养质量。其中，最明显的是师范文化的丢失。传统的师范学院对学生师德与教育情怀、教师基本功的培养是高度重视的，变为综合性高校后，再过度强化师范性，又不适合非师范生的培养。尽管师范院校的学科专业趋向综合了，但"师范"的校名又不能改变，这就给师范学院的招生与转型发展带来一定的困难。一些师范学院成立教师教育学院就是为了弥补这方面的不足，也有一些师范学院建立书院制来改变师范性不强的问题。但这些都是治标不治本，改变这一问题的根本是师范学院要回归本位，把师范教育主业做大做强，在师范教育的轨道上把路走宽、走好。

（四）服务区域意愿强烈与服务能力不足的问题

服务社会是高校的第三大职能。许多师范学院在升格建校之初都把服务地方经济社会发展作为学校的办学定位，它们积极对接地方需求，表现出较为强烈的服务意识。少数师范学院在专业设置上一味追求所谓的热门专业，急于求成，这也带来了另一个问题，就是大多数师范学院学科专业设置不断趋同，培养出来的学生结构性过剩，反而降低了服务社会的能力。同时，一些师范学院秉持"学术惯性"，与地方产业、行业的联系不多，也影响了其服务能力的提升。另外，也有一些师范学院创办与地方产业相对应的专业时，专业教师数量不多、能力不强，培养出来的学生无法满足行业需要。因此，师范学院必须调整专业结构与人才培养模式，以适应信息化与工业化融合及当地经济社会发展的需要。

（五）中央政策供给充足与地方配套政策缺失的矛盾

任何政策体系的构建都由主体政策和许多子政策配套构成，国家关于"转型发展"的指导性政策文件已初具体系，但地方配套的政策还不够充分、完善。一些地方对工科院校投入多，重视程度高，而对师范院校的支持偏少，在一定程度上影响了师范学院的转型发展，例如，地方财政拨款不多、校企合作配套支持不够。另外，在地方政策配套方面，少数地方政府对师范学院的办学规模、办学布局、人员调整等方面管控较多，鼓励支持政策不到位，致使部分师范学院与企业、行业的市场需求对接受限。也有一些地方政府对中央教育政策的落实执行不力，出台的相应措施并不多。例如，在产学合作方面，"政府和有关部门要在起步资金、条件设施、产销渠道等方面给予支持"[①]，但仍有一些地方政府部门执行不充分，配套政策迟迟不到位，忽视了其在师范学院与中小学校、企业之间的"桥梁"作用。

二、支持师范学院转型发展的政策维度分析

政策供给是推动师范学院向应用型高校转型的重要力量。师范学院要发挥国家政策与地方政策的不同作用，一方面，要执行好国家层面的宏观政策；另一方面，要充分利用好地方出台的政策实施细则，做到上下政策的无缝对接。同时，师范学院也要自我创新，调整策略，激发转型活力。

政府规制师范学院转型发展，应把握好引导与干预的度，注重转型的过程中"标准化"思维与创新的"去标准化"诉求。具体而言，应遵循以下原则：一是实施准入制，政府依据严格的政策标准和要求，对转型院校的资格进行限定；二是实施质量规制，对转型后的师范学院的办学质量进行定期检查和监督；三是实施宽松和激励政策，既给予转型高校一定的权力权限，为转型创造有利环境，又加强政府宏观指导、社会积极参与、院校主动作为的转型联动机制。对于师范学院的政策设计原则，既要扶强扶优扶特，更要扶弱扶贫扶少。同时，要丰富"新四科"（新工科、新医科、新农科、新文科）、"六卓越一拔尖"2.0等建设项目内涵，在统筹规划、适度竞争的前提下，扶植办好每一所院校和每一个保留的师范专业点。对照这些原则和要求，各级政府可在以下维度增加促进师范学院转型发展的政策供给。

（一）在政策体系上要系统建构，确保"全面关照"

政策群并不是单项政策的简单罗列，而是整体与分散的有机统一，所有子政策都有一个总的方向和目标，每个子政策虽相互独立，却相互依赖、相互促进。在结构上，政策群具有较强的逻辑性和层次性，是提高政策效率的有力工具。

---

① 李欣旖，刘晶晶，闫志利等. 2018. 地方本科高校转型过程中提升社会服务能力研究——基于德国应用技术大学经验. 职教通讯，（3）：6-11，19.

改革开放以来,以教育元政策和基本政策为主的政策体系为我国教师教育发展指明了方向,以解决教师教育发展过程中的各种问题为目标的各类教育法规、条例、通知、意见、规定等则不断补充、完善教师教育政策群。随着信息化时代的到来以及受到我国社会主要矛盾已经转变的事实的影响,教师教育中存在的问题也不断变化,试图以某个单一政策作为解决问题的方法已经难以奏效。因此,教育行政部门需要将教师教育政策体系置于"政策群"的宏大语境中,为教师教育发展提供多维的政策保障,为透视当下中国教师教育政策制定的逻辑路线提供新视角。①

(二)在分类发展上要明确定位,确保"各安其位"

教育行政部门要通过分类评估、分类管理、分类施策,促进高校分类发展、安于其类,在自己的类别中争创一流,使师范学院感受到办师范教育责任重大、使命光荣。首先,教育行政部门要设置高校分类标准,在资源投入、人员配备、办学指标方面做出规定。其次,教育评估机构要出台"地方高校分类评估办法",目前的本科院校评估标准较为笼统,大多是针对"一本"院校而施行的,而地方应用型高校与"一本"院校在办学理念与定位等核心内容方面的差异较大,因此政府应重点出台针对应用型高校的评估办法,建立与"一本"院校具有差异化的评估标准体系。最后,为引导支持师范学院的分类发展,教育行政部门要拓展现有职能,增加针对应用型高校的管理部门,适时成立应用型高校管理处,增强对应用型高校转型改革的具体指导,促进其"各安其位"、分类发展。

(三)在设置标准上要"有规可循",确保"依规办学"

教育部要制定师范学院设置标准,对师范学院的办学定位、专业建设、教师队伍、课程建设、科研重点等内容进行总体说明。地方教育行政部门要结合本地区的实际情况进行充分研讨,听取专家学者及高校管理部门负责人的意见后,出台"师范学院建设参考标准",通过政策文件为师范学院的发展提供依据,为师范学院的转型提供方向和具体标准。也就是说,地方政府抓转型中的大方向,保证转型的核心内容不能变,师范学院根据地方政府出台的院校转型标准,根据自身所在地区的区域经济特色,促进符合自身实际的应用型院

---

① 李欣旖,刘晶晶,闫志利等. 2018. 地方本科高校转型过程中提升社会服务能力研究——基于德国应用技术大学经验. 职教通讯,(3):6-11,19.

校发展。①

（四）在政策推动上要"试点先行"，确保"榜样引导"

师范学院需要转型，这已成为绝大多数办学者的共识，但在如何转、怎样转上，许多高校领导还不明确。教育行政部门出台政策时要加强对政策的宣传、解读，让政策为高校广泛接受，并支持高校积极实践。我国师范学院因地域、发展历程不同，差异性较大，因此教育行政部门要出台"师范学院应用型转型试点的办法"，即在全国众多师范学院中，结合其所处区域的行业产业特色及院校自身的发展意愿，选择一些有代表性的师范学院，开展应用型转型的试点，探索应用型高校转型的途径与体制机制。同时，要在试点过程中提供优厚的政策供给，要求他们积极发现相关问题，结合自身实际解决问题，并积极总结成效，将优秀经验加以有效推广，为师范学院的改革发展提供学习榜样。

（五）在政策落实上要坚持"地方本位"，强化地方责任

师范学院大多是由省政府领导或省市共建的高校，院校的办学经费主要来源于省级或市级财政拨款。市级地方政府的经费支持是促进高校转型的有力保障。为加快地方高校转型发展的步伐，地方政府可面向高校转型设立专项经费，对那些积极向应用型转型的高校，给予有针对性的专项经费支持，从而达到引导与激励的效果。地市级政府也可以通过设立某些基金项目，根据师范学院实际的转型成果进行评定评价，达到政府预期的目标，可给予院校以及参与院校科研的企业一定的资金支持。②另外，地方政府还需要出台校地共建、合作办学的相关政策，助力师范学院的转型发展。

三、促进师范学院转型发展的具体政策建议

师范学院一般都具有服务面向的地方性，学科专业的行业性，人才培养的应用性、实践性，学校与当地经济社会校地的互动性的特征，政府的政策供给应在这些方面发力。另外，值得一提的是，党的十八大以来，师范教育发生了许多新变化，师范教育进入了一个新阶段，政府应发挥好政策的导向、引领、

---

① 胡岸. 2017. 地方本科院校应用型转型的政策支撑体系建设. 安徽文学（下半月），（4）：149-151.

② 胡岸. 2017. 地方本科院校应用型转型的政策支撑体系建设. 安徽文学（下半月），（4）：149-151.

激励作用，制定完善的配套政策，确保师范学院的转型发展。

（一）完善师范院校设置与评价标准

师范学院转型发展要有规有矩，要构建完善的师范学院转型发展的标准体系。首先，要有师范学院设置标准，对师范学院师范生培养规模、师生比、培养的硬件条件要有规定，不达标的要限期整改。为防止师范学院弱化师范专业，要规定师范学院师范生招收比例的下限，同时要从严审核其他高校举办师范专业，防止盲目上马。其次，要完善系统的教师教育标准，建立基于标准的师范教育。近年来，我国出台了一系列关于教师教育的标准，如资格标准、专业标准、课程标准、认证标准等，极大地促进了师范教育培养质量的提高，标志着我国师范教育有了独立完整的培养、建设、考核和评估体系。但这些标准的运用也存在着一些问题，如教师资格证书与专业认证制度的对接、关联不够，《师范类专业认证标准（试行）》《普通高等学校本科专业类教学质量国家标准》两个文件中对专业的办学要求有些地方不一致，对标准的落实不到位，对于达不到标准的学校没有相应的制约政策等，这些都需要加以完善。最后，要加强对标准的宣传，让各类标准成为办学者、管理者的行动指南，同时也要让每位高校教育工作者熟知标准，在人才培养、社会服务、科学研究的环节努力达到相关标准的要求。

（二）改革师范生招生政策

在2007年师范生免费教育政策出台后，教育部又颁布了师范生公费教育政策。这虽然在一定程度上增强了师范生报考师范专业的自豪感、从事教师职业的使命感，但依然存在培养层面总体规模偏小、学历层次单一、未涉及学前师资且有关配套机制不够成熟等局限。为此，有关政策还需要调整。

首先，应将师范生公费培养政策拓展至全国的师范学院，这样可以满足广大中小学尤其是偏远地区的农村学校的需求，使其惠及面更广。

其次，对师范大学和师范学院实施差异化的师范生公费教育政策。为解决小学和学前教育师资缺乏、教师专业能力不强、学历层次不高的问题，师范学院应该着手担负起小学与幼儿园教师培养的责任。

最后，健全公费师范生准入和退出机制。吸引优秀青年入读师范学院是一个国家教师教育成功的重要保障，国家应出台选拔乐教、适教的青年报考师范专业的相关政策，从源头上为师范学院提供优质生源。国家虽然出台了免费师范生培养计划，在一定程度上增强了师范专业的吸引力，但不能从根本上解决数量有限这一问题。相关部门可以通过改革师范学院招生制度，采取提前批次录取或增加面试环节、入学后二次选拔等措施，保证师范生的生源质量。同时，要继续提高教师的福利待遇，改进师范生的生活待遇，增强师范专业的吸引力。唯有师范生生源质量与教师教育水平都得到提升，才能培养出高水平的教师队伍，才能让教师成为令人羡慕、受人尊敬的职业。

（三）完善师范生培养政策

高校、政府、中小学，幼儿园协同育人是师范生培养质量得到保障的重要途径。因此，相关部门要出台U-G-S协同育人政策，明确各方的责、权、利，以推动地方政府、基础教育一线教师参与到师范生培养中来。2014年8月颁布的《教育部关于实施卓越教师培养计划的意见》明确提到，要建立U-G-S协同育人新机制。许多高校开始了对新机制的探索，其中不乏成功案例，但也出现了一些问题，比如，决策主体单一、三方主体权责不明、培养方案的操作性不强。因此，要明确各相关方在协同培养中的主体责任：教育行政部门与师范学院对实习师范生进行管理，并给予经费支持；中小学提供实践基地和一线教师进行指导。

同时，要完善卓越教师培养计划2.0的相关配套措施。卓越教师培养需要国家制定针对师范生的倾斜政策。首先，增加财政支持。卓越教师的培养需要大量的人力、物力、财力。其次，制定一些吸引师范生从教的政策，比如，公费制度、薪酬制度、服务期制度、提前招录制度等，让更多优秀生源加入教师队伍。最后，扩大师范学院的培养自主权，让培养院校能根据本校和地区的实际情况确定培养层次、制订培养方案。另外，要加大对卓越教师培养院校的评估与调控。"卓越教师培养计划专家委员会应定期、及时对培养院校的培养计划的设计、培养过程的落实情况、培养效果的评价进行监督评估，并及时发现问题，更好地促进培养院校培养质量提升，更好地实施卓越教师培养计划。"[①]

（四）出台推进"双师双能型"教师队伍建设政策

"双师双能型"教师队伍建设是师范学院转型发展的另一难点。解决这一

---

① 李梦卿，安培. 2015. 卓越中职教师培养的基本认知、价值追求与实施路径. 教育发展研究，（9）：34-39，73.

问题的具体措施如下：出台地方高校"双师双能型"教师队伍建设办法，放宽"双师双能型"教师入职的职称和学历门槛，要给地方高校自主聘用"双师双能型"教师的权力，畅通引进企业行业优秀技术人才的通道。同时，要建立教学评价、职称评聘、薪酬评定等方面的制度体系，形成有利于"双师双能型"教师成长的良好环境；要完善高校现有师资选送至相关企业行业挂职、实践的制度；要根据每所高校自身的师资结构实际情况，形成各学校"双师双能型"师资队伍的建设办法；要系统建立实践型教师培养政策，促进高校向应用型转型。实践是应用型教育的重要特征，师范教育必须牢牢把握这一点。当前，师范学院缺乏的是应用型、实践型教师。因此，要出台"分类指导，区别发展"的评价政策。在实施各种人才工程时，要专列实践型师资的培养工程，给予应用型教师更多的政策支持。首先，对理论型和实践型教师分类考评，对实践型教师的考评应侧重教学实绩和实践成果。其次，出台高校联合相关企业行业对教师队伍进行实践培训的政策。要求高校结合自身实际及地方经济发展需要，组织行业专家现场授课并及时讲评。最后，要加强对实践型教师的引进以及相关后续保障。相关部门应该出台灵活的政策，引进实践型师资，并在职称评聘、工资待遇上给予适度的倾斜，促进教师应用能力的提升。

（五）扩大教育硕士布点，完善农村"硕师"政策

2020年，我国有中小学教师1600多万[①]，提升教师的学历层次是教育现代化建设的重要举措，但在我国70多所师范学院中，有硕士授权的学校较少，不能满足广大教师学历层次与能力水平提升的要求。因此，教育行政部门在教育硕士布点上应该向师范学院倾斜，并通过政策引导推动其加强教师教育学科建设，打通教师的"本硕贯通式"培养，为基础教育改革提供新动力。

在农村"硕师"的政策供给上，首先，教育行政部门应制定有关乡村教师报考教育硕士的优惠政策，鼓励农村教师积极报考教育硕士；要采取推荐免试的选拔方式和定向委培的培养模式，并和"特岗计划"相结合，引导一批优秀大学生投身于农村教育事业；要制定优秀师范生定向推免保研政策，支持师范院校开展本科师范生和教育硕士一体化培养模式。其次，要提高"硕师"的待遇，在工资待遇方面实行倾斜，同时给予医疗、养老等方面的社会保障，鼓励其服务期满后继续留任。另外，在精神层面要激励"硕师"树立服务农村的事业心和责任感。

[①] 熊丙奇.2020-10-28.如何解读"中小学教师成紧缺职业".光明日报，（第2版）.

（六）制定"政产学研"合作办学政策，促进"产教融合"

地方高校转型的核心是"产教融合，服务地方经济发展"。产教融合作为一种整体性的战略规划和顶层设计，是对所有高校的要求。目前，遇到的主要困境是行业企业参与高校人才培养的积极性不高，因此相关部门要从政策层面制定"政产学研"合作办学的相关规定。在组织形式上，要成立"政产学研"合作办学协调机构，或建立政府-大学-产业合作办学联盟。在政策层面，要制定"校企合作促进条例"，鼓励行业企业参与高校人才培养，对参与企业生产研发活动的高校要有相关的奖励政策、减税政策等。同时，要明确具体条款，使学生、学校、企业、行业及相关机构的责、权、利有章可循，给产学合作提供经费和政策上的保障。在物质层面，政府要提供合作基地，为高校创办行业学院或建立技术"孵化器"提供支持。

（七）健全师德考核评价政策，注重教师行为规范细则的制定

师德建设是一项复杂的工程，相关部门必须根据其职业特点和职业道德养成的一般规律，构建全方位、多层次的师德规范体系。同时，需要制定保底线、多层次的师德规范，《关于加强和改进新时代师德师风建设的意见》《新时代教师职业行为十项准则》是统领全局的政策性文件，对规范教师行为起到了重要的指导作用。地方党委、政府以及学校应当结合自身的实际情况，因地制宜地制定地方性、校本性的行为规范细则。师范院校必须完善师德师风管理规章制度，对违反师德规范的行为"零容忍"，在评价中实行以"负面清单"考核，坚决执行"一票否决制"。同时，要加强宣传教育，树立正确导向，大力弘扬师范精神，切实加强高校教风、学风和师德师风建设。

（八）完善教师国家荣誉制度

教师国家荣誉制度是新时代教育战略发展的重要支撑。教师国家荣誉区别于传统的教师荣誉，其立足于国家层面，面向全体教师，更具象征性和价值导向，具有政治意义、社会意义和激励价值。近年来，国家出台了各项政策以提高教师的待遇保障、提升教师的社会地位。相关部门可以借鉴国外的教师荣誉经验，并结合我国的实际情况，构建具有我国特色的教师国家荣誉制度。首先，要规范设计教师国家荣誉制度体系。根据实际情况分层建立教师荣誉奖励制度，分级构建教师荣誉序列，形成合理的梯度，营造尊师重教的良好社会风尚。其次，要制定教师荣誉标准。出台规章制度规范荣誉教师的评选与审批程

序,并且要让社会各界积极参与到构建教师荣誉制度的行列中来。最后,加大对典型模范的宣传力度,有效发挥示范、激励作用。

(九) 强化教师教育学科建设

加强教师教育学科建设是提升师范院校教师教育质量的基础性工作,也是全面深化新时代师范生培养改革的重要内容。教师教育的核心任务是培养优秀教师,教师教育学科建设是教师教育大学化发展的保障。教师教育学科滋养下的教学实践会更有成效。教师教育作为一门学科,应包括四个方面的内容:一是"教师学"内容;二是学科课程、教学与评估的内容;三是与其他学科相关的教师教育专题探究的内容;四是实习、行动研究、实践与反思的内容。

强化教师教育学科建设,在政策层面应着力从以下几个方面保障制度供给。首先,要提升教师教育的学科地位,鼓励师范院校自主设立教师教育二级学科,有条件的高校成立教师教育学科,支持师范院校建立教师教育研究基地,成立相关的研究机构。其次,要扩大教师教育类硕士、博士的培养规模,构建教师教育学术共同体,凝聚力量、扩大队伍,提升研究能力和水平。再次,要健全教师教育学术组织,做好分层定位,形成各具特色的教师教育学术组织网络。最后,要出台政策引导基础教育参与教师教育学科专业的建设,引导高校加强与基础教育学校和地方教师发展中心的互动共建,使教师教育根植于教育大地,真正实现学科生态良性循环。

师范学院的发展,一方面依赖政策的支持,另一方面也需要高校办学者发挥创造性。纵观我国高等教育政策体系的演进,教师政策体系建构过程的基本发展逻辑是内外环境的积极适应。[1]总之,师范学院转型发展政策体系的建立必须具有战略性的顶层设计和总体方案,有明确的转型发展目标和组织规划。当然,最重要的是理解好政策、执行好政策,只有这样才能增强政策体系对我国师范学院转型发展的推动力和保障力。

---

[1] 高慧斌,王文宝,何美等. 2018. 改革开放40年教师政策体系演进. 教师发展研究, (12): 1-9.

参 考 文 献

阿什比. 科技发达时代的大学教育[M]. 滕大春，滕大生译. 北京：人民教育出版社，1983.
伯顿·克拉克. 高等教育新论——多学科的研究[M]. 王承绪，徐辉，郑继伟等译. 杭州：浙江教育出版社，2001.
德里克·博克. 走出象牙塔——现代大学的社会责任[M]. 徐小洲，陈军译. 杭州：浙江教育出版社，2001.
顾明远. 中国教育路在何方：顾明远教育漫谈[M]. 北京：人民教育出版社，2016.
教育部师范教育司. 贯彻落实教育规划纲要 推动教师教育改革发展——全国师范大学联席会议论文集（第4辑）[C]. 北京：高等教育出版社，2011.
靳希斌. 教师教育模式研究[M]. 北京：北京师范大学出版社，2009.
克拉克·克尔. 高等教育不能回避历史——21世纪的问题[M]. 王承绪译. 杭州：浙江教育出版社，2001.
潘懋元. 应用型本科院校人才培养的理论与实践研究[M]. 厦门：厦门大学出版社，2011.
宋萑，袁丽. 21世纪的教师教育改革——本土话语与全球视野[M]. 北京：北京师范大学出版社，2017.
谢冬平. 中国社会转型期教师教育形态与机制调整（1990—2010）[M]. 北京：中国社会科学出版社，2016.
约翰·富隆. 重塑教师专业化[M]. 牛志奎译. 北京：北京师范大学出版社，2010.
张铁道. 教师研修：国际视野下的本土实践[M]. 北京：教育科学出版社，2015.
郑丹丹. 教师教育者及其专业标准的国际比较研究[M]. 杭州：浙江大学出版社，2015.
钟秉林. 教师教育转型研究[M]. 北京：北京师范大学出版社，2009.
朱旭东. 教师教育思想流派研究[M]. 北京：北京师范大学出版社，2017.
朱永新. 中国教育评论[M]. 北京：中国人民大学出版社，2012.

Danielson C,McGreal T L. 教师评价——提高教师专业实践能力. 陆如萍,唐悦译. 北京:中国轻工业出版社,2005.

Darling-Hammond L. Professional Development Schools:Schools for Developing a Profession [M]. New York:Teachers College Press,1994.

Department for Education and Employment. Teachers:Meeting the Challenge of Change[M]. London:The Stationery Office,1998.

附录一 我国师范学院设置与变化情况（1999—2020年）

序号	学校名称	所在地区	设置情况	变化情况
1	沈阳师范学院	辽宁省沈阳市	1999年之前成立	2002年升格为沈阳师范大学
2	四平师范学院	吉林省四平市、长春市（两个校区）	1999年之前成立	2002年升格为吉林师范大学
3	重庆师范学院	重庆市	1999年之前成立	2003年升格为重庆师范大学
4	四川师范学院	四川省南充市	1999年之前成立	2003年升格为西华师范大学
5	杭州师范学院	浙江省杭州市	1999年之前成立	2007年升格为杭州师范大学
6	海南师范学院	海南省海口市	1999年之前成立	2007年升格为海南师范大学
7	淮北煤炭师范学院	安徽省淮北市	1999年之前成立	2010年升格为淮北师范大学
8	天津职业技术师范学院	天津市	1999年之前成立	2010年升格为天津职业技术师范大学
9	南昌职业技术师范学院	江西省南昌市	1999年之前成立	2012年升格为江西科技师范大学
10	长春师范学院	吉林省长春市	1999年之前成立	2013年升格为长春师范大学
11	漳州师范学院	福建省漳州市	1999年之前成立	2013年升格为闽南师范大学
12	湖北师范学院	湖北省黄石市	1999年之前成立	2016年升格为湖北师范大学
13	安庆师范学院	安徽省安庆市	1999年之前成立	2016年升格为安庆师范大学
14	赣南师范学院	江西省赣州市	1999年之前成立	2016年升格为赣南师范大学
15	广东职业技术师范学院	广东省广州市	1999年之前成立	2018年升格为广东技术师范大学
16	广西师范学院	广西壮族自治区南宁市	1999年之前成立	2018年升格为南宁师范大学
17	伊犁师范学院	新疆维吾尔自治区伊宁市	1999年之前成立	2018年升格为伊犁师范大学

续表

序号	学校名称	所在地区	设置情况	变化情况
18	阜阳师范学院	安徽省阜阳市	1999年之前成立	2019年升格为阜阳师范大学
19	聊城师范学院	山东省聊城市	1999年之前成立	2002年升格为聊城大学
20	锦州师范学院	辽宁省锦州市	1999年之前成立	2003年升格为渤海大学
21	湘潭师范学院	湖南省湘潭市	1999年之前成立	2003年升格为湖南科技大学
22	烟台师范学院	山东省烟台市	1999年之前成立	2006年升格为鲁东大学
23	温州师范学院	浙江省温州市	1999年之前成立	2006年升格为温州大学
24	雁北师范学院	山西省大同市	1999年之前成立	2006年升格为大同大学
25	喀什师范学院	新疆维吾尔自治区喀什市	1999年之前成立	2015年升格为喀什大学
26	苏州铁道师范学院	江苏省苏州市	1999年之前成立	2016年升格为苏州科技大学
27	汉中师范学院	陕西省汉中市	1999年之前成立	2016年升格为陕西理工大学
28	北京体育师范学院	北京市	1999年之前成立	2000年更名为北京体育学院
29	常州技术师范学院	江苏省常州市	1999年之前成立	2012年更名为江苏理工学院
30	河南职业技术师范学院	河南省新乡市	1999年之前成立	2004年更名为河南科技学院
31	安徽技术师范学院	安徽省滁州市凤阳县和蚌埠市	1999年之前成立	2005年更名为安徽科技学院
32	通化师范学院	吉林省通化市	1999年之前成立	无变化
33	鞍山师范学院	辽宁省鞍山市	1999年之前成立	无变化
34	牡丹江师范学院	黑龙江省牡丹江市	1999年之前成立	无变化
35	淮阴师范学院	江苏省淮安市	1999年之前成立	无变化
36	信阳师范学院	河南省信阳市	1999年之前成立	无变化
37	韩山师范学院	广东省潮州市	1999年之前成立	无变化
38	吉林职业师范学院	吉林省长春市	1999年之前成立	2002年更名为吉林工程技术师范学院
39	河北职业技术师范学院	河北省秦皇岛市	1999年之前成立	2003年更名为河北科技师范学院
40	湛江师范学院	广东省湛江市	1999年之前成立	2014年更名为岭南师范学院
41	太原师范学院	山西省太原市	1999年由山西大学师范学院、太原师范专科学校、山西省教育学院合并成立	无变化
42	南通师范学院	江苏省南通市	1999年由南通师范专科学校升格成立	2004年升格为南通大学
43	盐城师范学院	江苏省盐城市	1999年由盐城师范专科学校和盐城教育学院合并成立	无变化

续表

序号	学校名称	所在地区	设置情况	变化情况
44	湖州师范学院	浙江省湖州市	1999年由湖州师范专科学校、湖州师范学校、湖州教师进修学院合并成立	无变化
45	临沂师范学院	山东省临沂市	1999年由临沂师范专科学校、临沂教育学院合并成立	2010年升格为临沂大学
46	黄冈师范学院	湖北省黄冈市	1999年由黄冈师范高等专科学校升格成立	无变化
47	荆州师范学院	湖北省荆州市	1999年由荆州师范高等专科学校升格成立	2003年与江汉石油学院、湖北农学院、湖北省卫生职工医学院合并升格为长江大学
48	常德师范学校	湖南省常德市	1999年常德师范高等专科学校、常德高等专科学校合并成立	2003年更名为湖南文理学院
49	衡阳师范学院	湖南省衡阳市	1999年由衡阳师范高等专科学校和衡阳教育学院合并成立	无变化
50	岳阳师范学院	湖南省岳阳市	1999年由岳阳师范高等专科学校、岳阳大学、岳阳教育学院合并成立	2003年更名为湖南理工学院
51	廊坊师范学院	河北省廊坊市	2000年由廊坊师范专科学校、廊坊教育学院、廊坊师范学校合并成立	无变化
52	唐山师范学院	河北省唐山市	2000年由唐山师范专科学校升格成立	无变化
53	忻州师范学院	山西省忻州市	2000年由忻州师范高等专科学校、忻州师范学校合并成立	无变化
54	包头师范学院	内蒙古自治区包头市	2000年由包头师范专科学校、包头师范学校、包头教育学院合并成立	2003年和包头钢铁学院、包头医学院合并升格为内蒙古科技大学，2004年以内蒙古科技大学包头师范学院校名恢复为具有独立法人资格的本科师范院校

续表

序号	学校名称	所在地区	设置情况	变化情况
55	淮南师范学院	安徽省淮北市	2000年由淮南师范专科学校、淮南教育学院、淮南师范学校合并成立	无变化
56	泉州师范学院	福建省泉州市	2000年由泉州师范高等专科学校升格成立	无变化
57	井冈山师范学院	江西省吉安市	2000年由吉安师范专科学校、吉安教育学院合并成立	2007年升格为井冈山大学
58	上饶师范学院	江西省上饶市	2000年由上饶师范专科学校、上饶教育学院合并成立	无变化
59	安阳师范学院	河南省安阳市	2000年由安阳师范高等专科学校、安阳教育学院合并成立	无变化
60	洛阳师范学院	河南省洛阳市	2000年由洛阳师范高等专科学校、洛阳教育学院合并成立	无变化
61	南阳师范学院	河南省南阳市	2000年由南阳师范高等专科学校、南阳教育学院合并成立	无变化
62	商丘师范学院	河南省商丘市	2000年由商丘师范专科学校、商丘教育学院合并成立	无变化
63	玉林师范学院	广西壮族自治区玉林市	2000年由玉林师范高等专科学校、玉林市教育学院、玉林市高等职业技术学院等合并成立	无变化
64	乐山师范学院	四川省乐山市	2000年由乐山师范高等专科学校、乐山教育学院合并成立	无变化
65	内江师范学院	四川省内江市	2000年由内江师范高等专科学校、内江教育学院合并成立	无变化
66	黔南民族师范学院	贵州省都匀市	2000年由黔南民族师范高等专科学校、黔南州教育学院、都匀师范学校合并成立	无变化

续表

序号	学校名称	所在地区	设置情况	变化情况
67	曲靖师范学院	云南省曲靖市	2000年由曲靖师范高等专科学校、曲靖教育学院、曲靖师范学校合并成立	无变化
68	玉溪师范学院	云南省玉溪市	2000年由玉溪师范高等专科学校、玉溪师范学校、玉溪成人教育培训中心合并成立	无变化
69	渭南师范学院	陕西省渭南市	2000年由渭南师范专科学校、渭南教育学院合并成立	无变化
70	天水师范学院	甘肃省天水市	2000年由天水师范高等专科学校升格成立	无变化
71	南京晓庄学院	江苏省南京市	2000年由南京市师范专科学校、南京教育学院、南京市晓庄师范学校合并成立	无变化
72	涪陵师范学院	重庆市	2001年由涪陵师范高等专科学校、涪陵教育学院合并成立	2006年更名为长江师范学院
73	遵义师范学院	贵州省遵义市	2001年由遵义师范高等专科学校升格成立	无变化
74	楚雄师范学院	云南省楚雄市	2001年由楚雄师范高等专科学校、楚雄民族师范学校合并成立	无变化
75	咸阳师范学院	陕西省咸阳市	2001年由咸阳师范专科学校、咸阳教育学院合并成立	无变化
76	白城师范学院	吉林省白城市	2002年由白城师范高等专科学校升格成立	无变化
77	绵阳师范学院	四川省绵阳市	2002年由绵阳师范高等专科学校与四川教育学院绵阳分院合并成立	无变化
78	周口师范学院	河南省周口市	2002年由周口师范高等专科学校升格成立	无变化

续表

序号	学校名称	所在地区	设置情况	变化情况
79	大庆师范学院	黑龙江省大庆市	2004年由大庆高等专科学校升格成立	无变化
80	宁夏师范学院	宁夏回族自治区固原市	2006年由固原师范高等专科学校升格成立	无变化
81	合肥师范学院	安徽省合肥市	2007年由安徽教育学院升格成立	无变化
82	湖北第二师范学院	湖北省武汉市	2007年由湖北教育学院升格成立	无变化
83	湖南第一师范学院	湖南省长沙市	2008年由湖南省第一师范学校升格成立	无变化
84	广西民族师范学院	广西壮族自治区南宁市	2009年由南宁师范高等专科学校升格成立	无变化
85	集宁师范学院	内蒙古自治区乌兰察布市	2009年由集宁师范高等专科学校升格成立	无变化
86	兴义民族师范学院	贵州省兴义市	2009年由兴义师范专科学校升格成立	无变化
87	六盘水师范学院	贵州省六盘水市	2009年由六盘水师范高等专科学校升格成立	无变化
88	贵州师范学院	贵州省贵阳市	2009年由贵州教育学院升格成立	无变化
89	甘肃民族师范学院	甘肃省甘南藏族自治州合作市	2009年由合作民族师范高等专科学校升格成立	无变化
90	郑州师范学院	河南省郑州市	2010年由郑州师范高等专科学校升格成立	无变化
91	广东第二师范学院	广东省广州市	2010年由广东教育学院升格成立	无变化
92	沧州师范学院	河北省沧州市	2010年由沧州师范专科学校升格成立	无变化
93	宁德师范学院	福建省宁德市	2010年由宁德师范高等专科学校升格成立	无变化
94	河北民族师范学院	河北省承德市	2010年由承德民族师范高等专科学校升格成立	无变化

续表

序号	学校名称	所在地区	设置情况	变化情况
95	齐鲁师范学院	山东省济南市	2010年由山东省教育学院升格成立	无变化
96	重庆第二师范学院	重庆市	2012年由重庆教育学院升格成立	无变化
97	成都师范学院	四川省成都市	2012年由四川教育学院升格成立	无变化
98	陕西学前师范学院	陕西省西安市	2012年由陕西教育学院升格成立	无变化
99	南昌师范学院	江西省南昌市	2013年由江西教育学院升格成立	无变化
100	江苏第二师范学院	江苏省南京市	2013年由江苏教育学院升格成立	无变化
101	长沙师范学院	湖南省长沙市	2013年由长沙师范学校升格成立	无变化
102	南京特殊教育师范学院	江苏省南京市	2015年由南京特殊教育职业技术学院升格成立	无变化
103	阿坝师范学院	四川省汶川县	2015年由阿坝师范高等专科学校升格成立	无变化
104	广西科技师范学院	广西壮族自治区柳州市	2015年由柳州师范高等专科学校升格成立	无变化
105	滇西科技师范学院	云南省临沧市	2015年由临沧师范高等专科学校升格成立	无变化
106	琼台师范学院	海南省海口市	2016年由琼台师范高等专科学校升格成立	无变化
107	汉江师范学院	湖北省十堰市	2016年由郧阳师范高等专科学校升格成立	无变化
108	豫章师范学院	江西省南昌市	2017年由南昌师范高等专科学校升格成立	无变化

附录二　我国师范学院转型发展调查问卷

尊敬的问卷调查参与者：

您好！

我们是盐城师范学院国家社会科学基金项目"我国师范学院转型发展追踪研究"（BIA170188）课题组，正在进行师范学院转型发展情况调查，恳请您在百忙之中抽出时间完成调查问卷。

师范学院转型发展具有丰富的内涵和多种发展途径，如学科专业的综合化转型、人才培养的应用型转型，以及向应用技术型院校、综合应用型院校和综合师范型院校转型等。您提供的所有信息仅用于课题研究，我们将会严格保密。如果需要，后续可共享调查数据。

衷心感谢您的参与和支持！

个人基本信息

性别[单选题]：
○男　　　　　　○女

学历[单选题]：
○博士　　　　　○硕士　　　　　○本科　　　　　○其他_____

职称[单选题]：
○高级职称　　　○副高级职称　　○中级职称　　　○初级职称

所在学科[单选题]：
○人文社会科学　○工科　　　　　○理科

在高校工作年限[单选题]：
○0—5年　　　　○6—10年　　　 ○11—15年　　　 ○16年及以上

职务[单选题]：
○学校党委书记　○校长　　　○副校长或党委副书记
○处级　　　　　○科级　　　○其他_____

学校升本年份[填空题]：_____

第一部分　师范学院转型发展的基本问题调查

（请在您认同的选项上打"√"）

1. 您所在学校是否实施转型发展战略？[单选题]
   A. 已经转型　　　　　　　　B. 正在转型
   C. 未来考虑转型　　　　　　D. 不打算转型
   E. 其他_____

2. 您认为促使所在学校转型发展的主要原因是什么？[多选题]
   A. 政府的政策推动
   B. 经济社会发展需求
   C. 学校提升发展竞争力的内在需求
   D. 周围的学校都在转型
   E. 其他_____

3. 您认为所在学校转型发展面临的主要障碍是什么？[多选题]
   A. 缺乏政府的实际支持
   B. 学校领导层的转型思想不统一
   C. 转型目标与路径不明确
   D. 诸多的体制机制障碍
   E. 学校既有资源条件难以提供有力支撑
   F. 缺乏师生员工的支持基础
   G. 师范教育是学校转型的突出障碍
   H. 传统上文理为重的学科专业结构的限制
   I. 教师队伍素质结构的限制
   J. 其他_____

4. 您如何看待转型发展中师范教育的地位？[单选题]
   A. 应该强化师范教育　　　　B. 维持现状，顺其自然
   C. 应该弱化师范教育　　　　D. 应该停办师范教育
   E. 其他_____

5. 您认为所在学校是在往哪个方向转型发展？[多选题]

A. 学科专业的综合化发展　　　　　B. 人才培养的应用型转型发展

C. 向应用技术型院校转型发展　　　D. 向综合应用型院校转型发展

E. 向综合师范型院校转型发展　　　F. 其他_____

第二部分　师范学院转型发展调查

转型发展意愿

1. 您认为当前师范学院应当转型发展

A. 非常同意　　　B. 同意　　　C. 不一定　　　D. 不同意

E. 非常不同意

2. 如果有机会，您愿意参加学校转型发展的相关工作

A. 非常同意　　　B. 同意　　　C. 不一定　　　D. 不同意

E. 非常不同意

3. 学校转型发展遇到实际困难，您还会坚持转型发展

A. 非常同意　　　B. 同意　　　C. 不一定　　　D. 不同意

E. 非常不同意

4. 您希望学校转型发展，从而不断提升办学质量

A. 非常同意　　　B. 同意　　　C. 不一定　　　D. 不同意

E. 非常不同意

5. 您积极参与学校转型发展的相关活动，贯彻转型发展理念

A. 非常同意　　　B. 同意　　　C. 不一定　　　D. 不同意

E. 非常不同意

6. 学校具有转型发展的办学氛围并促使我参与其中

A. 非常同意　　　B. 同意　　　C. 不一定　　　D. 不同意

E. 非常不同意

转型发展路径

7. 培养目标要以"应用型人才"培养为核心导向

A. 非常同意　　　B. 同意　　　C. 不一定　　　D. 不同意

E. 非常不同意

8. 课程设计与评价要强化用人单位的直接参与

A. 非常同意　　　B. 同意　　　C. 不一定　　　D. 不同意

E. 非常不同意

9. 课程教学要突出基于实际应用的教学方法
   A. 非常同意　　　B. 同意　　　　C. 不一定　　　　D. 不同意
   E. 非常不同意

10. 要建立校政行企协同育人机制
    A. 非常同意　　　B. 同意　　　　C. 不一定　　　　D. 不同意
    E. 非常不同意

11. 科学研究要注重对横向课题项目的支持
    A. 非常同意　　　B. 同意　　　　C. 不一定　　　　D. 不同意
    E. 非常不同意

12. 科学研究要注重推进科研成果的转化
    A. 非常同意　　　B. 同意　　　　C. 不一定　　　　D. 不同意
    E. 非常不同意

13. 科学研究要注重校政行企之间的合作研究
    A. 非常同意　　　B. 同意　　　　C. 不一定　　　　D. 不同意
    E. 非常不同意

14. 科学研究要注重打造高端科技与服务平台
    A. 非常同意　　　B. 同意　　　　C. 不一定　　　　D. 不同意
    E. 非常不同意

15. 学科专业设置要紧密对接区域产业发展需求
    A. 非常同意　　　B. 同意　　　　C. 不一定　　　　D. 不同意
    E. 非常不同意

16. 学科专业建设要注重打造学科-专业-产业链
    A. 非常同意　　　B. 同意　　　　C. 不一定　　　　D. 不同意
    E. 非常不同意

17. 学科专业评议要吸收行业、企业单位的专家参与
    A. 非常同意　　　B. 同意　　　　C. 不一定　　　　D. 不同意
    E. 非常不同意

18. 学科专业需要实施一体化建设
    A. 非常同意　　　B. 同意　　　　C. 不一定　　　　D. 不同意
    E. 非常不同意

19. 要注重"双师型"师资队伍的建设
    A. 非常同意　　　B. 同意　　　　C. 不一定　　　　D. 不同意
    E. 非常不同意

20. 将教师到企事业单位实践锻炼作为晋岗晋级的硬性条件
A. 非常同意　　B. 同意　　　　C. 不一定　　　D. 不同意
E. 非常不同意

21. 要聘请优秀企业技术人员或管理人员承担教学任务
A. 非常同意　　B. 同意　　　　C. 不一定　　　D. 不同意
E. 非常不同意

22. 具备条件的教师要获取相应的行业资格证书
A. 非常同意　　B. 同意　　　　C. 不一定　　　D. 不同意
E. 非常不同意

23. 学校实现教授治学、民主管理，有助于推动学校转型发展
A. 非常同意　　B. 同意　　　　C. 不一定　　　D. 不同意
E. 非常不同意

24. 学校建立行业企业参与的治理结构，有助于推动学校转型发展
A. 非常同意　　B. 同意　　　　C. 不一定　　　D. 不同意
E. 非常不同意

25. 学校管理重心下移，激发二级学院活力，有助于推动学校转型发展
A. 非常同意　　B. 同意　　　　C. 不一定　　　D. 不同意
E. 非常不同意

转型发展关键因素

26. 人才培养质量对学校总体转型发展有重要影响
A. 非常同意　　B. 同意　　　　C. 不一定　　　D. 不同意
E. 非常不同意

27. 科学研究质量对学校总体转型发展有重要影响
A. 非常同意　　B. 同意　　　　C. 不一定　　　D. 不同意
E. 非常不同意

28. 学科专业转型对学校总体转型发展有重要影响
A. 非常同意　　B. 同意　　　　C. 不一定　　　D. 不同意
E. 非常不同意

29. 教师队伍转型对学校总体转型发展有重要影响
A. 非常同意　　B. 同意　　　　C. 不一定　　　D. 不同意
E. 非常不同意

30. 内部治理转型对学校总体转型发展有重要影响
A. 非常同意　　B. 同意　　　　C. 不一定　　　D. 不同意

E. 非常不同意

转型发展措施的重要性

31. 加强学校发展战略的顶层设计，更有利于推动转型发展

A. 非常同意　　B. 同意　　　　C. 不一定　　　D. 不同意
E. 非常不同意

32. 实施项目问责制，更有利于推动转型发展实施

A. 非常同意　　B. 同意　　　　C. 不一定　　　D. 不同意
E. 非常不同意

33. 实施激励制度，更有利于推动转型发展实施

A. 非常同意　　B. 同意　　　　C. 不一定　　　D. 不同意
E. 非常不同意

转型发展效果

34. 您认为所在学校实施转型后人才培养质量提高了

A. 非常同意　　B. 同意　　　　C. 不一定　　　D. 不同意
E. 非常不同意

35. 您认为所在学校实施转型后师资建设质量提高了

A. 非常同意　　B. 同意　　　　C. 不一定　　　D. 不同意
E. 非常不同意

36. 您认为所在学校实施转型后管理效率提高了

A. 非常同意　　B. 同意　　　　C. 不一定　　　D. 不同意
E. 非常不同意

37. 您认为所在学校实施转型后办学质量提高了

A. 非常同意　　B. 同意　　　　C. 不一定　　　D. 不同意
E. 非常不同意

38. 您认为所在学校实施转型后家长满意度提高了

A. 非常同意　　B. 同意　　　　C. 不一定　　　D. 不同意
E. 非常不同意

后　记

本书是我主持的国家社会科学基金"十三五"规划2017年度教育学课题"我国师范学院转型发展追踪研究"（BIA170188）的最终研究成果，是我们课题组集体智慧的结晶。课题组成员有易高峰、林峰、冯永玲、郭雷振、陈玉祥、王振华、刘振亚、孙伟、章春杰、刘井飞、赵友龙、张军华、徐学兰等同志。

课题组在历时三载的研究过程中倾注了大量的精力和心血，取得了颇丰的研究成果，已在CSSCI学术刊物上发表系列论文5篇。在此基础上，经过整体谋篇布局和修改打磨，终于付梓成书。在此，我要深深感谢课题组各位同人的大力支持和辛勤付出。我分管学校发展和改革工作期间，正是高等教育进入综合改革的阶段，盐城师范学院成为全省首批综合改革试点单位，这使我在推进学校综合改革与转型发展方面有了更多思考和探索的机会，衷心感谢学校领导和同事给我提供了这样的工作平台和研究载体。我要特别感谢全国政协常务委员兼副秘书长、中国民主促进会中央委员会副主席、中国陶行知研究会会长、新教育实验发起人朱永新教授，他在百忙之中拨冗审阅书稿并欣然为本书作序。我还要真切地感谢家人，尤其是我的爱人，是他们的理解和支持使我能够专心从事课题的研究和书稿的写作。

伴随着我国高等教育普及化时代的到来，深化教育领域综合改革、推进教育现代化、建设教育强国的脚步越来越紧凑，围绕高等教育综合改革和高等院校转型发展的研究与实践永远在路上。正如朱永新教授所言，师范教育如何遵循教师成长的内在规律，适应未来社会的新趋势，尤其是在课程设置、培养路径与方法等方面寻求新突破，是师范院校转型发展需要研究的新问题，我们团队将会在这些方面继续开展研究和探索，力争取得新进展、新成果。

由于本人能力所限，书中不足之处在所难免，恳请专家同人指正赐教。

黄志纯
2021年秋于盐城